Das Buch

Viele von uns machen in ihrem Leben dann und wann die Erfahrung einer höheren Macht, die ihnen hilft, sie unterstützt, ja sogar rettet. Und alle, die von solchen Erlebnissen hören, sind ebenfalls berührt und von dem tröstlichen Wissen erfüllt: Ja, es gibt sie, die Engel, die uns beistehen, wenn wir sie rufen.

Diana Cooper, eine der größten Engelautorinnen weltweit, hat nun die bewegendsten und eindrücklichsten Engelerfahrungen aus ihrem und dem Leben vieler ihrer Schülerinnen und Seminarteilnehmer zu einem Buch zusammengestellt. Dazu gibt sie ebenso einfache wie wirkungsvolle Übungen weiter, um sich auf die Energie der Lichtwesen einzuschwingen. So können auch Sie sich immer mehr für die himmlischen Helfer öffnen und von ihrer Hilfe, ihrem Rat und ihrer Inspiration profitieren.

Die Autorin

Die Heilerin und mediale Schriftstellerin Diana Cooper machte während einer Lebenskrise eine transformierende Erfahrung mit einem engelhaften Wesen, das sie auf eine innere Reise ins Universum mitnahm. Dieses Erlebnis bewog sie, ihr Leben der Heilung und dem Dienst an der Menschheit zu widmen und sich dabei von den Engeln unterstützen zu lassen. Diana Cooper hat zahllosen Menschen geholfen, ihre Berufung im Leben zu finden, ihr Potenzial auszuschöpfen und ihrem Dasein mehr Sinn zu geben.

DIANA COOPER

ENGEL SIND IMMER UM UNS

Bewegende Zeugnisse für die
Gegenwart der himmlischen Helfer

Zusammengestellt und herausgegeben von
Elizabeth Ann Morris

Aus dem Englischen übersetzt von
Manfred Miethe

WILHELM HEYNE VERLAG
MÜNCHEN

Die englische Originalausgabe erschien 2013 unter dem Titel »True Angel Stories. 777 Messages of Hope and Inspiration« bei Findhorn Press, Schottland.

Der Verlag weist ausdrücklich darauf hin, dass im Text enthaltene externe Links vom Verlag nur bis zum Zeitpunkt der Buchveröffentlichung eingesehen werden konnten. Auf spätere Veränderungen hat der Verlag keinerlei Einfluss. Eine Haftung des Verlags ist daher ausgeschlossen.

Verlagsgruppe Random House FSC® N001967.

2. Auflage
Taschenbucherstausgabe 12/2016

Copyright © 2013 by Diana Cooper
First published by Findhorn Press, Scotland
Copyright © 2014 by Ansata Verlag, München,
in der Verlagsgruppe Random House GmbH
Copyright © 2016 dieser Ausgabe by Wilhelm Heyne Verlag, München,
in der Verlagsgruppe Random House GmbH
Neumarkter Straße 28, 81673 München
Alle Rechte sind vorbehalten. Printed in Germany
Umschlaggestaltung: Guter Punkt, München,
unter Verwendung eines Motivs von © KostanPROFF/shutterstock
Satz: Satzwerk Huber, Germering
Druck und Bindung: GGP Media GmbH, Pößneck
ISBN 978-3-453-70316-2

http://www.heyne.de

Inhalt

Teil 2 – Übungen und Visualisierungen

Einführung

E ngel sind Lichtwesen, die eine so hohe Schwingungsfrequenz haben, dass sie jenseits unseres normalen Seh- und Hörspektrums liegt. Engel sind überall und seit Anbeginn der Zeit bei uns. Da die Schwingungsfrequenz des Planeten und einzelner Menschen schnell ansteigt, sind heute immer mehr Menschen in der Lage, mit ihnen Kontakt aufzunehmen.

Dieses Buch enthält neben Hunderten Beispielen ihrer Gegenwart viele erstaunliche Geschichten von Menschen, die Engel singen gehört haben, sie gesehen oder Botschaften und Zeichen von ihnen empfangen haben. Außerdem enthält es Visualisierungs- und andere Übungen, mit deren Hilfe Sie sich mit den Wundern der Engel verbinden können.

Den Anfang der 777 Engelgeschichten in diesem Buch macht meine erste Begegnung mit einem Engel. Seither wandle ich täglich mit den Engeln, ich spreche und feiere mit ihnen und sie stehen mir helfend zur Seite. Ich hoffe, dass Sie sich von der Engelenergie anstecken lassen werden – ganz gleich, ob Sie dieses Buch ganz durchlesen oder nur hier und da eine Seite aufschlagen und die betreffende Geschichte lesen. Ich wünsche mir, dass auch Sie von ihrer Hilfe, ihrem Rat und ihrer Inspiration profitieren können. Wenn Sie bereits ein Engelbewusstsein haben, wird die Energie der in diesem Buch enthaltenen Geschichten Ihre Verbindung zu den Engeln stärken.

Das Reich der Engel wird von Engeln, Erzengeln und anderen Wesen mit unterschiedlichen Aufgaben bevölkert. Ich bin mit der Fähigkeit gesegnet, Kontakt zu Engeln, Erzengeln, Mächten (darunter auch den Engeln von Geburt und Tod und den Herren des Karmas), Thronen (in deren Obhut sich die Planeten und Sterne befinden – also auch Gaea), Cherubim und Seraphim (welche die Schwingung der Schöpfung um die Gottheit singen) herzustellen. In diesem Buch werde ich einige Geschichten darüber erzählen.

Die Einhörner sind vollwertige Mitglieder des Reiches der Engel, deshalb wurden einige Geschichten über diese weißen erleuchteten, aufgestiegenen Pferde mit aufgenommen. Ihre Energie und ihr Licht sind sehr rein und zart, und es ist ganz wunderbar, dass sie jetzt zum ersten Mal seit dem Untergang von Atlantis zur Erde zurückgekehrt sind, um uns zu helfen.

Auch die Elementarwesen gehören zum Engelreich, und immer mehr Menschen haben heute Kontakt mit ihnen. Diese kleinen, aber sehr mächtigen Wesen sind ebenfalls Teil meines täglichen Lebens geworden.

Der Planet befindet sich in einer Übergangsphase, während der wir von der vierten in die fünfte Dimension aufsteigen. Das bedeutet, dass sich jeder von uns mit ungelösten Themen auseinandersetzen muss. Die Engel sind immer bereit uns zu helfen, aber wir müssen sie darum bitten. Die Geschichten, die ich für dieses Buch ausgewählt habe, beweisen, wie viel Hilfe, Heilung und Führung uns von den Engeln gewährt wird.

Ich hoffe, dass Sie Freude an diesem Buch haben, dass Sie die Gegenwart der Engel spüren und von ihr profitieren können.

Über die Diana-Cooper-Schule

Die Diana-Cooper-Schule wurde 2003 gegründet. Seither ist sie zu einer internationalen Organisation mit über siebenhundert Lehrern weltweit herangewachsen. Wir sind eine gemeinnützige Organisation mit einer Vision: »Wir ermächtigen Menschen, das Licht der Engel, des Aufstiegs und der heiligen Mysterien des Universums zu verbreiten.«

Unsere Mission sagt: »Wir unterstützen die Entstehung eines neuen goldenen Zeitalters auf dem Planeten. Alle unsere Aktivitäten dienen diesem einen Ziel.«

Unsere Lehrerausbildungsseminare und Workshops basieren auf Dianas zahlreichen herausragenden Büchern. Da das Bewusstseinsniveau des Planeten ansteigt, möchten wir so viele Menschen wie möglich dabei unterstützen, mit der nötigen Weisheit und dem notwendigen Verständnis in das neue goldene Zeitalter hineinzuwachsen, die sie brauchen, um fünfdimensionale Wesen zu werden.

Unsere Ausbildungsprogramme müssen umfassender werden, damit wir dieses Ziel erreichen können. Alle Einnahmen aus diesem Buch gehen daher an die Schule. Diese Mittel werden es uns ermöglichen, wirklich etwas Besonderes zu sein und noch mehr Menschen überall auf der Welt zu erreichen.

Wir hoffen, Sie haben Freude beim Lesen dieses Buches. Die vielen in ihm enthaltenen Geschichten werden Ihnen Inspiration und Trost sein und – was am wichtigsten ist – sie werden Ihnen ein tiefes universelles Wissen darüber vermitteln, dass wir alle Teil des göttlichen Plans sind und dass Wunder geschehen, wenn wir Kontakt zu den Engeln und anderen weisen Wesen aufnehmen.

Wenn Sie mehr über die Diana-Cooper-Schule und unsere Arbeit herausfinden möchten, besuchen Sie uns bitte auf unserer Website www.dianacooperschool.com. Wir öffnen Ihnen unser Herz und laden Sie ein, an unserer Arbeit teilzuhaben. Gemeinsam werden wir ein neues goldenes Zeitalter auf dem Planeten Erde erschaffen.

Ganz die Ihre im Dienst des Göttlichen
Namaste

Elizabeth Ann
Rektorin der Diana-Cooper-Schule

Dank

Wir möchten uns ganz besonders bei den folgenden Menschen für ihre Vision, ihr Engagement und ihre intensive Arbeit bei der Fertigstellung dieses Buches bedanken:

Karin Finnigan, Jillian Stott, Penny Wing, Karelena McKinlay, Barbara Howard, Carol Deakin und Rosalind Horswell.

Wir möchten zudem allen danken, die ihre Geschichten beigesteuert haben. Eure Erfahrungen werden Menschen überall auf der Welt inspirieren.

ANMERKUNG: Geschichten, die von Lehrerinnen der Diana-Cooper-Schule stammen, sind mit DCS nach den Namen gekennzeichnet.

TEIL I

Wahre Engelgeschichten

KAPITEL 1

Dianas Erfahrungen

Seit meiner ersten Begegnung mit einem Engel bin ich in ständigem Kontakt mit Engeln, Elementarwesen und Einhörnern gewesen. Ich fand mich auf einer wunderbaren goldenen Reise wieder, auch wenn ich auf dem Weg viele Herausforderungen, Prüfungen und Gefahren durchleben musste. Ich bin allerdings mit einem Gefühl des Vertrauens, Glaubens und der Dankbarkeit daraus hervorgegangen. Ich weiß, dass meine Engel immer bei mir sind und mir geholfen haben, mich aus der Opferrolle zu befreien und Meisterschaft zu erlangen. Ich weiß auch, dass sie immer da sind und mich tragen, wenn mir neue Herausforderungen begegnen.

In der Hoffnung, dass meine Geschichten auch Sie mit Vertrauen, Glauben und Dankbarkeit erfüllen mögen, teile ich in diesem Kapitel einige davon mit Ihnen und weitere später in diesem Buch.

Meine erste Begegnung mit den Engeln

Mein erstes Erwachen in die Gegenwart der Engel ereignete sich vor vielen Jahren. Es scheint mir wichtig, dass dies die erste Engelgeschichte dieses Buches ist.

❉ ❉ ❉

Vollkommen am Ende und ohne jede spirituelle Erfahrung rief ich das Universum um Hilfe an. Ich rief: »Wenn es dort draußen irgendetwas gibt, zeig es mir! Ich gebe dir eine Stunde Zeit!« Im selben Moment stand ein wunderschöner, einen Meter achtzig großer goldener Engel vor mir und zog mich aus meinem physischen Körper heraus. Wir flogen gemeinsam durchs Universum und er zeigte mir viele Dinge. Schließlich schwebten wir zu einem Saal voller Menschen, deren Auras in allen Farben des Regenbogens leuchteten. Er sagte mir, die Person auf dem Podium wäre ich. Als er mich zurückbrachte, war genau eine Stunde vergangen.

Nach dieser Erfahrung erlebte ich noch immer Momente der Hoffnungslosigkeit und Verzweiflung, aber ich wusste jetzt, dass die Engel um uns sind und nur darauf warten, uns zu helfen.

Zeichen der Engel

Es dauerte ziemlich lange, bis ich begriff, dass die Engel ständig versuchen, uns an ihre Gegenwart zu erinnern, und dass sie uns ständig Zeichen senden.

❀ ❀ ❀

Ein solches Zeichen bekam ich einige Wochen nach der ersten Begegnung mit dem Engel. Ich fühlte mich wieder verloren und bat um ein Zeichen. Als ich zum Himmel hinaufblickte, sah ich dort riesige Hände, die eine Schale bildeten, als ob sie mich halten wollten. Ich konnte sie deutlich sehen und wusste, dass dies eine Botschaft der Engel sein musste, mit der sie mir mitteilen wollten, dass sie mir helfen würden. Es war ein großer Trost für mich.

Irdische Engel

Als die Zeichen, die sie mir schickten, mich nicht aus meiner negativen Geistesverfassung herausbringen konnten, griffen die Engel auf direkterem Wege ein.

❀ ❀ ❀

Wochen vergingen und mein Leben besserte sich langsam, aber ich machte mir immer noch wegen allem Möglichen Sorgen. Eines Tages saß ich ganz hinten in einem großen Saal und hörte einer Rednerin zu. Ich wusste nicht, worüber sie sprach, da mich meine Ängste voll im Griff hatten. Da bat ich die Engel um Hilfe. Nach dem Ende des Vortrags kam ein Fremder auf mich zu und sagte: »Entschuldigen Sie, dass ich Sie störe, aber ich habe zufällig mitgehört. Die Engel baten mich, Ihnen zu sagen, dass alles gut wird.« Nun, ich dankte ihm, machte mir aber weiterhin Sorgen.

Einige Tage darauf stand ich im strömenden Regen – was durchaus meiner trüben Stimmung entsprach – vor einem Schaufenster. »Ich brauche wieder eure Hilfe«, murmelte ich. Wieder kam ein Fremder auf mich zu und sagte: »Mir wurde aufgetragen, Ihnen zu sagen, dass alles gut wird.« Wieder dieselbe Botschaft! Und dieses Mal begann ich zu glauben.

Engel und Wasser – Badewasser

Wasser ist ein ganz wunderbares Element, denn es ist Träger der Liebe und hebt die Schwingungsfrequenz von allen an, die sich darin befinden oder davon berührt werden.

❋ ❋ ❋

Ich war gerade umgezogen und dabei, einen neuen Lebensabschnitt zu beginnen. Ich lag in der Badewanne und bat um Führung in Bezug auf die Klassen, die ich unterrichtete. Zu meiner Überraschung hörte ich die Stimme eines Engels wie einen goldenen Gedanken direkt in meinem Kopf: »Wir wollen, dass du den Menschen von uns erzählst.«

Ich war ganz entsetzt und gab zur Antwort, dass ich das ganz sicher nicht tun würde. Die Leute würden mich für verrückt halten. Da sprach der Engel jene Worte, die ich nie vergessen werde: »Wer macht denn deine Arbeit? Ist es dein Ego oder dein höheres Selbst?«

Also stimmte ich zu, es zu tun. Ich stieg aus der Badewanne und setzte mich aufs Bett. Drei Engel erschienen mir und übermittelten mir Informationen über ihre Reiche.

Engel und mein Buch

Wenn die Engel etwas wollen und alle Beteiligten bereit sind, geschieht alles sehr schnell.

❋ ❋ ❋

Ich schickte mein Engelbuch, das damals *A Little Light on Angels* hieß und heute *New Light on Angels*, an Findhorn Press. (Später erschien es unter *Der neue Engel-Ratgeber. Schutz, Beistand und Trost finden in jeder Lebenslage* auf Deutsch auch bei Heyne.) Thierry, der Verleger, rief mich an und sagte mir, sie würden es gern veröffentlichen. Ich antwortete, es wäre toll, es noch vor Weihnachten in den Läden zu haben, aber er lachte nur und meinte, das wäre unmöglich. Ich erwiderte, wenn die Engel wollten, dass es vor Weihnachten erscheinen sollte, würden sie es möglich machen.

Eine halbe Stunde später rief Thierry wieder an und sagte, das Buch würde in sechs Wochen da sein. Fünf Wochen später hielt ich das erste Exemplar in den Händen.

Ein Engel in meiner Aura

Wenn die Engel einen Menschen benutzen, um anderen eine Botschaft zu übermitteln, können Wunder geschehen.

❊ ❊ ❊

Mein Buch war gerade veröffentlicht worden und ich war als Gast einer Frühstücksfernsehsendung eingeladen. Kurz bevor es losging, wurde ich von den Moderatoren gefragt, ob sie ein Foto von meiner Aura machen dürften.

Ich bat meinen Engel, auf dem Foto zu erscheinen, und zur Überraschung aller waren sowohl mein Engel als auch mein Geistführer auf dem Aura-Foto zu sehen. Man konnte den runden Kopf eines Engels, einen goldenen Balken, der zu meinem Führer hinüberreichte, und überall auf dem Foto goldene Strahlen sehen.

Daraufhin erhielt der Sender 114 000 Anrufe. Ich wurde gebeten, am folgenden Tag wiederzukommen, da so viele Menschen von ihren Erlebnissen mit Engeln erzählen wollten – von Erlebnissen, über die sie sich vorher nicht getraut hatten zu sprechen!

Engel in der Nacht

Kurz vor dem Einschlafen und kurz vor dem Aufwachen sind wir am empfänglichsten für die Botschaften der Engel.

✳ ✳ ✳

Vor vielen Jahren reiste ich nach Mount Shasta in Kalifornien, da mir aufgetragen worden war, an der dort stattfindenden Wesak-Zeremonie über Engel zu sprechen. (Das Wesak-Fest erinnert an Geburt, Erleuchtung und Verlöschen des Buddha.) Am ersten Abend erhielt ich in meinem Hotel einen Anruf von meinem Verlag Findhorn Press, bei dem mir mitgeteilt wurde, dass man ein Interview mit Dawn Fazende, der Redakteurin des Lokalblattes Mount Shasta News, arrangiert hatte.

Mitten in der Nacht wurde ich von Engeln geweckt. Sie sagten mir, dies sei ein sehr wichtiges Treffen und dass ich einige Dinge unbedingt sagen müsse. Also schrieb ich alles auf, was sie mir mitteilten.

Am nächsten Tag ging ich voller Neugierde zu meiner Verabredung in einem Restaurant. Und sofort geschah etwas Außergewöhnliches. Als Dawn und ich Hände schüttelten, konnten wir sie nicht mehr loslassen. Zwischen uns pulsierte eine ungeheure Kraft. Ich dachte: »Du meine Güte, was für eine machtvolle Frau.« Später erfuhr ich, dass sie genau dasselbe über mich gedacht hatte. Unser Mittagessen erstreckte sich über den ganzen Nachmittag.

Es stellte sich heraus, dass dies tatsächlich ein sehr wichtiges Treffen gewesen war, denn Dawn sorgte dafür, dass ich an der Wesak-Zeremonie der darauffolgenden Jahre ebenfalls teilnehmen konnte. Wie immer stand ich den Lichtwesen dankbar und sprachlos vor Ehrfurcht gegenüber.

Mein erster Vortrag vor zweitausend Menschen

Wenn Sie nervös sind, sollten Sie die Engel um Hilfe bitten.

✳ ✳ ✳

Mein Engelbuch verkaufte sich wie warme Semmeln. Viele Menschen kauften gleich mehrere Exemplare, was mein Selbstbewusstsein stärkte. Ich sollte auf der Wesak-Konferenz vor einem großen Publikum sprechen. Ich hatte noch nie zu so vielen Menschen gesprochen und konnte gar nicht begreifen, warum ich so außergewöhnlich ruhig war, als es an der Zeit war, meinen Vortrag zu halten. Als ich mich auf den langen Weg zum Podium machte, konnte ich spüren, wie mich die Schwingen meines Engels einhüllten und mich hielten. Es war reine Magie. Ich entspannte mich vollkommen, während die Engel durch mich sprachen. Später erklärte mir mein Führer Kumeka, dass ich auf diesem Podium ein siebendimensionales Erlebnis gehabt hatte.

Michael auf dem Nachhauseweg

Eine der mächtigsten Energien, die man überhaupt haben kann, ist Glaube. In jener Nacht vertraute ich darauf, dass Erzengel Michael mir helfen würde.

❀ ❀ ❀

Ich hatte den Abend bei Freunden verbracht, und als ich nach Hause fahren wollte, sah ich, dass die Straße mit einer dünnen Eisschicht bedeckt war. Meine Freunde baten mich, die Nacht doch bei ihnen zu verbringen, aber ich wollte unbedingt nach Hause. Also setzte ich all mein Vertrauen in Erzengel Michael.

Ich sagte zu ihm: »Bitte, bitte, Michael, der Straßenzustand ist sehr schlecht. Ich brauche besonderen Schutz, um sicher nach Hause zu kommen.« Da geschah etwas ganz Außergewöhnliches: Es sah so aus, als ob vor dem Auto ein blaues Licht scheinen würde. Dieses Licht beleuchtete die Straße vor mir und an den Seiten und es schien, bis ich die Hauptstraße erreicht hatte. Michael hatte mir sein Licht gezeigt, um mir Sicherheit zu geben.

Gepäck

Erzengel Michael ist etwas ganz Besonderes. Er beschützt uns und kümmert sich um alles – sogar um unser Gepäck!

❀ ❀ ❀

Mein Koffer musste von einem Flugzeug in ein anderes umgeladen werden, daher bat ich Erzengel Michael, darauf aufzupassen und dafür zu sorgen, dass er ins richtige Flugzeug kommen würde. Als ich an der Gepäckausgabe am Flughafen Heathrow wartete, tauchte Koffer um Koffer auf, aber von meinem war nichts zu sehen. Ich machte mir große Sorgen, also sagte ich in Gedanken zu ihm: »Ich hatte dich doch gebeten, auf meinen Koffer aufzupassen.«

Geduldig und glockenklar antwortete er: »Das habe ich auch. Er kommt.«

Und kurz darauf kam mein Koffer.

Die Engel finden mein Traumhaus

Schreiben Sie genau auf, was Sie wollen, bevor Sie die Engel um etwas bitten.

❀ ❀ ❀

Ich habe das Meer immer schon geliebt und wollte nicht weiter als zwanzig Minuten davon entfernt wohnen, aber in der Nähe einer Autobahn und nicht zu weit weg von London und den Flughäfen. Als ich mich entschlossen hatte umzuziehen, schrieb ich diese Wunschvorstellung mit einer genauen Beschreibung meines idealen Hauses auf. Dann sah ich auf die Landkarte und fand heraus, dass Bournemouth all meine Kriterien erfüllte.

Ich erwähnte dies gegenüber einer Bekannten, die eine ihrer Freundinnen anrief, die in Bournemouth wohnte. Innerhalb einer halben Stunde rief Dee, ihre Freundin, zurück und lud mich ein, bei ihr zu übernachten und mir Häuser im Ort anzuschauen. Ich war so dankbar.

Ich fand ein Haus, das alle meine Wünsche erfüllte. Es war perfekt, aber ich fand, es sei zu groß und auch zu teuer. Also ließ ich es – allerdings ziemlich widerwillig – los. Ich wusste ja, dass es wichtig ist, Dinge loszulassen, die nicht zu unserem höchsten Wohl sind.

Um vier Uhr in der Nacht wurde ich von einer Stimme geweckt, die sagte: »Diana, das ist dein Haus.« Als ich zum Frühstück herunterkam, kam Dee ins Zimmer gerauscht. Sie rief: »Diana, um vier Uhr hat mich ein Engel geweckt und mir aufgetragen, ich solle dir sagen, dass es dein Haus ist.«

Obwohl es das einzige Haus war, das ich angeschaut hatte, und obwohl ich es mir nicht leisten konnte, kaufte ich es. Ich liebe es.

Das Leben in meinem Traumhaus wurde mir ermöglicht

Und jetzt lesen Sie, was dann geschah.

❋ ❋ ❋

Als ich in mein neues Haus zog, hatte ich noch zweitausend Pfund auf meinem Bankkonto und keine weiteren Rücklagen. Am ersten Tag trafen Rechnungen über etwa zehntausend Pfund ein. Ich stand in der Küche und rief: »Engel, wenn ihr wollt, dass ich in diesem Haus lebe, schickt mir noch diese Woche das Geld, das ich brauche, um diese Rechnungen zu bezahlen. Denn wenn das Geld nicht eintrifft, werde ich das Haus wieder verkaufen müssen.« Ich meinte es wirklich ernst. Noch in derselben Woche traf die Summe ein.

Metatrons Zimmer

Weihen Sie ein Zimmer oder einen Ort einem bestimmten Engel, dann wird er sich darum kümmern.

❋ ❋ ❋

Ich habe ein wunderschönes Zimmer in meinem Haus, das ich Metatron geweiht habe. Ich wollte die Wände in einem blassen orangefarbenen Ton streichen und die Nische, in der sich der Altar befindet, in einem dunklen Orange. Ich kaufte die Farbe und war sehr mit mir zufrieden. Aber als ich in das Zimmer kam, stellten sich Zweifel ein. »Meine Güte«, sagte ich zu mir selbst, »ich hoffe nur, ich habe die richtigen Farben.« Da erklang laut und deutlich Metatrons Stimme: »Das hast du, denn ich habe sie ausgesucht.«

Ich liebe dieses Zimmer, wenn die Sonne hereinscheint, sehen die orangefarbenen Wände so warm und heimelig aus.

Das Lied der Feen und Elementarwesen

Ein melodischer hoher Summton ist der Schlüssel zum Reich der Elementarwesen.

✵ ✵ ✵

Als ich einmal im Wald spazieren ging, kam eine hübsche Fee zu mir, setzte sich auf meine Schulter und begann zu singen. Der Gesang war einfach, aber wunderschön, hoch und lieblich, wie kein menschlicher Gesang es sein kann. Ich war von Freude überwältigt. Nun stellen Sie sich vor, wie ich mich gleich darauf fühlte, als Hunderte Feen und andere Elementarwesen in den Gesang einstimmten! Es klang wie ein melodisches hohes Summen. Erst später erfuhr ich, dass dieser Ton der Schlüssel zum Reich der Elementarwesen ist. In meinem Buch *The Keys to the Universe* (*Schlüssel zur höheren Welt. Entfalte die Energie und Weisheit des Universums in dir*, Ansata) ist eine ausführliche Version dieser Geschichte enthalten.

Tausend Engel

Das Kronen-Chakra besteht aus tausend Blütenblättern, die tausend Lektionen repräsentieren, die wir hier lernen können.

✵ ✵ ✵

Als ich eines Tages den Lotus mit seinen tausend Blütenblättern in meinem Kronen-Chakra visualisierte, musste ich an meinen Aufenthalt im Ashram der spirituellen Führerin Amma im indischen Kerala denken. Ich war früh aufgestanden, um den Swamis zuzuhören, die die tausend Namen Gottes sangen. Der Gesang dauerte über eine Stunde und ich lauschte ihm voller Begeisterung.

Als ich daran dachte, spürte ich, wie sich die tausend Blütenblätter über meinem Kopf Schicht um Schicht in Engel verwandelten. Ich bat sie im Stillen, die tausend Namen Gottes zu singen. Sie sangen sie nicht nacheinander, wie ich es erwartet hatte, sondern alle gleichzeitig, und wiederholten den Gesang siebenmal. Es fühlte sich an wie eine Klangexplosion, die in meinen Kopf eindrang. Die Energie der Engel ist wahrlich Ehrfurcht erweckend.

Das OM der Engel

Sie können das OM intonieren und die Engel bitten, mit Ihnen zu singen. Sie werden Ihnen ihre Energie schicken, selbst wenn Sie es nicht fühlen können.

❀ ❀ ❀

Einmal baten mich die Engel, das OM in meinem Kronen-Chakra zu konzentrieren, und sagten mir, sie würden mit mir singen. Ich begann mit dem OM und konzentrierte mich dabei auf mein Kronen-Chakra. Sie begleiteten mich mit ihrem unglaublich herrlichen Gesang. Sie öffneten das Chakra so weit, dass ich später das Gefühl hatte, mein Kopf wäre aufgeplatzt. Ich wusste, dass sie mein Kronen-Chakra auf eine neue Ebene gehoben hatten, damit mehr Licht durch mich hindurchströmen kann.

Goldene Flügel

Manchmal taucht wie aus heiterem Himmel eine Vision auf, deren Schönheit einfach atemberaubend ist.

❀ ❀ ❀

In einem abgeschiedenen Teil des nahe gelegenen Wäldchens, wo es keine Wanderwege gibt, stand ich still da und sah mir die schönen Bäume an. Plötzlich spürte ich, wie aus meinen Schulterblättern Flügel hervorbrachen. Sie waren aus reinem Gold, und ich konnte spüren, dass sie riesig waren – mit einem Umfang von etwa dreißig Metern. Sie strahlten ein solches Licht aus, dass ich mir sicher war, jeder im Wald würde es sehen. Ich stand in Ehrfurcht und Verzückung versunken da.

Dann dachte ich, dass ich diese Energie nutzen müsste, also richtete ich die Energie der Flügel auf Menschen, die in Not waren. Schließlich lenkte ich sie nach Syrien und visualisierte, dass sie den Menschen dort Frieden brachte. Das Erlebnis verblasste langsam, aber der Eindruck der Flügel hielt noch eine Stunde lang an. Diese Erfahrung war so speziell, dass ich es mehrere Tage lang nicht über mich bringen konnte, jemandem davon zu erzählen.

Gobolino

Kobolde sind fünfdimensionale Elementarwesen, die aus dem Herzen heraus leben und ganz besonders weise sind. Sie haben ihr Leben der Aufgabe geweiht, dem Planeten zu helfen.

❈ ❈ ❈

Ich habe bereits in anderen Büchern von meinem Koboldfreund berichtet. Ich muss immer lächeln, wenn ich an ihn denke und daran, wie er mir auf so einfache Weise die Lektion der Einheit nahegebracht hat.

Als er aus einem Baum sprang und mit mir einen Waldweg entlangging, fragte ich ihn nach seiner Beziehung zu anderen Elementarwesen und den Menschen. Ich hatte irrtümlich angenommen, dass er mir sagen würde, die Feen hätten es leichter oder andere Elementarwesen wären fauler, aber ich sollte mich getäuscht haben. Seine Antwort war einfach: »Wir sind alle gleich, unterscheiden uns aber.«

Wie wunderbar einfach! Das gilt für alle Kulturen, Religionen, Länder, Rassen und alle Menschen unterschiedlicher Hautfarbe, die nur einen anderen Aspekt des Göttlichen verkörpern. Ich bewahre seine Worte stets in meinem Herzen.

Was ein Kobold unter Spaß versteht

Elementarwesen haben wie alle hochfrequenten Wesen einen außerordentlichen Sinn für Humor, und sie lieben es, uns zum Lachen zu bringen.

❈ ❈ ❈

Ich ging gemeinsam mit Gobolino, meinem Koboldfreund, der immer Unsinn im Kopf hat, an einem See in Afrika spazieren. Als wir einen großen Wasservogel auf einem Pfosten im See sahen, der zum Schlafen seinen Kopf unter einen Flügel gesteckt hatte, stieß Gobolino mich an und forderte mich auf, den Ton der Elementarwesen zu machen. Ich war neugierig, was er von mir wollte, und begann hoch und melodiös zu summen. Wie erstaunt war ich, als der Vogel plötzlich hochschreckte und sich erstaunt umsah.

Die Beharrlichkeit Erzengel Gabriels

Wenn die Engel wollen, dass wir etwas tun, dann werden sie dafür sorgen, dass wir es tatsächlich tun, also machen Sie besser einfach mit.

❄ ❄ ❄

Ich erhielt einen Anruf von Paivi, die in Finnland eine Esoterikmesse organisierte. Sie bat mich, auf dieser Messe zu sprechen, aber an dem betreffenden Datum hatte ich bereits einen anderen Termin. Sie war sehr enttäuscht, und ich erinnere mich noch genau, was sie zu mir sagte: »Aber das ist nicht recht. Ich weiß, dass du kommen solltest.«

Als ich an jenem Morgen spazieren ging, sagte Erzengel Gabriel immer wieder zu mir: »Du wirst nach Finnland fliegen.« Schließlich stieß ich genervt hervor: »Also gut, wenn du willst, dass ich zu dieser Messe gehe, dann storniere den anderen Termin. Dann werde ich nach Finnland fliegen.«

Als ich nach Hause zurückkam, war eine Nachricht auf dem Anrufbeantworter hinterlassen worden, dass der Termin, für den ich gebucht war, verschoben worden war. Nun konnte ich nach Finnland fliegen und auf der Messe sprechen.

Engel und Elementarwesen singen meinen Namen

Wir wählen uns Namen aus, die die Schwingung der Essenz unserer Seelenreise in sich tragen. Dann vermitteln wir ihn auf telepathischem Wege unseren Eltern — meist noch vor der Geburt. Immer wenn unser Name mit Liebe und voller Freude ausgesprochen wird, können wir das Wunder spüren, das wir sind. Wird er voller Liebe gesungen, besonders von Wesen aus den anderen Welten, dann sind wir wahrlich gesegnet.

❄ ❄ ❄

Es war mal wieder einer dieser Tage. Jemand hatte etwas Gemeines zu mir gesagt, und ich war wütend und fühlte mich mies. Am nächsten Morgen beschäftigte mich der Vorfall immer noch, also beschloss ich, im Wald spazieren zu gehen. Es war ein herrlicher Tag und ich rief laut: »Natur, bitte nimm diese negativen Gefühle von mir und wandle sie um!«

Da wurde ich mir bewusst, dass eine Fee auf meiner Schulter saß. Dann umringten mich plötzlich ganz viele Elementarwesen und sangen meinen Namen voller Liebe und Fürsorge. Bald stimmten auch die Engel mit ein. Ein Einhorn fügte sein Licht hinzu. Der Himmel überschüttete mich mit Liebe, während seine Geschöpfe immer wieder meinen Namen sangen. Dann übermittelten sie mir eine Botschaft: »Vergib der Person, die du damals warst, und frohlocke angesichts dessen, was du jetzt bist.« Zwei Stunden später konnte ich die Liebe immer noch in meinem Herzen spüren und wusste nicht einmal mehr, warum ich so verletzt und wütend gewesen war.

Kindern ins Licht helfen

Wenn Sie einen Orb anschauen oder sich einen vorstellen, nehmen Sie seine Energie in Ihre Aura auf.

❈ ❈ ❈

Ich ging in der Natur spazieren und atmete das strahlend rosafarbene Licht von Erzengel Chamuels und Mutter Marias Orb ein, als plötzlich eine Elfe auf mich zugelaufen kam, der sechs kleine Kinder folgten. Mir war sofort klar, dass es sich dabei um verlorene Seelen handeln musste, die nicht ins Licht gegangen waren. Als sie das Licht von Erzengel Chamuel und Mutter Maria um mich herum sahen, liefen die Kinder auf mich zu – außer einem, das wegrannte. Ich kniete mich hin und übergab eines nach dem anderen dem Licht, in dem sie von ihren Müttern in Empfang genommen wurden. Ich erinnere mich besonders an den strahlenden, freudvollen Ausdruck im Gesicht eines kleinen blonden Jungen mit einem Matrosenanzug, als er seine Mutter sah.

Ich ging weiter und fragte mich, was wohl mit dem Kind geschehen würde, das weggelaufen war. Im selben Moment tauchte die Elfe wieder auf, die das Kind im Arm hielt und ihm gut zuredete. Diesmal lief das Kind auf mich zu, als es das Licht sah, und wurde von seinen Eltern in Empfang genommen.

Bäume können heilen

Wenn Sie Bäume, Blumen und andere Aspekte der Natur segnen und dankbar anerkennen, werden diese auf eine Weise reagieren, die Sie sich nicht einmal vorstellen können, und Ihnen helfen.

✿ ✿ ✿

Ich war wieder im Wald, als ich plötzlich an ein sterbendes Baby und seine trauernde Familie denken musste. Ich wusste nicht, woher dieser Gedanke kam, aber ich hatte das Gefühl, die Gedanken einer benachbarten Familie wahrgenommen zu haben. Als die Trauer immer stärker wurde, bat ich um Hilfe. Eine Minute lang war der Schmerz kaum zu ertragen, dann war er vorbei.

Mein Führer Kumeka sagte mir, dass ich tatsächlich die Trauer einer benachbarten Familie gespürt hatte, deren Baby gestorben war. Daraufhin war die Trauer, die ich im Laufe meiner früheren Leben angesichts des Verlustes meiner Kinder verspürt hatte, zurückgekommen. Aber die Bäume hatten sie von mir genommen. Nachdem die intensiven, beinahe unerträglichen Gefühle der Trauer und des Kummers verschwunden waren, fühlte ich mich unglaublich frei. Ich war den Bäumen unendlich dankbar, dass sie meine Trauer verwandelt hatten.

Eine Begegnung mit Pan

Pan ist ein mächtiger neundimensionaler Meister, in dessen Obhut sich das Naturreich befindet. Gemeinsam mit Erzengel Purlimiek hilft er dem Naturreich.

✿ ✿ ✿

Ich ging im Wald spazieren, als mir die Anwesenheit eines riesigen Wesens bewusst wurde, das zwischen den Bäumen stand. Ich fragte es auf telepathischem Wege, wer es wohl sei, und es antwortete: »Pan.«

Ich wusste nicht, was ich sagen sollte, stattdessen versuchte ich, so viel Dankbarkeit wie möglich auszustrahlen. Ich war mir allerdings auch bewusst, was wir Menschen der Natur alles angetan hatten. Also stand ich da und sandte ihm meine Dankbarkeit, bis er sich plötzlich zurückzog und mich mit einem tiefen Gefühl des Friedens zurückließ.

Die Engel beschützen uns beim Fliegen

Viele Menschen haben Angst vorm Fliegen, aber Engel können uns Mut machen und uns, wie diese Geschichte zeigt, unser Vertrauen zurückgeben.

❋ ❋ ❋

Ich war in Thailand in den Ferien, und vom Strand aus konnte ich sehen, wie auf dem örtlichen Flughafen Maschinen starteten und landeten. Auf den Fotos, die ich machte, konnte ich zu meiner Überraschung um die Flugzeuge herum die Orbs von Dutzenden Schutzengeln und von Erzengel Gabriels Engeln sehen. Die Schutzengel waren in so großer Zahl anwesend, dass ich intuitiv wusste, dass ihre Schützlinge – die Passagiere – sehr nervös gewesen sein mussten.

Aus diesem Grund blieben die Engel ganz in der Nähe und hielten die Energie aufrecht, sodass sich die Fluggäste sicherer fühlen konnten. Wenn die Menschen doch nur erkennen könnten, wie viel Hilfe und Unterstützung sie bekommen, wenn sie fliegen. Ängstliche Passagiere würden sich sofort viel besser fühlen.

Tierengel und mein Hund

Wenn Sie sich um Menschen oder Tiere sorgen, lenken Sie negative Energie auf sie. Bitten Sie die Engel doch stattdessen lieber, sie in Licht zu hüllen.

❋ ❋ ❋

Meine hübsche kleine Hündin Venus sollte sterilisiert werden. Bevor wir zum Tierarzt fuhren, machte ich mit ihr einen langen Spaziergang und bat Erzengel Fhelyai, den Erzengel, der sich um die Tiere kümmert, auf sie aufzupassen. Ich hörte, wie er sagte: »Ich werde bei ihr sein. Alles wird gut gehen.« Was für eine Erleichterung, das zu hören. Nun war ich bereit, darauf zu vertrauen, dass die Operation gut verlaufen würde – was sie auch tat.

Die Beziehung zum Vater heilen

Wenn Sie sich mit den Engeln verbinden, werden diese ihre Energie einsetzen, um durch Sie andere zu heilen oder zu verändern — auch ohne, dass Sie etwas davon mitbekommen.

Ebenso in der folgenden Geschichte. Anita, meine Buchhalterin, ist eine fröhliche, quirlige Person. Eines Tages ging sie mit mir Mittag essen, bevor sie ihren Vater besuchte. Diese E-Mail schickte sie mir ein paar Tage später.

❀ ❀ ❀

Ob es dir bewusst ist oder nicht, aber wir haben mehr als nur zu Mittag gegessen. Erinnerst du dich, dass ich hinterher zu meinem Vater wollte?

Vor vierzig Jahren hat er uns ohne jede Erklärung verlassen. Ich habe viele Stunden damit zugebracht, mein inneres Kind zu heilen und den Schmerz, die Wut und die Trauer aufzulösen. Als wir beim Mittagessen waren, sandten die Engel heilende Energie durch dich zu mir, damit ich die ganze Geschichte endlich klären, loslassen und meinem Vater vergeben kann. Als ich ihn dann traf, war ich überhaupt nicht gereizt, sondern wie unbeteiligt, was sehr ungewöhnlich ist. Ich spürte keine Wut, nur Akzeptanz und Verständnis. Erst am nächsten Morgen begriff ich, was geschehen war. Die geistige Welt ist so geschickt darin, Dinge zu planen.

Dies soll ein riesiges Dankeschön für die Heilung und ein kleines für das Mittagessen sein.

Anita

KAPITEL 2

Schutzengel

Jeder Mensch hat einen Schutzengel, der von Geburt an bei ihm ist und den göttlichen Plan für ihn bewahrt. Ganz gleich, was Sie auch anstellen mögen, Ihr Schutzengel liebt Sie bedingungslos und ist immer bei Ihnen. Er flüstert Ihnen ständig zu, was zu Ihrem höchsten Wohl wäre, und versucht Sie zu führen. Ich habe viele Fotos gesehen, auf denen die Orbs der Schutzengel direkt neben den Köpfen der Betreffenden sichtbar waren, weil sie ihnen etwas ins Ohr geflüstert haben.

Schutzengel ermutigen uns, die besten Entscheidungen zu treffen; sie sorgen dafür, dass wir den Menschen begegnen, denen wir begegnen sollen, und sie trösten und helfen uns auf jede nur erdenkliche Weise. Weil wir den freien Willen besitzen, können unsere Schutzengel uns nicht vor Erfahrungen bewahren, aus denen wir etwas lernen können. Sie werden uns allerdings vor Gefahren bewahren oder unser Leben retten, wenn unsere Zeit noch nicht gekommen ist.

Ich begegne meinem Schutzengel

Mir gefällt diese Geschichte von Karin sehr, weil sie zeigt, wie sehr uns unsere Schutzengel lieben, auch wenn wir uns noch so schlecht fühlen.

❋ ❋ ❋

Obwohl ich Reiki-Meisterin und Heilerin bin und schon immer wusste, dass ich über übersinnliche Kräfte verfüge, spürte ich doch keine Verbindung zu den Engeln – bis ich beschloss, am *Transform Your Life Program* mit Elizabeth Ann Morris teilzunehmen.

Sie fragte mich, ob ich meinen Schutzengel kennenlernen möchte, und führte mich durch eine Meditationsübung. Mir graute vor diesem Erlebnis, denn ich glaubte wirklich, dass die Engel mit so einer wie mir nichts zu tun haben wollten. Ich war der festen Überzeugung, dass ich nicht liebenswert sei und dass sie nicht erscheinen würden.

Aber diese unglaubliche Lehrerin brachte Engel der Heilung in mein Herz – und ich spürte es! Ich spürte deutlich, wie sich meine Atmung beruhigte, wie mich ein Licht umhüllte und wie der Schmerz in meinem Herzen nachließ.

Mir kam der Name Harold in den Sinn. Dann sah ich ein wunderschönes Wesen. Am erstaunlichsten war die Liebe zu mir, die ich in seinen Augen sah. In diesem Augenblick veränderte sich mein Leben. Ich erkannte, dass die Liebe da war, wenn ich sie nur wollte. Ich musste nichts weiter tun, als meine Augen zu schließen und Harold zu bitten, zu mir zu kommen.

Karin Finegan, DCS

In die Schwingen eines Engels gehüllt

Ihr Schutzengel wird Ihre Hand halten und Sie unterstützen, wenn Sie dringend Hilfe brauchen.

❋ ❋ ❋

Mein Partner und ich freuten uns sehr, als ich schwanger wurde, aber in der elften Woche bekam ich Schmierblutungen und Rückenschmerzen. Ich legte mich ins Bett, während mein Partner den Arzt anrief. Ich schloss die Augen und sah mich selbst auf einer Rolltrage im Krankenhaus liegen und durch mehrere Räume gerollt werden. Ich redete mir gut zu und ermahnte mich, ruhig zu bleiben, da alles gut werden würde.

Da schien der Raum plötzlich irgendwie weicher zu werden und ich war in Wärme und Liebe gehüllt. Alle Angst wich von mir und ich wurde ganz ruhig, weil ich mich so sicher wie in einem Kokon fühlte. Ich wusste, was auch immer geschehen würde, ich würde nicht allein sein.

Ich ließ mich untersuchen und musste über Nacht im Krankenhaus bleiben. Im Traum sah ich den Umriss eines Fötus, der von einem elektrischen blauen Licht umgeben war. Dann trennte sich der Fötus von mir und ich erwachte. Ich hatte eine Fehlgeburt. Ich war sehr erschrocken, aber irgendwie wusste ich, dass ich mich immer noch in diesem Kokon aus Ruhe, Frieden und Liebe befand.

Am nächsten Morgen rollte man mich auf einer Rolltrage durch die Räume, die ich vor meinem geistigen Auge gesehen hatte. Noch Tage später verspürte ich dieses Gefühl der inneren Ruhe. Ich bin mir sicher, dass die Gegenwart, die ich spürte, mein Schutzengel war, der mir durch eine schwierige Zeit hindurchhalf.

Karen Spring-Stocker

Ein Schutzengel verhindert Schlimmeres

Diese junge Frau war gesegnet, weil ihr Schutzengel sie beschützte. Engel wirken auf tausenderlei Weise, um uns auch vor den Folgen unserer Fehler zu bewahren.

❀ ❀ ❀

Ich war damals Anfang zwanzig, und nach einer durchzechten Nacht hatte ich mich völlig übermüdet auf den Heimweg gemacht, aber den Zug verpasst. Dumm wie ich war, ließ ich mich von einem Fremden mitnehmen. Alles schien in Ordnung zu sein, bis ich aussteigen wollte und erkennen musste, dass gar nichts in Ordnung war.

Plötzlich aber hörten der Fahrer und ich ein Geräusch und sahen, wie ein Mann mit einem Filzhut auf das Auto zukam. Die Straßenlaterne schien direkt auf ihn zu scheinen. Ich nutzte die Gelegenheit, schaffte es, aus dem Auto zu springen, und kam sicher nach Hause.

Am nächsten Tag fielen mir zwei Dinge auf. Obwohl der Mann scheinbar auf das Auto zugegangen war, kam er dort doch nie an, auch ging er nicht daran vorbei. Ich lief zurück zu der Stelle und sah, dass dort überhaupt keine Straßenlaterne war. Ich kann daraus nur schließen, dass mein Schutzengel den Fahrer abgelenkt hatte, um mich zu retten. Wie dankbar ich ihm dafür bin!

Anonym

Mein Schutzengel und meine Lebensaufgabe

Wenn Sie darum bitten, dass etwas im Interesse Ihres höchsten Wohles gesche-hen möge, wird Ihr Schutzengel eingreifen und dafür sorgen, dass es geschieht.

❋ ❋ ❋

Ich sah eine Annonce für Dianas Aufstiegsseminar. Ich war ganz aus dem Häuschen und rief sofort an, aber Diana meinte, es täte ihr leid, das Seminar wäre bereits ausgebucht. Also bat ich meinen Schutzengel, dafür zu sorgen, dass ein Platz frei würde, wenn dies im Interesse mei-nes höchsten Wohles liegen würde.

Zwei Tage später bekam ich einen Anruf, dass ein Platz frei wäre, wenn ich ihn noch wollte. Ich dankte Eleanor, meinem Schutzengel, für ihre Hilfe und habe die Teilnahme niemals bereut.

Eloise Bennett, DCS

Die Engel wachen über mich

Unsere Schutzengel wachen ständig über uns, und es ist ein ganz wunderbar tröstendes Gefühl, wenn wir ihre Anwesenheit spüren.

❋ ❋ ❋

Ich hatte die Engel erst vor ein paar Jahren entdeckt und war immer auf der Suche nach physischen Zeichen, aber schließlich erkannte ich, dass ich einfach mehr an sie glauben musste.

Eine Tages lag ich im Bett im Schlafzimmer, in dem sich auch mein Schrein befindet. Ich spürte, dass noch jemand im Zimmer war, und nahm eine große Form wahr, die am Tisch saß. Dann vergaß ich den Vorfall wieder und ging meinen Alltagsgeschäften nach.

Als ich am nächsten Tag das Bett machte, fand ich zwei weiße Federn auf der Decke. Sie waren so schneeweiß, dass ich wusste, dass sie nur von meinen Engeln stammen konnten.

Melody Chophla

Eine Wanderung mit meinem Schutzengel in den Alpen

Ihr Schutzengel wird Sie vor Gefahren warnen, sodass Sie ihnen ausweichen können.

❋ ❋ ❋

Ich wanderte allein in den Schweizer Alpen. Die Wanderwege sind gut gekennzeichnet, und man kann ihnen leicht folgen. Jeden Tag bat ich meinen Schutzengel, auf mich aufzupassen und mich zu warnen, wenn etwas nicht sicher sein sollte. Mein Bauchgefühl – meine Engel – hat mich noch nie im Stich gelassen.

Eines Tages befand ich mich auf einem Weg, der zwischen zwei Bergen hindurch in ein Tal hineinführte. Mein Bauch reagierte und ich bekam Angst. Da sich das Gefühl immer weiter verstärkte, ging ich nach einer Mittagspause wieder zurück.

Einige Tage später ging ich auf einem anderen Weg in das Tal und sah ein Plateau mit einer verlassenen Mine. Ich habe keine Ahnung, was für Gefahren dort auf mich gewartet hätten, aber ich hatte einfach auf meinen Schutzengel hören müssen.

El Gleeson, DCS

Die Engel trösten einen Patienten

Wenn jemand Fieber hat, ist er wie in dieser Geschichte häufig in der Lage, durch den Schleier in die geistigen Welten zu schauen.

❋ ❋ ❋

Ich glaube seit meiner Kindheit an Engel, lernte aber zu schweigen, weil mir gesagt wurde, dass einige von ihnen böse wären. Ich bin Krankenschwester, und als ich vor einigen Jahren einmal Nachtdienst hatte, betreute ich einen Patienten mit sehr hohem Fieber. Nachdem ich versucht hatte, das Fieber mit kalten Umschlägen zu senken, stellte ich mich ans Fußende des Bettes, um ihn zu beobachten. Plötzlich hob er die Hand und sagte: »Da ist mein Engel.« Ich konnte keinen Engel sehen. Ich erschauerte ein wenig angesichts meiner Kindheitserinnerungen, aber dann erkannte ich, dass sich der Patient durch die Gegenwart der Engel sehr getröstet fühlte.

Mona Lise Damkjær

Es tröstet mich zu wissen, dass mein Schutzengel bei mir ist

In der folgenden Geschichte beschreibt Sharon, wie ihr Schutzengel sie vor einem Unfall bewahrte.

✳ ✳ ✳

Ich weiß, dass mein Schutzengel bei mir ist, weil er mich mehrmals vor Schaden bewahrt hat. Einmal fuhr ich nachts um halb drei mit dem Auto, als er mich warnte, ich solle mich der Kreuzung langsam nähern, obwohl die Ampeln grün waren. Genau in diesem Augenblick überfuhr ein kreuzendes Auto die rote Ampel. So wurde ich vor einem schlimmen Unfall bewahrt.

Sharon

Vor einem Räuber gerettet

Sharon, die auch die vorige Geschichte erzählt hat, berichtet in dieser, wie ihr Schutzengel sie einmal davor bewahrte, ausgeraubt zu werden.

✳ ✳ ✳

Ich war in Spanien, als mich mein Schutzengel warnte und mir riet, mich vor einem Mann, der neben mir in einer kleinen Strandbar saß, in Acht zu nehmen. Später fand ich heraus, dass dieser Mann ein Taschendieb war. Zum Glück war ich vorbereitet. Nachdem mein Engel zu mir gesprochen hatte, war ich zur Toilette gegangen und hatte mein Geld, meine Kreditkarten und die Schlüssel aus meiner Handtasche genommen und sie sicher in meinen Hosentaschen verstaut. Einige andere Dinge vertraute ich der Obhut meines Sohnes an. Der Räuber bekam von mir nichts. Es ist so tröstlich zu wissen, dass mein Engel immer bei mir ist.

Sharon

Von meinem Schutzengel gerettet

Ihr Schutzengel wird Sie retten, wenn es für Sie nicht an der Zeit ist, verletzt zu werden oder zu sterben.

❀ ❀ ❀

Ich glaube seit frühester Kindheit an meinen Schutzengel. Ich habe immer erkannt, wann er im Interesse meiner Sicherheit und meines Wohlbefindens eingegriffen hat. An einem besonders wichtigen Tag hat mein Schutzengel mein Leben gerettet.

Auf dem Weg zur Arbeit hörte ich Musik. Ich kam zu einer Kreuzung und sah mich in beide Richtungen um, bevor ich die Straße überquerte. Plötzlich aber sah ich, wie ein Auto auf mich zugerast kam. Mir blieb keine Zeit, um zu reagieren. Vor meinem geistigen Auge sah ich, wie mich das Auto anfuhr, wie ich durch die Luft geschleudert wurde und auf der Straße landete.

Aber als mich das Auto fast erreicht hatte, spürte ich, wie ich auf den Bürgersteig zurückgeschubst wurde. Ich begriff, dass diese unglaubliche Kraft nur mein Schutzengel Geranum gewesen sein konnte, der mich vor der Gefahr bewahrt hatte. Ich habe nicht den geringsten Zweifel, dass mein Schutzengel mir damals das Leben gerettet hat.

Ich hoffe, diese Geschichte inspiriert andere, ihren Schutzengel zu finden und mit ihm zu arbeiten.

El

Engel sprechen durch unsere innere Stimme zu uns

Ihre innere Stimme ist das Flüstern Ihres Schutzengels.

❀ ❀ ❀

Ich war allein zu Hause, als mir plötzlich übel wurde. Eine innere Stimme sagte mir, ich solle meinen Bruder anrufen. Die Stimme war sehr hartnäckig. Als mein Bruder das Telefon abnahm, trug mir die Stimme auf, ich solle ihm sagen, ich hätte einen Schlaganfall. Aber ich konnte kein Wort hervorbringen. Gerade als mein Bruder auflegen wollte, konnte ich endlich meinen Namen hervorstoßen. Als er bei mir ankam, war ich bereits zusammengebrochen.

Hinterher erzählte er mir, dass er schon zur Arbeit gegangen wäre, wenn ich zehn Minuten später angerufen hätte. Für mich war dies ein Wunder, das mein Schutzengel bewirkt hatte.

Vivien Barboteau

Hilfe mit meinem Visum

Wenn ich Probleme habe, bitte ich als Erstes immer die Engel um Hilfe.

❋ ❋ ❋

Wir waren auf dem Weg nach Ägypten, um dort an den Zeremonien zum 11.11. teilzunehmen. Da ich ein Einreisevisum benötigte, ließ ich es mir am Flughafen Heathrow ausstellen. Ich verstaute es in meiner Gürteltasche und verschloss sie. In Kairo standen wir Schlange, um unsere Visa vorzuweisen, aber als ich meines hervorholen wollte, war es zu meinem Entsetzen verschwunden. Ich sah zweimal in meiner Gürteltasche nach und durchwühlte auch meine Handtasche, obwohl ich wusste, dass ich es dort nicht hineingetan hatte. Ich konnte es nicht finden.

»Bitte, Engel, helft mir! Ich brauche dringend eure Hilfe!«, flüsterte ich. Dann fügte ich laut hinzu: »Ich hab mein Visum verloren.« Eine Frau, die hinter mir stand, meldete sich und sagte: »Mir wurden irrtümlich zwei geschickt. Sie können gern eines haben.«

Diana Cooper

Engel helfen, das perfekte Kleid auszusuchen

Die Engel lieben Zeremonien — und Hochzeiten sind natürlich auch für sie etwas ganz Besonderes.

❋ ❋ ❋

Mein einziger Sohn Simon wollte heiraten, und es war selbstverständlich, dass ich an seinem Ehrentag ganz besonders hübsch aussehen wollte. Wochenlang suchte ich nach einem passenden Kleid, konnte aber keines finden und geriet allmählich in Panik. Da sagte Simon: »Mama, warum bittest du nicht die Engel um Hilfe?« Also tat ich es.

Eine Freundin erwähnte kurz darauf, dass sie einen Laden kannte, der etwas Passendes haben könnte. Als ich ihn betrat, sah ich sofort ein eisblaues, mit Silber abgesetztes Kleid. Es gefiel mir und es passte wie angegossen.

Als ich nach Hause kam, bat mich eine Nachbarin, ihr das Kleid zu zeigen. Sie hob es hoch und meinte: »Was für ein reizendes Logo auf der Rückseite.« Als ich hinsah, war ich verblüfft. In das Kleid waren zwei Engelflügel eingewoben und auf dem Etikett stand: »Engelmotiv«. Da merkte ich erst, dass die weichen Falten des Kleides wie zusammengefaltete Engelflügel aussahen.

Mein Sohn heiratete in einer Kirche, die mehr als siebzig Engelstatuen und -friese enthielt. Während dieser heiligen Zeremonie waren wir also von Engeln umgeben und durch ihre Gegenwart gesegnet.

Susan Venus

Die Namen der Schutzengel

Die Engel übermitteln Botschaften von und an Gott. Ihr Schutzengel hat einen Namen, der eine Schwingung aufweist, die Ihnen hilft, Kontakt aufzunehmen. Wenn Sie den Namen Ihres Schutzengels kennen, macht dies die Beziehung zu ihm persönlicher.

❉ ❉ ❉

Ich habe schon immer an Engel geglaubt und spreche regelmäßig mit meinem. Manchmal ist es nur ein einfaches »Guten Morgen«, manchmal ist es eine längere Unterhaltung, wenn mich etwas beschäftigt. Eines Nachts, als ich im Bett lag, fragte ich meinen Engel nach seinem Namen. Als ich gerade in den Schlaf hinüberglitt, hörte ich eine Stimme, die sagte: »Nicolas.« Ich war überrascht, stand auf und suchte im Index meiner Bibel nach diesem Namen. Dort stand, dass Nicolas ein Diakon war. Also forschte ich weiter und fand heraus, dass Diakon »Bote Gottes« bedeutet.

Anonym

Das Wunder meines Schutzengels

Es folgt eine fesselnde Geschichte über Wunder und die Magie eines Schutzengels.

❄ ❄ ❄

Meine Eltern ließen sich scheiden, als ich zwei Jahre alt war, sodass meine Mutter ihre beiden Kinder allein großziehen musste. Ich war ein Tagträumer mit einer unerschöpflichen Fantasie. Ich glaubte an Wunder, und während meiner Kindheit geschahen fast täglich welche. Ich konnte meinen Schutzengel spüren und hören. Aber ich musste der Mann im Haus sein, also gab ich meine Tagträume irgendwann auf und wurde schnell erwachsen.

Jahre später, als ich zweiundzwanzig war, arbeitete ich als Barkeeper. Einer der Stammgäste kam mir von Anfang an bekannt vor. Ich fragte ihn, was er wolle, aber er lachte nur und sagte: »Du wirst es schon noch erfahren.« Ganz gleich, was ich ihn auch fragte, er antwortete immer: »Du wirst es schon noch erfahren.«

Nach und nach erzählte er mir eine Geschichte über einen Jungen, der eine blühende Fantasie hatte, aber alle seine Träume aufgab, um sich um seine Mutter zu kümmern. Er sagte weiter, dieser Junge sei erwachsen geworden und hätte alles vergessen, was er einmal gewusst hatte. Er hatte auf seine Macht verzichtet und vergessen, worin seine Lebensaufgabe bestand.

Der Junge wurde von seinem Schutzengel besucht, als er in seinen Zwanzigern war. Der Engel zeigte ihm Wunder, die das menschliche Vorstellungsvermögen überstiegen; er brachte den jungen Mann wieder dazu zu glauben. Er rettete ihm das Leben. Der Mann schloss, indem er sagte, dass der Engel ihn verlassen hatte, sobald all diese Dinge geschehen waren, weil er eine andere Seele vor einem Leben in Traurigkeit bewahren musste.

Während dieser Zeit nahm ich Drogen und feierte ganze Nächte durch. Ich war ganz unten am Tiefpunkt meines Lebens angekommen, als der Mann auftauchte. Er sagte: »Wenn du so weitermachst, hast du noch zwei Wochen zu leben. Du musst dich entscheiden. Leben oder

Tod, die Wahl liegt bei dir.« Dann verschwand er. Das war das letzte Mal, dass ich ihn sah.

Ich entschied mich zu leben.

Jahre später erinnerte ich mich daran, und plötzlich war mir alles sonnenklar. Das musste mein Schutzengel in einem menschlichen Körper gewesen sein. Er trat in mein Leben, tat, was er versprochen hatte, rettete mein Leben und verschwand. Ich staunte. War das möglich? War das wirklich mein Schutzengel gewesen? Ich überlasse es Ihnen, sich eine Meinung zu bilden.

Keith Leon

Schutzengel kommunizieren miteinander

Wunder geschehen, wenn Ihr Schutzengel mit dem eines anderen Menschen spricht. (Allerdings sollte man sich bewusst sein, dass die Engel es nicht schätzen, wenn man zu schnell fährt.)

❄ ❄ ❄

Mein Mann und ich fuhren unseren Sohn zum Flughafen Gatwick. Mein Mann fuhr ziemlich schnell, weil wir Angst hatten, unser Sohn würde seinen Flug verpassen. Ihm war nicht aufgefallen, dass die Geschwindigkeit auf fünfzig Meilen pro Stunde begrenzt war, bis er ein Schild sah, auf dem stand: Zivile Polizeikontrollen in diesem Gebiet. Und natürlich wurden wir kurz darauf angehalten. Ich bat unsere Schutzengel, mit dem Schutzengel des Polizisten zu sprechen, ihm unsere Situation zu erklären und ihn zu bitten, ein Auge zuzudrücken und uns weiterfahren zu lassen.

Mein Mann stieg aus, um mit dem Polizisten zu sprechen, und kam wunderbarerweise kurz darauf zurück. Er war mit einer Verwarnung davongekommen. Mein Sohn bekam seinen Flug und kam heil an.

Angela Inward

Als ich die Liebe meines Schutzengels zum ersten Mal spürte

Wenn Sie nicht leiden sollen, wird Ihnen Ihr Schutzengel helfen.

❄ ❄ ❄

Ich war seit sechs Monaten verheiratet und wir hatten wegen einer Hypothek und laufender Rechnungen große finanzielle Probleme. Ich hatte tagsüber einen regulären Job und arbeitete nachts als Tänzerin.

Eines Nachts stritten mein Partner und ich. Ich rannte im Schlafanzug aus dem Haus und sprang ins Auto. Es regnete heftig, und als ich die Straße hinunterraste, nahm ich eine Kurve zu schnell und spürte, wie ich die Kontrolle über den Wagen verlor. Da schien es mir, als ob mir das Lenkrad aus den Händen genommen würde. Das Auto fuhr wieder geradeaus und alles war in Ordnung. Mein Herz raste, und ich dachte: »Ich habe einen Schutzengel, der mich gerade gerettet hat.«

Angela Inward

Von meinem Schutzengel lernen

Ihr Schutzengel passt auf Sie auf, erwartet aber, dass Sie aus Fehlern lernen.

❄ ❄ ❄

Ich liebe das Abenteuer, und mein Schutzengel hat immer gut auf mich aufgepasst. Als ich klein war, spielten meine Freunde und ich am Waldrand und beschlossen, eine hohe Mauer zu erklimmen. Als wir oben angekommen waren, sahen wir eine Wiese.

Ich wollte nicht um die ganze Mauer herumgehen, und als ich ein Seil sah, das von der Mauer hing, beschloss ich, mich wie Tarzan nach unten zu schwingen. Als ich nach dem Seil griff, riss es unter meinem Gewicht und ich fiel zehn Meter in die Tiefe. Mein Sturz wurde allerdings gebremst und ich landete sanft. Da wusste ich, dass mich mein Schutzengel aufgefangen hatte. Mir wurde auch klar, dass ich zukünftig Verantwortung für meine Handlungen übernehmen musste, auch wenn mich mein Schutzengel dieses Mal gerettet hatte.

Martina Maria Seraphina Kammerhofer, DCS

Engel beruhigen die Elemente

Sie können Ihren Engel bitten, einen Sturm zu besänftigen, wenn das Ihre Reise angenehmer macht.

❀ ❀ ❀

Ich fuhr mit der Fähre von Griechenland nach Italien und zurück. Sowohl auf der Hin- als auch auf der Rückfahrt war das Meer sehr aufgewühlt und alle in unserer Gruppe waren seekrank. Da wir dieselbe Fahrt noch einmal machen würden, bekam ich es mit der Angst zu tun und bat meinen Schutzengel um eine ruhige Überfahrt.

Vor unserer nächsten Reise sah ich mir den Wetterbericht an. Er sagte starken Wind voraus, aber von dem Augenblick, in dem wir das Schiff betraten, bis zu unserer Ankunft in Venedig war das Meer spiegelglatt. Niemand wurde seekrank. Auf der Rückfahrt war es genauso. Ich dankte meinem Schutzengel von ganzem Herzen für seine Hilfe.

Daniela Gabriel Leventopoulos

KAPITEL 3

Engelzeichen

D ie Engel versuchen uns auf vielerlei Weise auf ihre Gegenwart aufmerksam zu machen und uns anzuleiten. Sie können sich Ihr persönliches Zeichen aussuchen und die Engel bitten, dieses zu benutzen, um ihre Anwesenheit anzukündigen. Ich mag die folgenden Beispiele sehr und hoffe, dass dieses Kapitel Sie inspiriert, auf verschiedenste Weise Ausschau nach Botschaften der Engel zu halten.

Vertrauen Sie den Zeichen

Die Engel schicken uns andauernd Zeichen. Manchmal ist es nur schwierig, ihnen zu vertrauen.

❆ ❆ ❆

Als ich einmal im Wald spazieren ging, bat ich um ein Zeichen dafür, dass ein bestimmtes Projekt gut vorangehen würde. Im selben Augenblick sah ich einen Regenbogen. Ich sagte mir: »Na ja, es hat ja geregnet, da kann man wohl mit einem Regenbogen rechnen.« Da leuchtete der Regenbogen auf, so als ob das Licht angeschaltet worden wäre, und gleich darauf tauchte ein zweiter auf. »Das ist schon besser«, dachte ich, »aber ich möchte doch etwas Konkreteres.«

Noch während ich diesen Gedanken dachte, tauchten über einem Teil des Waldes rosafarbene Wolken direkt über den Wipfeln der Bäume auf. Ich verlangte zu wissen: »Soll das ein Zeichen sein?«, woraufhin die rosafarbenen Wolken verschwanden und über einem anderen Teil des Waldes neu erschienen.

»Gib mir zur Sicherheit noch ein Zeichen«, bettelte ich. »Irgendetwas wie ein weißes Pferd oder ein Einhorn.« In diesem Augenblick sah ich mit meinem dritten Auge einen schneeweißen Hirsch. Da Hirsche immer mit Vertrauen zu tun haben, musste ich lachen. Am folgenden Morgen stand auf dem Feld vor dem Wald ein schneeweißer Schimmel. Ich habe weder vorher noch hinterher je einen dort gesehen.

Diana Cooper

Ein Engelbuch

Manchmal wird der Kontakt zu den Engeln durch etwas ausgelöst, was jemand sagt. Es gibt außerdem viele Bücher über Engel, die Ihnen zeigen, wie man die Verbindung zu den Engeln stärken kann.

✳ ✳ ✳

Eine meiner Schwestern erzählte mir, dass wir alle einen Schutzengel haben. Daraufhin begann ich, mit meinem persönlichen Engel zu kommunizieren. Manchmal wachte ich mitten in der Nacht auf und sah eine Bewegung im Zimmer. Meine Schwester meinte, ich hätte wohl Kontakt zu einem Engel hergestellt.

Eines Tages ging ich in einen Buchladen und fühlte mich zur spirituellen Abteilung hingezogen, wo ich Diana Coopers Buch *A Little Light on Angels* (später auf Deutsch: *Der neue Engel-Ratgeber. Schutz, Beistand und Trost finden in jeder Lebenslage*, Heyne) sah und kaufte.

Von diesem Augenblick an veränderte sich mein Leben. Die Engel haben mir geholfen, mein Leben zu heilen, und ich beginne zu begreifen, wer ich wirklich bin.

Sylvia Stein

Engel beim Friseur

Ich muss lächeln, wenn ich daran denke, dass die Engel Karis Haar segnen, wenn sie es wäscht.

✳ ✳ ✳

Neulich war ich beim Friseur, und die Friseurin war wirklich sehr nett und hilfsbereit. Da ich trockenes Haar habe, fragte ich sie, ob sie eine gute Pflegespülung empfehlen könne. Sie ging zu einem Regal und kam mit einer rosafarbenen Flasche zurück. Ich zahlte und ging nach Hause. Stellen Sie sich meine Überraschung und meine Freude vor, als ich den Namen auf der Flasche las: »Engelspülung.«

Kari Nygard, DCS

Herzförmige Kiesel

Suchen Sie sich ein Zeichen aus, das eine Bedeutung für Sie hat.

❀ ❀ ❀

Meine Engelgruppe diskutierte über Engelzeichen, und ich erklärte den anderen, wie wir uns ein Zeichen aussuchen, durch das die Engel mit uns kommunizieren können. Eine Frau entschied sich für herzförmige Kiesel, da sie in der Nähe des Strandes lebt.

Ein paar Wochen später brachte sie mir ein Geschenk: einen wunderschönen, herzförmigen Kieselstein. Sie war am Strand gewesen und hatte die Engel gebeten, ihr bei der Suche nach solchen Steinen zu helfen, die sie den Menschen, die ihr etwas bedeuten, schenken wollte. Als sie die Augen öffnete, sah sie diesen Stein.

Susie

Ein liebendes Herz im Schnee

Automatisches Schreiben ist eine wunderbare Möglichkeit, mit den Engeln Kontakt aufzunehmen.

❀ ❀ ❀

Ich nehme mit den Engeln durch automatisches Schreiben Kontakt auf. Sie schicken mir Botschaften, die ich während meiner Meditationen aufschreibe. Einmal hatten wir im Winter in jenem Teil Deutschlands, in dem ich lebe, heftigen Schneefall, und mein Mann entdeckte auf der ansonsten schneebedeckten Terrasse eine schneefreie Fläche in der Form eines Herzens. Mein Engel Samuel schrieb mir daraufhin, dies sei ein Liebeszeichen für mich. Seither unterzeichnet er unsere Korrespondenz mit den Worten: »Dein liebendes Schneeherz Samuel«. Ist das nicht wunderbar?

Caroline

Schneeherz

Die Engel können jedes verfügbare Medium nutzen, um Botschaften zu hinterlassen.

❈ ❈ ❈

Als ich in Lake Tahoe in Nevada lebte, machte ich eine sehr schwierige Zeit durch und war oft deprimiert. Einmal schleppte ich mich im Winter mit meinem Hund durch knietiefen Pulverschnee. Ich betete und weinte abwechselnd, aber wenigstens mein Hund hatte seinen Spaß im Schnee.

Als ich mich niederbeugte, um ihn zu streicheln, sah ich ein perfektes, etwa einen halben Meter großes Herz in den Schnee »gestanzt«. Ich fühlte mich geliebt, beschützt und friedvoller, als ich es seit Tagen getan hatte. Um das Herz waren keine Fußspuren zu sehen, also wusste ich, dass mir die Engel zeigen wollten, dass sie für mich da waren.

Meine Tränen waren nun Freudentränen. Ich sank auf die Knie, lachte, bedankte mich und fühlte mich so gesegnet. Innerhalb einer Sekunde war ich dank der Botschaft der Engel wie verwandelt. Mir kommen immer noch die Tränen, wenn ich daran denke.

Catherine

Engelwolken und andere Zeichen

Engelwolken bilden sich dort, wo ein Engel am Himmel verweilt hat. Um ihre hochfrequente Energie kondensieren die Wassertröpfchen, sodass ihre Form für alle sichtbar ist. Schauen Sie hinauf zum Himmel!

Engel am Himmel

Die nächsten Geschichten sind wunderbare Beispiele für Engelwolken.

❄ ❄ ❄

Wir waren über Silvester in die Provence gefahren. Dort saßen wir unter einigen Bäumen auf einem Dorfplatz und tranken Kaffee. Ich nahm ein Blatt Papier zur Hand und schrieb meine Wünsche für das kommende Jahr auf. Ich wollte den Menschen mithilfe der Engel Liebe, Licht und Hoffnung bringen und mich in Gewaltlosigkeit gegenüber allen fühlenden Wesen üben.

Später machten wir einen Spaziergang in den Bergen. Ich bat Beauty, meinen Engel, mich zu begleiten und an meiner Freude teilzuhaben. Als ich zum Himmel hinaufblickte, sah ich direkt über uns eine wunderschöne Wolke in der Form eines Engels. Was für ein wunderbarer Moment!

Susie Cooper

Engelwolken heilen

Eines Tages ging ich spazieren und spürte eine große Last auf meinen Schultern, da ich mit einigen Problemen zu kämpfen hatte. Als ich zum Himmel emporschaute, sah ich dort einige Wolken, die wie Engel aussahen. Ich fühlte mich augenblicklich besser, da ich wusste, dass sich jemand um mich kümmerte.

Margo Grundy, DCS

Eine rosa Wolke mit Flügeln

Rosa ist die Farbe der Liebe.

❄ ❄ ❄

Am deutlichsten zeigen mir die Engel ihre Gegenwart durch »Engelwolken« an. Es sind Botschaften der Ermutigung, sie erscheinen als Antwort auf meine Fragen oder direkt vor einem dramatischen Ereignis. Manchmal erscheinen sie aber auch an ganz gewöhnlichen Tagen, einfach nur um mir zu zeigen, dass die Engel da sind.

Als ich in einer besonders schwierigen Phase meines Lebens um Hilfe bat, sah ich eine rosafarbene Engelwolke mit Flügeln, etwa vierzig Meter hoch und direkt über meinem Haus.

Sue

Ein heilender Sonnenuntergang

Wenn Sie Heilung oder Inspiration brauchen, sollten Sie nach oben zu den Wolken schauen, damit Sie die Botschaften der Engel empfangen können.

❀ ❀ ❀

Ich hielt gemeinsam mit einer Gruppe von Heilern eine Heilsitzung für eine Freundin ab, die Krebs hatte. Die Heilung war sehr machtvoll und wir konnten die Gegenwart der Engel spüren. Als ich hinterher spazieren ging, war ich von Dankbarkeit erfüllt, denn ich konnte noch immer ihre Präsenz spüren.

Da sah ich einen spektakulären Sonnenuntergang. Der ganze Himmel färbte sich rosa, und nach und nach veränderten die Wolken ihre Form, bis sie alle wie Engel aussahen. Mein Herz rief »dankeschön«, und alle Wolken vereinigten sich, um die Form eines großen Herzens anzunehmen.

Wenche Milas

Ein Zeichen der Freude

Diese Geschichte soll uns daran erinnern, wie wichtig es ist, sich jeden Tag Zeit für die spirituelle Praxis zu nehmen.

❀ ❀ ❀

Als ich von den Engeln erfuhr, veränderte sich mein ganzes Leben. Ich fühlte mich so inspiriert, blickte voller Hoffnung in die Zukunft und konnte es kaum erwarten, ein »neues Leben« mit den Engeln zu beginnen. Trotzdem war ich immer auf der Suche nach Beweisen. Ich suchte so verzweifelt nach Federn, dass ich einmal beinahe einem Vogel eine ausgerissen hätte. Ich nahm an, es würde mehrere Jahre dauern, bis die Engel mich für würdig genug befunden hätten, um sich mir zu zeigen.

Aber eines Tages begriff ich die Bedeutung der magischen Worte: göttliches Timing.

In meinem Meditationszimmer hatte ich eine Ecke, in der sich ein Vorhang und eine Kerze befanden. Eines Morgens kam ich hinein und sah, dass der Vorhang in Licht gebadet war und dass die Kerze brannte. Ihr Licht erleuchtete den ganzen Vorhang. Ich war überglücklich, und meine Augen füllten sich mit Tränen, als mir klar wurde, dass dies ein Zeichen der Engel war.

Ich war für würdig befunden worden, so wie wir alle.

Ihr Engel, danke, danke und nochmals danke.

Mariet

Das OM der Engel

OM ist der Klang der Schöpfung, den die Seraphim um die Gottheit singen. Es ist ein heiliger Klang, der die Schwingungsfrequenz von allen und allem anhebt, wenn er intoniert wird. OM wird in der Meditation gesungen, um das Bewusstseinsniveau anzuheben und unsere Konzentrationsfähigkeit zu stärken.

❄ ❄ ❄

Ich hatte gerade eine Therapiesitzung hinter mir, fühlte mich gut und war zufrieden mit mir. Als ich zur U-Bahn ging, dachte ich: »Ich sollte meditieren oder irgendetwas tun, um in meiner Mitte zu bleiben, aber ich weiß ja nicht, ob ich es richtig mache.«

Ich stieg ein und mir direkt gegenüber saß ein junger Mann, der mit Filzstift OM auf seine Hand geschrieben hatte. Da war meine Antwort. Danke, ihr Engel.

Caroline Franks

Ein Möbelwagen mit einer Botschaft

Die Engel werden Ihre Aufmerksamkeit auf ihre Botschaften lenken, sei es auf Plakatwänden, Lieferwagen, Zeitungen, T-Shirts, in Büchern oder auf andere Weise, um Sie zu inspirieren oder Ihre Fragen zu beantworten. Halten Sie einfach die Augen offen.

❄ ❄ ❄

Ich stand vor einer roten Ampel in der Nähe meines Hauses und dachte über das Leben nach. Da ich gestresst und sehr besorgt war, bat ich die Engel um ein Zeichen, das mir zeigen sollte, ob sie bei mir waren. Als die Ampel umsprang und ich weiterfahren konnte, sah ich die Aufschrift auf einem großen Möbelwagen: »Wir lassen Sie nicht im Stich!« Ich musste so lachen. Wenn das kein Zeichen war!

Angela Cummiskey, DCS

Bittet und es soll euch gegeben werden

Kann es ein deutlicheres Zeichen als eine Engelfigur geben?

❊ ❊ ❊

Während einer furchtbar anstrengenden Phase meines Lebens betete ich viel zu Gott und bat ihn, mir einen Engel zu schicken, um mich davonzutragen, denn ich wollte nichts sehnlicher, als dieses Leben zu beenden. Damals arbeitete ich als Fußreflexzonentherapeutin, und der letzte Patient des Tages war ein süßer kleiner Junge. Mir fiel auf, dass er ein kleines Päckchen dabeihatte, und als ich es mir genauer ansah, wusste ich sofort, was es enthielt. Er hatte mir einen Engel mitgebracht, wie ich es am Morgen erbeten hatte.

Ich musste lachen, denn nun wusste ich, dass die Engel bei mir waren. Ich dankte dem Jungen für sein Geschenk. Von diesem Moment an fand ich überall Federn. An manchen Abenden spürte ich, wie mir jemand übers Haar strich. Dann trat ein Mann in mein Leben, von dem ich wusste, dass ihn mir die Engel geschickt hatten, denn bei unserer ersten Verabredung strich auch er mir sanft übers Haar. Nun sind wir bereits seit zehn Jahren verheiratet.

Colleen Kerr

Der Name sagt alles

Susie war fest entschlossen, die richtige Botschaft zu erhalten. Die Engel teilten ihr unmissverständlich mit, dass sie sich an unserer Schule ausbilden lassen sollte.

❊ ❊ ❊

Engel haben mich schon seit Langem fasziniert. Ich wusste von verschiedenen Ausbildungskursen, konnte mich aber für keinen entscheiden.

Da bat ich die Engel um ein Zeichen. Ich stand an einer Ampel, und als ich mich umblickte, sah ich zu meiner Rechten ein Geschäft. Als ich weiterfuhr, sagte eine Stimme in meinem Kopf: »Denk daran, wenn du um ein Zeichen bittest, kann dir dieses auf vielerlei Weise erscheinen.« Ich überlegte, was ich an der Ampel gesehen hatte, und fuhr kurz entschlossen zurück.

Ich sah mir das Geschäft genauer an. Der Name war in goldenen Buchstaben geschrieben und lautete »Coopers.« In der Mitte hatte der Schriftzug eine goldene Figur in der Form eines Engels. Dies war eine so eindeutige Botschaft, dass ich mich sofort für die Ausbildung an der Diana-Cooper-Schule anmeldete. Die Engel unterstützten mich auch weiterhin und halfen mir, das nötige Geld für die Schule aufzutreiben. Bis heute begleiten mich die Engel.

Susan Rudd, DCS

Ein Engelpaar

Dies ist eine sehr eindrückliche Geschichte, die zeigt, wie viel Mitgefühl die Engel für ein Paar haben, das durch eine Krankheit getrennt wird.

❀ ❀ ❀

Meine Frau wurde in ein psychiatrisches Krankenhaus eingeliefert, da sie unter fortgeschrittener vaskulärer Demenz litt. Die Krankheit begann sehr plötzlich, meine Frau verfiel zusehends und konnte kaum noch den Alltag bewältigen.

Zu Hause haben wir im Flur einen Spiegel mit zwei Terrakotta-Engeln an den Seiten. Als ich eines Tages von der Arbeit nach Hause kam, lag einer der Engel zerbrochen auf dem Boden. Merkwürdig daran ist, dass die Befestigungsschrauben am Rücken des Engels noch intakt waren, sodass vollkommen rätselhaft ist, wie er herunterfallen konnte.

Anonym

Ein Engel von einem Vater

Es folgt eine wunderbare Geschichte, die uns daran erinnern soll, dass alles eins ist.

❁ ❁ ❁

Als ich vor zwei Jahren meine Stelle verlor, sah ich dies als Chance, fortan als Heilerin zu arbeiten. Mein Vater, ein Vikar, und ich hatten immer Späße über seine und meine Engel gemacht, obwohl wir beide wussten, dass es sich um dieselben handelt.

Eines Tages sagte er »Ich habe etwas für dich« und überreichte mir eine wunderschöne Decke, auf der ein Engel mit ausgebreiteten Flügeln zu sehen war. Meine Eltern hatten die Decke vor vielen Jahren in Jerusalem gekauft.

Dann sagte er: »Dies ist einer meiner Engel, der mit deinen arbeiten möchte.« Ich habe die Decke noch heute in dem Zimmer, in dem ich Heilungen abhalte.

Sarah

Immer bei mir

Engel erinnern uns auf vielerlei Weise an ihre Gegenwart. Besonders schön ist es, wenn sie ihren ganz besonderen Duft hinterlassen.

❁ ❁ ❁

Die Engel geben mir immer Hinweise und erinnern mich so an ihre Gegenwart. Manchmal rieche ich plötzlich einen Duft, manchmal fällt ein Buch aus dem Regal oder das Licht flackert. Ich glaube, sie haben einen ziemlich guten Sinn für Humor, und ich weiß, dass sie immer nur mein Bestes im Sinn haben.

Alicia

Engelfedern

Die Engel hinterlassen oft kleine weiße Federn, um uns wissen zu lassen, dass sie in der Nähe sind. Man kann sie überall finden: in verschlossenen Autos, auf einer Türschwelle oder mitten im Sturm auf der Straße, wenn alles andere weggeweht wird. Manchmal hinterlassen die Engel auch viele Federn, wenn wir es brauchen.

Im Fitnessstudio

Wenn wir wissen, dass Engel um uns sind und uns unterstützen, gibt uns das die Kraft und Energie, um weitermachen zu können.

❀ ❀ ❀

Ich kam bei starkem Schneefall nach Hause, räumte die Auffahrt und schleppte mich, erschöpft wie ich war, ins Fitnessstudio. Ich lag auf dem Boden und konzentrierte mich darauf, meine Beine zu heben und zu senken, während die Instruktorin zählte: »19, 20 ...« Da sah ich zu meinem Erstaunen etwas direkt über meinen Füßen nach oben schweben. Eine kleine Feder! Da soll keiner sagen, ich sei nicht gesegnet. Die Feder gab mir die nötige Energie und meine Beine fühlten sich gleich stärker an.

Kari Nygard, DCS

Eine Feder zur rechten Zeit

Ich musste lächeln, als ich diese Geschichte las.

❀ ❀ ❀

Mein Neffe Brian und seine Frau sahen sich eine Fernsehsendung an, in der eine Frau über Engel sprach. Brian ist ein richtiger Macho. Er sagte: »Die Engeltante klang ja ganz vernünftig, bis sie erwähnte, dass die Engel einem Federn dalassen. Das ist nun eindeutig Quatsch.«

Noch während er dies sagte, schwebte eine Feder von der Decke herab und landete zwischen ihm und seiner Frau. Er schrie: »Ich glaub's ja, ich glaub's ja!«

Margaret Grundy, DCS

Wie ist das da hingekommen?

Manchmal wollen die Engel uns nur daran erinnern, dass sie da sind.

❈ ❈ ❈

Eines Tages geschah etwas Merkwürdiges. Ich stand auf, zog mich an, fuhr zur Arbeit, frühstückte in der Kantine und ging dann auf die Toilette. Zu meiner Überraschung war in meinem Reißverschluss eine weiße Feder eingeklemmt. Ich traute meinen Augen nicht, denn sie war nicht da gewesen, als ich mich angezogen hatte. Es gab einfach keine logische Erklärung dafür. Ich habe immer an Gott und die Engel geglaubt und wusste einfach, dass dies ein Zeichen war.

Roz Jordan

Weiße Federn an den unmöglichsten Orten

Auch ich hatte ein solches Erlebnis, wo eine kleine weiße Feder trotz Wind und Wetter an einem unmöglichen Ort feststeckt, so als ob sie entschlossen wäre, meine Aufmerksamkeit zu erregen.

❈ ❈ ❈

Als ich am Strand spazieren ging und nach einem stillen Ort suchte, an dem ich in Ruhe über mein Leben nachdenken konnte, sah ich zu Boden und erblickte eine weiße Feder, die dort wie festgeklebt zu sein schien.

Aber noch aufregender war es, als ich heute ins Auto stieg, um etwas umherzufahren. Ich schaute hoch und sah eine kleine weiße Feder am Seitenspiegel. Es hatte geregnet, aber statt die Feder wegzuwaschen, schien der Regen die Feder am Spiegel festzukleben. Sind das Zeichen oder nicht?

Hilary Alexander

Nur keine Sorge

Es folgt ein Beispiel dafür, wie die Feder eines Engels jemanden von seinen Sorgen befreien kann. So kann etwas Neues in sein Leben treten.

❈ ❈ ❈

Ich spüre immer, dass Engel bei mir sind, und wenn ich traurig oder niedergeschlagen bin, spreche ich mit ihnen und bitte sie um ein Zeichen, mit dem sie mir einfach nur zeigen, dass sie da sind. Letzte Woche kam ich gestresst und mit Geldsorgen aus der Bank, als eine kleine weiße Feder auf meiner Schulter landete. Da wusste ich, dass sich jemand um mich kümmert und ich mir keine Sorgen machen muss.

Elizabeth Finegan

Eine ganz spezielle Begegnung

Engel wählen den richtigen Zeitpunkt sehr sorgfältig aus, wenn sie Federn hinterlassen.

❋ ❋ ❋

Diana Cooper kam mit einer Freundin in meinen Laden und kaufte ein paar Schmuckstücke. Nachdem sie gegangen war, spürte ich um mich herum plötzlich eine angenehme Wärme und verkaufte an diesem Tag so viel wie seit Wochen nicht mehr. Ich beschloss, mir ihre Website anzusehen, und war absolut fasziniert.

Als ich heimkam, fand ich eine weiße Feder, die vorher nicht da gewesen war. Es war so merkwürdig, denn ich hatte auf Dianas Website gerade erst das Video über weiße Federn gesehen.

Colin Carter

Immer da

Engel sind immer bei uns, selbst bei alltäglichen Verrichtungen.

❋ ❋ ❋

Meine sechzehnjährige Tochter hatte kurz vor Weihnachten eine Party gefeiert. Nachdem die Gäste gegangen waren, begann ich aufzuräumen. Ich fegte gerade den Boden, als ich eine weiße Feder bemerkte, die durch die Luft schwebte. Mir wurde klar, dass die Engel für die jungen Leute und für mich da gewesen waren. Ich freute mich über diese Segnung und bedankte mich bei ihnen.

Kari Nygard, DCS

Schwebende Federn der Freude

Manchmal kann man einfach nicht übersehen, dass die Engel unsere Aufmerk-
samkeit auf ihre Botschaft und auf die wunderbaren Gefühle, die sie uns
bringen, lenken wollen.

✿ ✿ ✿

Ich versuchte, einen sehr schwierigen Brief zu schreiben, denn ich hatte
beschlossen, ein Stellenangebot abzulehnen. Während ich mich ab-
mühte, die richtigen Worte zu finden, sah ich über meiner linken
Schulter plötzlich ein pulsierendes weißes Licht. Als ich mich umdrehte, erblickte ich eine winzige weiße Feder.

Gefühle großer Freude durchströmten meinen ganzen Körper. Die
Feder schwebte nach oben, und als sie die Decke erreichte, verschwand
sie. Meine Augen wurden feucht und Tränen begannen zu fließen.

David Mills

Eine Laptop-Feder

Ja, die Engel helfen uns auch bei der Computerarbeit.

✿ ✿ ✿

Unter meinem Laptop fand ich eine kleine Feder. Wie sie da hingekommen ist, kann ich mir nicht vorstellen. Aber vielleicht wissen es ja
die Engel. Es war wohl einfach ein kleines Zeichen von ihnen, um mich
wissen zu lassen, dass sie da sind.

Karelena MacKinlay, DCS

Parkplatzfeder

Halten Sie überall die Augen offen, denn die Engel möchten Sie wissen lassen,
dass sie da sind.

✿ ✿ ✿

Eines Abends wollte ich beim Chinesen Essen holen. Als ich auf den
Parkplatz fuhr und anhielt, sah ich zu meiner Überraschung eine große
weiße Feder vor dem Auto auf dem Boden liegen. Ich hob sie auf und

wurde von einem warmen, weichen Gefühl durchströmt. Ich wusste, dass dies ein Zeichen der Engel war.

Anonym

Engel im Buchladen

Ich mag diese Geschichte sehr, denn sie zeigt, wie unermüdlich sich die Engel bemühen, unsere Aufmerksamkeit zu erregen und uns ihre Existenz zu beweisen.

❄ ❄ ❄

Ich stöberte in einer Buchhandlung, als ein Buch vom Regal fiel und vor meinen Füßen landete. Es war *Der neue Engel-Ratgeber*. Also kaufte ich das Buch. Kurz darauf gingen mein Mann und ich zu einer Veranstaltung mit Diana Cooper.

Auf dem Nachhauseweg fragte ich meinen Mann nach seinen Eindrücken. Er meinte, es wäre interessant gewesen, aber er wäre erst überzeugt, wenn eine weiße Feder an einem Ort auftauchen würde, an dem er normalerweise keine sieht.

Als er am nächsten Morgen in die Küche kam, lag eine wunderschöne weiße Feder mitten auf dem Boden. Jetzt war er überzeugt!

Glynis

Eine Feder, die Mut macht

Wir mussten alle schon einmal unseren ganzen Mut zusammennehmen, um etwas zu sagen oder zu tun. Die Engel helfen uns dabei.

❄ ❄ ❄

Meine Freundin und ich wollten unser Leben ändern und dachten, es wäre eine gute Idee, eine Firma zu gründen. Nach langem Nachdenken kamen mein Mann und ich allerdings zu dem Schluss, dass unser Vorhaben nicht funktionieren würde. Ich machte mir Sorgen, wie meine Freundin es aufnehmen würde, also kaufte ich ihr ein paar Blumen und besuchte sie. Ich wusste nicht, wie ich anfangen sollte.

Da kam aus dem Nichts eine große, flauschige weiße Feder herabgeschwebt. Das war mein Stichwort. Die Engel sagten: »jetzt!« Also stieß ich hervor, dass ich meine Meinung geändert hatte. Meine Freundin war sehr verständnisvoll und sagte, das wäre absolut in Ordnung. Die Feder konnte nur von den Engeln gekommen sein.

Wendy Stanley, DCS

Hustentropfen

Es überrascht mich nicht, dass die Engel Truda eine kleine weiße Feder schickten, um ihr zu zeigen, dass sie die richtige Medizin hatte.

✾ ✾ ✾

Truda wollte ihre Freundin Heather besuchen. Bevor sie das Haus verließ, telefonierten die beiden noch. Truda erwähnte, dass ihr Mann Terry einen schlimmen Husten hatte. Heather riet ihr, bestimmte Hustentropfen zu besorgen, und fügte im Scherz hinzu: »Ich lass dich nicht eher in die Wohnung, bis du sie hast.« Also ging Truda zur Drogerie und fand die besagten Tropfen. Beim Hinausgehen landete eine kleine weiße Feder auf ihrer Hand.

Diese Geschichte wurde Diana Cooper erzählt.

Wir sind nicht allein

Wir sind niemals allein, aber manchmal müssen uns die Engel anstupsen, um uns daran zu erinnern.

✾ ✾ ✾

Eine Freundin schenkte mir eine Anstecknadel in Form eines Engels. Auf der Begleitkarte stand: »Halte durch!« Ich durchlebte eine schwierige Zeit, aber das Geschenk half mir zu erkennen, dass ich unterstützt werde, selbst wenn ich das Gefühl habe, alles selbst tun zu müssen. Später auf dem Nachhauseweg schwebte eine kleine weiße Feder vom Himmel herab. Ich bedankte mich. Ich weiß nun ganz sicher, dass ich nicht allein bin: Die Engel und meine Freunde sind für mich da.

Anonym

Erzengel Metatrons Feder

Nicht nur unsere Schutzengel schenken uns Federn, sondern auch die Erzengel und Einhörner. Zu meiner großen Freude bekam ich eine Feder von Erzengel Metatron.

❈ ❈ ❈

Wir hatten arrangiert, dass wir als Vorbereitung auf den 11.11.2011 am Abend des 10.11. privat Zugang zur Pyramide von Luxor hatten. Wir hielten eine machtvolle Meditation ab, um den Tempel mit Licht zu füllen, und sangen und beteten.

Anschließend ging ich still durch den Tempel und fragte Erzengel Metatron: »Haben wir genug getan?« Im selben Augenblick fiel direkt vor mir eine weiße Feder wie ein Stein herab. Sie landete vor meinen Füßen und alle Umstehenden sahen sie. Ich wusste, dass Metatron mir sagen wollte, dass wir unsere Sache gut gemacht und das Energieniveau angehoben hatten.

Diana Cooper

Ein Ring aus Federn

Manchmal reicht eine einzelne Feder nicht aus, um uns den nötigen Anstoß zu geben.

❈ ❈ ❈

Ich hatte sehr viel Stress in der Firma, die ich schon seit geraumer Zeit verlassen wollte. Die Entscheidung fiel mir schwer, da ich ein gutes Gehalt bezog und gute Vorsorgeleistungen hatte, aber ich war dort nicht glücklich.

Auf dem Weg zur Arbeit war ich einmal tief in Gedanken versunken und bemerkte erst gar nicht, dass ich in einen Ring aus großen und kleinen weißen Federn getreten und stehen geblieben war. Ich entspannte mich augenblicklich und wusste, dass ich meine Stelle aufgeben und das tun musste, was ich schon immer tun wollte: ganzheitliche Therapeutin werden. Dies war ein Zeichen der Engel. Ich ging zur Arbeit und schrieb meine Kündigung. Es war die beste

Entscheidung, die ich je getroffen habe, und ich traf sie mithilfe der Engel.

Esther

Federn und der Name unseres Engels

Engel sind einfach cool!

❋ ❋ ❋

Ich habe schon immer an Engel geglaubt und daran, dass sie uns helfen. Auch habe ich mich stets von ihnen beschützt gefühlt, aber ich habe nie etwas im physischen Sinn »Reales« mit ihnen erlebt. Am Morgen allerdings, nachdem ich ein Engelseminar besucht hatte, ging ich zur Arbeit – und was fiel mir auf den Kopf? Eine kleine weiße Feder. Ich fing sie auf und hörte den Namen meines Engels. Ziemlich cool, oder?

Darren

Federregen

Manchmal regnet es Federn.

❋ ❋ ❋

Bevor ich zu der Schule fuhr, an der ich mein Seminar abhalten sollte, nahm ich Kontakt zu den Engeln auf und sprach ein Gebet. Als ich aus der Haustür trat, fielen mehrere weiße Federn auf mich herab, obwohl nirgendwo Vögel zu sehen waren.

Marjetka Novak, DCS

Weiße Federn

Wenn Sie wissen, dass die Engel einen Vogel benutzen, um Ihnen Federn zu bringen, segnen Sie den Vogel und danken Sie ihm.

❋ ❋ ❋

In letzter Zeit ging es mir nicht so gut, weil ich mich nach einer neuen Liebesbeziehung sehnte. Eines Tages lagen auf dem Rasen vor dem

Haus ganz viele weiße Federn. Ich fühle mich durch diese Botschaft wahrlich gesegnet. Danke, ihr Engel.

Alison Benstead

Eine schwesterliche Botschaft

In dieser Geschichte schicken die Engel zweimal Federn, um diese Frau zu trösten und sie ihrer Unterstützung zu versichern.

❊ ❊ ❊

Meine Schwester Frances starb nach einem langen Kampf gegen den Krebs. Sie hinterließ einen Mann und zwei kleine Kinder. Am Tag vor ihrem Begräbnis fand sich die ganze Familie bei ihnen ein.

Das Haus war voll und es ging ziemlich chaotisch zu. Ich brauchte einen ruhigen Ort, also ging ich ins Badezimmer, um allein zu sein, aber meine andere Schwester war bereits dort. Wir unterhielten uns leise und sprachen über unsere Gefühle. Sie erzählte mir, dass sie am Vortag sehr traurig gewesen war, aber plötzlich vor sich eine winzige weiße Feder gesehen hatte. Sie hatte das Gefühl, dies sei eine Botschaft von Frances, mit der sie ihr mitteilen wollte, dass es ihr gut ging. Während sie mir dies erzählte, schwebte langsam noch eine winzige weiße Feder von der Decke herab.

Anonym

Von weißen Federn umgeben

Wenn wir in Not sind, werden die Engel alles in ihrer Macht stehende tun, um uns an ihre Gegenwart zu erinnern.

❊ ❊ ❊

Als ich eines Tages nach Hause fuhr, gingen mir tausend Dinge durch den Kopf. Ich war gestresst und fühlte mich von allen im Stich gelassen. Vorher hatte mir eine Freundin erzählt, dass sie eine weiße Feder gefunden hatte und einfach wusste, dass die Engel bei ihr waren.

Als ich den Wagen parkte und ausstieg, dachte ich: »Wie kommt es bloß, dass ich noch nie eine weiße Feder gesehen habe? Alle anderen scheinen sie zu sehen.« Ich blickte zum Auto zurück und traute meinen Augen nicht. Ich hatte in einem großen Kreis weißer Federn geparkt. Sie lagen überall um mein Auto herum, obwohl keine Vögel in Sicht waren. Aber noch merkwürdiger war, dass sie verschwunden waren, als ich noch einmal hinsah.

Karin Finegan, DCS

Trost und Hilfe

Die Engel werden immer einen Weg finden, uns zu unterstützen und uns zu trösten, wenn es uns einmal nicht gut geht.

❀ ❀ ❀

Es war am Abend vor der Leichenschau meines Vaters und ich hatte große Angst davor. Meine Geschwister kamen, um mir beizustehen und zu schauen, ob ich zurechtkam. Ich ging auf die Toilette und sah, dass der Toilettendeckel geschlossen war. Als ich ihn hob, sah ich eine lange Feder in der Toilettenschüssel liegen. Das Fenster war geschlossen, wie konnte sie also dorthin kommen? Ich rannte nach unten und fragte die anderen, ob jemand eine Feder in die Toilette getan hatte. Die Antwort war natürlich ein entschiedenes Nein. Da wusste ich, dass die Engel sie dorthin gelegt hatten, um mir zu versichern, dass alles gut sein würde.

Der Tag der Leichenschau war zwar sehr emotional, lief aber besser ab, als ich erwartet hatte. Ich danke euch, ihr Engel.

Zoe Louise Hodgkinson

Die Engel liefern Beweise

Bittet darum und sie werden euch einen Beweis liefern.

❀ ❀ ❀

Als Engellehrerin lehre ich meine Schüler, dass weiße Federn ein Zeichen für die Anwesenheit der Engel sind. Ich selbst habe noch nie das Bedürfnis gehabt, um Beweise für ihre Existenz zu bitten, aber eines Tages war mir doch danach. Am nächsten Morgen sagte mein Mann:

»Das musst du dir unbedingt ansehen!« Der Garten war voller weißer Federn. Noch nie hatte ich so viele auf einmal gesehen. Danke, ihr Engel!

Barbara Howard, DCS

Eine Autofeder

Die Engel beruhigen uns sehr gern, und es hilft, wenn wir ihre Botschaft einfach annehmen und uns entspannen.

❈ ❈ ❈

Ich verließ das Haus ziemlich aufgeregt, weil ich einen wichtigen Termin hatte. Als ich in mein Auto stieg, sah ich eine kleine weiße Feder auf der Windschutzscheibe kleben. Ich war so froh, denn ich wusste, dass dies ein Zeichen war, mit dem mir die Engel sagen wollten, dass die Besprechung gut verlaufen würde.

Anonym

Engel und Regenbögen

Regenbögen sind Botschaften der Hoffnung und eine Verheißung vom Universum. Wenn Sie einen sehen: Vertrauen Sie darauf, dass die Engel Ihnen neue Türen öffnen und etwas Gutes für Sie in die Wege leiten können.

Regenbogeninspiration

Wenn Sie einen Regenbogen sehen, wissen Sie, dass Engel am Werk waren.

❈ ❈ ❈

Als ich mit meiner Schwester in den Ferien in London war, arrangierten die Engel einen unglaublichen Ausflug nach Stonehenge, Glastonbury und Avebury. Als wir nach London zurückkamen, gerieten wir in den dicksten Feierabendverkehr, aber die Engel zeigten uns einen wunderschönen Regenbogen. Er erinnerte uns daran, dass sie selbst in einer so geschäftigen Stadt anwesend sind. Das waren die schönsten Ferien, die ich je hatte.

Lila Norval, DCS

Ein Doppelregenbogen und ein doppeltes Zeichen

Wenn die Engel Ihnen ein Zeichen schicken und dann noch einen Regenbogen, dann sind Sie doppelt gesegnet.

❄ ❄ ❄

Ich nahm an einem Kurs zum Thema 2012 teil. Wir wurden gebeten, in den Garten zu gehen und uns einen Stein auszusuchen. Ich fand einen mit dunkelgrauen Flecken. Als wir in einem Kreis meditierten, wurden die Steine in die Mitte gelegt. Am Ende der Meditation nahmen wir unsere Steine, um uns auf die »Liebesenergien« einzustimmen, mit denen sie nun aufgeladen waren. Die dunklen Flecken auf meinem Stein hatten die Form eines Engels angenommen. Ich dankte den Engeln für dieses Zeichen.

Dann sahen wir einen gewaltigen doppelten Regenbogen. Wir dankten den Engeln für diese wunderschöne Vision, und als das Seminar zu Ende war, gingen wir in dem Gefühl nach Hause, dass 2012 etwas Wunderbares geschehen würde.

Wenche Milas

Dreifacher Regenbogen

Regenbögen spiegeln die Farben der Erzengel wider und werden von ihnen benutzt, um Licht und Energie auszustrahlen. Regenbögen schenken uns Hoffnung und sind ein Zeichen der Verheißung.

❄ ❄ ❄

Ich sprach nach der Trennung von meinem Mann zum ersten Mal mit meinem Schutzengel. Kurz vor dem Gerichtstermin, bei dem die finanziellen Dinge geklärt werden sollten, sah ich einen sehr hellen dreifachen Regenbogen über meinem Haus strahlen. Mein Mann hatte sich bisher dagegen gewehrt, dass mir das Haus zugesprochen wurde, aber nur Minuten vor dem Termin beim Richter stimmte er plötzlich zu. Seither ist der Regenbogen mein spirituelles Zeichen. Ich habe inzwischen sogar einen umgekehrten Regenbogen gesehen, was für mich ein Zeichen der Hoffnung für die Zukunft ist.

Alison Benstead

Regenbögen in allen Größen

Die Engel reagieren auf einen herzlichen Willkommensgruß, indem sie uns neue goldene Möglichkeiten eröffnen.

❋ ❋ ❋

Ich befand mich auf einer langen berufsbedingten Autofahrt, als ich in der Ferne einen kleinen Regenbogen bemerkte. Ich sagte: »Hallo, liebe Engel«, dann fuhr ich um eine Kurve. Wie überrascht war ich, als sich der kleine Regenbogen in einen großen doppelten verwandelt hatte. Die Farben waren vor dem dunklen Hintergrund des Himmels besonders intensiv. Sobald ich konnte, fuhr ich an die Seite, um den Regenbogen in Ruhe bewundern zu können. Ich dankte den Engeln für ihre wunderbare Botschaft und trug ihr Licht für den Rest des Tages in mir.

Cheryl

Sieben Regenbögen der Liebe

Sieben ist eine spirituelle Zahl. Wenn Sie sieben von irgendetwas sehen, ist das immer ein Glück verheißendes Zeichen.

❋ ❋ ❋

Nach einem Besuch bei meiner Familie fuhr ich mit meiner Tochter zurück nach Schottland. Nach fünf sehr schwierigen Jahren voller Herausforderungen, hatten wir das Gefühl, endlich angekommen zu sein und ein neues Leben beginnen zu können. Wir waren glücklich, als wir über die Zukunft sprachen. Plötzlich sahen wir sieben Regenbögen. Die Engel wollten uns wissen lassen, dass tatsächlich alles gut werden würde. Sie hatten Recht, denn unser Leben wird immer besser. Wir werden diesen Tag niemals vergessen und wir danken den Engeln für ihre wunderschöne Botschaft.

Seonad

Regenbogenmagie

Engel können fliegen, weil sie alles leicht nehmen.

❋ ❋ ❋

Ich unterhalte mich oft mit den Engeln, ich höre auf ihre Kommentare und ihre Ratschläge. Was für ein Privileg! Als sich eines Tages eine Gruppe Engel um mich herum versammelt hatte, fragte ich sie: »Lacht ihr jemals oder lächelt ihr? Oder seid ihr immer so ernst?«

Einer antwortete: »nein, nicht immer. Ja, wir lachen.« Ein anderer sagte: »Ja, wir lächeln und lachen.«

Gegen Abend gingen mein Mann und ich nach draußen, um uns den Sonnenuntergang anzuschauen. Plötzlich zeigte er zum Himmel und sagte: »Schau mal, ein Regenbogen.« Es war der vollkommenste Regenbogen, den ich je gesehen hatte. Für mich ist seither eines gewiss: Immer wenn ein Engel lächelt, zeigt sich das am Himmel als Regenbogen. Ich bin dafür so dankbar!

Beatriz Boysen

Engel offenbaren sich in Namen und Zahlen

Unsere Vorfahren hatten erkannt, dass jede Zahl eine bestimmte Schwingung hat, die Menschen, Umstände und Ereignisse beeinflusst. Aus diesem Grund hat auch unser Geburtsdatum einen so großen Einfluss auf unser Leben. Da jeder Buchstabe mit einer Zahl korrespondiert, hat auch Ihr Name eine Schwingung, die Sie an die Mission Ihrer Seele erinnert, wenn er ausgesprochen wird.

Die Engel benutzen Zahlen, um uns Botschaften zu übermitteln oder um unsere Aufmerksamkeit auf etwas zu lenken. Die Meisterzahlen sind dabei von besonderer Bedeutung, und ihre Energie wird noch verstärkt, wenn sie dreifach auftreten.

* Die 11 steht für Meisterschaft im Leben: Es ist an der Zeit, Verantwortung für alle Lebensumstände und Beziehungen zu übernehmen und diese zu ändern, wenn man es möchte.
* Die 22 ist der Meisterbauer: Bauen Sie auf einer soliden Grundlage auf, um das Leben mit zu erschaffen, das Sie haben möchten. Halten Sie an Ihrer Vision fest und bitten Sie die Engel, Ihnen bei der Verwirklichung zu helfen.
* Die 33 ist die Zahl des Christusbewusstseins: Wenn Sie diese Zahl sehen, sollten Sie darauf achten, dass Sie mit dem Christuslicht der bedingungslosen Liebe arbeiten.
* Die 44 ist die Zahl des goldenen Atlantis: Bringen Sie die Energie dieser Epoche in Ihr Leben und leben Sie so, wie es die Atlanter in der fünften Dimension taten.
* Die 55 ist die Schwingung Metatrons: Stimmen Sie sich auf ihn ein, erheben Sie sich über die irdischen Belange und arbeiten Sie an Ihrer Erleuchtung.
* Die 66 erinnert Sie daran, dass Sie ein kosmisches Wesen sind, das den Himmel beeinflussen kann.
* Die 77 ist die Schwingung des Himmels: Nehmen Sie Kontakt zu den Reichen der Engel auf.
* Die 88 ist die Schwingung Ihrer ICH-BIN-Gegenwart oder Monade: Seien Sie, wer Sie wirklich sind.
* Die 99 zeigt an, dass Sie die irdischen Lektionen gemeistert haben.

Autokennzeichen

Bei der 111 geht es darum, Verantwortung zu übernehmen und die Chance zu ergreifen, auf höherem Niveau neu anzufangen.

❇ ❇ ❇

Mir ist aufgefallen, dass ich beim Autofahren ständig die Zahl 111 auf Nummernschildern sehe. Für mich ist das ein Zeichen der Engel, mit dem sie mir bestätigen, dass sie bei mir sind.

Gillian Webster

Engel in der Bank

1133 bedeutet, sich auf ein höheres Niveau zu begeben und aus Liebe zu handeln. Für Kari war es eine Einladung ins Reichtumsbewusstsein.

❊ ❊ ❊

Als ich in der Bank Rechnungen bezahlte, fiel mir auf, dass die Summe eine ganz besondere Bedeutung hatte: 1133. Das war eine spezielle Botschaft der Engel. Ich sagte: »Danke, dass ihr sogar beim Bezahlen meiner Rechnungen bei mir seid, Engel.« Das öffnete mir die Augen, sodass ich nun Freude dabei empfinde, meine Rechnungen zu bezahlen.

Kari Nygard, DCS

Ein solides Fundament

Die 22 ermahnt Sie, zunächst einmal ein solides Fundament zu errichten. Das gilt für geschäftliche Unternehmungen wie für Beziehungen. Es gilt für alles, was Sie erschaffen.

❊ ❊ ❊

Im Laufe der letzten Jahre haben die Engel mit mir durch Zahlen kommuniziert. Ich sehe ständig 22 oder 22.22, aber auch 11.11. Wann immer ich auf eine Digitaluhr schaue, sehe ich doppelte Ziffern.

Vor Kurzem habe ich jemanden kennengelernt, zu dem ich eine starke Seelenverbindung spüre. Ich bat die Engel uns zu helfen, unsere Herzen in Liebe und Mitgefühl zu öffnen, und mir einen Weg zu zeigen, eine Unterhaltung zu beginnen. In diesem Augenblick schwebte eine weiße Feder herab.

Ich stieg in den Bus, blickte aus dem Fenster und sah zwei Busse mit der Nummer 22 und einen wunderschönen Regenbogen am Himmel.

Ich nahm dies als Zeichen, dass die Engel bei mir sind und tun, was sie können, um mir zu helfen.

Veevee

Engelzahlen

Wenn wir die Zahlen verstehen und ihnen Aufmerksamkeit schenken, können wir stark inspiriert werden, wie diese Geschichte zeigt.

❀ ❀ ❀

Kurz vor Weihnachten ging ich zum Postschalter, um Briefmarken zu kaufen. Ich zog eine Nummer, und zu meiner Freude war es die 111. Ich fühlte mich von der Gegenwart der Engel gesegnet.

Am ersten Weihnachtstag wachte ich auf, und als ich auf den Wecker schaute, war es 11.22. Das war etwas ganz Besonderes für mich, und ich musste lächeln.

Kari Nygard, DCS

Zahlen können unser Schicksal bestimmen

Vertrauen Sie der himmlischen Führung und schreiten Sie dann zur Tat.

❀ ❀ ❀

Ich wachte aus einem sehr lebhaften Traum auf und musste immer an die Zahl 882 denken. Der Hintergrund von 882 ist: »Wenn sich eine Tür schließt, öffnet sich eine andere. Vertraue deiner Intuition, um jetzt einen stetigen Strom des Überflusses aufrechtzuerhalten.«

Das ergab für mich Sinn, da ich nach zusätzlichen Möglichkeiten suchte, meine Finanzen aufzubessern. Ich folgte meiner Intuition und vermietete einen Raum in meinem Schönheitssalon an eine Therapeutin. Als es an der Zeit war, mein Geschäft aufzugeben, übernahm sie den Mietvertrag. Es erstaunt mich immer wieder, wie perfekt alles läuft, wenn wir uns der Führung der Engel anvertrauen.

Jill Webster, DCS

Die Macht der Drei

Die Engel präsentieren uns Möglichkeiten häufig dreimal.

✳ ✳ ✳

Ich sah eine Annonce für ein Engelseminar, aber ich ging nicht hin. Ein paar Monate später sah ich wieder eine, und wieder ging ich nicht. Dann sah ich eine Annonce für ein Seminar mit Diana Cooper und wusste, dass ich mir diese Gelegenheit nicht entgehen lassen würde. Ich bin so froh, dass ich es erlebt habe, denn Engel sind mir zu einer regelrechten Leidenschaft geworden, und die Liebe, die ich für sie empfinde und von ihnen empfange, ist einfach unglaublich.

Margo Grundy, DCS

Eine besondere Bedeutung

777 ist eine ganz besondere Zahl.

✳ ✳ ✳

Ich fühle mich, als ob ich mitten in meiner eigenen Prophezeiung von Celestine wäre. Ich hatte die Engel gebeten, mir beim Aufbau meiner Firma zu helfen, und eines Tages ging ich in ein Geschäft, das ich nicht häufig frequentiere. Der Besitzer erzählte mir von vielen Networking-Gelegenheiten. Als ich wieder ging, sah ich ein Auto mit einer 777 im Kennzeichen auf mich zukommen. Dann sah ich wieder eines mit derselben Nummer. In meinem Numerologie-Buch bedeutet 777: »Herzlichen Glückwunsch, du bist auf dem richtigen Weg. Bleib am Ball und erwarte ein Wunder.«

Ich bat um Bestätigung, denn ich vertraue darauf, dass eine Botschaft, die dreimal wiederholt wird, wirklich ernst gemeint ist. Und als ich nach Hause kam, kam noch ein Auto mit einer 777 auf dem Nummernschild auf mich zu.

Die Engel flüsterten: »Hör auf zu kämpfen und tanze.« Wahnsinn!

Jill Webster, DCS

Eine Bestätigung von Erzengel Gabriel

Die Engel setzen durchaus auch technologische Hilfsmittel ein, um uns etwas
zu bestätigen. In dieser Geschichte lässt Erzengel Gabriel das Telefon dreimal
klingeln. Die Drei ist eine spirituelle Zahl.

❄ ❄ ❄

Ich fuhr mit einer Gruppe von der Diana-Cooper-Schule nach Mount
Shasta. Die Führerin bat mich, ein Lied anzustimmen, um Erzengel
Gabriel herbeizurufen, aber da die Energie an dem Ort nicht richtig zu
sein schien, lehnte ich dies ab.

Dann kamen die Schuldgefühle. Hatte ich die Gruppe im Stich gelassen? Oder noch schlimmer: Hatte ich Erzengel Gabriel enttäuscht?

Wir gingen weiter den Berg hinauf. Als wir anhielten, merkte ich,
dass dies der perfekte Ort war, um Kontakt zu Erzengel Gabriel aufzunehmen. Als ich dies tat, klingelte mein Mobiltelefon dreimal. Dabei hatte ich seit unserer Ankunft hier keinen Empfang gehabt. Ich
wusste, dass es Erzengel Gabriel gewesen sein musste, der mir bestätigen wollte, dass dies der perfekte Ort war, um ihn anzurufen.

Wir alle spürten eine wunderschöne und sehr starke Energie. Als ich
fertig war, klingelte das Telefon wieder dreimal. Ich wusste, es war
Erzengel Gabriel, der mir danken wollte.

Rosemary Stephenson, DCS

Engelnamen

Erzengel Michael hält sein Versprechen

Ganz gleich, wie problematisch die Umstände auch sein mögen, Erzengel Mi-
chael wird uns immer bei Veränderungen helfen.

❄ ❄ ❄

Die Magie von Erzengel Michael hilft mir, worüber ich sehr froh bin.
Jeden Februar muss ich auf eine Geschäftsreise gehen, vor der mir
graut. Aber ich muss eine schwierige Gruppe Klienten zufriedenstel-

len. In diesem Jahr beschloss ich, meine Erzengel-Michael-Karten mitzunehmen, um daraus Mut zu schöpfen.

Als das Flugzeug landete, fielen mir überall die Zahlen 11, 111 oder 1101 auf. Dann erschien Erzengel Michael von leuchtendem Blau umgeben. Das war mein Stichwort. Ich zog eine Karte, auf der stand: »Gott wird alles richten.« Ich weinte beinahe vor Dankbarkeit. Meine Klienten hatten dieses Mal überhaupt nichts zu meckern.

Ein dreifaches blaues Hoch auf Erzengel Michael!

Smita Raghani

Wiederholte Zeichen

Achten Sie auf Nummernschilder, sie enthalten möglicherweise eine Botschaft für Sie.

❀ ❀ ❀

Birinder ist eine gute Freundin. Sie wollte mich gern sehen und sagte zu den Engeln: »Erinnert mich daran, Diana anzurufen, damit ich es nicht vergesse.«

Am nächsten Tag sah sie vor ihrem Haus einen Lieferwagen mit der Aufschrift D COOPER. In der darauffolgenden Woche sah sie drei Lieferwagen hintereinander mit derselben Aufschrift. Da begriff sie endlich. Noch am selben Abend rief sie mich an und hinterließ folgende Nachricht: »Wann bist du in Yorkshire? Ich würde dich so gern treffen.«

Ich rief zurück und sagte: »Ich komme morgen.« Wir konnten uns zum Abendessen treffen und verbrachten einen wunderschönen Abend miteinander. Danke, ihr Engel.

Diana Cooper

Das geschriebene Wort

Die Antwort ist im Namen enthalten.

❀ ❀ ❀

Eines Tages ging es mir nicht so gut. Ich ging mit meinen Hunden spazieren, und als wir um den Block liefen, sah ich ein Taschenbuch auf dem Boden liegen. Ich hob es auf und sah, dass der Titel »Engel« lautete.

Penny Wing, DCS

Gabriel hilft

Achten Sie auf den Namen eines Menschen, der Ihnen hilft. Oft ist das ein Zeichen, denn die Engel bemühen sich immer, die richtige Person zu schicken.

❋ ❋ ❋

Mein Mann und ich gingen zum Autohändler, um einige Dinge wegen unserer Ratenzahlungen zu klären. Da ich Angst hatte, dass die Verhandlungen nicht so laufen würden, wie ich hoffte, bat ich die Engel um Hilfe. Als wir beim Autohändler ankamen, kam uns ein Verkäufer entgegen, auf dessen Namensschild Gabriel stand. Ich muss wohl nicht extra erwähnen, dass er sehr hilfsbereit war und alles gut lief, oder?

Penny Wing, DCS

Michael

Michael, der große Beschützer, schickt seine Namensvettern, um Ihnen den Schutz der Engel zu gewähren.

❋ ❋ ❋

Die Engel haben mir schon viele Zeichen gesandt, um mir zu zeigen, dass sie immer da sind, um uns anzuleiten und zu beschützen. Ich habe Angst vorm Fliegen, und als ich das letzte Mal fliegen musste, bat ich meinen Schutzengel, meine Hand zu halten. Ich bat Erzengel Michael, alle an Bord zu beschützen, und fragte ihn, ob er bei uns wäre. In diesem Augenblick bot mir der Flugbegleiter etwas zu trinken an. Ich sah auf und blickte direkt auf sein Namensschild. Darauf stand: Michael.

Sylvia Stein

Bittet und euch wird ein Zeichen gegeben

Ganz gleich, welche Absichten oder Ängste Sie haben mögen, wenn Sie an Engel denken oder nur das Wort Engel sagen, werden diese ihr Bestes tun, um Sie zu beschützen und Ihre Stimmung zu heben.

❅ ❅ ❅

Ich bitte die Engel auf Reisen immer um Schutz, besonders wenn ich fliegen muss. Als ich einmal bei einem Kurzstreckenflug meinen Platz einnahm, sprach ich schnell ein kleines Gebet zu den Engeln. Als ich mich hinsetzte, fiel mir auf, dass die Frau neben mir ein Buch mit dem Titel *Engel* las.

Kari Nygard, DCS

Der Name eines Engels

Wenn Sie um ein Zeichen bitten, werden die Engel Ihnen in irgendeiner Form einen Engel schicken.

❅ ❅ ❅

In meinem Café ging es an diesem Tag sehr ruhig zu und ich machte mir schon Sorgen. Also sagte ich zu den Engeln: »Bitte schickt mir ein Zeichen, dass sich die Situation bessern wird.«

Etwas später kam eine nette Frau herein und bestellte ein Mittagessen. Sie war schon einmal hier gewesen und heute zurückgekommen, weil es ihrer Meinung nach nichts Vergleichbares in der Stadt gab. Sie meinte, das Essen und die Bedienung seien wunderbar und ihr gefiel auch die Einrichtung.

Ich fand ihre Kommentare natürlich ganz wunderbar und dankte den Engeln, dass sie sie geschickt hatten. Als ich sie nach ihrem Namen fragte, antwortete sie: »Angel.« Was für ein wunderbares Zeichen!

Karin Finegan, DCS

KAPITEL 4

Weckrufe der Engel

2012 endete eine 260 000 Jahre währende kosmische Epoche, und neue hochfrequente Energien begannen, auf unseren Planeten einzuströmen. 2012 markierte das Ende der alten und den Beginn einer neuen spirituellen Art des Seins. Viele, die bisher spirituell geschlafen hatten, sind nun erwacht und haben begriffen, dass jenseits unserer materiellen Welt die Reiche der Engel liegen. Manche sind sanft erwacht, andere auf dramatische Weise. Die Engel schicken uns Erlebnisse, die uns aufwecken sollen, wenn wir uns schlafwandelnd auf falsche Beziehungen einlassen, falsche Berufe oder Wege wählen.

Dein Leben wird nie wieder so sein wie vorher

Diese Geschichte zeigt auf wunderbare Weise, wie ein Mann den Engeln begegnet und beginnt, ihre Welten wahrzunehmen.

❋ ❋ ❋

Es war an einem herrlichen Frühlingsmorgen. Ich erwachte und hörte eine leise Stimme sagen: »Jason, dein Leben wird nie wieder so sein wie vorher.« Ich blickte mich um und sah silberne Sterne überall im Zimmer. Ich war geschockt, ich hatte nie gedacht, dass ich so etwas erleben könnte. Ich spürte gleichzeitig Trauer und Freude.

Beim Frühstück sah ich ein durchscheinendes Wesen. Je mehr ich hinsah, desto deutlicher erkannte ich, dass dieses Wesen so wunderschön wie die Strahlen der Sonne war. Dann verschwand es.

Ich wusste damals nicht, dass ich noch viele Dinge aus den himmlischen Welten sehen sollte. Bis heute nehme ich wunderbare Wesen wahr. Seit jenem Tag ist meine spirituelle Bewusstheit so sehr gewachsen, dass ich diese wunderbaren Dinge heute einfach akzeptiere.

Jason Lambe

Eine wunderbare Vision

Augenblicke wie dieser verändern das ganze Leben.

❈ ❈ ❈

Ich möchte von einem Vorfall berichten, der mein Leben veränderte. 2007 wachte ich eines Morgens früh auf. Neben meinem Bett standen zwei Engel, die sich an den Händen hielten und mich anlächelten. Ich brach in Tränen aus, als ich diese unglaublichen Wesen sah, die so viel Liebe verströmten. Sie erstrahlten in funkelndem goldenem Licht. Dieser Moment hat mein ganzes Leben verändert.

Anonym

Ein Schlaganfall

Manchmal stimmen unsere Seelen einer gesundheitlichen Herausforderung zu, um uns zu wecken.

❈ ❈ ❈

Es hatte schon viele Versuche gegeben, mich zu wecken, und dies war der letzte Weckruf. 2008 hatte ich einen Schlaganfall und war plötzlich gelähmt. Ich rief Erzengel Michael und Erzengel Raphael an und bat sie, mir in dieser schwierigen Zeit zur Seite zu stehen.

Ich rief meinen Mann an, er möge schnell mit einem Rettungswagen kommen. Ich kam rechtzeitig ins Krankenhaus, sodass die Ärzte mir einen Plasminogenaktivator spritzen konnten, der die Lähmungserscheinungen beseitigte. Die Krankenschwestern und Ärzte nannten mich »die von Gott gesegnete Wunderfrau«.

Bis zu diesem Zeitpunkt war ich ein Arbeitstier und dachte nie an mich selbst. Die Ärzte sagten mir, dass ich nicht in meinen Beruf zurückkehren könne. Das war mein Weckruf, endlich das zu tun, weswegen ich hierhergekommen war.

Deb Haack

Der Engel-Ratgeber

Die Engel können auch durch ein Buch Kontakt zu uns aufnehmen.

❀ ❀ ❀

Ich nahm an einem Abendseminar teil, das von einer Freundin geleitet wurde. Eine der anderen Teilenehmerinnen hatte ein Buch dabei, das eine starke Energie ausstrahlte. Es war *Der neue Engel-Ratgeber* von Diana Cooper. Ich kaufte es, und noch während ich es las, war mir, als hätte sich ein Fenster geöffnet und Sonnenlicht wäre hineingeströmt.

Mein Mann las das Buch ebenfalls, und ihm ging es genauso. Wir dankten den Engeln und hießen sie in unserem Leben willkommen. Am nächsten Morgen lag unter unserem Bett ein Haufen kleiner weißer Federn. Wir waren überglücklich. Die Engel waren tatsächlich bei uns. Ich sammelte die Federn auf und bewahre sie noch heute in einem kleinen Beutel auf.

Das war der Anfang einer ganz wunderbaren Reise.

Carol Deakin, DCS

Aufwachen!

Gelegentlich kommen die Engel selbst, um uns aufzuwecken.

❀ ❀ ❀

Ich erhielt einen Weckruf von den Engeln. Mein Leben war vorhersehbar und gesichert, aber ich wusste, dass irgendetwas fehlte. Eines frühen Morgens glitt ich in einen veränderten Bewusstseinszustand hinein. Ich spürte, wie ich mit einem Engel an jeder Seite zum Himmel emporschwebte. Ich stellte keine Fragen, ich fühlte mich sicher und bedingungslos geliebt. Dann stand ich plötzlich mit meinen beiden Begleitern in einem herrlichen Saal, dessen Wände und Decken mit wundervollen Bildern geschmückt waren.

Es wurde nicht gesprochen, und doch verstand ich alles, was ich verstehen sollte. Meine leuchtenden Gefährten erklärten mir, dass dies ein Ort sei, an dem große Schönheit ihren Ursprung hatte. Er war von himmlischen Herzen und Händen gestaltet worden und wartete nur auf einen geeigneten Kanal, der ihn zur Erde bringen könnte. Weiter sagten sie mir, dass sie mir etwas von diesem heiligen Ort mitgeben würden.

Ich sah in einem kurzen Augenblick, wie sich mein Leben entwickeln würde. Als ich erwachte, wusste ich, dass ich mein Leben ändern müsste, und von jenem Tag an verwandelte es sich tatsächlich von Grund auf.

Diane Hall

Steh auf und schreibe

Wenn wir auf unsere Intuition hören und entsprechend handeln, können sich neue Gelegenheiten ergeben.

❀ ❀ ❀

Ich begann zu meditieren, aber ich verstand die Antworten auf meine Fragen nicht. Da hörte ich eine Stimme in meinem Kopf, die sagte: »Steh auf und schreibe.« Also tat ich es. Es kam mir vor wie das Natürlichste auf der Welt.

Wenn wir das Glück haben, so klar geführt zu werden, dann müssen wir dem Ruf nur noch folgen und den Weg gehen, der uns so liebevoll bereitet wurde. Meine Liebe und Dankbarkeit gilt den himmlischen Wesen und den Engeln, den göttlichen Boten, die alle irdischen Schätze inspirieren.

Diane Hall

Der Anfang

Wenn sich Menschen auf Reiki einstimmen, ist das häufig der Beginn ihrer spirituellen Reise.

❀ ❀ ❀

Mit Reiki begann meine spirituelle Reise. Am Tag, an dem ich die Einweihung zur Reiki-Meisterin erhalten hatte, kam meine Tochter und fragte meine Reiki-Meisterin, ob sie Engellehrer kannte, da sie ein Engelseminar besuchen wollte. »Ja«, antwortete meine Lehrerin, »ich kenne da eine Frau namens Mildred Ryan, die eine großartige Engellehrerin ist.« Und wie es der »Zufall« so will, war ich Mildred schon einmal begegnet und hatte ihre Telefonnummer aufbewahrt.

Also rief ich sie an und bat sie im Namen meiner Tochter um Informationen über Engelseminare. Ich wollte am nächsten Wochenende nach Dublin fahren, und Mildred sagte, sie würde uns dort treffen und uns die Informationen persönlich geben. Das war im März.

Wie auch immer es dazu kam, aber im September war ich wieder in Dublin und nahm selbst an einem Lehrerseminar über Engel und Aufstieg von der Diana-Cooper-Schule teil. Die Engel und Mildred haben ausgezeichnete Arbeit für unser Dabeisein dort geleistet. Die Ausbildung war mit das Beste, was ich je getan hatte.

Sue Walker, DCS

Zeit zu erwachen

Es gibt viele Avatare in der Welt, die großes Licht in sich tragen und ihr Leben ganz dem Dienen verschrieben haben.

❄ ❄ ❄

In einem von Diana Coopers Büchern über Engel las ich über einen Avatar namens Mutter Meera und beschloss, sie aufzusuchen. In der Nacht vor dem geplanten Besuch konnte ich nicht schlafen und beschloss, doch nicht zu gehen. Da hörte ich die Stimme eines Engels, der meinen Namen flüsterte: »Krystyna.« Die Stimme war so voller Liebe, dass ich wusste, ich müsse zu Mutter Meera gehen. Ich glaube, die Engel haben mich gerufen und dafür gesorgt, dass ich zu ihr ging.

Krystyna

Engel vor meinen Augen

Wenn Sie sich in einem höherfrequenten Zustand befinden, wie er zum Beispiel in der Meditation oder während einer geführten Visualisierung auftritt, sind Sie möglicherweise offen genug, um Engel und andere Wesen sehen zu können.

❁ ❁ ❁

Auf einem Festival hielt eine Freundin von mir einen Vortrag über Engel. Eine der Anwesenden war besonders fasziniert, weil sie zum ersten Mal an einer solchen Veranstaltung teilnahm. Während des Vortrags über Engel und Aufstieg fragte sie, ob es auch für sie einen Engel gäbe. Meine Freundin lud sie ein, an einer Meditation teilzunehmen. Hinterher sagte die Frau: »Meine Güte, ich hab die Augen zugemacht und so geatmet, wie Sie es uns gesagt haben. Dann tauchte direkt vor meinen Augen ein sehr großer Engel auf.«

Anonym

Ein Buch lesen

Viele Menschen werden heute sehr sanft geweckt.

❁ ❁ ❁

Mein Weckruf kam von Diana. Ihre Bücher ergaben für mich so viel Sinn, und ich erkannte, dass ich vieles davon schon wusste. Nachdem ich ihre Bücher gelesen hatte, war ich zutiefst aufgewühlt, denn was sie schrieb, bestätigte meine Wahrheit und meine Überzeugungen. Jetzt bin ich endlich nicht mehr verwirrt oder komme mir komisch vor. Alles ist perfekt!

Toni Bale

Entspannen und das Leben genießen

Manchmal bringen uns Engel auch von unserem eingeschlagenen Weg ab und erschrecken uns, damit wir merken, dass wir durch das Leben rasen und dabei ganz den Sinn unserer Reise vergessen haben.

❁ ❁ ❁

An einem Wochenende fuhr ich zur Arbeit, verpasste aber eine Ab-zweigung und landete plötzlich auf einer Landstraße. Ich fuhr ziemlich schnell, und als ich um eine Kurve bog, kam ein großer Lastwagen direkt auf mich zu.

Ich pumpte das Bremspedal mehrere Male, aber da die Straße nass und verschlammt war, landete ich neben der Fahrbahn im Gras.

Erstaunlicherweise überschlug sich mein Wagen nicht, und auch der Lastwagen fuhr vorbei, ohne mich zu streifen. Ich war unverletzt, aber zutiefst erschüttert. Ich bedankte mich bei meinem Schutzengel und Erzengel Michael dafür, dass sie mich beschützt hatten.

Angela Inward

Ein menschlicher Engel veränderte mein Leben

Manchmal müssen wir erst ganz unten sein, bevor die Engel jemanden schicken können, der uns berührt und aufweckt.

❊ ❊ ❊

Mein Mann hatte mich vor drei Jahren verlassen, was meine Kinder schwer getroffen hatte. Er zog zu seiner Freundin, und um die Sache noch schlimmer zu machen, hörte er auf, Alimente für die Kinder zu zahlen. Ich weinte tagelang.

Dann entdeckte ich Meditation, Engel und viele wunderbare Menschen. Ich las Dianas wundervolles Buch *Light Up Your Life* (*In Licht und Liebe leben. Entdecke, wozu du bestimmt bist – und tue es!* Heyne) und wurde dadurch sehr inspiriert. Bei einer Meditation saß ein Wesen neben mir auf dem Boden, das seinen Kopf auf meine Knie gelegt hatte. Ich war der Meinung, dass es sich um einen Engel handeln müsse, weil er mir so viel Kraft und Geborgenheit schenkte. Er zeigte mir, dass alles gut werden würde. Ich spüre das noch immer und trage die Erinnerung mit mir, auch wenn die Dinge einmal schwierig sind. Es gibt mir großen Trost zu wissen, dass mich die Engel voller Liebe unterstützen.

Caroline Cameron

Abschied

Die Engel können uns Mut machen und uns dazu bringen, auch schier aus-
weglose Situationen zu verändern.

❉ ❉ ❉

Zu meinem Engelseminar kam auch eine sehr hübsche Frau. Sie war
sehr still und sagte nicht viel, aber die Begegnung mit ihrem Schutzengel hatte etwas in ihr angerührt. Sie spürte eine solch große Liebe, dass
sie in Tränen ausbrach. Monate später erfuhr ich, dass sie danach nach
Hause zurückgekehrt war, ihre Sachen gepackt und eine von Missbrauch geprägte Beziehung beendet hatte. Sie erzählte mir, dass sie
noch nie eine solche Liebe gespürt hatte wie bei diesem Engel und dass
ihr klar geworden war, dass die Engel sie bedingungslos liebten. Später
begegnete sie einem liebevollen Mann, mit dem sie seither zusammen
ist.

   Anonym

KAPITEL 5

Die Engel helfen

D ie Engel sind immer bei uns – unabhängig davon, ob wir sie nun sehen und fühlen können oder nicht. Je öfter Sie sie bitten, Ihnen oder anderen Menschen zu helfen, desto mehr Engel werden in Ihrer Nähe sein.

Sie können einem Menschen, einem Ort oder einer Situation einfach dadurch helfen, dass Sie die Engel zu Hilfe schicken. Dann können Wunder geschehen. Allerdings dürfen sich die Engel nicht in Dinge einmischen, die ein Mensch lernen soll. In diesen Fällen wird die von Ihnen geschickte Energie einfach umgeleitet, um auf eine andere Weise zu helfen. Gebete und Bitten, die an die Engel gerichtet sind, oder Energien, die ihnen geschickt werden, sind nie verschwendet.

Sich auf die Engel einstimmen

Es gibt verschiedene Möglichkeiten, über die die Engel mit uns Kontakt aufnehmen. Vielleicht sehen wir sie, hören sie, spüren sie, riechen ihre Essenz oder wissen einfach um ihre Anwesenheit. Lernen Sie, auf Ihre einzigartige Form der Verbindung zu vertrauen.

❀ ❀ ❀

Ganz zu Anfang meiner bewussten spirituellen Reise brachte ich viel Zeit mit dem Versuch zu, Engel und weise Wesen zu sehen. Ich nahm an Seminaren über die Deutung der Aura teil und versuchte alles Mögliche, aber nichts half. Ich konnte die Engel einfach nicht sehen. Wie viele andere so dachte auch ich, dass ich dabei versagte, aber ich versuchte es trotzdem weiter.

Dann besuchte ich eines Tages gemeinsam mit meiner Schwester ein Seminar, für die alles, was mit Engeln zu tun hatte, vollkommen neu war. Sie konnte die Engel sofort sehen, ohne sich überhaupt anzustrengen.

Ich war verzweifelt. Ich setzte mich hin – und da geschah ein Wunder. Eine Stimme in meinem Kopf sagte: »Elizabeth Ann, warum hörst du nicht einfach zu und schenkst uns deine Aufmerksamkeit? Du kannst uns hören, du kannst uns spüren, du weißt, dass wir da sind, was brauchst du denn noch?«

Das war eine meiner kostbarsten Lektionen. Sobald ich den Engel gestattete, mit mir auf bestimmte Weise in Kontakt zu treten, bin ich regelrecht aufgeblüht, was Weisheit und Selbstvertrauen anbelangt. Nun sage ich den Leuten immer, sie sollen sich der Botschaft der Engel einfach öffnen, die individuelle, einzigartige Form der Kommunikation ehren und zulassen, dass die Engel sie anleiten, unterstützen und inspirieren.

Elizabeth Ann, DCS

Der Intuition vertrauen

Es ist wichtig, dass Sie lernen, Ihrer Intuition zu vertrauen. Wenn Sie auf sie hören und dementsprechend handeln, werden sich Ihre Möglichkeiten erweitern – wie es die folgende Geschichte zeigt.

❄ ❄ ❄

Viele Menschen fragen mich, wie ich angefangen habe, mit Engeln zu arbeiten und Seminare über sie abzuhalten. Ich hatte es nicht bewusst vor, ich hatte noch nicht einmal ein Buch über Engel gelesen, aber ich kannte ein Buch von Diana, das *A Little Light on the Spiritual Laws* hieß (*Der spirituelle Lebens-Ratgeber. Im Einklang mit dem Universum fühlen, denken, handeln,* Ansata). Ich liebte das Buch einfach, und als mir meine Reiki-Lehrerin erzählte, dass Diana 2011 nach Glasgow kommen würde, um einen Vortrag zu halten, war mir sofort klar, dass ich dorthin musste.

Im Laufe des Abends erwähnte Diana, dass ihr Führer Kumeka ihr aufgetragen hatte, andere Menschen als Engellehrer auszubilden. Sie fragte, ob jemand Interesse daran hätte. Sofort schoss meine Hand in die Höhe. Ich wusste nicht warum, und auch meine Freunde waren erstaunt. Sie sagten: »Wir hatten ja keine Ahnung, dass du Engellehrerin werden willst«, woraufhin ich antwortete: »Ich auch nicht.«

Ich hatte nicht geglaubt, dass ich die Chance bekommen würde, an der Lehrerausbildung teilzunehmen, da viele Leute weitaus mehr Erfahrung hatten als ich. Aber ich war dann Teil der ersten Lehrerausbildung überhaupt, und heute bin ich stolz darauf, Rektorin der Diana-Cooper-Schule zu sein.

Ich muss wohl nicht extra erwähnen, dass die Intuition mein bester Freund ist, an dem ich niemals zweifle, oder?

Elizabeth Ann, DCS

Hilfe bei Papierkram

Diese Geschichte zeigt, dass uns die Engel wirklich bei allem helfen, selbst bei etwas vollkommen Banalen.

❋ ❋ ❋

Ich hatte eine Menge Papierkram zu erledigen, war aber überhaupt nicht in der Stimmung dazu. Mir war alles zu viel und ich hatte keine Freude daran. Da fiel mir ein, dass ich ja die Engel um Hilfe bitten könnte. Also bat ich: »Bitte, helft mir, diesen Papierkram voller Freude und mit Leichtigkeit zu erledigen.« Ich machte mich an die Arbeit – und plötzlich schien alles ganz leicht zu sein. Am Ende des Tages war ich stolz, wie viel ich erledigt hatte und wie gut. Mein Dank gilt den Engeln.

Cornelia Mohr, DCS

Die Engel besorgen eine Eintrittskarte

Wenn wir fest an etwas glauben, werden die Engel einen Weg finden.

❋ ❋ ❋

Nachdem ich *Angel Answers* (*Die Engel antworten. Himmlische Hilfe erhalten in jeder Lebenssituation.* Heyne) gelesen hatte, begann ich mit meinen Engeln zu sprechen und sie um Hilfe zu bitten. Immer wenn ich mit ihnen kommunizierte, verspürte ich eine tiefe Liebe.

Einmal, als meine Tochter bei einem Weihnachtskonzert in der Kathedrale singen sollte, hatte ich vergessen, Karten zu bestellen. Das Konzert war ausverkauft, aber ich beschloss, trotzdem hinzugehen und mein Glück zu versuchen. Und siehe da: Die Frau, die vor mir in der Schlange stand, gab zwei Karten zurück und sagte: »Ich habe zwei Karten zu viel, vielleicht kann sie ja jemand anders brauchen.« Ich bat um eine der Karten und konnte mein kleines Mädchen singen hören.

Ich war so glücklich und konnte die Liebe der Engel wie das Perlen von Champagner in mir spüren. Als ich meiner Tochter davon erzählte, lächelte sie nur und bedankte sich ebenfalls bei den Engeln.

Donna Poole

Die Engel helfen uns auf Reisen

Glaube an die Engel, und Wunder werden geschehen.

❊ ❊ ❊

Als ich am Flughafenschalter stand, um meinen Flug von Johannesburg nach Kapstadt anzutreten, musste ich feststellen, dass die Fluggesellschaft keine Buchung unter meinem Namen hatte. Dann stellte sich heraus, dass ich nicht wie angenommen einen Hin- und Rückflug gebucht hatte, sondern zwei Flüge von Kapstadt nach Johannesburg.

Das Ganze war an einem langen Wochenende, und alle Flüge waren komplett überbucht. Ich brach in Tränen aus, denn ich musste nach Kapstadt, um dort ein Seminar abzuhalten. Ich verließ den Schalter und bat die Engel, sie möchten mir doch bitte, bitte helfen, da ich völlig verzweifelt war.

Da fiel mir der Hindugott Ganesha ein, der uns Hindernisse aus dem Weg räumt, und ich bat ihn, die Hindernisse auf meinem Weg wegzuräumen. Ich war gerade dabei, als ich sah, wie die Frau am Schalter in die Pause ging. Ich ergriff die Gelegenheit und stellte mich erneut an. Die neue Angestellte gab mir nicht nur ein Ticket, sondern sogar einen Fensterplatz, um den ich immer bitte. Die Frau, die im

Flugzeug neben mir saß, erzählte mir dann, dass ihre Schwester nicht mit an Bord kommen konnte, da der Flug mit zwanzig Personen überbucht war. In diesem Augenblick realisierte ich, dass wir von so viel Unterstützung umgeben sind, um die wir nur bitten müssen.

Carol de Vasconcelos, DCS

Permanente Hilfe

Wenn die Absicht stimmt, werden die Engel einen Weg finden, uns zu helfen.

❋ ❋ ❋

Ich war Melkerin, aber nach Einführung der neuen EU-Agrarrichtlinien verlor ich meine Stelle. Mir wurde gesagt, ich solle mich bei der Abteilung für Existenzgründungen in Waterford melden.

Ich hatte gerade meine Ausbildung als Engel- und Aufstiegslehrerin abgeschlossen. Können Sie sich vorstellen, dass jemand staatliche Unterstützung dafür bekommt, eine eigene Firma zu gründen, die Engelseminare abhält und Reiki lehrt? Nun, mit der Hilfe von Liam Murphy und den Engeln geschah genau das! Meine Krankenkassenbeiträge wurden übernommen und auch meine weitere Ausbildung an der Diana-Cooper-Schule wurde bezahlt. Engel in menschlicher und ätherischer Gestalt waren immer da, um mir zu helfen, Licht zu verbreiten.

Sue Walker, DCS

Die Engel helfen, den richtigen Ort zu finden

Einfach nur darum bitten!

❋ ❋ ❋

Nachdem ich von der Diana-Cooper-Schule als Lehrerin zertifiziert worden war, wollte ich den perfekten Veranstaltungsort für mein erstes Seminar finden. Meine Engel lenkten meine Aufmerksamkeit auf das St. Nons Retreat Centre in St. Davids, und ich machte einen Termin aus, um mir den Ort anzusehen. Sie nahmen zwar die Anmeldung auf, konnte mich aber am fünften Seminar-Wochenende nicht unterbringen, da Palmsonntag war.

Ich sagte der Nonne, dass ich die Angelegenheit den Engeln übergeben würde und dass sie den perfekten Ort für das Wochenende finden würden. In diesem Augenblick klingelte es, und sie ging, um die Tür zu öffnen. Eine andere Nonne trat ein, die ein unglaubliches Licht ausstrahlte. Sie füllte die Anmeldung weiter aus und sagte dann: »Es ist einfach nicht recht, dass Sie am letzten Wochenende woanders hin müssen. Dann stimmt ja die ganze Energie nicht.« Dann fügte sie hinzu: »Überlassen Sie das mir. Ich werde eine Möglichkeit finden.« Und sie tat genau das und wir hatten ein wunderbares Seminar.

Eloise Bennett, DCS

Engel des Glücks und der Freude

Alle, die Seminare leiten oder Teil einer Gruppe sind, sollten diese wunderbare Geschichte lesen, die erzählt, wie die Engel angerufen werden können, um die Atmosphäre zu verändern.

❋ ❋ ❋

Ich hielt einen Reiki-Kurs ab. Am ersten Tag schienen die Gruppenmitglieder ziemlich deprimiert zu sein und redeten nicht viel. Am zweiten Tag bat ich die Engel, während der Meditation zu uns zu kommen und allen zu helfen, die Freude und das Glück in ihren Herzen zu fühlen. Außerdem bat ich darum, dass die Atmosphäre der Gruppe doch fröhlich sein möge. Als wir die Meditation beendeten, hatte sich die Stimmung deutlich verändert und war viel leichter. Und die Teilnehmer waren glücklicher.

Marjetka Novak, DCS

Ein Computerabsturz

Ja, es gibt Computer-Engel. Da ein Großteil unserer Technologie vom Sirius stammt, können Sie bei Computerproblemen die Engel vom Sirius anrufen. Ich halte es auch für eine gute Idee, Ihren Computer zu segnen, bevor Sie ihn anschalten, und Licht ins Internet zu schicken. Wenn Sie die Schwingungsfrequenz des World Wide Web anheben, helfen Sie allen.

❋ ❋ ❋

Vor einigen Monaten stürzte mein Computer ab. Unglücklicherweise hatte ich kein Back-up. Ich versuchte vergeblich, ihn wieder zum Laufen zu bringen, und musste schließlich einen Experten anrufen. Am Tag, bevor er kommen sollte, bat ich meine Schüler, ein Gruppengebet zu sprechen, um die verloren gegangenen Daten zu retten.

Gemeinsam baten wir die Engel, den Computer zu reparieren. Als der Experte kam, war alles wieder in Ordnung – so, als ob nie etwas gewesen wäre. Ich stehe in der Schuld meiner Schüler und der Engel.

Marjetka Novak, DCS

Ein Engel mit einem Pass

Wenn Sie darum bitten, werden die Engel dafür sorgen, dass Sie ruhig bleiben und dass Ihnen der Weg geebnet wird, während Sie die notwendigen Schritte unternehmen.

❋ ❋ ❋

Adela, eine Freundin von mir, wollte mit ihren beiden Kindern nach Spanien fliegen. Der Flug sollte um 18.00 Uhr abgehen und sie überprüfte um 12.30 Uhr noch einmal die Pässe. Da entdeckte sie, dass der Pass ihrer dreijährigen Tochter abgelaufen war. Sie hatte also weniger als sechs Stunden Zeit, um einen neuen Pass zu besorgen und rechtzeitig zum Flughafen zu kommen. Normalerweise dauert es mindestens zehn Tage, um einen neuen Pass zu bekommen.

Sofort rief sie die Engel um Hilfe an. Sie raste los, um neue Fotos zu machen, füllte alle Formulare aus, ließ sie unterschreiben und fuhr zum Passamt.

Um 15.45 Uhr hatte sie den Pass und kam rechtzeitig am Flughafen an. Adela und ihr Mann wunderten sich darüber, wie ruhig sie bei all dem geblieben waren.

Aber die Hilfe der Engel ging noch weiter. Ein Sicherheitsbeamter bemerkte sie mit dem Kinderwagen, dem Gepäck und den kleinen Kindern und winkte sie ganz nach vorn an den Anfang der Warteschlange. Adela ist den Engeln so dankbar für ihre Hilfe.

Catherine McMahon, DCS

Wieder zu Hause

Dies ist eine berührende Geschichte über einen Fremden, der Engel schickt, um einer Kranken zu helfen.

❊ ❊ ❊

Mir wurde diese Geschichte von Ann erzählt. Sie war mit ihrer Mutter Una auf den Kanarischen Inseln in den Ferien. Plötzlich wurde Una sehr krank und musste für drei Wochen ins Krankenhaus. Ann rechnete fest damit, dass ihre Mutter sterben würde. Sie wollte daher nichts sehnlicher, als ihre Mutter vor ihrem Übergang heim nach Irland zu bringen. Nachdem sie sich mit der Versicherungsgesellschaft auseinandergesetzt hatte, erlaubte diese ihr, mit der Rettungsflugwacht nach Dublin zu fliegen.

Vor dem Abflug begegnete Ann einer Frau und erzählte ihr die Geschichte. Die Frau sagte, sie würde Engel schicken, um sie und ihre Mutter sicher nach Hause zu begleiten. Ann dankte ihr, obwohl sie nicht an Engel glaubte. Als sie sich Dublin näherten, sah Ann ihre Mutter lächeln. Später im Krankenhaus fragte Ann sie: »Warst du so froh, wieder in Dublin zu sein?«

Una antwortete: »Hast du all diese Engel am Flughafen gesehen?« Ann ist nun überzeugt, dass die Engel mit ihnen gereist waren und dass ihre Mutter gesegnet war, sie zu sehen.

Catherine McMahon, DCS

Von einem Engel gehalten

Ich bin sicher, wir alle würden uns eher trauen, etwas Neues auszuprobieren, wenn wir absolut sicher wären, dass die Engel bei uns sind, dass sie uns halten und vor Gefahren schützen.

❊ ❊ ❊

Mein Mann hatte mir ein neues Fahrrad gekauft, aber da ich mehrere Jahre nicht gefahren war, war ich gelinde gesagt etwas unsicher. Ich fiel zweimal um, aber schon bald machte ich Fortschritte und konnte einige Minuten lang auf dem Fahrrad bleiben.

Einmal fuhr ich dann auf einer Landstraße und wurde immer schneller. Ich rollte direkt auf einen Stacheldrahtzaun zu, verlor die Kontrolle und konnte nicht mehr bremsen. Aber dann hielt das Fahrrad nur ein paar Zentimeter vor dem Zaun plötzlich an. Es bewegte sich nicht weiter, und ich saß vollkommen ruhig und hielt das Gleichgewicht. Ich bin mir sicher, ich wurde von einem Engel gebremst und gehalten. Immer wenn ich an dieser Stelle vorbeikomme, halte ich an, lächle und bedanke mich bei den Engeln.

Evelyn

Ein fünfdimensionales Erlebnis

Wenn wir erschöpft oder verzweifelt sind, sind wir offener für die geistigen Welten. In solchen Momenten haben wir oft unvergessliche Erlebnisse.

❀ ❀ ❀

Man hatte mich gebucht, um auf dem Gipfel eines zweitausend Meter hohen Berges zu singen. Um dort hinzukommen, musste man viereinhalb Stunden klettern, und als ich ankam, war ich vollkommen erschöpft. Meine Beine zitterten und ich war verängstigt. Ich riss mich jedoch irgendwie zusammen und der Abend wurde ein voller Erfolg. Ich fühlte mich sehr mit dem Himmel, den Vögeln und den Bergen verbunden.

Als wir am nächsten Morgen den Abstieg begannen, zitterten meine Beine wieder. Ich war ja nicht allein, also verstand ich nicht, warum ich solche Angst hatte. Kurz vorher hatte ich ein Buch über die fünfte Dimension gelesen, und daran musste ich nun denken. Ich fragte mich, was mir wohl helfen könnte. Plötzlich brach ich zusammen und bekam keine Luft mehr. Ich bat meine Freundin, mir Wasser aus einem Bach zu holen. Während ich auf ihre Rückkehr wartete, rief ich meine Mutter an. Sie sagte, sie würde die Engel und Christus anrufen und sie um Hilfe bitten.

Ich hatte kurz darauf das Gefühl, als würde ich hochgehoben. Dann sah ich Jesus vor mir. Ich lächelte und fühlte mich wie berauscht. Andere Wanderer, die mir entgegenkamen, sahen mich wie entgeistert an.

Ich ging den Berg Schritt für Schritt hinunter, und bald erreichten wir das Auto. Meine Freundin fuhr mich zum Arzt, wo ich mich untersuchen ließ.

Abends im Bett fragte ich mich: »Was war das heute?« Ich war so ruhig gewesen. Ich hatte gedacht: »Wenn ich jetzt in der fünften Dimension bin, möchte ich nicht, dass es jemals aufhört.«

Jo-Ann Serina Andre

Die Engel drücken auf die Hupe

Denken Sie an Ihre Absicht und rufen Sie die Engel.

❆ ❆ ❆

Ich befand mich auf dem Rücksitz meines geparkten Autos und meine Tochter schlief in meinem Schoß. Ich wollte sie nicht aufwecken, konnte mich aber nicht bewegen. Ich konnte nicht telefonieren oder lesen und ich konnte auch nicht die Hupe erreichen, um meinen Sohn aus dem Haus zu locken.

Da es wirklich unbequem wurde, schickte ich einen sehr starken Gedanken los: »Bitte, ihr Engel, wenn ihr da seid, schickt mir Erasmos.« Kurz darauf kam er die Treppe heruntergelaufen.

Er rief: »Ich hab dich hupen gehört.« Ich erwiderte: »Ich hätte gern gehupt, aber ich konnte mich ja nicht bewegen.« Ich war sehr beeindruckt.

Cinzia Taffuri

Engel und Geschenke

Geschenke kaufen ist viel einfacher, wenn wir die Engel bitten, uns zu helfen.

❆ ❆ ❆

Während eines Seminars schauten sich einige von uns nach Festkleidung um. Die Engel hatten mir vor der Reise bereits gesagt, dass ein Kristall auf mich wartete, aber ich wusste nicht, wo. Da sah ich ein Geschäft, dessen Name ISIS lautete. Ich wusste, dass Isis eine Verbindung zum goldenen Atlantis hatte, also betrat ich den Laden. Sofort sah ich eine wunderschöne Bergkristallkugel, die eine unglaubliche Energie ausstrahlte, und beschloss, sie zu kaufen.

In diesem Moment kam meine Freundin und sagte: »Diese herrliche Kristallkugel hätte ich auch gern.« Während ich darauf wartete zu bezahlen, fiel mir eine türkisfarbene Kristallkugel auf. Ich bekam die Botschaft, dass dies der Kristall war, der auf mich wartete. Also kaufte ich ihn und gab den anderen meiner Freundin.

Aleja Daniela Fischer, DCS

Synchronizität

Der Rat der Engel ist immer verfügbar, aber oft verstehen wir ihn erst, wenn er mehrmals gegeben wird. Dann aber müssen wir ihm Aufmerksamkeit schenken!

✿ ✿ ✿

Ich war nebenbei als Engellehrerin tätig, hatte aber gemerkt, dass dies meine Leidenschaft und meine wahre Berufung war. Ich wusste tief in meinem Herzen, dass ich meine andere Stelle aufgeben musste. Ständig an mir nagende Zweifel führten jedoch dazu, dass ich es nicht tat.

Ich zog jeden Tag eine Engelkarte, und sieben Tage hintereinander war es die Lehre-und-Lerne-Karte. Gut, dachte ich, tat aber nichts. Dann zog ich eines Morgens zwei Karten, und raten Sie mal, was passierte. Ich zog die Lehre-und-Lerne-Karte beide Male. Das Spiel enthielt zwei dieser Karten. Ich hatte die Karten schon seit fünf Jahren und es war mir bisher nie aufgefallen. Ich habe keine Erklärung, warum diese Karte doppelt vorhanden war, aber ich verstand die Botschaft.

Ich kündigte noch im selben Monat, und seither lebe ich meine Leidenschaft und arbeite mit den Engeln. Wenn die Engel möchten, dass wir etwas sehen, werden sie das Unmögliche möglich machen, um unsere Aufmerksamkeit zu erlangen.

Elizabeth Ann, DCS

Ein perfektes Heim

Bitten Sie die Engel, Ihnen bei der Verwirklichung Ihrer Bedürfnisse zu helfen. Wenn es Ihrem höchsten Wohl dient, werden sie Ihnen mit Freuden helfen, wie diese Geschichte zeigt.

❀ ❀ ❀

Ich brauchte ein Haus für mich, meinen Sohn Kingsley und unsere Katze Jasper. Ich teilte den Engeln präzise mit, was ich wollte. Am wichtigsten war, dass es nicht mehr kosten durfte, als ich mir leisten konnte. Eine Zeit lang schien das unmöglich zu sein. Aber ich vertraute den Engeln und sagte ihnen immer wieder, was ich brauchte. Und dann wurde uns tatsächlich das perfekte Haus angeboten: hell, freundlich, in einer kleinen abgelegenen Seitenstraße ohne Verkehr. Von meinem Schlafzimmer aus konnte ich die Wipfel der Bäume erkennen. Aber vor allem konnte ich mir das Haus tatsächlich leisten. Wir fühlten uns dort alle sofort zu Hause.

Christine Marshall

Schutzengel

Diese Geschichte erinnert uns auf entzückende Weise daran, dass unser Schutzengel immer bei uns ist und nur darauf wartet, uns zu helfen.

❀ ❀ ❀

Ich war völlig von einem Computerspiel absorbiert, als ich plötzlich hörte, wie es dreimal klopfte. Ich ging erst zur Vordertür, dann zur Hintertür, aber es war niemand da. Das verwunderte mich, und als ich später am Tag meinem Schutzengel Joachim schrieb, fragte ich ihn, ob jemand meine Aufmerksamkeit erlangen wollte. Er antwortete: »Das war ich. Ich möchte einfach, dass du weißt, dass ich bei dir bin. Du glaubst manchmal, ich sei nicht da, aber ich bin immer da.« Da erkannte ich, dass er wirklich immer bei mir ist, selbst wenn ich nicht an ihn denke. Das zu wissen ist unglaublich tröstlich – nicht nur für mich, sondern für jeden Menschen auf der ganzen Welt.

Anonym

Die Engel erhören unsere Gebete

Jedes Gebet, das wir sprechen, wird von den Engeln gehört und zu Gott getragen. Wenn ein Gebet dem höchsten Wohl dient, wenn es der richtige Zeitpunkt ist und wenn es von Herzen kommt, wird es erhört werden. Wenn es ein Hilfeschrei ist, der aus den Tiefen unserer Seele kommt, werden die Engel ebenfalls reagieren. Denken Sie immer daran, welche Macht ein Gebet hat. Es spielt keine Rolle, ob Sie zu Gott beten oder zu den Engeln.

Sabbatjahr

Wenn wir klar formulieren, was wir möchten oder brauchen, wird das Unmögliche möglich.

❋ ❋ ❋

Eines Morgens wachte ich auf, gerade als der Mond hinter den Wipfeln der Bäume vor meinem Fenster unterging. Ich sprach mit den Engeln über meinen Mann Paul, der von seinen vielen Reisen erschöpft und wegen der Probleme auf der Arbeit demoralisiert war. Er wollte aufhören und hatte mir gesagt, er brauche ein Sabbatjahr. Ich bat die Engel, ihm zu helfen und ihm im Interesse seines höchsten Wohles den Weg zu weisen. Am nächsten Morgen lag eine kleine weiße Feder auf seinem Kopfkissen.

Am ersten Tag des neuen Semesters bat ihn der Schulvorsteher um ein Gespräch, in dessen Verlauf er Paul die Frühpensionierung anbot und ihm eine Ablösesumme versprach, die etwa einem Jahresgehalt entsprach. Achtzehn Monate später nahm er eine neue Stelle an einer Kunstakademie in Paris an.

Susie Cooper

Trautes Heim

Die folgende Geschichte zeigt, wie man seine Vision niederschreibt, damit die Engel auch wirklich wissen, dass man sich im Klaren darüber ist, was man will.

❋ ❋ ❋

Ich lebte mit meinen fünf Kindern in Edinburgh, wohin ich nach dem Tod meines Mannes gezogen war. Ich wollte aber nichts lieber, als wieder auf dem Lande zu wohnen, denn ich sehnte mich nach dem Frieden und der Ruhe dort.

Also schrieb ich einen Wunschzettel: eine hübsche ländliche Gegend, ein kleines Bauernhäuschen mit Anbauten, sodass ich von zu Hause aus arbeiten konnte, ein schöner Garten, eine besondere Energie, damit ich mit der Natur arbeiten konnte, und eine eng miteinander verbundene Dorfgemeinschaft in der Nähe. Jeden Tag bat ich die Engel um Hilfe. Ich bot mein Haus zum Verkauf an und betete, es möge sich schnell verkaufen. Innerhalb von sechs Wochen hatte ich einen Käufer gefunden. Dann sah ich das perfekte Haus. Der Preis lag innerhalb meines Budgets, allerdings waren auch noch andere Leute daran interessiert.

Ich bat die Engel wieder um Hilfe. Ich stellte mir vor, wie Engel das Häuschen und den Garten umgaben und sich für mich darum kümmerten. Jeden Tag stellte ich mir vor, wie ich darin leben und arbeiten würde. Ich machte ein Angebot und stellte mir vor, dass ich den Zuschlag bekam und dass die Engel frohlockten. Ich war überglücklich, als ich hörte, dass ich tatsächlich die stolze neue Eigentümerin von Ugston Mill war. Ich hatte nicht nur ein wunderschönes neues Heim, ich hatte auch ein gutes Geschäft gemacht, sodass ich noch Geld übrig hatte, das ich benutzen konnte, um das Haus zu dem Heilungszentrum umzubauen, das ich visualisiert hatte. Die Engel haben fantastische Arbeit geleistet. Ich bin ihnen so dankbar.

Jilly Greig, DCS

Der Wunsch eines Kindes

Die Engel lieben die Reinheit und Unschuld der Kinder, denn sie hören ihnen voller Vertrauen und Verständnis zu.

※ ※ ※

Ein kleines Mädchen erzählte mir voller Freude, dass es die Engel gebeten hatte, ihr zu helfen, an einer bestimmten Schule aufgenommen zu werden, nachdem es umgezogen war. »Und sie haben es getan«, sagte es mir, wobei sein Gesicht vor Freude strahlte. »Aber ich weiß, wenn es für mich nicht richtig gewesen wäre, hätten sie es nicht getan.« Ich war angesichts seines Vertrauens und Verständnisses sprachlos.

Diese Geschichte wurde Diana Cooper erzählt.

Ein Gebet an die Friedensengel

Die Engel erhören Gebete, die dem höchsten Wohl einer Gemeinde dienen.

✳ ✳ ✳

Eine Organisation hatte zu Protesten gegen die Entscheidung des Stadtrates aufgerufen, in Dudley eine Moschee zu bauen. Als ich hörte, dass eine andere Gruppe zur selben Zeit eine Gegendemonstration geplant hatte, machte ich mir große Sorgen.

Ich betete zu den Engeln und bat sie, den Tag so friedlich wie möglich ablaufen zu lassen. Ich bin mir sicher, dass auch andere gebetet haben, denn der ganze Ort fühlte sich an jenem Tag irgendwie anders an als sonst. Vor, während und nach den Demonstrationen verlieh der Stadtrat seiner Enttäuschung darüber Ausdruck, dass die Stadt Zielscheibe der Ängste einiger Menschen geworden war, und bekräftigte, dass die Gemeinde multikulturell ist und sich die einzelnen Kulturen nicht gegeneinander ausspielen lassen werden.

Wir können alle in Frieden leben, und ich bin den Engeln so dankbar, dass sie Licht auf diese Tatsache geworfen und unsere Gemeinde an jenem Tag beschützt haben.

Jeevan

Die Engel helfen beim Verkauf eines Hauses

Die Engel beantworteten ein Gebet für eine Freundin. Wenn ein Gebet selbstlos gesprochen wird, hat es noch mehr Energie.

✳ ✳ ✳

Eine Freundin hatte Probleme damit, ihr Haus zu verkaufen, und bemühte sich nach Kräften, eine Zwangsversteigerung zu vermeiden. Ich hatte gehört, dass man die Engel um Hilfe bitten kann, also bat ich sie, meiner Freundin beim Verkauf ihres Hauses zu helfen. Am nächsten Morgen rief sie mich an, um mir zu sagen, dass ihr Haus einen Käufer gefunden hatte – nachdem es vorher bereits achtzehn Monate lang zum Verkauf gestanden hatte. Ich bin überglücklich. Das beweist doch, dass es wirklich Engel gibt.

Valerie Craig

Glück im Alter

Es folgt eine weitere Geschichte, die erzählt, wie jemand für das Wohl eines anderen betet.

❋ ❋ ❋

Meine Mutter lebt in einer Gegend, die sich in den zehn Jahren, seit sie dort hingezogen ist, stark verändert und einen schlechten Ruf bekommen hat. Obwohl sie dort ganz isoliert lebt, möchte sie nicht umziehen, da sie mittlerweile achtzig Jahre alt ist. Da ich mir Sorgen machte, bat ich die Engel um Hilfe. Ich überredete meine Mutter, auch wenn sie sich zuerst dagegen gesträubt hatte, sich um eine Wohnung in einer Seniorenwohnanlage zu bewerben. Man bot ihr eine Wohnung an, die genau dem entsprach, was sie sich gewünscht hatte. Ihre beste Freundin wohnt nur zwei Türen weiter, und sie hat freien Blick auf den Garten. Als sie den Mietvertrag unterschrieb, erfuhr ich, dass sie die letzte freie Wohnung bekommen hatte.

Der Umzug ging reibungslos vonstatten. Heute ist sie in ihrer neuen Wohnung glücklich. Sie hat neuen Schwung bekommen und geht sogar zu den Taiji-Kursen. Dank der Engel kann meine Mutter nun im Alter wieder glücklich sein.

Andrea Benn

Unterstützt und gehalten

Wenn wir um Hilfe für einen anderen Menschen bitten, stellt unser Gebet als Verbindung eine Lichtbrücke zu ihm her, sodass die Engel ihm helfen können.

❋ ❋ ❋

Ich nahm an einer Trauerfeier für eine Freundin teil, die plötzlich gestorben war. Ihre Nichte versuchte eine Ansprache zu halten, war aber so erschüttert, dass sie nur weinen konnte. Es war offensichtlich, dass sie es nicht schaffen würde. Ich bat die Engel im Stillen, ihr zu helfen, und innerhalb von Sekunden erlangte sie ihre Fassung wieder und hielt eine bewegende Rede. Wir sind so gesegnet, dass die Engel unter uns weilen.

Evelyn

Sie kümmern sich um alles

Wenn wir aufhören, uns Sorgen zu machen, und darauf vertrauen, dass die Engel sich um alles kümmern werden, wirken sie zu unserem Besten.

❋ ❋ ❋

Mein Stiefsohn Dave, der damals bereits mit seinem Schutzengel arbeitete, wanderte 2004 mit seiner Partnerin Tracy nach Neuseeland aus. Als sie in Queenstown ankamen, schickten sie uns eine E-Mail, um uns wissen zu lassen, dass sie gut angekommen waren, dass sie dabei waren sich einzurichten und dass wir uns keine Sorgen machen sollten, weil die Engel schon dabei wären, ihnen Stellen zu besorgen.

Und die Engel fanden für Dave wirklich eine Stelle, in der er seine Fähigkeiten voll einbringen konnte. Sie kümmerten sich sehr um ihn und halfen ihm beruflich voranzukommen, sodass er heute eine Karriere hat, die ihn erfüllt.

Jillian Stott, DCS

Eine kaputte Zentralheizung

Wenn wir um Hilfe bitten, kommt sie nicht immer auf die Art und Weise, wie wir es erwartet haben, aber die Engel sorgen immer dafür, dass sich alles zum Guten wendet.

❋ ❋ ❋

Meine Zentralheizung war kaputt, und ich hatte keine Ahnung, wie ich eine neue bezahlen sollte. Ich arbeitete in einem Heilzentrum, und als wir es an jenem Tag öffneten, erzählte ich meiner Freundin davon, die sofort die Engel um Hilfe bat. Etwa eine halbe Stunde später, als ich mitten in einer Engelheilungssitzung war, hörten wir ein lautes Krachen und Scheppern. Ein Müllwagen war rückwärts gegen eine Mauer gefahren, die umgefallen war und mein Auto zerdrückt hatte.

Aber alles ging gut aus, denn mit dem Geld von der Versicherung konnte ich nicht nur ein neues Auto kaufen, sondern auch einen neuen Boiler für die Zentralheizung – und niemand war zu Schaden gekommen.

Anne Fearon

Ein Gerichtstermin

Dieses Gebet kam aus der Stille, wodurch es besonders machtvoll wurde.

❀ ❀ ❀

Ich hatte seit einem Jahr einen unangenehmen Streitfall vor Gericht auszutragen. Immer wenn wir einen Termin hatten, wurde der Fall wieder vertagt. Und jedes Mal musste ich mir einen Tag frei nehmen. Ich war sehr frustriert, weil keiner der beteiligten Anwälte meinen Standpunkt verstehen konnte.

Aber dieses Mal setzte ich mich still hin und meditierte, statt noch frustrierter zu werden, und bat die Engel, den Fall doch mit einem Urteil zu Ende zu bringen, das allen Beteiligten gerecht werden würde. Mein Fall wurde noch am selben Tag abgeschlossen, und es wurde ein Urteil zu meinen Gunsten gefällt.

Anonym

Die Engel gaben mir mein Selbstvertrauen zurück

Ein weiteres Beispiel für ein Gebet, das dem stillen Inneren entsprang und erhört wurde.

❀ ❀ ❀

Unterrichten war etwas ganz Natürliches für mich, über das ich überhaupt nicht nachdenken musste. Aber eines Tages wurde ich gebeten, meine Handwerkskunst verschiedenen Gruppen in mehreren Ländern vorzuführen. Aus irgendeinem Grund hatte ich große Angst davor. Meine Hände zitterten und ich war sehr gestresst. Niemand konnte es verstehen, da ich normalerweise extrovertiert und selbstbewusst bin. Ich machte aber in der Hoffnung weiter, meine Ängste überwinden zu können. Doch da es immer schlimmer wurde, musste ich schließlich aufhören.

Eine Frau aus Neuseeland fragte mich etwas später, ob ich zu ihrer Jahrestagung eine Vorführung machen wollte, und ich sagte ohne zu zögern zu. Am Morgen der Tagung stand ich früh auf, um Hilfe zu erbitten. Ich setzte mich still auf eine Bank und sagte: »Hört mir jemand zu? Ich brauche Hilfe und ich brauche sie jetzt, weil ich in zwei Stunden vor sehr vielen Menschen auf der Bühne stehen werde.«

Da nahm ich einen goldenen Lichtstrahl über meinem Kopf wahr. Ich leitete ihn durch meinen Körper bis in meine Füße. Ich befand mich in einer Blase der Stille. Ich erinnere mich, dass ich an Reiki und Engel denken musste.

Als ich dem Publikum vorgestellt wurde, dachte ich sofort: »Gleich fang ich an zu zittern.« Aber meine Hände blieben ruhig. Ich hatte so viel Freude an meiner Vorführung, dass ich das Publikum sogar zum Lachen brachte.

Ich wusste, es war ein Wunder geschehen. Ich war von den Engeln berührt worden.

Maisie

Verloren in Italien

Wenn wir die Engel ganz ruhig um etwas bitten, werden sie auf irgendeine Weise Hilfe schicken.

❋ ❋ ❋

Ich befand mich mit meiner Mutter auf einer Reise durch Italien. Wir waren in Neapel gelandet, hatten ein Auto gemietet und fuhren Richtung Süditalien. Es war ein wunderbarer sonniger Tag. Wir hielten an und gingen umher, aber als wir zum Auto zurückgehen wollten, konnte sich keiner von uns erinnern, wo der Parkplatz war. Wir erkannten nichts wieder und gerieten langsam in Panik. Niemand hier sprach Englisch, niemand schien uns helfen zu können.

Plötzlich sagte ich zu meiner Mutter: »Bitte doch deinen Schutzengel, uns den Weg zum Parkplatz zu zeigen.« Sie stimmte sich auf den Engel ein und fragte ihn.

Ein paar Augenblicke später tauchte ein großer dunkelhaariger, gut aussehender Italiener mit funkelnden Augen auf. In perfektem Englisch fragte er uns, ob er uns helfen könne. Er wusste, wo der Parkplatz war, und führte uns dorthin.

Jacqueline Mary Piper, DCS

Eine Reise nach Findhorn

Ganz gleich, wie erschreckend ein Problem auch sein mag, wenn wir uns entspannen und auf die Engel vertrauen, werden sie einen Weg finden, uns zu helfen.

❄ ❄ ❄

Im Juni wollte ich mit öffentlichen Verkehrsmitteln nach Findhorn reisen. Es würde eine lange und vermutlich anstrengende Reise werden, aber ein netter Busfahrer sagte, er würde einen Umweg fahren, damit ich eine frühere Verbindung erreichen könne.

Er setzte mich an der Stelle ab, an der ich auf den anderen Bus warten sollte. Als ich dem abfahrenden Bus hinterhersah, merkte ich, dass ich meine Handtasche vergessen hatte – mit Geld, Telefon, einfach allem!

Ich rief die Engel um Hilfe an. Ein anderer Bus hielt, und ich erzählte dem Fahrer meine Geschichte. Er schlug vor, ich solle den Busbahnhof anrufen, aber ich erinnerte ihn daran, dass ich weder ein Telefon noch Geld hatte. Darauf antwortete er, dass er in anderthalb Stunden zurück sein würde, mit meiner Handtasche oder ohne sie.

Mir blieb nichts anderes übrig als zu warten. Da hielt wieder ein Bus und zu meiner Überraschung war es der ursprüngliche Bus mit dem netten Fahrer. Er hatte meine Tasche auf dem Sitz bemerkt und war einen Umweg gefahren, um sie mir zurückzubringen. Ich konnte es nicht fassen. Ich umarmte ihn und dankte ihm. Was für eine Lektion in Vertrauen! Ich danke euch, ihr wunderbaren Engel!

Rosemary

Den Botschaften vertrauen

Auch in der folgenden Geschichte wurde ein Gebet erhört. Das erinnert uns daran, dass wir Vertrauen haben sollten.

❀ ❀ ❀

Kürzlich ereigneten sich gleich zwei Naturkatastrophen in Indonesien: erst ein Tsunami, dann ein Vulkanausbruch. Wenn ich von Katastrophen höre, halte ich immer einen Moment inne, um für die betroffenen Menschen zu beten.

Meine Schwester war mit ihrem Partner und ihrer Tochter auf Bali in den Ferien. Es konnte durchaus sein, dass sie betroffen waren. Ich betete zu den Engeln und bat sie um Nachrichten, ich schrieb E-Mails und rief an, aber vergeblich.

Da bat ich um ein Zeichen, und drei Tage später sah ich in einer Vision einen friedlichen Strand und flaches, hellblaues Wasser. Ich hielt inne, um noch einmal genau hinzusehen und hinzuhören. Niemand war am Strand, aber alles war ruhig, es war warm und wunderschön. Ich spürte keine Angst, es war nichts Schlimmes geschehen.

Das war meine Antwort. Meiner Familie ging es gut. Die Lektion für mich bestand darin, diesen Botschaften zu vertrauen und dankbar für die Verbindung zu den Engeln zu sein. Botschaften wie diese sind eine eindrückliche Erinnerung an unsere himmlische Heimat.

Stephanie Duckworth Porras

Gebete werden in einer Kirche beantwortet

Die Engel geben uns, was wir brauchen, nicht, was wir wollen.

❀ ❀ ❀

Während einer sehr schwierigen Phase meines Lebens versuchte ich, meinen inneren Frieden zu finden, indem ich in die Kirche ging und zu Gott betete. Eines Tages betete ich mit gesenktem Kopf, und als ich wieder aufsah, erschrak ich, denn in der Reihe vor mir saß ein Mann und starrte mich an.

Er war gerade aus einem Rehabilitationszentrum für Alkoholkranke entlassen worden und brauchte Geld, um in einem Wohnheim übernachten zu können.

Ich gab ihm nur fünf Euro, damit er sich keinen Alkohol davon kaufen konnte. Ich verstaute mein Portemonaie, und als ich wieder aufsah, war dort niemand. Ich rannte aus der Kirche und verfluchte Gott. Ich schrie laut heraus, dass ich keine Alkoholikerin sei. Einen Monat später befand ich mich in einer Klinik für Alkoholkranke.

Jetzt habe ich seit sechs Jahren nichts mehr getrunken. Ich lebe einen Tag nach dem anderen, und ich weiß, dass ich an einem Ort in mir angekommen bin, der einst so weit entfernt war.

Maura

Ich denke an dich

Wir sind alle in einem Meer der Liebe telepathisch miteinander verbunden.

❋ ❋ ❋

Ich bekam einen Anruf von der Frau meines besten Freundes, in dem sie mir mitteilte, dass Brian nur noch einen Monat zu leben hatte. Ich telefonierte mit ihm und versprach, dass ich ihn wieder anrufen würde. Dann beschloss ich, ihm eine Karte zu schicken, auf der stehen sollte: »Ich denke an dich.« Am nächsten Tag betete ich zu den Engeln und bat sie, ihn zu halten. Ich bat Brian telepathisch, die Augen zu schließen und die Engel ebenfalls darum zu bitten, bei ihm zu sein. Ich wollte nicht, dass er noch mehr Schmerzen erleiden musste. Am folgenden Freitag schrieb ich ihm, was ich getan hatte. Sonntagnachmittag rief seine Frau an, um mir zu sagen, dass Brian am Freitag gestorben war. Ich dankte den Engeln, dass sie ihn unterstützt hatten.

Mary

Heiler bei Unfällen

Die Engel sehen immer das ganze Bild und sorgen dafür, dass alle zur richtigen Zeit am richtigen Ort sind.

❀ ❀ ❀

Mein Mann und ich gingen durch eine Stadt in Griechenland, um einzukaufen. Als wir zu einer kleinen Straße kamen, sahen wir, wie ein Auto um die Ecke bog und direkt auf ein Motorrad zufuhr. Der Autofahrer sah das Motorrad erst, als es zu spät war. Der Motorradfahrer versuchte zwar noch auszuweichen, rutschte aber weg und flog mit dem Kopf gegen die Stoßstange. Wie es in Griechenland üblich ist, trug er keinen Helm.

Ich rief augenblicklich die Engel an und bat sie, den beiden Fahrern zu helfen. Erstaunlicherweise ging es dem Motorradfahrer gut, obwohl er noch ein bisschen wacklig auf den Beinen war. Dann bat ich die Engel, die Situation zu beruhigen, da der Motorradfahrer ziemlich wütend auf den Autofahrer war. Sobald wir uns vergewissert hatten, dass es beiden gut ging, gingen wir davon. Ich sagte zu meinem Mann: »Das ist jetzt schon der zweite Unfall, den wir sehen. Warum sind wir immer da, wenn Unfälle geschehen?«

Mein Mann sagte: »Weil wir mit unseren Heilenergien und deiner Engelenergie hier sein sollten, um dafür zu sorgen, dass es allen gut geht.« Ich dankte den Engeln für ihre ständige Hilfe und Unterstützung.

Janis Attwood, DCS

Engel und mein Hausverkauf

Wenn Sie die Engel bitten und wenn es an der Zeit ist, dass Sie umziehen, werden die Engel einen Weg finden, Ihnen zu helfen, Ihr Haus zu verkaufen.

❀ ❀ ❀

Mein Haus in Portugal stand seit vier Jahren zum Verkauf. Mein Mann war im Juni 2010 gestorben und ich wollte unbedingt zurück nach Holland. Ich bot es durch neun Makler an, aber da es keine gute Zeit zum Verkaufen war, kamen keine Anfragen.

Da beschloss ich, die Engel um Hilfe zu bitten. Kurz darauf kam ein Mann zu mir nach Hause. Er war Grundstücksmakler und wollte sich das Haus im Auftrag eines Klienten ansehen. Es gefiel ihm sehr.

Ich fragte ihn, woher er wusste, dass mein Haus zu verkaufen sei. Es stand oben auf einem Hügel, und er erzählte mir, dass er unten am Fuße des Hügels einen alten Mann mit einem Gehstock getroffen hätte. Er hatte ihn gefragt, ob er etwas von Häusern in der Gegend wüsste, die zu verkaufen wären, und der Mann hatte ihm den Weg zu mir gezeigt. Ich kenne alle, die in dieser Gegend wohnen, aber keinen alten Mann mit einem Gehstock ...

Wir wurden uns schnell handelseinig, und ich konnte endlich zurück nach Holland ziehen.

Alida Wijenberg

Man muss nur darum bitten

Es ist wirklich so einfach: Man muss nur um etwas bitten und Vertrauen haben, dann werden die Engel dafür sorgen, dass sich alles zum Besten wendet.

❆ ❆ ❆

Nach einer anstrengenden Woche hatte ich meine Hausschlüssel Freitagabend in der Firma vergessen. Ich rief den Vermieter an und bat ihn um einen Extraschlüssel, und er sagte, er würde ihn in seinen Briefkasten in der Clifton Terrace, einer der steilsten und längsten Straßen im neuseeländischen Christchurch, legen.

Am Abend sollte die Firmenweihnachtsfeier stattfinden, also blieb mir nicht viel Zeit. Ich nahm den Bus zum Anfang der Clifton Terrace. Als ich die lange steile Straße hinaufmarschierte, war ich hungrig und erschöpft. Also bat ich die Engel, mir jemanden zu schicken, der mich mitnehmen würde. Da hielt ein Wagen an, und die Fahrerin fragte, ob ich ein Stück mitfahren wolle. Ich bedankte mich im Stillen bei den Engeln.

Ich ging die Straße mit dem Schlüssel in der Hand hinunter, als ob ich auf einer rosafarbenen Wolke schweben würde. Ich fühlte mich so geliebt. Und ich musste nichts weiter tun, als nur zu bitten.

Leesa Ellis, DCS

Von Verkehrsengeln gerettet

Wir rasen selbst im dichtesten Verkehr viel zu schnell. Unsere Engel arbeiten unglaublich schwer daran, uns sicher an unseren Bestimmungsort zu bringen. Bitten Sie immer Erzengel Michael um Schutz, bevor Sie eine Fahrt antreten.

In Watte gehüllt

Die Engel sprechen selbst in den gefährlichsten Situationen mit uns und helfen uns.

❋ ❋ ❋

Ich fuhr auf der Landstraße, als mir ein Auto entgegenkam, dessen Fahrer anscheinend die Kontrolle über den Wagen verloren hatte. Das Fahrzeug stieß mit etwa hundert Stundenkilometern frontal mit meinem zusammen.

In dem nur Bruchteile von Sekunden währenden Augenblick direkt vor dem unvermeidlichen Aufprall sagte mir eine Stimme leise aber bestimmt, ich solle mich entspannen und die Augen schließen. Dann stießen wir zusammen. Ich hörte einen lauten Krach und rechnete damit, durch die Windschutzscheibe zu fliegen. Aber genau das Gegenteil geschah.

Ich fühlte mich, als wäre ich in Watte gehüllt. Alles spielte sich in Zeitlupe ab und ich fühlte mich absolut sicher. Allerdings war es ein ziemlich heftiger Aufprall. Meine Brille landete im Kofferraum und in der Windschutzscheibe war ein kreisförmiger Sprung, der von meinem Kopf verursacht worden war.

Aber ich hatte weder Kopf- noch Gesichtsverletzungen, sondern nur einige Schnitte und Prellungen. Schon am nächsten Tag konnte ich das Krankenhaus wieder verlassen. Die Leute im Auto hinter uns hatten angesichts des Anblicks, der sich ihnen bot, angenommen, niemand hätte den Unfall überlebt.

Ich weiß, dass ich an diesem Abend beschützt worden bin. Bis zu diesem Zeitpunkt hatte ich nichts über Engel gewusst, aber nun respektiere und schätze ich die Arbeit, die sie jeden Tag verrichten, sehr. Ich vertraue ihnen und danke ihnen jeden Tag.

Alfie Henwood

Eine sichere Reise dank der Engel

Und wieder können wir sehen, wie uns die Engel auf der Autobahn beschützen.

❋ ❋ ❋

Ich fuhr auf einer verkehrsreichen Autobahn, als ich plötzlich das Gefühl hatte, ich solle langsamer werden. Aber da ich unbedingt schnell nach Hause wollte, ignorierte ich es. Plötzlich spürte ich einen Druck unter dem Gaspedal, der mich dazu zwang, den Fuß herunterzunehmen und auf die Bremse zu treten. In derselben Sekunde rutschte direkt vor mir ein Lastwagen quer über die Straße. Ich hatte genug Zeit, um zu bremsen und anzuhalten, aber wäre der Druck unter dem Gaspedal nicht gewesen, wäre ich unter dem Lastwagen zerquetscht worden. Ich bedanke mich jeden Tag bei den Engeln.

Lesley Sorridimi

Die Engel beschützen mich auf der Straße

Die Engel sorgen dafür, dass Wunder geschehen.

❋ ❋ ❋

Ich fuhr an einem Sonntagmorgen auf der Autobahn nach London, um an einem Seminar teilzunehmen. Es war ein herrlicher sonniger Tag und ich freute mich auf den Tag. Plötzlich gab es einen lauten Knall. Ich schaute in den Rückspiegel, konnte aber kein anderes Fahrzeug sehen. Als die Autobahn eine Rechtskurve machte und ich das Lenkrad einschlagen wollte, merkte ich, dass ich den Wagen nicht kontrollieren konnte. Ich fuhr mit voller Geschwindigkeit auf den Mittelstreifen, umklammerte das Lenkrad und rief laut: »Ich bin noch nicht bereit zu gehen! Ich habe noch etwas Wichtiges zu erledigen! Ich brauche Hilfe! Jetzt!«

Obwohl ich auf dem Mittelstreifen landete, mich am Damm um die eigene Achse drehte, gegen die Leitplanke krachte und schließlich verkehrt herum zum Stehen kam, war ich unverletzt, wenn auch vollkommen geschockt. Der Reifen war geplatzt, mein Auto war ein Wrack – aber die Engel hatten mich gerettet, wofür ich ihnen immer sehr, sehr dankbar sein werde.

Jillian Stott, DCS

Engel im Schneesturm

Bitten Sie die Engel immer um Schutz, besonders bei prekärem Straßenzustand.

❋ ❋ ❋

Meine fünfzehnjährige Enkelin und ich waren drei Stunden gefahren, um an einem Engelseminar teilzunehmen. Wir verbrachten dort einen wunderbaren Tag, aber als wir zurückfahren wollten, brach ein Schneesturm über uns herein. Ich bat die Engel, uns zu beschützen und sicher nach Hause zu bringen.

Da wir Benzin brauchten, fuhr ich von der Straße ab zur nächsten Tankstelle. Aufgrund der schneebedeckten Fahrbahn konnte ich die Markierungen nicht genau sehen und geriet auf die falsche Spur. Neben uns war ein Lastwagen, und wir wären wahrscheinlich unter ihm gelandet, wenn wir nicht fühlbar wieder in die richtige Spur gedrückt worden wären.

Meine Enkelin fragte: »Was war das denn?« Überwältigt, wenn auch mit zitternder Stimme antwortete ich: »Die Engel haben uns zur Seite gedrückt.« Ohne mit der Wimper zu zucken, widmete sie sich wieder ihrer Lektüre, als ob nichts geschehen wäre. Vorfälle wie dieser machen mir bewusst, wie viel Hilfe uns die Engel gewähren, wenn wir sie nur darum bitten.

Elaine

In Sicherheit gebracht

Noch eine spannende Geschichte über ein vollbrachtes Wunder.

❊ ❊ ❊

Meine Freundin fuhr auf der Autobahn zur Arbeit, und als sie sich ihrer Ausfahrt näherte, sah sie, dass die Autos vor ihr ungewöhnlich langsam wurden. Plötzlich scherte direkt vor ihr ein Wagen ein, und sie wusste, dass sie in ihn hineinfahren würde. Sie rief um Hilfe, kniff die Augen zusammen und wartete auf den Aufprall. Stattdessen aber hielt das Auto an, und sie merkte, dass sie sicher auf dem Pannenstreifen stand.

Ihr Engel hatte alle Hindernisse aus dem Weg geräumt und ihre Hände so geführt, dass sie sicher ausweichen konnte. Als sie auf der Arbeit ankam, erzählte sie mir, was geschehen war. Sie sagte, sie könne es nicht begreifen. Ich erklärte ihr, was die Engel getan hatten: Sie hatten in ihr Leben eingegriffen, da ihre Zeit noch nicht gekommen war. Heute glaubt sie selbst an Engel.

Janis Attwood, DCS

Die Hände eines Engels am Lenkrad

Ist es nicht unglaublich, dass die Engel die Kontrolle übernehmen und Dinge vollbringen können, dir für uns Menschen nicht möglich wären?

❊ ❊ ❊

Als ich vor einigen Jahren von London nach Birmingham fahren wollte, bat ich die Engel vorher, auf mich aufzupassen. Als ich die Ausfahrt erreichte, war ich sehr nervös, denn ich war noch nie in Birmingham gewesen und steckte mitten im morgendlichen Berufsverkehr.

Ich sah auf die Schilder und fragte mich, ob dies wirklich die richtige Ausfahrt war. Nur einen Augenblick lang nahm ich die Augen von der Straße, und als ich wieder hinsah, musste ich zu meinem Schrecken sehen, dass die Autos vor mir angehalten hatten und dass ich auf beiden Seiten zwischen riesigen Lastwagen eingeklemmt war. Ich trat das Bremspedal ganz durch, aber ich wusste, ich würde nicht so schnell anhalten können wie der Wagen vor mir. Ich bereitete mich schon auf den Knall vor, mit dem Metall gegen Metall prallt. In diesem Augenblick wurde mir das Lenkrad aus der Hand genommen und der Wagen wurde von einer Seite zur anderen gelenkt, bis er nur Zentimeter vor dem Auto zum Halten kam.

Anna Knight

Eine Umleitung der Engel

Ein weiteres Wunder geschah dank der Engel auf der Straße.

❁ ❁ ❁

Ich fuhr auf der Autobahn zurück von einer Hochzeit, als ein Auto von der entgegengesetzten Richtung über die Leitplanke geflogen kam und auf den Wagen, die vor mir fuhren, landete. Dann folgte ein zweiter Wagen.

Ich konnte nichts weiter sehen und hören als Bremslichter und das Quietschen von Bremsen. Hinter mir kamen viele Autos angerast. Ich dachte noch: »Das war's dann wohl. Wie soll ich da denn rauskommen?« Ich rief die Engel um Hilfe an, trat auf die Bremse und senkte in der Erwartung des Aufpralls den Kopf.

Plötzlich blickte ich aus irgendeinem Grund wieder auf und sah, wie sich vor mir eine Lücke auftat. Ich kurvte zwischen den Autos hindurch, und es gelang mir, über den Pannenstreifen auf die Ausfahrt zu kommen. Als ich den Wagen zum Stehen brachte, befand ich mich in einem regelrechten Schockzustand.

Erst als ich mich umsah, erkannte ich, wie viel Glück ich gehabt hatte. Hinter mir türmten sich die Autos auf, es gab viele Tote und Verletzte. Ich weinte und dankte den Engeln dafür, dass sie mich gerettet hatten.

Rosemary Stephenson, DCS

Motorschutz

Sie können die Engel jederzeit bitten, sich um Ihr Auto zu kümmern.

❋ ❋ ❋

Ich brachte meinen Wagen in die Werkstatt. Der Automechaniker ließ das Öl ab und meinte, der Service wäre schon sehr lange überfällig gewesen, denn es wäre fast kein Öl mehr da gewesen. Er hielt mir einen Vortrag darüber, was alles hätte geschehen können und wie teuer ein neuer Motor gewesen wäre.

Nachdem er fertig war, dachte ich: »Ich danke euch, Engel, dass ihr mein Auto beschützt und mir genügend Zeit verschafft habt, um noch rechtzeitig in die Werkstatt zu kommen.« In diesem Augenblick schwebte eine kleine weiße Feder unter dem Wagen hervor, flog durch die Werkstatt und zur Tür hinaus.

Susan Rudd, DCS

Ein Motor stellt sich von selbst ab

Die Engel werden immer dann eingreifen, wenn unsere Zeit noch nicht gekommen ist, wie die folgende Geschichte zeigt.

❋ ❋ ❋

Ich war mit meiner Tante und meinem Onkel im Auto unterwegs. Wir fuhren mit etwa hundert Stundenkilometern, als plötzlich ein großer Hirsch vor uns auftauchte. Unglaublicherweise stellte sich der Motor von selbst ab.

Mit dem letzten Schwung kamen wir glücklicherweise gerade noch um das Hinterteil des Hirsches herum. Hätten wir ihn frontal getroffen, wären wir wohl alle durch die Windschutzscheibe geflogen und getötet worden. Wir wissen, unsere Engel und Führer waren für uns da.

Sam Little

Mein Lebensretter

In dieser Geschichte wird Alicia aus der Gefahrenzone geschoben.

❀ ❀ ❀

Ich stieg an einer belebten Straße aus meinem Auto, war völlig in Gedanken versunken und achtete nicht auf den Verkehr. Ich wollte gerade die Straße überqueren, als ich plötzlich von einer unsichtbaren Kraft gegen meinen Wagen geschoben wurde. Im selben Augenblick raste ein Auto vorbei. Wäre ich nicht aus der Gefahrenzone geschoben worden, wäre ich mit Sicherheit angefahren, verletzt oder sogar getötet worden. Ich war so erleichtert. Ich lächelte und bedankte mich bei meinem Schutzengel, meinem Lebensretter.

Alicia

Die Engel retten eine Familie

Mir lief es kalt den Rücken hinunter, als ich diese Geschichte las.

❀ ❀ ❀

Nie werde ich den Tag vergessen, an dem meine Kinder in großer Gefahr waren. Sie befanden sich im Auto meiner Schwester, als dieses auf den Rand einer tiefen Schlucht zurollte. Sobald ich die Engel um Hilfe angerufen hatte, hielt der Wagen an. Ich sah, wie die Engel die hintere Stoßstange festhielten, sodass der Wagen nicht hinunterfallen konnte. Wir griffen ein und konnten die Räder wieder auf sicheren Grund bringen. Alle waren verblüfft, aber ich wusste, was geschehen war.

Daniela Soraya Shanti Marcinno, DCS

Beschützt

Die Engel beschützen uns vor Gefahr und finden dabei viele Möglichkeiten.

❀ ❀ ❀

Am Tag nach einer Hurrikan-Warnung fuhr ich mit dem Mountainbike durch einen Wald in Minnesota. Es hatte furchtbar gestürmt, aber ich hatte die Route und das Fahrrad gründlich überprüft und alles schien in Ordnung zu sein. Plötzlich aber ging meine Gangschaltung kaputt, obwohl ich sie nicht einmal angerührt hatte. Ich stieg ab, um nachzusehen, was los war, und in diesem Moment fiel ein riesiger Baumstamm direkt vor mir auf den Weg. Die Engel hatten mich beschützt.

Jeevan

Meine Schwester passte auf mich auf
Unsere Lieben in der geistigen Welt sind immer bei den Engeln.

❄ ❄ ❄

Ich war mit einer Freundin unterwegs, um ein spirituelles Seminar zu leiten. Plötzlich rief mich mein Nachbar an, um mir zu sagen, dass die Alarmanlage in meinem Haus aktiviert worden war. Ich kehrte augenblicklich um. Bald musste ich über einen großen Kreisel fahren, in dem besonders viel Verkehr herrschte, da es die Zeit des Berufsverkehrs war.

Kurz vor meiner Ausfahrt schaltete ich den Blinker ein, aber der Wagen fuhr einfach rasch im Kreisel weiter, als ob jemand anders die Kontrolle übernommen hatte. Als ich nach hinten blickte, sah ich einen roten Wagen auf uns zurasen und erst im letzten Moment ausweichen. Ich sah den Fahrer, der erschrocken die Hand vor den Mund hielt, so als ob er nicht glauben konnte, dass er nicht auf uns aufgefahren war.

Wir kamen zu Hause an, ich schaltete die Alarmanlage aus und wir fuhren wieder los. Meine Freundin und ich unterhielten uns darüber, wie viel Glück wir gehabt hatten. Der rote Wagen hätte uns voll erwischt, wenn wir den Kreisverkehr verlassen hätten. In diesem Augenblick wurde im Radio das Michael-Jackson-Lied »I'll be there« (Ich werde da sein) gespielt. Wir brachen beide in Tränen aus, denn wir wussten, wir waren beschützt worden.

An nächsten Tag rief ich die Telefongesellschaft an und musste in der Warteschlange bleiben. Währenddessen dachte ich über den Vorfall am Vortag nach. Ich fragte die Engel, wer unser Leben gerettet hatte, damit ich mich persönlich bedanken könnte.

Als der Mitarbeiter der Telefongesellschaft endlich abnahm, sagte er: »Es tut mir leid, dass Sie warten mussten, Sarah.« Ich erwiderte: »Bitte, was haben Sie gesagt?« Er räusperte sich: »Entschuldigung, ich meinte Nicola. Ich weiß auch nicht, wieso ich Sarah gesagt habe.« Ich wusste es, denn meine Schwester Sarah lebt in der geistigen Welt. Da hatte ich meine Antwort! Sie war an jenem Abend mein Schutzengel gewesen und dafür bin ich ihr ewig dankbar.

Nicola Farmer

Von Engeln gewarnt

Wenn es für Sie noch nicht Zeit ist zu sterben oder in einen Unfall zu geraten, wird Ihr Schutzengel einen Weg finden, Sie davor zu bewahren. Ich habe Geschichten gehört, in denen die Engel Menschen aus gefährlichen Situationen im wahrsten Sinne des Wortes herausgehoben haben. In diesem Abschnitt sind einige erstaunliche Geschichten enthalten, in denen die Engel Menschen gewarnt oder ihnen geholfen haben, Gefahren rechtzeitig zu vermeiden.

Feueralarm

Ein erstaunliches Beispiel dafür, wie ein Engel Menschen gerettet hat, indem er sie vor Feuer warnte.

❋ ❋ ❋

Als Kinder lebten meine Schwester und ich in Südafrika. Wir teilten uns ein Zimmer. In einer sehr kalten Winternacht stellten wir einen Heizofen zwischen unsere Betten. Früh am nächsten Morgen weckte mich jemand auf. Als ich die Augen aufschlug, sah ich eine weiß gewandete Gestalt mit langem blondem Haar neben meinem Bett stehen. Da sah ich, dass mein Federbett auf den Heizofen gefallen war und Feuer gefangen hatte. Schnell sprang ich aus dem Bett und riss das Federbett vom Ofen herunter. Damals wusste ich nicht, dass ich einen Engel gesehen hatte.

Jahre später erzählte ich meiner Schwester die Geschichte. Ich dachte, sie hätte geschlafen, aber sie hatte den Engel ebenfalls gesehen. Hätte er mich nicht geweckt, wären unsere Betten vermutlich in Flammen aufgegangen. Wir waren von dem Engel gerettet worden.

Caron

Eine Hand auf der Schulter

In dieser Geschichte wird Anne tatsächlich wachgerüttelt.

❋ ❋ ❋

Meine schwangere Nichte ging eines Abends zu Bett und ließ eine kleine Kerze neben ihrem Bett brennen. Obwohl sie ganz allein war, wachte sie mitten in der Nacht auf, weil sie das Gefühl hatte, irgendjemand würde an ihrer Schulter rütteln. Da sah sie, dass ihre Bettdecke brannte. Glücklicherweise hatte sie gerade erst Feuer gefangen, und meine Nichte konnte es löschen. Aber wäre sie nicht aufgeweckt worden, hätte das Ganze in einer Katastrophe geendet. Sie ist fest davon überzeugt, dass es ein Engel war, der sie und ihr ungeborenes Kind rettete.

Anne Connolly, DCS

Unfälle vermeiden

Manchmal frage ich mich, ob wir ohne unsere Engel überhaupt jemals sicher irgendwo ankommen würden.

❋ ❋ ❋

Vor Jahren, als ich eine Küstenstraße entlangfuhr, wurde mir zum ersten Mal bewusst, was die Engel für uns tun. Es war spät im Herbst, die Sonne stand tief und das Licht schien mir direkt in die Augen. Plötzlich sah ich eine Gestalt auf der Straße, aber als ich auswich, um an ihr vorbeizufahren, war sie verschwunden. Als ich mich umdrehte, sah ich einen in Beige gekleideten Radfahrer. Ich hatte ihn wegen des Lichtes nicht gesehen, und wäre ich nicht ausgewichen, um an meinem engelhaften Freund vorbeizufahren, hätte ich ihn angefahren.

Alison Benstead

Ein guter Rat

Wenn Sie einen Engel hören, sollten Sie ihm, ohne irgendwelche Fragen zu stellen, gehorchen.

❋ ❋ ❋

Vor ein paar Wochen wollte ich meine Mutter besuchen und fuhr mit etwa achtzig Stundenkilometern allein im Auto. Plötzlich hörte ich eine Stimme, die mir sehr bestimmt sagte, ich solle auf die linke Spur wechseln und langsamer fahren. Noch während ich dies tat, sah ich vor mir ein gewaltiges Chaos: Mehrere Autos waren ineinandergefahren. Wäre ich auf der rechten Spur geblieben und mit derselben Geschwindigkeit weitergefahren, wäre ich ebenfalls in den Blechhaufen hineingerast. Die Stimme meines Engels rettete mich.

Glynnis

Auf meinen Engel hören

Häufig ist die plötzliche Stimme in unserem Kopf die Stimme unseres Schutzengels. Auf sie zu hören, kann unser Leben retten, wie auch die folgende Geschichte zeigt.

❋ ❋ ❋

Ich war einkaufen und auf dem Nachhauseweg musste ich über eine sehr belebte Kreuzung fahren, um auf die Autobahn zu gelangen. Als ich mich näherte, schaltete die Ampel auf Rot und ich hielt an. Als die Ampel wieder grün wurde, blieb ich still sitzen – mit dem Fuß auf dem Bremspedal. Irgendetwas oder irgendjemand sagte mir, ich solle mich nicht vom Fleck rühren.

Scheinbar eine Ewigkeit lang saß ich so da, auch wenn es vermutlich tatsächlich nur ein paar Sekunden waren. Der Fahrer hinter mir hupte ungeduldig, und noch während ich sein Hupen hörte, raste ein riesiger Sattelschlepper heran und überfuhr die rote Ampel zu meiner Rechten.

Hätte ich an jenem Tag nicht auf meinen Engel gehört, wäre ich mit Sicherheit getötet worden, da ich direkt vor den Sattelschlepper gefahren wäre. Bis heute habe ich keine andere Erklärung, als dass mich mein Schutzengel gewarnt hatte.

Anonym

Fallende Ziegel

Auch diese Geschichte zeigt wieder, wie wichtig es ist, die Verbindung zu den Engeln zu stärken.

❀ ❀ ❀

Ich fuhr mit meinem neugeborenen Baby im Kindersitz auf der Rückbank im Auto. Ich überholte einen sehr langsam fahrenden großen Lastwagen, voll beladen mit Ziegelsteinen. Als ich an der nächsten Ampel halten musste, hielt er links von mir an.

Da hörte ich eine laute Stimme in meinem Kopf schreien, ich solle bei Rot über die Kreuzung fahren und dass mir nichts passieren würde. Da die Stimme weiterschrie, wusste ich, dass ich auf sie hören musste, und fuhr los. Als ich in den Rückspiegel blickte, sah ich, dass die Ziegelsteine vom Lastwagen genau dort auf die Straße donnerten, wo ich eben noch gestanden hatte.

Ich war zutiefst erschüttert, aber ich wusste, dass mich mein Schutzengel vor einer Katastrophe bewahrt hatte. Seither höre ich immer auf die Stimme in meinem Kopf.

Tracey

Setz die Brille auf!

Manchmal ist die Stimme des Engels so deutlich, dass wir einfach handeln müssen.

❀ ❀ ❀

Eines Tages fuhr ich bei einbrechender Dämmerung nach Hause. Normalerweise trage ich beim Fahren eine Brille, aber dieses Mal hatte ich sie nicht aufgesetzt. Während ich fuhr, hörte ich plötzlich eine Stimme, die sagte »Setz die Brille auf!«, was ich auch tat. Etwa zehn Sekunden später kam in einer Kurve ein Auto aus der anderen Richtung direkt auf mich zu.

Hätte ich meine Brille nicht aufgesetzt, hätte ich die Entfernung nicht richtig einschätzen können und wäre nicht rechtzeitig ausgewichen.

Anonym

Vor Gefahr gewarnt

Diese Geschichte soll uns daran erinnern, wie wichtig es ist, sich selbst und das Auto während der Fahrt zu schützen.

❀ ❀ ❀

Wenn ich ins Auto steige, bitte ich immer um einen schützenden Regenbogen, und ich bitte die Engel, auf mich und meine Mitfahrer aufzupassen.

Eines Abends holte ich meinen Partner und seinen Freund ab. Nach kurzer Zeit kamen wir zu einem Kreisel, in den ich mich einfädeln musste, also fuhr ich langsam. Gerade als ich den Kreisel erreichte, sagte eine laute Stimme in meinem Kopf: »Halt!« Ich sah meinen Partner an, wusste aber eigentlich, dass er nichts gesagt hatte. Ich ignorierte die Stimme, da ich nichts sehen konnte, und wollte in den Kreisel einbiegen. Aber wieder sagte die Stimme laut: »Halt!« Also hielt ich an und wartete.

Mein Partner fragte mich, was los wäre und worauf ich warten würde. In diesem Augenblick raste ein Wagen an uns vorbei und bog, ohne langsamer zu werden, in den Kreisel ein. Wäre ich schon im Kreisel gewesen, hätte es mit Sicherheit einen Zusammenstoß gegeben.

Ich weiß, dass mein Schutzengel auf mich aufpasst, und ich danke ihm jeden Tag dafür.

Karin Finegan, DCS

Ein Tritt, damit ich langsamer fahre

Carina wird zur Warnung getreten, und ihre Reaktion rettet sie.

❀ ❀ ❀

Immer wenn ich reise, bitte ich Erzengel Michael, auf mich aufzupassen. Er schickt mir einen blauen Lichtstrahl, und dann weiß ich, dass ich unter seinem Schutz stehe. Als ich einmal mit dem Auto fuhr, trat er mir heftig in die Rippen, damit ich langsamer fuhr. Hätte er das nicht getan, wäre ich von der Straße gedrängt worden. Ich fühlte mich so gesegnet und bedankte mich viele Male bei ihm.

Wenn wir zu sehen lernen, dann sehen wir. Wenn wir zu hören lernen, dann hören wir. Ich sehe und höre die Engel und bin sehr dankbar für ihre Geduld und ihre Gunst.

Carina

Fahr langsamer

Unsere Engel passen immer auf uns auf, wenn wir fahren, und es kann unser Leben retten, auf sie zu hören.

✳ ✳ ✳

Vor ein paar Jahren fuhr ich mit meinem Mann und meiner kleinen Tochter auf der Autobahn. Ich fuhr ziemlich schnell auf der Überholspur, als plötzlich eine Stimme in meinem Kopf sagte: »Fahr langsamer.« Ich befolgte den Rat – und in diesem Moment kam ein Lastwagen von ganz links und raste ganz nach rechts auf den Mittelstreifen.

Glücklicherweise war der Mittelstreifen mit Gras bewachsen, sodass er langsamer wurde und nicht auf die Gegenfahrbahn geriet. Dem Fahrer gelang es, den Lastwagen wieder unter Kontrolle zu bringen und auf die Autobahn zurückzukehren.

Hätte ich meine Geschwindigkeit beibehalten, wären wir in einen schrecklichen Unfall verwickelt worden. Ich weiß nicht, ob uns mein geistiger Führer oder mein Engel gerettet hat, aber ich bin froh, dass ich der Stimme gehorcht habe.

Claire Shearman

Auf die harte Tour

Wie oft wünschen wir uns, dass wir auf den Ratschlag der Engel gehört hätten, weil wir erkennen, dass diese wirklich nur unser Bestes im Sinn haben.

✳ ✳ ✳

Meine Freundin Christine und ich gingen nach Hause, als wir am Hund unseres Nachbarn vorbeikamen, der angeleint vor dem Haus hockte. Christine ging hinüber, um ihn zu streicheln. Sie rief mir zu, ich solle auch kommen, aber etwas ließ mich zögern. Da hörte ich eine Stimme, die ganz deutlich sagte: »Bleib, wo du bist! Geh nicht zu dem Hund!« Sie wiederholte die Warnung dreimal. Da mich Christine aber immer wieder rief, ging ich zu ihr – und der Hund biss mich ins Ohr. Da dachte ich: »Hätte ich doch nur auf die Warnung gehört.«

In diesem Moment versprach ich mir selbst, auf meine Intuition und meine Engel zu hören, denn mir war klar geworden, dass die Stimme meinem Schutzengel gehört hatte, der mich warnen wollte. Ich bin den Engeln so dankbar. Dies war eine Lektion, die ich nie vergessen werde. Ich danke euch, meine lieben Engel.

Caroline

Ein plötzlicher Regenguss

Die Engel helfen uns ständig. Sie sorgen dafür, dass im Leben alles glatt geht und dass es auf jede erdenkliche Weise angenehmer ist.

❄ ❄ ❄

Ich fuhr nach Hause, und als ich ankam, nieselte es leicht. Ich fuhr den Wagen in die Garage und wollte gerade die Tür schließen, als ich eine ziemlich genervte Stimme hörte, die sagte: »Nun mach schon, wir warten auf dich.« Schnell schloss ich die Tür und lief durch den Garten. In dem Moment, in dem ich das Haus betrat, entlud der Himmel seine Schleusen. Eine Sekunde früher und ich wäre vollkommen durchnässt gewesen.

Ich ging zum Fenster, um mir den Regen anzuschauen und um Danke zu sagen.

Mary

Der Rat der Engel

Die Engel flüstern uns ständig Ratschläge ins Ohr. Normalerweise glauben wir, dass dies unsere eigenen Gedanken sind, manchmal bezeichnen wir es auch als unsere Intuition, aber meistens sind es ihre Stimmen, die wir hören. Die Engel versuchen, Wege zu finden, uns in die richtige Richtung zu lenken und uns dazu zu bringen, die für uns besten Entscheidungen zu treffen. Aber wenn wir nicht hören und nicht reagieren, werden sie uns auf andere Weise anstupsen.

Emotionale Karten

Wenn es für Sie schwierig ist, Kontakt mit den Engeln aufzunehmen, können Engelkarten, Einhornkarten oder Orbs-Karten sehr hilfreich sein.

❋ ❋ ❋

Ich ging in das Zimmer, in dem ich meine Engelkarten aufbewahre, und sah, dass eine Schachtel auf dem Boden lag, was ungewöhnlich ist, da ich meine Karten immer ordentlich wegräume. Ich betrachtete dies als Zeichen, öffnete die Schachtel und mischte die Karten.

Beim Mischen fielen mir zwei Karten aus der Hand und landeten auf dem Boden. Ich las sie und dankte den Engeln, denn sie enthielten genau die Informationen, die ich in meiner Situation brauchte.

Ich weiß jetzt, dass ich meine Karten immer benutzen kann, wenn ich zu aufgewühlt bin, um auf meine übliche Weise Kontakt mit den Engeln aufzunehmen.

Margaret Merrison, DCS

Im Kreis

Ich finde es interessant, dass wir, sobald wir die Engel um Hilfe bitten, neue Möglichkeiten sehen, die vermutlich auch vorher schon da gewesen waren.

❋ ❋ ❋

Wir wollten mit dem Auto zu einem Tag der Engel in Leeds fahren. Da wir die Stadt nicht gut kannten, benutzten wir das Navigationssystem. Wir fanden den richtigen Stadtteil, aber die Straße konnten wir nicht entdecken. Als ich Erzengel Michael bat, uns den Weg zu zeigen, sahen wir augenblicklich eine Abzweigung, die uns vorher nicht aufgefallen war. So kamen wir frühzeitig an unserem Bestimmungsort an und dankten Erzengel Michael für seine Hilfe.

Karen Singleton, DCS

Zum Handeln gezwungen

Wenn Sie Engelfedern wahrnehmen, haben die Engel diese benutzt, um Sie zum Handeln zu bewegen, wenn es Ihrem höchsten Wohl dient — selbst wenn Sie glauben, Sie könnten sich die entsprechende Sache nicht leisten.

❀ ❀ ❀

In den letzten Jahren haben sich mehr als einmal weiße Federn manifestiert, um mich zu bestimmten Handlungen zu bewegen. Einmal, auf einem Seminar in London, sprach der Leiter über die Vorteile eines Wochenseminars.

Ich sah zu Boden und erblickte eine weiße Feder. »Wie bist du denn hier hereingekommen?«, dachte ich. Mir war klar, dass dies ein Zeichen der Engel sein musste. Obwohl ich am Seminar teilnehmen wollte, zögerte ich, weil die Kosten ziemlich hoch waren.

Ich ging zu der Frau, die die Teilnehmer registrierte, und schilderte ihr meine Situation. Als ich die weiße Feder erwähnte, lächelte sie. Sie sah selbst häufig weiße Federn und deutete sie als Botschaften der Engel.

Ich nahm meine Kreditkarte heraus, um zu bezahlen, und war plötzlich wie gelähmt, als ich daran dachte, wie mein Vater reagieren würde. Er würde sagen, ich hätte eine Menge Geld zum Fenster hinausgeworfen. Also bat ich um die Hilfe der Engel. Ich sagte: »Engel, wenn ich an diesem Seminar teilnehmen soll, gebt mir bitte ein Zeichen.« Ich öffnete die Augen und drehte mich instinktiv um. Da sah ich eine winzige weiße Feder über einer Frau schweben.

Das war die Bestätigung, die ich gebraucht hatte. Ich leistete die Anzahlung. Die Engel haben mir in vielen schwierigen Phasen geholfen und ermutigen mich auch heute noch auf liebevolle Weise.

David Mills

Ein Engelbild

Engel wirken auf verschiedene Weise. Manchmal drängen sie uns, etwas zu tun, manchmal geben sie uns unmissverständliche Zeichen oder zwingen uns fast zum Handeln.

❄ ❄ ❄

Ich malte das Bild einer Kirche im spanischen Altea, wo ich lebte. Als es fertig war, hängte ich es auf. Als ich es dann eines Tages genauer ansah, entdeckte ich darauf den perfekten Umriss eines Engels. Dabei hatte ich gar keinen Engel gemalt! Er war einfach perfekt, ich hätte nicht einmal davon träumen können, ein so schönes Gesicht zu malen.

Ich öffnete eine Website über Engel, um mehr herauszufinden. Dort stand, dass ich meinen Schutzengel bitten sollte, sich mir zu offenbaren. Also bat ich: »Bitte beweise mir, dass du da bist und dass du mir etwas mitteilen möchtest.« In diesem Moment ging das Nachttischlämpchen aus, sodass ich nur eine Art Nebel und glitzernde Sterne sehen konnte. Da sagte ich laut: »Danke, nun weiß ich, dass du da bist.«

Ich verspürte plötzlich den Drang, mich vom Arzt untersuchen zu lassen. Er fand heraus, dass ich Brustkrebs im Frühstadium hatte. Ich glaube wirklich, dass mein Engel wollte, dass ich zum Arzt ging. Ich hätte das nie getan, wenn da nicht das Bild und das Nachttischlämpchen gewesen wären. Seither danke ich den Engeln immer, wenn sie mir helfen.

Marie Orr

Vertraue den Karten

Hören Sie auf den Rat der Karten und handeln Sie entsprechend.

❄ ❄ ❄

Meine Mutter schenkte mir Engelkarten zu Weihnachten. Ich liebte sie sofort. Bei drei verschiedenen Gelegenheiten zog ich dieselbe Karte: Workshops und Seminare. Die Botschaft lautete, ich solle entweder ein Seminar leiten oder an einem teilnehmen, um mein spirituelles Wachstum zu unterstützen.

Ich bat die Engel, mir zu zeigen, was sie wollten. Meine Mutter fand einen Ausbildungskurs mit Diana Cooper, der in den nächsten Wochen in meiner Heimatstadt stattfinden würde. Wir waren beide sehr aufgeregt und meldeten uns gleich an.

Susan

Die Engel finden einen Weg

Wenn Sie die Engel um Führung bitten, werden sie Ihnen auf irgendeine Weise Botschaften übermitteln — unabhängig davon, ob Sie sie hören oder nicht.

❈ ❈ ❈

Wir hatten eine liebe Freundin, die mit dem Krebs kämpfte. Ich hatte ein Buch über Visualisierungen gelesen und auch einige gefunden, die man einsetzen kann, um die Krankheit zu heilen.

Es war, als würde mir jemand ins Ohr flüstern, ich solle unserer Freundin dieses Kapitel zeigen. Irgendwie fühlte ich mich gedrängt, eine Engelkarte zu ziehen, und die Karte, die ich nahm, war: Geniale Idee. Also zögerte ich nicht, der Freundin den Text zu lesen zu geben.

Ihr Mann sagte, dass ich schon die zweite Person war, die ihr an diesem Tag das Buch empfohlen hatte. Erstaunlich! Ich danke den Engeln, dass sie mich dazu angestiftet haben, meiner Freundin davon zu erzählen.

Anonym

Die Engel sind für mich da

Wenn wir um Hilfe bitten, werden die Engel auch Wege finden, um einen anderen Menschen dazu zu bringen, uns zu helfen.

❈ ❈ ❈

Ich ziehe jeden Tag eine Engelkarte und bitte die Engel, mir zu helfen, über mich zu wachen und mich zu beschützen.

Einmal hatte ich eine Grippe und bekam Schmerzen in der rechten Hüfte. Mein Arzt schickte mich zum Röntgen und teilte mir mit, die Hüfte habe sich entzündet. Nun nehme ich regelmäßig an Yoga-Kursen teil und erzählte meinem Lehrer von meiner Hüfte. Daraufhin zeigte er mir Übungen, die speziell dafür gedacht waren. Ich war sehr gerührt. Als ich hinterher zum Auto ging, schwebte eine weiße Feder vom Himmel herab. Ich glaube, die Engel wollten mir sagen, dass sie immer für mich da sind und ich mir keine Sorgen um meine Hüfte machen soll, weil sie über mich wachen und mich immer beschützen.

Luisa

Die Lösung des ägyptischen Rätsels

Kann es ein besseres Zeichen als eine Pyramide geben, um jemanden nach Ägypten zu locken?

❈ ❈ ❈

Es war am dritten Tag eines Engelseminars. Wir machten einen zehnminütigen Spaziergang in der Natur und baten die Engel, uns während dieser Zeit eine Frage zu beantworten.

Ich fragte, ob ich mit einer Gruppe der Diana-Cooper-Schule nach Ägypten reisen sollte. Die Engel führten mich zu einem Hang, wo ich einige speziell geformte Felsstückchen mit Kristalleinschlüssen fand. Ich sammelte einige auf, und eine Stimme in mir sagte mir, ich solle nach einem dreieckigen Kristall Ausschau halten, der die Spitze einer Pyramide sein könnte. Es dauerte nicht lange und ich hatte einen Stein gefunden, der schon auf mich gewartet zu haben schien.

Nach dem Seminar nahm ich die Steine mit nach Hause und errichtete neben dem Hauseingang eine Pyramide, um mich an die Botschaft der Engel zu erinnern und dafür zu sorgen, dass ich wirklich an der Ägyptenreise zum 11.11. teilnehmen würde. Ich danke den Engeln für ihre stete Führung.

Thalia

Ein Rat aus heiterem Himmel

Immer wieder dieser Hinweis: Vergessen Sie nicht, einfach die Engel zu bitten.

❀ ❀ ❀

Ich kämpfte mit einer beruflichen Herausforderung, als ich wie aus heiterem Himmel eine E-Mail von einer wunderbaren Engellehrerin aus Südafrika bekam, die eine Liste der von ihr abgehaltenen Seminare enthielt. Zum Schluss der E-Mail hatte sie geschrieben: »PS: Vergessen Sie nicht, einfach die Engel zu bitten.« Genau das tat ich, und es funktionierte. Es ist wirklich so einfach! Ich weiß, dass mein Leben voller Liebe, Freude, Magie und Wunder sein wird. Dankeschön.

Kim

Geh nicht auf diese Reise

Die Engel geben uns oft auch Hinweise durch technologische Hilfsmittel. Wenn eine E-Mail nicht gesendet oder geöffnet werden kann, sollten Sie die Engel fragen, ob sie Ihnen damit etwas sagen möchten.

❀ ❀ ❀

Ich wollte im Internet eine Busfahrt nach London buchen. Ich bestellte die Fahrkarte und gab meine Kreditkartennummer ein. Auf der Bestätigung wurde eine falsche Auftragsnummer angegeben, also korrigierte ich sie. Daraufhin kam eine neue Bestätigung mit einer anderen falschen Nummer, was ich sehr merkwürdig fand. Ich gab die Nummer erneut ein und wieder erschien eine falsche Nummer.

»Also gut, ihr Engel, wenn ihr nicht wollt, dass ich diese Reise antrete, dann müsst ihr etwas deutlicher werden«, dachte ich und begann von Neuem. Auf der Website wurde ich nach meinem Namen gefragt, und es öffnete sich ein neues Menü, aus dem ich einen Namen auswählen sollte. Ich klickte das Menü an und erhielt drei Optionen. Die Erste bestand aus den beiden Vornamen meiner Mutter, die Zweite aus dem Vornamen meiner Großmutter mütterlicherseits und die Dritte aus den beiden Vornamen meines Großvaters mütterlicherseits. Die Engel waren deutlicher geworden.

Ich muss wohl nicht erwähnen, dass ich diese Reise nie angetreten habe, oder?

Anna Knight

Ein Zeichen

Wenn es wirklich wichtig ist, dass Sie einen bestimmten Weg einschlagen, werden die Engel dafür sorgen, dass Sie ihre Botschaft auch verstehen.

❋ ❋ ❋

Gemeinsam mit einer Freundin wollte ich meine spirituelle Seite weiterentwickeln und fühlte mich zu einer Ausbildung zum Thema Engel hingezogen. Im Internet stieß ich auf die Diana-Cooper-Schule und eine Lehrerin in Schottland, zu der wir nicht so weit zu fahren brauchten. Aber als wir die Unterbringungs- und Reisekosten mit einkalkulierten, stellte sich heraus, dass es zu teuer werden würde.

Ich rief meine Freundin Jean an, um mit ihr darüber zu sprechen, als sie plötzlich rief: »Eine weiße Feder fällt direkt vor meinem Gesicht von der Decke!« Da wussten wir, dass wir es einfach tun mussten und uns keine Sorgen um das Geld zu machen brauchten, denn die Engel würden einen Weg finden, uns zu helfen.

Mairi Beckett, DCS

Die Engel finden den richtigen Ort

Da ich ein sehr schlechtes Orientierungsvermögen habe, bitte ich als Erstes immer die Engel um Hilfe, wenn ich einen Ort oder eine Adresse finden muss.

❋ ❋ ❋

Ich wollte mich zum Mittagessen mit einigen Lichtarbeitern treffen und kam pünktlich am vermeintlichen Treffpunkt, einem Hotel, an. Dort musste ich allerdings erfahren, dass ich nicht am richtigen Ort war. Ich telefonierte herum und fand heraus, dass der Treffpunkt kurzfristig geändert worden war. Man gab mir eine Wegbeschreibung zum neuen Hotel.

Wollten mir die Engel sagen, dass ich nicht dorthin gehen sollte, oder war dies eine andere Herausforderung? Ich fuhr in die angegebene Richtung und geriet in dichten Verkehr. Ich wollte schon aufgeben und nach Hause fahren, als ich etwas tat, was ich von Anfang an hätte tun sollen. Ich sagte: »Engel, wenn ich zu diesem Mittagessen gehen soll, dann führt mich bitte zum richtigen Hotel.«

Ich bog in eine weniger stark befahrene Straße ein, fuhr in einen Kreisverkehr, um nach Hause zu fahren – und sah plötzlich direkt vor mir das gesuchte Hotel. Es war klar, dass ich das Treffen besuchen sollte, und ich verbrachte dort einen wunderbaren Nachmittag.

Diana Cooper

Ein Pfad aus weißen Federn

Die Engel führen uns auf den richtigen Weg.

❀ ❀ ❀

Ich ging mit Diana Cooper in Malvern spazieren, und weil wir so in unsere Unterhaltung vertieft waren, kamen wir vom Weg ab. Als wir es merkten, waren wir ein wenig desorientiert und wussten nicht, wie wir zurückfinden sollten. Also hielten wir nach weißen Federn Ausschau. Es war erstaunlich: Zuerst sahen wir eine, dann eine Zweite, eine Dritte, bis wir wieder auf dem richtigen Weg waren.

Lesley Sorridimi

Weise Worte

Unerwartete Dinge geschehen, wenn man überhaupt nicht daran denkt. Nur so können wir uns weiterentwickeln.

❀ ❀ ❀

Ich war mit meinem Freund in der Diskothek, aber da er sich mit Freunden unterhalten wollte, tanzte ich allein. Da kam ein Junge auf mich zu und tanzte mich an. Plötzlich küsste er mich, und zwar genau in dem Moment, als mein Freund zu mir herübersah.

Da hörte ich eine Stimme in meinem Ohr, die sagte: »Das wird Konsequenzen haben.« Aber es war niemand da. Ich glaube, die Worte kamen von meinem Engel, und der Vorfall hatte tatsächlich Konsequenzen, denn mein Freund machte mit mir Schluss. Erst später realisierte ich, wie gut das eigentlich war, da ich ihn gar nicht liebte.

Claudia Poschl

Zeig mir den Weg

Wenn Sie darum bitten, dass man Ihnen den Weg zeigt – ob nun wortwörtlich oder im übertragenen Sinn – werden die Engel Ihnen immer hilfreich zur Seite stehen.

❀ ❀ ❀

Ich bitte die Engel seit vielen Jahren um Hilfe. Einmal war ich mir nicht sicher, welche Richtung ich einschlagen sollte, und ich wusste, dass es meine Verzweiflung unmöglich machte, meiner Intuition zu vertrauen. Da bat ich die Engel, mir zu helfen.

Ich sprach laut aus, in welche Richtung ich gehen wollte, und bat um ein Zeichen. Nichts geschah. Ich stand auf, und als ich aus dem Fenster schaute, sah ich eine schneeweiße Feder herabschweben. Dann ließ sie sich direkt vor mir auf Augenhöhe auf einem Zweig nieder, und erst als ich »Danke« gesagt hatte, schwebte sie davon. Ich kann meine Gefühle nicht beschreiben, aber ich fühlte mich einfach wunderbar.

Lesley Sorridimi

Richtungsangaben

Wenn es ihnen möglich ist, werden die Engel Ihnen ein Zeichen schicken, wie diese Geschichte zeigt.

❀ ❀ ❀

Ich wollte nicht in eine Baustelle geraten, wusste aber nicht, welchen Weg ich stattdessen nehmen sollte. Da ich spät dran war, bat ich die Engel um Hilfe. Vor mir scherte plötzlich ein Wagen ein, dessen Nummernschild auf LOW endete. Ich nahm dies als Zeichen und bog in die weniger befahrene (low) Straße ein. Und siehe da: keine Baustelle, kein Stau. So kam ich rechtzeitig an. Wenn Sie sich nicht sicher sind, fragen Sie die Engel. Sie werden Ihnen den Weg weisen.

Karelena MacKinlay, DCS

Entscheidungen

Hier wird eine Möglichkeit beschrieben, wie man Kontakt zu den Engeln aufnehmen kann, wenn man sich schnell entscheiden muss.

✳ ✳ ✳

Ich wollte an einem Tanzwettbewerb teilnehmen, hatte aber deswegen zwiespältige Gefühle. Das Niveau war niedriger, als ich es gewöhnt war, also kam ich mir vor, als würde ich betrügen. Aber mein Partner war ziemlich wütend, als ich davon sprach, dort nicht mitzumachen.

Ich schrieb an meinen Schutzengel. Noch bevor ich das Blatt gewendet hatte, um die Antwort niederzuschreiben, erhielt ich die Antwort: »Mach einfach mit!«

Ich hatte vor, meinen Tanz einer ganz besonderen Person namens Precious zu widmen. Kurz darauf sah ich eine Kellnerin, auf deren Namensschild Precious stand. Da wusste ich, dass ich tanzen musste. Ich ging hin und hatte viel Spaß.

Anonym

Bestätigung durch die Engel

Die meisten von uns brauchen positive Rückmeldungen als Bestätigung, dass sie auf dem richtigen Weg sind. Die Engel haben viele Möglichkeiten, um uns zu zeigen, dass wir es richtig machen und dass sie bei uns sind.

Ein Lied im Radio

Vertrauen Sie den Engeln, dann werden sie Sie daran erinnern, dass sie bei Ihnen sind.

❈ ❈ ❈

Mein Mann Ian, meine jüngste Tochter Vicki und ich kamen von einem Besuch bei meiner Schwiegermutter zurück. Es hatte angefangen, heftig zu schneien, und der Wagen rutschte auf der glatten Fahrbahn hin und her.

Ich bitte immer Erzengel Michael, unser Auto und alle anderen zu beschützen, deshalb machte ich mir auch heute keine Sorgen um unsere Sicherheit. Ian war sich da nicht so sicher, aber Vicki hatte so viel Vertrauen, dass sie einschlief.

Etwa auf halber Strecke ließ der Schneefall nach. Ian schaltete das Radio ein und Robbie Williams sang: »Angels.« Das war wieder mal ein Hinweis darauf, dass wir die Engel einfach nur um Hilfe bitten müssen und dass sie immer bei uns sind.

Rosa

Der Fall einer Münze

Es braucht Mut, etwas zum ersten Mal zu tun.

❈ ❈ ❈

Ich befand mich in der Ausbildung zum Medium und sollte gleich zum ersten Mal aufs Podium kommen. Ich bat die Engel, mich zu beschützen und mir zu helfen. Um mich herum standen einige leere Stühle und außer mir war nur noch eine Freundin da, mit der ich mich unterhielt.

Da hörte ich plötzlich ein Klirren. Als ich zu Boden sah, erblickte ich neben einem Stuhlbein eine Münze. Ich war sehr aufgeregt, denn ich hatte zwar schon vorher Federn und auch Münzen gefunden und mich immer bei den Engeln bedankt, aber zu hören, wie die Münze zu Boden fiel, war schon außergewöhnlich. Muss ich erwähnen, dass bei meinem Auftritt alles gut ging?

Belinda

Ein Rauchengel

Wenn Sie die Engel bitten zu bestätigen, dass sie Ihre Bitte gehört haben, sollten sie das Unerwartete erwarten.

❋ ❋ ❋

Um zum zweiten Teil der Engellehrerausbildung der Diana-Cooper-Schule zu kommen, musste ich zwei Stunden mit dem Auto fahren. Ich bat die Engel, mich zu beschützen, mir eine sichere Fahrt zu bescheren und dafür zu sorgen, dass ich entspannt ankommen würde.

Dann bat ich um ein Zeichen als Bestätigung, dass sie mich gehört hatten. Fast im selben Augenblick stieg aus dem Schornstein einer Fabrik vor mir Rauch auf. Der Rauch verwandelte sich in die Seitenansicht eines Engels, komplett mit Flügeln und einem Heiligenschein. Die Gestalt war deutlich zu erkennen. Es war ganz erstaunlich.

Pauline Gow, DCS

Flügelschlag

Wenn die Engel da sind, bewegt sich manchmal die Luft, weil sie mit den Flügeln schlagen.

❋ ❋ ❋

Ich bereitete mich auf mein erstes Engelseminar vor. Schon mehrmals hatte ich Sehstörungen gehabt, wie kleine flatternde Bewegungen vor meinen Augen. Ich dachte, irgendetwas sei mit meinen Augen nicht in Ordnung, aber ich ignorierte es.

Während des Seminars dann spürten auch die Teilnehmer kleine flatternde Bewegungen neben sich und im Raum. Da wurde mir klar, dass dies die Flügelschläge der Engel sein mussten. Das Flattern neben den Leuten wurde von den Schutzengeln hervorgerufen und das im Raum von anderen Engeln, die gekommen waren, um uns zu helfen. Ich wusste, dass sie mein Selbstvertrauen stärken und mir sagen wollten, dass dies ein Teil meines Lebensweges ist.

Margaret Merrison, DCS

Ein Zeichen

Manchmal muss man etwas tun, ganz gleich, wie viel es kostet. Die Engel werden einen Weg finden, das Geld dafür aufzutreiben.

❀ ❀ ❀

Ich wollte die Ausbildung zur Engellehrerin machen. Ich fühlte mich sehr dazu hingezogen, aber ich hatte gerade teure Ferien gebucht und wusste, dass ich mir nicht beides leisten konnte. Also sah ich zum Himmel empor und sagte: »Wenn ihr wollt, dass ich dies tue, müsst ihr das Geld dafür auftreiben!«

Noch am selben Tag erhielt ich einen Anruf und einen Auftrag, den ich nicht erwartet hatte. Die vereinbarte Summe würde ziemlich genau die Kosten für die Ausbildung decken. Da wusste ich, dass ich auf die göttliche Führung zählen durfte.

Anonym

Erdengel

Die Engel erinnern uns daran, dass wir das Richtige tun.

❀ ❀ ❀

Ich traf mich regelmäßig mit einigen anderen Lehrerinnen zur Meditation und zu Heilsitzungen zum Wohle des Planeten. Als ich zu einem solchen Abend unterwegs war, scherte vor mir ein Lastwagen ein. Es war das Fahrzeug einer Gärtnerei und auf der Seite stand die Aufschrift »Erdengel«.

Mairi Beckett, DCS

Eine lange Heimreise

Die Engel werden immer einen Weg finden, uns Botschaften zu übermitteln, die uns etwas bedeuten, auch wenn sie für alle anderen bedeutungslos sind.

❀ ❀ ❀

Da die Beziehung zwischen meiner Tochter und ihrem Partner gescheitert war, wollte sie mit meinem Enkelkind nach Südafrika zurückkehren. Ich flog nach England, um ihr beim Umzug zu helfen.

Wir machten uns Sorgen, dass ihr Exmann meiner Enkeltochter nicht erlauben würde, England zu verlassen. Also schrieb ich meinem Engel einen Brief, in dem ich ihn bat, uns drei sicher nach Hause zu bringen. Trotz einiger Probleme konnten wir auch bald an Bord des Flugzeugs gehen.

Als sich der Flugkapitän vorstellte, erkannte ich ihn. Unsere Großväter waren Brüder gewesen. Ich wusste zudem, dass er einer der dienstältesten Piloten der Fluggesellschaft war. Da wusste ich, dass mein Engel bei uns war und dass meine Tochter die richtige Entscheidung getroffen hatte.

Anonym

Eine erstaunliche Bestätigung

Vertrauen Sie Ihren Instinkten.

❋ ❋ ❋

Als ich zum ersten Mal eine weiße Feder sah, wusste ich nicht, was das bedeuten könnte. Instinktiv fragte ich eine Kollegin namens Mandy danach, und sie erzählte mir, dass weiße Federn ein Zeichen meines Schutzengels waren. Sie schlug auch vor, ich solle doch eine Engelexpertin namens Babs kontaktieren.

Kaum hatte sie das gesagt, sah sie mich an und rief: »David, schau mal auf den Boden.« Ich konnte es kaum glauben, aber direkt zwischen uns lag eine kleine weiße Feder auf dem Teppich. Da wusste ich, dass ich Babs anrufen musste. Was für eine erstaunliche Bestätigung!

David Mills

Flackerndes Licht

Die Engel sind immer da und hören unseren Gesprächen zu. Wenn sie zustimmen, lassen sie es uns wissen.

❋ ❋ ❋

Ich war mit Diana Cooper in einem Restaurant verabredet und wir unterhielten uns über dieses Buch. Wegen Computerproblemen hatten wir bereits einen ersten Entwurf verloren. Ich sagte gerade, dass ich dafür sorgen würde, dass wir ab jetzt immer eine Kopie haben würden. Just in diesem Augenblick flackerte das Licht im Restaurant. Diana stimmte mir zu und sagte, auch sie würde von nun an eine Kopie machen. Als das Licht wieder flackerte, sahen wir uns an und lachten. Die Engel hatten uns betätigt, dass es tatsächlich eine gute Idee war, Kopien zu speichern.

Karin Finegan, DCS

Federn als Bestätigung
Sobald Sie sich der Bedeutung der Federn bewusst geworden sind, werden die Engel Ihnen welche schenken.

❀ ❀ ❀

Vor knapp einem Jahr lud ich die Engel in mein Leben ein und bat darum, in Licht und Frieden leben zu dürfen. Innerhalb von zwei Wochen veränderte sich mein Leben daraufhin dramatisch.

Ich arbeitete als Chefköchin und befand mich gerade mit einem anderen Chefkoch namens Dave, einem sehr bodenständigen Geordie (so wird ein Einwohner von Newcastle upon Tyne im Nordosten Englands genannt), in der Küche, als er plötzlich aufschrie, weil ein großer Gasbrenner in die Fritteuse gefallen war. Wir dachten beide, wir müssten sterben, aber schließlich gelang es Dave zu unserer beiderseitigen Erleichterung, den Gasbrenner wieder herauszubekommen. Ich dachte noch, wie mutig er doch gewesen war. Im selben Augenblick entdeckte ich eine kleine weiße Feder auf dem Tisch und gab sie ihm.

Als wir später heimfahren wollten und in unsere Autos gestiegen waren, hupte er plötzlich und winkte mir zu. Er rief: »Ich wollte gerade einsteigen, als das auf dem Beifahrersitz landete.« Mit diesen Worten hielt er eine vollkommene weiße Feder in die Höhe. »Also, was hat das zu bedeuten?«

Ich antwortete: »Dein Engel sagt einfach guten Tag«, woraufhin Dave sagte: »Also, ich werde sie hier behalten.« Wir fuhren beide lächelnd davon. Es war ein magischer Moment.

Karrie Walker

Goldene Hände

Die Engel verfügen über magische Möglichkeiten, wenn sie uns sagen wollen, dass wir weitermachen sollen.

❆ ❆ ❆

Ich hatte gerade meine Buchhaltung meinem Steuerberater übergeben. Ich verdiente nicht genug zum Leben und sagte ziemlich genervt zu ihm: »Nun, in einer Hinsicht hatte ich kein besonders gutes Jahr, aber andererseits war es sehr erfüllend. Vielleicht sollte ich aber besser aufgeben.« Als ich das sagte, hörte ich ein lautes Summen in meinem linken Ohr. Der Steuerberater starrte auf meine Hände und sagte: »Geben Sie niemals auf, Ihre Hände haben sich gerade in Gold verwandelt.«

Also beschloss ich, in dem Wissen weiterzumachen, dass die Engel mich unterstützen. Ich habe mir den Glauben bewahrt.

Rowena Beaumont

Rosarote Rosen

Eine unvergessliche Geschichte.

❆ ❆ ❆

Eine Frau namens Mags kam zu mir. Ihr Sohn war getötet worden und hatte eine Frau mit drei kleinen Kindern hinterlassen. Zwei Jahre später stand sie immer noch unter Schock, weil sie nicht verstehen konnte, warum Gott es zugelassen hatte, dass ihr Sohn gestorben war.

Die Sitzung war schwierig, denn ihr Kummer war noch wie frisch. Ich bat die Engel, mich zu führen und zu inspirieren. Dann nahm ich Mags mit auf eine geführte Visualisierungsübung mit den Engeln. Ich bat sie, ihrem Herzen zu gestatten, die Energie ihres Sohnes zu spüren. Da erschien dieser und legte zwei rosarote Rosen in ihr Herzzentrum.

Nach der Visualisierung setzte sich Mags hin und begann zu weinen, denn an jedem Geburtstag, zu Weihnachten, am Jahrestag seines Todes, am Vatertag und zu Ostern ging sie immer zu dem Ort, an dem er gestorben war, und legte dort zwei rosarote Rosen nieder.

Das war wahrhaftig eine Botschaft ihres Sohnes, die von den Engeln überbracht worden war.

Mariel Forde Clarke, DCS

Herzförmig

Wie wir schon bei den Schnee-Engeln gesehen haben, können die Engel verschiedene Materialien formen, um uns so zu bestätigen, dass wir das Richtige tun.

❋ ❋ ❋

Letztes Jahr leitete ich ein Seminar mit dem Titel »Wie man sich mithilfe der Engel der höheren Liebe öffnet«. Einer der Teilnehmerinnen passierte etwas ganz Wunderbares. Als sie heimkam, führte sie eine Übung durch, um die Eigenschaften, die sie in einer Liebesbeziehung anziehen wollte, zu manifestieren. Als sie fertig war, war in der Vibhuti, der heiligen Asche, die sie benutzt hatte, ein perfektes Herz zu sehen.

Annabella Ontong, DCS

Kates Bar auf Kreta

Diese Geschichte erinnert uns daran, um die Bestätigung der Engel zu bitten, bevor wir ein größeres Projekt in Angriff nehmen.

❋ ❋ ❋

Mein Partner Pete und ich zogen 2009 nach Kreta. Wir hatten vor, wie Frührentner zu leben und nur Gelegenheitsarbeiten anzunehmen. Wir merkten aber sehr schnell, dass wir mehr brauchten, um unsere Tage zu füllen. Eines Tages sahen wir, dass in der Nähe unseres Dorfes eine Bar zum Verkauf stand. Der Besitzer gab zu, die Bar heruntergewirtschaftet zu haben, aber wir beschlossen, sie trotzdem zu kaufen. Dann machten wir uns trotz unserer Ängste daran, die geschäftlichen Details zu klären.

Kurz bevor wir den Vertrag unterschrieben, bat ich die Engel um eine Bestätigung, dass wir das Richtige taten. Als wir in den Fahrstuhl stiegen, um im Büro des Anwalts die Papiere zu unterzeichnen, sahen wir, dass auf dem Boden eine weiße Feder lag. Das war die Bestätigung, die wir gebraucht hatten.

Wir haben die Bar jetzt seit zwei Jahren und haben dank der Engel die Wende geschafft.

Janis Attwood, DCS

Das authentische Selbst

Manchmal brauchen wir das grüne Bestätigungslicht, um ganz wir selbst sein zu können.

❋ ❋ ❋

Die Engel meinten, ich solle meine Geschichten öffentlich machen, also schickte ich eine Einladung für meinen Blog an alle meine Kontakte. Ich war der irrigen Meinung gewesen, dass es nicht in Ordnung war, mein schöpferisches Selbst zu leben, gleichzeitig wusste ich aber, dass ich mich zeigen musste, wenn ich andere dabei unterstützen wollte, authentisch zu sein. Eine Freundin las meinen Blog und schickte mir eine Botschaft der Ermutigung. Ich nahm dies als eine Botschaft der Engel, die mir sagen sollte: »Bleib dran, Mädchen!« Jetzt habe ich schon mehrere Interessenten, die meinen Blog abonniert haben.

Jill Webster, DCS

Ein sehr persönliches Zeichen

Es gibt nichts Persönlicheres als den eigenen Namen. Ich musste lächeln, als ich diese Geschichte las.

❋ ❋ ❋

Ich stand auf der Arbeit unter großem Druck. Ich hatte mir einige ziemlich radikale Veränderungen einfallen lassen, war aber nicht sicher, ob dies tatsächlich der richtige Weg war. Als ich nach Hause fuhr, war mir einfach alles zu viel.

Also schickte ich eine Botschaft nach oben: »Bitte schickt mir ein Zeichen, dass ich auf dem richtigen Weg bin.« Ein Auto überholte mich und sein Nummernschild lautete: KF...1UP – also KF (Karin Finegan) Daumen hoch. Ich lachte. Dann scherte ein anderes Auto direkt vor mir ein, dessen Kennzeichen wieder meine Initialen KF enthielt und dazu: UOK – also KF (Karin Finegan), du bist okay.

Meine Laune besserte sich augenblicklich. Dann fuhr ein anderes Auto vor mir, dessen Nummernschild ebenfalls meine Initialen KF aufwies. Die Engel wollten ganz sichergehen, dass ich verstand, dass ich auf dem richtigen Weg war.

Mir ist aufgefallen, dass ich beim Fahren häufig Nummernschilder mit meinen Initialen sehe, wenn ich mich zusammennehmen und mit dem Grübeln aufhören soll. Dann muss ich immer lachen.

Karin Finegan, DCS

Volles Haus

Wenn Sie eine Vision haben, tun Sie, was Sie können, um sie zu verwirklichen, und bitten Sie die Engel um Hilfe.

❋ ❋ ❋

Ich führte bei einer Kinderaufführung Regie. Wir wollten das *Hässliche Entlein* spielen. Ich fühlte mich mit dem Ganzen ein bisschen überfordert, bis mir eines Tages einfiel, dass ich ja die Engel um Hilfe bitten könnte, das Theater zu füllen. Was für eine Gelegenheit! Als ich am selben Tag aus dem Auto stieg, sah ich am Boden direkt zwischen meinen Füßen eine wunderschöne weiße Feder liegen. Es ist unglaublich, die Engel auf seiner Seite zu haben. Ich bekomme immer noch Gänsehaut, wenn ich daran denke.

Julie Mueller

Bestätigung durch ein Foto

Die Engel werden einen Weg finden, Ihnen mitzuteilen, dass sie Ihren Hilferuf gehört haben.

❋ ❋ ❋

Während der letzten vier Jahre litt ich unter chronischen Schmerzen. Eines Tages weinte ich vor Schmerz. Ich sah zur Decke hinauf und rief: »Wo sind denn all die Engel, die mir angeblich helfen sollen?«

Ich senkte die Hände und berührte den Fotoapparat. Ich nahm ihn in die Hand, schaute durch das Objektiv und richtete es auf eine der Sonnenblumen in der Vase auf meinem Tisch. Als ich mir das Foto später anschaute, sah ich in der Mitte der Sonnenblume ein schwarzes E. Mein Name ist Eileen. Ich wusste sofort, dass dies die Antwort der Engel war.

Eileen Redmond

Materielle Entgiftung

Ich musste lachen, als ich diese Geschichte las. Hut ab vor dem Vertrauen von Anbin!

❀ ❀ ❀

Ich bin so gesegnet, in den Genuss einer materiellen Entgiftung gekommen zu sein. Die Entgifter (auch Einbrecher genannt) hatten das Glück, alle elektronischen Geräte, alle Haushaltsgeräte und mein Auto mitzunehmen. Ich bat um göttliche Unterstützung, und innerhalb weniger Tage konnte ich das Auto ersetzen.

Ich sagte dem Verkäufer: »Ich bin überrascht, dass ich mich so schnell entschieden habe, da ich gar nichts von Autos verstehe.« Er antwortete: »Keine Sorge, Sie haben die richtige Entscheidung getroffen.«

Als ich mich an seinen Schreibtisch setzte, dachte ich: »O ihr Engel, ich hoffe, ich mache das Richtige.« Er legte mir den Vertrag vor – und da fiel eine flauschige weiße Feder direkt auf die Stelle, an der ich unterschreiben sollte. Ich wusste, dies war die Bestätigung, die ich gebraucht hatte. Ich fühlte mich gesegnet und war so dankbar, dass ich unterschrieb.

Anbin, DCS

KAPITEL 6

Der Trost der Engel

D a Engel dem Herzen Gottes entstammen, strahlen sie so viel Mitgefühl aus, dass sie Menschen in Not trösten und heilen können. In meinen Büchern erzähle ich Geschichten von Engeln, die für Menschen singen, bis deren Kummer verschwunden ist, sie in ihre Schwingen hüllen oder einfach nur berühren, wenn sie traurig sind. Die Engel können uns den Schmerz nehmen und uns auf vielerlei Weise Frieden und Ausgeglichenheit schenken. Die folgenden Geschichten berichten davon, und auch sie werden Ihnen vielleicht helfen können.

Liebevoller Rat

Hier ist eine wunderbare Geschichte über einen Engel, der menschliche Gestalt annimmt und Trost und Rat spendet.

❋ ❋ ❋

Vor Kurzem verlor ich eine liebe Freundin und war von Trauer überwältigt. Wir hatten einen Familienurlaub gebucht, und obwohl mir überhaupt nicht danach war, wusste ich, dass ich meinen Mann und meinen kleinen Sohn nicht enttäuschen konnte.

Wir fuhren also zum Strand. Mir fiel dort ein Wahrsager auf, und ich merkte, dass ich mich zu ihm hingezogen fühlte. Er nahm meine Hand. Ich sah seine wunderschönen blauen Augen, sein langes blondes Haar und seine von der Sonne gebräunte Haut. Er sprach über meine Freundin und sagte mir, dass sie ihren Frieden gefunden hatte. Dann sprach er über mein Leben und beantwortete mir genau die Fragen, die mich gerade beschäftigten.

Mein Mann und mein Sohn, die weitergewandert waren, kamen zurück und sagten, sie hätten überall nach mir gesucht. Ich wollte mich umdrehen und mich bei dem Wahrsager bedanken, aber er war verschwunden. Ich fragte die anderen Leute nach seinem Namen und wann er zurückkommen würde. Sie sahen mich an, als ob ich verrückt geworden wäre, und meinten nur, es wäre niemand da gewesen. Ich hatte ihn gesehen, mein Mann und mein Sohn hatten ihn gesehen, aber nun war er einfach verschwunden.

Ich glaube fest daran, dass er ein Engel war, der mich trösten wollte.

Myra

Zärtliche Liebe

Diese Geschichte zeigt, wie die Engel als Antwort auf unsere Gebete all unsere Gefühle der Trauer, der Einsamkeit oder Negativität auflösen und uns auf wundersame Weise helfen können, uns geliebt und getröstet zu fühlen.

❀ ❀ ❀

Ich habe schon mehrmals die Gegenwart der Engel gespürt und viele schöne schillernde Funken um mich herum gesehen. Wenn ich mich einsam fühle oder traurig bin, bitte ich die Engel, die negativen Gefühle von mir zu nehmen. Meine Gebete wirken, wenn ich am nächsten Morgen aufwache, fühle ich mich erleichtert und erfrischt.

Einmal bat ich die Engel, ihre Gegenwart spüren zu dürfen. Da wurden meine Hände so zärtlich mit einer solchen Liebe und Warmherzigkeit gedrückt, dass mein ganzer Körper warm wurde. Meine Engel sind immer da, und auch Ihre Engel sind für Sie da, weil sie Ihnen auf jede erdenkliche himmlische Weise helfen wollen.

Monica Orosco

Die Berührung eines Engels beruhigt

Jeder Verlust und jeder Trauerfall haben natürlich verheerende Auswirkungen, doch diese Geschichte zeigt, wie die Engel uns helfen können, mit unseren Gefühlen umzugehen.

❋ ❋ ❋

Beim Begräbnis meiner Freundin bat mich ihr Mann, ein paar Worte zu sprechen. Ich fühlte mich geehrt, war aber ziemlich nervös. Kurz bevor mich der Pfarrer aufrief, spürte ich, wie mir jemand sanft gegen den Hals blies, und plötzlich war die ganze Nervosität verschwunden. Ich ging langsam zur Kanzel und hielt meine Rede voller Selbstvertrauen. Mich überlief ein Schauer der Ehrfurcht, denn ich wusste, dass dieser »Luftzug« ein Vertrauensbeweis war, mit dem mir ein Engel sagen wollte: »Du kannst es.«

Viv Barboteau

Die Trauernden trösten

Allein schon die Gewissheit, dass die Engel da sind, kann ein großer Trost sein.

❋ ❋ ❋

Die letzten Monate des Jahres 2007 brachten mir nichts als Trauer und Verwirrung. Ich war gezwungen, mich von Dingen zu trennen, die mir viel Freude bereitet hatten; meine Freiwilligenarbeit als Masseurin wurde beendet; alle möglichen Geräte – darunter auch mein Auto – gingen kaputt. Ich war erschöpft und fühlte mich überfordert. Ich befragte die Engelkarten, und sie sagten mir, dass ich viele Dinge aufgeben müsste, wenn ich meinem Weg folgen wollte. Jeden Tag bat ich Erzengel Uriel um Weisheit und Erkenntnis und Raphael um emotionale Heilung.

Eines Abends lag ich verzweifelt und in Tränen aufgelöst im Mondlicht auf dem Liegestuhl. Da spürte ich, wie mich die Engel und die Baumgeister mit ihrer Liebe umhüllten. Ich sah eine Wolke in der Form eines Engels am Mond vorbeiziehen. Das Mondlicht ließ die Wolke in leuchtendem silbernem Licht erstrahlen.

Susie Cooper

Ruhe und Frieden

Diese Geschichte ist nicht nur deshalb so speziell, weil Donna von einem Engel berührt wurde, sondern wegen der Art und Weise, wie sie von ihm berührt wurde.

✳ ✳ ✳

Meine Mutter war gestorben, und es fiel mir sehr schwer, über den Verlust hinwegzukommen. Eines Nachts wachte ich auf, weil mich jemand am Arm berührte. Zuerst hatte ich Angst, aber dann merkte ich, dass es meine Mutter war. Sie berührte mich genau auf die Art und Weise, wie ich sie berührt hatte, bevor der Sargdeckel geschlossen wurde. Am nächsten Morgen sah ich ein weißes Licht mit einer gelben Aura, das Ruhe und Frieden ausstrahlte. Ich musste lächeln.

Donna Rue

Ein tröstlicher Anblick

Auch wenn die Engel uns trösten und uns einfach an ihre liebevolle Gegenwart erinnern wollen, schenken sie uns manchmal eine kleine weiße Feder.

✳ ✳ ✳

Weiße Federn sind in meinem Leben häufig aufgetaucht und haben mir immer dann Trost gespendet, wenn ich ihn am dringendsten brauchte. Eines Morgens stieg ich völlig verzweifelt ins Auto, weil sich meine Freundin von mir getrennt hatte. Da sah ich auf der Windschutzscheibe eine große strahlend weiße Feder. Ich musste einfach lächeln. Der Anblick der Feder versetzte mich in einen viel positiveren Gemütszustand.

David Mills

In der Trauer getröstet

Jeder findet Trost in etwas anderem.

✳ ✳ ✳

Auf einem meiner Engelseminare sprach ich über Engelzeichen und weiße Federn. Später erzählte mir eine Teilnehmerin, dass sie nicht an weiße Federn geglaubt hatte, bis ihre rotbraune Katze starb. Daraufhin hatte sie sich im Badezimmer eingeschlossen und sich dort vom Kummer überwältigt hingehockt. Aus heiterem Himmel war plötzlich eine weiße Feder von oben herab geschwebt. Da wusste sie, dass es ihrer Katze gut ging, was ein großer Trost für sie war.

Anschließend zog sie eine Karte aus dem Göttinnen-Tarot, auf der ein Bild von Yvonne (mein Name) war, die eine rotbraune Katze hielt. Heute glaubt sie fest an Engel und nimmt mit ihrem Fotoapparat immer wieder Engelzeichen in den Wolken auf.

Yvonne

Die Engel wachen über meine Tochter

Es freut mich, wenn ich höre, wie Kinder die Engel um Hilfe und Schutz anrufen, denn ich wünschte, ich hätte als Kind auch an Engel geglaubt.

❅ ❅ ❅

Meine vierzehnjährige Tochter ging auf Schulreise nach Frankreich. Einige der Jungen hatten Feuerwerkskörper, nachmodellierte Pistolen, Zigaretten und Wodka dabei. Als die Lehrer dies herausfanden, wurden alle Schüler verdächtigt und einzeln befragt. Viele der Mädchen, darunter auch meine Tochter, fingen an zu weinen. Gerade als das erste Donnern eines Gewitters zu hören war, ging sie in den Garten hinaus, um frische Luft zu schnappen. Sie bat die Engel, ihren Freunden zu helfen und sie zu beschützen.

Plötzlich hielt sie aus irgendeinem Grund inne und blickte zum dunkler werdenden Himmel hinauf. Da sah sie, dass etwas in der Luft kreiste und immer tiefer sank: eine wunderschöne weiße Feder. Sie landete direkt vor ihren Füßen.

Die Feder bestätigte ihr, dass die Engel ihre Bitten gehört hatten und auf sie aufpassten. Das half ihr in dieser sehr schwierigen Zeit.

Mai Worth

Trost

In dieser Geschichte schildert Dawn, wie ihr Drittes Auge geöffnet wurde.

❅ ❅ ❅

Mein Enkelkind fiel versehentlich auf meine Stirn, sodass ich eine Gehirnerschütterung bekam. Ich glaube heute, dies ermöglichte es meinem Dritten Auge, sich vollständig zu öffnen.

Im darauffolgenden Jahr hatte ich eine Operation, während der ein gutartiger Tumor von meinem Lid entfernt werden sollte. Während des Dämmerschlafes, in den ich während der Operation versetzt worden war, sah ich das Bild meiner besten Freundin vor mir. Sie lächelte mich an, um mich wissen zu lassen, dass die Operation gut verlaufen würde. Ich fühlte mich getröstet und wusste, dass die Engel auf mich aufpassen.

Dawn

Die Engel helfen Mutter und Kind

Grün ist die Farbe von Erzengel Raphael, dem Engel der Heilung.

❀ ❀ ❀

Ich ging mit meinem Sohn Jack zu seiner jährlichen Untersuchung beim Arzt. Man riet uns, einen Bluttest auf mögliche Allergien machen zu lassen. Ich stand hinter ihm, als ihm Blut abgenommen werden sollte, und strich ihm übers Haar, weil er weinte.

In dem Moment, in dem die Nadel die Haut durchdrang, wurde es plötzlich ganz still im Raum. Jack hörte auf zu weinen und alles war ruhig. Seine Augen nahmen eine unglaubliche grüne Farbe an. Wir waren in Liebe verbunden und fühlten uns beschützt, denn wir wussten, die Engel waren bei uns.

Dies ist ein Wissen, das ich bis zum heutigen Tag habe. Wir sind so gesegnet, dass wir mit den Engeln wandeln dürfen und dass wir uns entschieden haben, in dieser aufregenden Zeit auf Erden zu sein.

Taryn van der Merwe

Ein Engel bringt den Geist eines Verstorbenen

Das Erlebnis, das ich hier beschreibe, stellte eine meiner ersten Begegnungen mit den Engeln dar und war für mich etwas ganz Besonderes.

❀ ❀ ❀

An einem Hügel in der Nähe meines Hauses fand ich eine Gruppe weißer Veilchen, die versteckt in einer Senke wuchsen. Als am nächsten Tag eine Freundin zum Tee kam, wollte ich sie ihr unbedingt zeigen. Ich sagte ihr nur, dass ich da etwas entdeckt hatte, ohne ihr zu sagen, was.

Sobald sie die Veilchen sah, fing sie an, übers ganze Gesicht zu strahlen. Ich war sehr überrascht, als ich einen schneeweißen Engel neben dem Geist eines Mannes bei den Veilchen stehen sah, sagte aber nichts. Da meinte meine Freundin, ein Medium hätte ihr erzählt, dass ihr verstorbener Mann dort auf sie warten würde, wo weiße Veilchen wachsen.

Sie war überglücklich, und ich konnte es kaum fassen, dass die Engel ihren Mann gebracht hatten, damit sie ihn sehen konnte.

Diana Cooper

Trost

Wenn man weiß, dass die Engel da sind, bringt das Erleichterung und großen Trost mit sich.

❈ ❈ ❈

Die Leute, die unser Haus gemietet haben, zogen aus, ohne dies vorher angekündigt zu haben, und als mein Mann und ich sahen, in welchem Zustand sie das Gebäude hinterlassen hatten, waren wir ziemlich entsetzt. Als wir nach Hause zurückkehrten, lag mitten auf dem Boden eine weiße Feder. Was für ein Trost!

Penny Wing, DCS

Ein ganz besonderer Familienengel

Die folgende Geschichte handelt von einem Messingengel, der an einem unerwarteten Ort gefunden wurde und eine spezielle Energie für eine Familie bereithielt.

❈ ❈ ❈

Ryan, Andre und ich waren im Urlaub in Namibia. Dort fand Andre einen goldenen Messingengel, der nicht nur wunderschön, sondern offensichtlich auch ziemlich alt war.

Unser Enkel Kevin war fünf Wochen zu früh geboren worden. Er erkrankte schwer, und Andre brachte den Engel zu ihm ins Krankenhaus. Wir reichten den Engel herum und beteten. In derselben Nacht wurde Kevin operiert und eine Woche später bereits nach Hause entlassen.

Der Engel half uns auch weiterhin. Als unsere Kinder heirateten, stellten wir ihn auf den Tisch, auf dem sie die Heiratsurkunde unterschrieben. Während unser Haus renoviert wurde, brachten wir ihn an einem sicheren Ort unter, aber hinterher konnten wir ihn nicht wiederfinden. Kevins Eltern wollten heiraten und der Junge sollte zur selben Zeit getauft werden. Ich sagte zu Andre: »Wir brauchen den Engel. Er wäre so ein Segen für diese spezielle kleine Familie.« Daraufhin öffnete Andre auf gut Glück einen Karton – und da war er.

Als unser Sohn heiratete, nahmen wir den Engel mit. Der Standesbeamte sagte: »O, Erzengel Michael.«

Sandra

Der Schutz der Engel

Engel können auch einen Duft hinterlassen, um uns auf ihre Anwesenheit hinzuweisen.

❀ ❀ ❀

Ich hatte eine unglückliche Kindheit und verbrachte viel Zeit in meinem Kinderzimmer. Zum Glück hatten wir nette Nachbarn, bei denen ich häufig zu Besuch war. Die Treppe, die zu ihrer Wohnung führte, hatte einen ganz besonderen Geruch, durch den ich immer ganz ruhig wurde und mich geliebt und beschützt fühlte.

In meinen Dreißigern ging ich wegen einiger Warzen im Gesicht zum Arzt und er riet mir, sie entfernen zu lassen. In der Nacht vor der Operation war ich sehr nervös. Plötzlich aber war der Duft aus meiner Kindheit wieder da und ich wurde ruhig, weil ich mich geliebt und beschützt fühlte. Auf dem Weg ins Krankenhaus, als ich wieder nervös wurde, kehrte der Duft noch einmal zurück. Ich bedankte mich bei den Engeln, weil ich wusste, dass sie auf mich aufpassten. Ich hatte keine Schmerzen und es wurde auch kein Krebs festgestellt.

Wenche Milas

Kristalle als Beruhigungsmittel

Kristalle enthalten spezielle Energien und große Weisheit. Sie kommen zu uns, wenn wir sie brauchen, und verschwinden, wenn sie ihre Aufgabe erfüllt haben.

❊ ❊ ❊

Eines Morgens war ich aufgrund persönlicher Probleme ein bisschen traurig. Als ich aufräumte, sah ich etwas auf dem Teppich liegen. Es war mein blauer Goldflusskristall, den ich seit längerer Zeit nicht mehr berührt oder bewegt hatte. Das war für mich eine sehr eindrückliche Botschaft, denn diese Art von Kristall soll uns daran erinnern, dass es auch in der Dunkelheit immer Licht gibt. Meine Stimmung hob der Fund auf jeden Fall.

Karelena MacKinlay, DCS

Glücklich und dankbar

Diese Geschichte soll uns daran erinnern, die Engel jeden Tag um Hilfe und Rat zu bitten und ihnen für ihre Gaben zu danken.

❊ ❊ ❊

Neulich ging ich zu meiner Masseurin. Wir unterhielten uns ein wenig und sie erzählte mir von ihren Erlebnissen mit Engeln. Jeden Tag bat sie sie um Rat und Hilfe, besonders bei ihrer Arbeit, und jeden Abend bedankte sie sich bei ihnen. Sie sagte: »Das Jahr hat 365 Tage und dank der Engel bin ich an den meisten Tagen glücklich.«

Cornelia Mohr, DCS

Ein kleines Extra

Halten Sie immer Ausschau nach Federn.

❀ ❀ ❀

Ich wurde vollkommen aus der Bahn geworfen, als meine Beziehung unerwartet endete. Ich hatte es nicht kommen sehen und stand unter Schock. Ich wusste, dass ich die Hilfe der Engel brauchte, also rief ich sie an und bat sie, mich zu unterstützen. Zwei Tage später im Supermarkt war ich immer noch wie benommen. Als ich an der Kasse stand, sagte die Kassiererin: »Schauen Sie mal, da haben Sie ein kleines Extra bekommen: eine Feder.«

Ich wusste, die Engel wollten mich wissen lassen, dass sie für mich da waren. Das war so magisch und so speziell!

Gillian Webster, DCS

Weißes Licht

Manchmal schicken die Engel Licht, um uns zu beruhigen und unser Energieniveau anzuheben.

❀ ❀ ❀

Beruflich ging es mir furchtbar schlecht, und nun musste ich mich auch noch krankschreiben lassen. Während dieser Zeit verstarb zugleich mein geliebter Vater. Eines Morgens wachte ich früh auf, weil ich nicht mehr schlafen konnte, und ging in die Küche, um mir eine Tasse Tee zu machen. Im Wohnzimmer sah ich ein Bild von mir als Kind. Ein leuchtendes weißes Licht überstrahlte den größten Teil des Bildes. Ich schaute es mir eine Weile an, dann ging ich näher. Was würde wohl passieren, wenn ich das Bild anfasste? Würde das Licht bleiben oder verschwinden? Ich berührte es in der Annahme, dass das Licht verschwinden würde, was es aber nicht tat. Ich war vollkommen verblüfft. Ich ging aus dem Zimmer, und als ich zurückkam, war das strahlende Licht verschwunden.

Ich hatte noch nie etwas so Schönes gesehen. Seither ist mir das dreimal passiert. Ich glaube, mein Vater möchte mir versichern, dass alles gut wird und dass er immer bei mir sein wird.

Bernice

Eine Lichtsäule

Wenn Sie verzweifelt sind und um Hilfe rufen, werden die Engel immer antworten.

❋ ❋ ❋

Ich war frisch umgezogen und befand mich mitten in der Scheidung. Mein Exmann hatte alle Unterhaltszahlungen eingestellt, und ich wusste nicht, wie ich den Umzug bezahlen und wovon ich meinen Lebensunterhalt bestreiten sollte. Meine neue Beziehung brach auch gerade auseinander. Ich lag auf dem Bett und weinte vor Verzweiflung. Da spürte ich, wie eine Lichtsäule durch die Decke kam und in meinen Rücken eindrang. Gleichzeitig drückte mir jemand tröstend die Hand. Ich spürte Wärme, Frieden, Kraft und positive Energie, also all das, was ich jetzt brauchte.

Vieles änderte sich: Ich fand neue Freunde und lernte sehr nette Menschen kennen. Und ich entdeckte die Bücher von Diana Cooper. Mithilfe von Dianas CDs lernte ich meinen Schutzengel Zakkarie kennen, der mir dabei hilft, mein Herz zu heilen.

Caroline Cameron

Eine Feder im Geschirrspüler

Das Leben auf der Erde kann uns vor große Herausforderungen stellen, besonders dann, wenn wir spirituell wachsen und schwierige Lektionen lernen.

❋ ❋ ❋

Ich war allein zu Hause und vollkommen verzweifelt. Trotzdem ging ich in die Küche, um das Geschirr aus der Spülmaschine zu nehmen. Als ich später den Geschirrspüler wieder aufmachte, fand ich in der obersten Schublade eine perfekte weiße Feder. Sie war ganz sicher nicht da gewesen, als ich das saubere Geschirr herausgenommen hatte. Die Feder war auch nicht nass, sie war vollkommen trocken und in sehr gutem Zustand.

Dies war für mich die Bestätigung, dass die Engel bei mir waren, was mir großen Trost spendete. Noch heute gibt mir der Gedanke an die Feder in der Geschirrspülmaschine großen Trost, denn immer wenn ich daran denke, weiß ich, dass ich nicht allein bin.

Janice

Unterwegs und doch geborgen

Es kann große Angst machen, wenn man in einem fremden Land ganz allein unterwegs ist — besonders wenn man noch jung ist. Diese Geschichte soll uns daran erinnern, dass schon das Lesen eines Buches über Engel uns dazu bringen kann, ihre Hilfe anzunehmen.

❅ ❅ ❅

Mit neunzehn zog ich nach Spanien, um Spanisch zu lernen und als Au-pair zu arbeiten. Während einer Busfahrt von Madrid nach Salamanca war ich extrem nervös und fühlte mich völlig verloren. Ich hatte Angst vor der Ankunft, da ich kein Wort Spanisch verstand und fürchtete, die falsche Haltestelle zu erwischen.

Ich las allerdings gerade ein Buch über Geistführer und Schutzengel. Als wir uns Salamanca näherten, sah ich die beiden Türme der Kathedrale im Sonnenlicht erstrahlen. Da wusste ich, alles würde gut werden, und jegliche Nervosität fiel von mir ab. Von diesem Moment an bat ich die Engel regelmäßig um Schutz.

Britta

Die Flügel der Engel

Die Engel strahlen Liebe aus ihrem Herzen aus. Diese Energie nehmen wir häufig in Form von Flügeln wahr. Wenn sie uns in diese Liebesenergie einhüllen, fühlt es sich an, als würden sie ihre Flügel um uns legen.

Die Engel sorgen für eine Begegnung

Die Engel organisieren gemeinsam mit unseren Führern Begegnungen und Synchronizitäten.

❆ ❆ ❆

Ich hatte eine Freundin, die ihren Vater zuletzt als Baby gesehen hatte. Als Erwachsene fand sie dann heraus, dass ihre Familie absichtlich verhindert hatte, dass sie ihm begegnete, was sie nicht nur sehr traurig, sondern auch wütend machte.

Sie erfuhr nun aber, dass ihr Vater nur ein paar Kilometer weit entfernt lebte. Die Engel trugen mir auf, eine Begegnung zwischen ihr und ihrem Vater zu arrangieren – und zwar bei mir zu Hause, da die Begegnung dann sozusagen auf neutralem Boden stattfinden würde. Es klappte, die beiden verstanden sich sehr gut und beide erfuhren Heilung an Herz und Seele.

Kurz darauf starb der Vater meiner Freundin. Später erfuhr sie aus ihrem Horoskop, dass ihre Seelen so eng miteinander verbunden waren, dass sie ihre Bestimmung nicht hätte erfüllen können, wenn sie in diesem Leben eine enge Verbindung zu ihm gehabt hätte.

Diana Cooper

Zur richtigen Zeit am richtigen Ort

Die Engel werden immer dafür sorgen, dass wir im richtigen Moment an der richtigen Adresse sind.

❆ ❆ ❆

Ich ging zu einer Sitzung im »Blumenlesen«, und das Medium sagte, ich solle die Blüten zählen, die offen und geschlossen waren, und das würde etwas für mich bedeuten. Ich fragte meine Engel, und sie baten mich, in mein Tagebuch die Daten zu schreiben, die der Anzahl Blüten entsprachen, die ich gesammelt hatte. Als ein bestimmtes Datum näher rückte, bekam ich Mumps. Ich war sehr krank, wurde krankgeschrieben und unter Quarantäne gestellt und konnte daher meine Eltern nicht besuchen.

Meinem Vater ging es nicht gut und während meiner Krankheit rief ich ihn jeden Tag an. Am fünften Tag ging es mir besser, aber genau an dem Tag sagte mir meine Mutter, dass mein Vater zusammengebrochen war. Er starb, kurz bevor ich bei meinen Eltern ankam. Da merkte ich, dass dies der Tag war, den ich in meinem Tagebuch markiert hatte. Dann spürte ich Engel um meine Mutter und mich, die uns in ihre Schwingen der Liebe hüllten. Wäre ich arbeiten gewesen, hätte ich meiner Mutter nicht helfen können. Ich danke den Engeln, dass sie mir ermöglicht haben, zur richtigen Zeit am richtigen Ort zu sein.

Janis Attwood, DCS

Von Engelflügeln gehalten

Die Engel bringen uns häufig dazu, mit Familienmitgliedern Kontakt aufzunehmen, von denen wir uns entfernt haben.

❋ ❋ ❋

Meine Eltern trennten sich kurz vor meiner Geburt im Streit, sodass ich keinen Kontakt zu meinem Vater und seiner Familie hatte. Als ich heiratete, verspürte ich den starken Drang, seine Familie aufzusuchen.

Ich machte seine Mutter ausfindig und wir verabredeten uns. Die Begegnung war sehr emotional, und als ich in ihre Augen sah, wusste ich, dass ich eine große Liebe und eine Seelenverwandte gefunden hatte.

Ich war am Boden zerstört, als sie kurz darauf starb. Ich hatte starke Schmerzen in der Brust und musste viel weinen. Da spürte ich eine Umarmung, so als ob ich in Liebe gehüllt würde. Da ich Federn spürte, gehe ich davon aus, dass mich ein Engel umarmte und mir den Schmerz nahm. Es war sicher mein Schutzengel, der mir helfen wollte.

Anonym

Trost spenden

Die Engel trösten uns nicht nur, sie helfen uns auch, mit der materiellen Realität fertigzuwerden.

❋ ❋ ❋

Meine Mutter war gestorben, und kurz vor ihrem Begräbnis bat ich die Engel, mir zur Seite zu stehen, mich zu unterstützen, zu beschützen und mich durch den Tag zu begleiten.

Während der Abdankung hatte ich meine Lesebrille beiseitegelegt. Nun sollte noch ein Lied gesungen werden, und ich musste den Text ablesen, aber ich konnte nicht an meine Handtasche und meine Brille kommen. Als das Lied begann, erschien jedoch jede Textzeile so deutlich vor meinem geistigen Auge, als ob sie von einem Licht beleuchtet wurde. Ich konnte alles lesen und mitsingen.

Als wir später am Grab standen, verspürte ich einen solchen Frieden, als ob mir jemand einen Mantel um die Schultern gelegt hätte. Eine unglaubliche Erfahrung! Ich dankte den Engeln dafür, dass sie ihre Flügel um mich gebreitet hatten. Sie blieben auch den Rest des Tages bei mir.

Elizabeth C.

Erzengel Raphaels Schwingen

Erzengel Raphael ist der Engel des irdischen und kosmischen Reichtums. Er befähigt uns, jene Eigenschaften über unsere Aura anzuziehen, die wir im Interesse unseres höchsten Wohles brauchen.

✳ ✳ ✳

In meinen Dreißigern durchlebte ich eine sehr schwere Zeit. Mein Mann war sehr krank und konnte nicht arbeiten. Ich hatte drei Kinder, alle unter fünf, und wir hatten fast kein Geld. Da wir die Hypothek abbezahlen mussten, war ich verzweifelt.

Eines Tages saß ich im Badezimmer und weinte, weil alles so düster aussah. Da spürte ich ein sehr großes Wesen im Raum bei mir. Es legte seine Schwingen um mich und ich konnte die Farbe Grün sehen. Ich fühlte mich getröstet und wusste, dass ich nicht allein war. Mir stand immer jemand zur Seite. Seither habe ich eine enge Beziehung zu Erzengel Raphael. Tatsächlich wurde uns geholfen, alles wendete sich zum Besten.

Aleja Daniela Fischer, DCS

Meine Großmutter

Manchmal dürfen wir die Engel dabei beobachten, wenn sie den Geist eines lieben Angehörigen abholen. Dabei hüllen sie auch die Trauernden in ihre Liebe ein.

❄ ❄ ❄

Ich stand meiner Großmutter sehr nahe, denn für mich war sie immer ein Fels in der Brandung gewesen. Ich konnte mir nicht vorstellen, dass sie eines Tages nicht mehr für mich da sein würde. Sie freute sich immer sehr, mich zu sehen.

Nach einem kleinen Schlaganfall musste sie eine Zeit lang rund um die Uhr betreut werden. Eines Tages kam ich zu ihr, als sie gerade ihren letzten Atemzug tat. Ich saß neben ihr und spürte, wie mich ein Engel mit seiner Liebe überschüttete und mich in eine Decke hüllte, um mir Trost zu spenden. Die Engel sagten mir, dass sie sich um meine Großmutter kümmern würden und dass ich nicht traurig sein sollte. Sie sah so friedlich aus. Mir war die große Ehre zuteilgeworden, beim Tode meiner Großmutter zugegen zu sein. Es war ein wunderschönes Erlebnis.

Rowena Beaumont

Eine Wolke aus Engelflügeln

Manchmal verweilt ein Engel am Himmel über uns, und dann bildet sich um ihn eine Wolke in der Form eines Engelflügels.

❄ ❄ ❄

Bei einem Gottesdienst unter freiem Himmel sah ich nach oben und entdeckte zu meinem großen Erstaunen zwei unvorstellbar große Engelflügel. Ich starrte und starrte hinauf, denn es war ein unglaublich schöner Anblick.

Es war sowieso ein ganz besonderer Tag gewesen, aber dieser Anblick machte ihn zu etwas vollkommen Magischen. Da ich mich immer noch gesegnet fühle, diese Flügel gesehen zu haben, musste ich dies einfach schreiben.

Robyn Lee

Bei einem Begräbnis

Die Engel hüllen uns in ihre Schwingen wie in eine Trost spendende Decke.

❀ ❀ ❀

Der Leichnam meiner Tante war am Vorabend ihres Begräbnisses zur Familie nach Hause gebracht worden. Obwohl ich emotional sehr aufgewühlt war, hatte ich mir fest vorgenommen, meine Gefühle unter Kontrolle zu halten. Ich wollte den Worten des Pastors zuhören, als er sie segnete und ins Licht schickte. Hätte ich erst einmal angefangen zu weinen, hätte ich wohl nicht mehr aufhören können. Ich bat meinen Schutzengel und mein Einhorn, mich zu unterstützen und mich zu erden. Daraufhin spürte ich eine starke Energie, die mich wie eine weiche Decke umhüllte. Ich fühlte mich getröstet, konnte um meine Tante trauern und an diesem wichtigen Abschiedsritual für sie teilnehmen.

Anonym

Heilende Schwingen umfangen mich

Wenn die Engel einen Menschen in ihre Schwingen hüllen, haben diese unweigerlich das Gefühl, dass ihr Herz geheilt wird.

❀ ❀ ❀

Nach einem Autounfall sah ich zum ersten Mal einen Engel. Ich hatte starke Nacken- und Rückenschmerzen und es ging mir sehr schlecht. Ich lag im Bett, als ich plötzlich ein Geräusch hörte. Als ich aufsah, erblickte ich einen wunderschönen Engel, der auf mich zugeflogen kam. Zuerst hatte ich Angst, aber sie verging schnell, als der Engel direkt neben mir landete und mich in seine Schwingen hüllte. Ich fühlte mich getröstet und geliebt, war aber auch erstaunt, dass ich so etwas erleben durfte.

Sarah

Wohlbefinden und Zufriedenheit

Wenn uns Engel umgeben, verspüren wir ein Gefühl tiefen Friedens, das zwar nicht zu erklären, aber dennoch von unschätzbarem Wert ist.

✳ ✳ ✳

Vor einigen Jahren verspürte ich in den Ferien zum ersten Mal die Gegenwart eines Engels. Obwohl mich das Erlebnis ein bisschen nervös machte, gab es mir doch das Gefühl, dass sich jemand um mich kümmerte und mir half. Ich kann meine Begegnungen mit Engeln nicht wirklich verstehen oder gar erklären (was völlig in Ordnung ist), aber sie stellen einen warmen, tröstenden Aspekt meines Lebens dar.
AS, Aberdeen

Michaels Schwingen

Es ist eine ganz wunderbare Erfahrung, in die Schwingen von Erzengel Michael gehüllt zu werden.

✳ ✳ ✳

Ich werde nie mein erstes Erlebnis mit Michael vergessen. Es fand während der täglichen Meditation im Verlauf meiner Aura-Soma-Ausbildung statt. Zwei schneeweiße Engelschwingen schlossen sich so eng um mich, dass ich nach Luft schnappen musste. Die Schwingen waren mehrere Zentimeter dick und ich konnte auch ein großes Schwert sehen.

Meine Lehrerin sagte, ich sei mit einer innigen Umarmung von Erzengel Michael gesegnet worden. Sie sagte auch, dass der große Wille den kleinen Willen gesegnet hätte.

Seither hat es viele ähnliche Erlebnisse gegeben. Oft spüre ich eine federleichte Berührung an den Armen, so als ob ich von hinten von den Schwingen eines Engels gehalten werde.
Wendy

Michael spendet Trost

Rufen Sie Erzengel Michael in reiner Absicht an — und er wird tun, was nötig ist.

❀ ❀ ❀

Ich war gerade dabei, einer Frau eine Reiki-Behandlung zu geben. Ich wusste es damals nicht, aber sie steckte ebenso wie ich in einer furchtbaren Beziehung fest. Ich verspürte den Drang, einen Rosenquarz zu nehmen und auf ihr Herz-Chakra zu legen. Dann bat ich Erzengel Michael, uns beide zu beschützen und zu führen.

Da sah ich zwei riesige Schwingen, die uns beide und die Couch umhüllten. Die Frau fing an, leise zu weinen, offensichtlich ein Anzeichen für eine emotionale Läuterung. Das war das wunderbarste Erlebnis, das ich jemals hatte. Ich konnte hinter mir die Gegenwart von Erzengel Michael spüren, der uns beide in seine Schwingen schloss. Noch heute bekomme ich Gänsehaut, wenn ich nur daran denke.

Lesley Morgan

Erzengel Michaels Schwingen des Schutzes

Wer einmal von Erzengel Michael berührt wurde, wird nie wieder zweifeln.

❀ ❀ ❀

Ich stand auf dem Podium, als ich plötzlich ein sehr hohes Wesen hörte. Dann umschlossen mich gewaltige Schwingen des Schutzes, und ich wusste, dass Erzengel Michael zu uns gekommen war. Eine Frau neben mir begann zu weinen, wie auch ich weinte. Jahrelang hatte ich gesagt, dass ich mit Engeln arbeite, aber jetzt hatte ich zum ersten Mal ihre machtvolle Gegenwart gespürt. Nach diesem Abend hatte ich nie wieder Zweifel. Selbst jetzt, wo ich dies schreibe, bin ich noch überwältigt.

Monique Guy

Erzengel Raphaels heilende Schwingen

Das heilende Licht Erzengel Raphaels hat eine wunderschöne türkisgrüne Farbe. Es ist immer ein ganz besonderes Gefühl, wenn man spürt, dass man auf seine Unterstützung zählen kann.

❋ ❋ ❋

Während einer Reiki-Behandlung hatte ich plötzlich das Gefühl, ich sollte Erzengel Raphael um Hilfe anrufen. Als ich daraufhin meine Hände auf den Kopf meiner Klientin legte, sagte sie: »O, wunderschöne weiße Schwingen haben sich gerade auf meinen Kopf gelegt und ich kann ein türkisgrünes Licht sehen.«

Raphael hatte mein Gebet erhört.

Eloise Bennett, DCS

Engel im Moor

Letty spürt eine starke Verbindung zum Himalaja, die ihren Ursprung in einem anderen Leben hat.

❋ ❋ ❋

Ein Jahr nach Lettys Erlebnis mit einem Engel im Himalaja (das später geschildert werden wird), fuhr sie mit einer Freundin nach Dartmoor in eine Gegend, die sie besonders liebte. Ihre Freundin stieg aus, um spazieren zu gehen, aber Letty fühlte sich nicht stark genug, um sie zu begleiten. Tatsächlich war sie so krank, dass sie kaum die Augen offen halten konnte. Also schloss sie sie und kehrte in Gedanken in den Himalaja zurück. Kaum hatte sie das getan, als sie schon spürte, wie sie ihren Körper verließ. Dann wusste sie nichts mehr, bis sie wieder ganz zu sich und in ihren Körper zurückkam. Danach war sie vollkommen gesund.

Als ihre Freundin von ihrem Spaziergang zurückkehrte, erzählte sie Letty, dass sie sich zuerst dem Wagen gar nicht nähern wollte. Aus einiger Entfernung konnte sie nämlich das Geräusch gewaltiger Schwingen über dem Auto hören und dann hatte sie einen Engel wegfliegen gesehen – Richtung Himalaja.

Dieses Erlebnis wurde Diana Cooper erzählt.

KAPITEL 7

Reiseengel

Engel in Flugzeugen und Zügen

Die folgenden Geschichten sollen uns daran erinnern, dass uns schon der bloße Gedanke an die Engel vor Turbulenzen während eines Fluges oder einer Zugfahrt bewahren kann. Ich habe dies oft genug getan und es hat immer funktioniert. Diese Berichte zeigen verschiedene Möglichkeiten auf, wie wir die Engel bitten können.

Um einen sicheren Flug bitten

Es befinden sich immer Hunderte Engel in der Nähe eines Flugzeugs, die nur darauf warten zu helfen.

✳ ✳ ✳

Ich wollte zur Wiedersehensfeier der Diana-Cooper-Schule fliegen. Bevor ich den Flug antrat, bat ich die Engel wie immer um eine sichere und schnelle Reise. Ich bestieg das Flugzeug und begann ein Buch zu lesen. Nach einiger Zeit gerieten wir in Turbulenzen und die Maschine wurde heftig durchgeschüttelt. Ich lächelte und sagte im Stillen ganz ruhig: »Wir brauchen bitte noch hundert Engel mehr.« Augenblicklich hörte das Flugzeug auf zu wackeln und der Rest des Fluges verlief ohne Störungen. Ich danke euch, ihr Engel.

Kari Nygard, DCS

Die Macht der Gedanken

Schicken Sie die Engel los — und alle Ihre Ängste werden sich in Luft auflösen.

✳ ✳ ✳

Auf dem Flug nach Mount Shasta wurde ich ziemlich nervös, als das Flugzeug in heftige Turbulenzen geriet. Aber statt mir ernsthaft Sorgen zu machen, sandte ich heilende Energie aus und bat die Engel, über uns zu wachen und das Flugzeug zu stabilisieren. Die Turbulenzen hörten auf und wir hatten von da ab einen sehr angenehmen Flug.

Margo Grundy, DCS

Die Engel sorgen für einen reibungslosen Flug

Die Engel arbeiten mit dem Element Luft, um Turbulenzen zu besänftigen.

✳ ✳ ✳

Auf dem Flug von Málaga nach Bristol wurden wir aufgefordert, angeschnallt zu bleiben, da wir in Turbulenzen geraten würden. Die Crew warnte uns, dass diese noch schlimmer werden würden, wenn wir über das offene Meer flogen. Meine spontane Reaktion bestand darin, Erzengel Gabriel um Hilfe anzurufen. Ich visualisierte Millionen Engel, die das Flugzeug hielten, und begann dann ganz ruhig in meinem Buch weiterzulesen.

Für mich kam es nicht überraschend, dass die Turbulenzen aufhörten und wir einen reibungslosen Flug genießen konnten.

Christina

Erzengel Michael anrufen

Es funktioniert wirklich, wenn man die Engel anruft.

✳ ✳ ✳

Meine Nichte musste nach New York fliegen. Unter normalen Umständen fliegt sie schon nicht gern, aber als der Pilot bekannt gab, dass das Flugzeug in Turbulenzen geraten war, und als es gleich darauf anfing zu rütteln, geriet sie in Panik. Ihr fiel aber ein, dass ich ihr geraten hatte, Erzengel Michael um Schutz anzurufen und ihn zu bitten, das Flugzeug zu stabilisieren. Sie tat es und sofort hörte das Rütteln auf. Das Flugzeug geriet noch zwei weitere Male in Turbulenzen, aber immer wenn sie Erzengel Michael um Hilfe bat, stabilisierte es sich augenblicklich. Noch am selben Abend rief sie mich an und schrie ins Telefon: »Es funktioniert wirklich! Michael hat mir geholfen!«

Suzan Newman

Das Flugzeug trifft ein

Alle Flugzeuge werden von Engeln begleitet, die auch seine Ankunft ankündigen.

❋ ❋ ❋

Als ich das letzte Mal heim nach Dublin fliegen wollte, sah ich, wie sich ein Flugzeug dem Flughafen näherte. Vor ihm flogen fünf Engel in einer V-Formation. Als es zur Landung ansetzte, rückten die Engel noch dichter zusammen. Ich war entzückt, als ich sah, wie organisiert die Engel waren und dass sie auch uns auf unserem Flug begleiten würden.

Ann

Eine problematische Zugfahrt

Ein bestimmtes Ereignis mag unvermeidbar sein, sodass nicht einmal die Engel etwas daran ändern können. Aber wenn Sie um Schutz gebeten haben, können sie Ihnen helfen, unbeschadet oder zumindest nur mit leichten Verletzungen davonzukommen.

❋ ❋ ❋

Wenn ich auf Reisen bin, bitte ich die Engel immer, auf mich aufzupassen. Während einer Zugfahrt nach Edinburgh zersplitterte plötzlich das Fenster neben mir und Glasscherben flogen durch den ganzen Waggon. Wie durch ein Wunder wurde ich nicht von einer einzigen getroffen. Alle waren an mir vorbeigeflogen. Ich dankte den Engeln, dass sie mich beschützt hatten.

Kari Nygard, DCS

Engel auf der Straße

Pannenhilfe

Die Engel können die Verbindung zu uns nutzen, um Dinge in Ordnung zu bringen.

❋ ❋ ❋

Eines Morgens hatte ich einen wichtigen Termin und als mein Auto nicht anspringen wollte, war ich ziemlich frustriert. Mein Mann versuchte, den Wagen den Hügel, auf dem wir leben, hinunterzuschieben, aber die Batterie hatte ihren Geist vollständig aufgegeben. Daraufhin lief mein Mann zu einer nahe gelegenen Werkstatt, während ich im Auto blieb und wartete.

Ich nahm Kontakt zu meinem Schutzengel auf und bat ihn um Hilfe. Als ich dann den Zündschlüssel umdrehte, sprang der Motor sofort an.

Stellen Sie sich nur den Ausdruck im Gesicht meines Mannes vor, als ich neben ihm anhielt und ihn aufforderte einzusteigen! Die Engel hatten den Wagen repariert. Wir waren beide ziemlich verblüfft und dankten den Engeln von Herzen. Als wir weiterfuhren, wurde im Radio »Angels« von Robbie Williams gespielt.

Jennifer Thomas

Hilfe im Schnee

Selbst in den scheinbar unmöglichsten Situationen mitten im Nirgendwo werden die Engel Hilfe schicken, wenn sie darum gebeten werden. Vertrauen Sie darauf.

❋ ❋ ❋

Mein Sohn hatte mich gebeten, ihn und seine Freunde zu einer Tanzveranstaltung zu fahren. Bevor wir losfuhren, errichtete ich noch ein Schutzfeld um das Auto herum. Ich fuhr sehr vorsichtig, da die Straßen vereist waren und wir auf einer schmalen Landstraße unterwegs waren. Als ein Auto auf uns zukam, hielt ich vorsichtshalber an, um es vorbeizulassen. Als ich weiterfahren wollte, rutschte der Wagen in einen zugeschneiten Graben.

Ich rief: »Engel!« Und im selben Moment hielt ein Auto an. Der Fahrer hatte zwar ein Seil dabei, aber er hatte Mühe zu wenden, um uns herauszuziehen. Da kam ein zweiter Wagen, einer mit Allradantrieb, der uns besser helfen konnte. Alle halfen und schließlich stand mein Wagen wieder auf der Straße. Ich dankte allen dafür, dass sie so hilfsbereit und solche »Engel« gewesen waren.

Einer der Jungen meinte vom Rücksitz aus: »So soll es sein. Alle helfen einander wie einer.«

Kari Nygard, DCS

Sicher dank der Hilfe der Engel

Wenn Sie die Engel anrufen, können diese anderen Menschen etwas einflüstern, was Ihrem höchsten Wohl dient.

❋ ❋ ❋

Als ich die Kinder eines Morgens zur Schule fahren wollte, kam der Wagen bei Glatteis ins Rutschen und fuhr gegen eine Mauer. Den Kindern war nichts passiert, aber ich zitterte heftig, als ich mir den Schaden ansah. Sofort bat ich die Engel um Hilfe.

Die Autowerkstatt bot mir für die Zeit der Reparatur als Ersatz einen kleinen dreitürigen Wagen an, aber mit zwei älteren Kindern und einem zwei Monate alten Baby war das nicht sehr praktisch. Dummerweise ließ meine Versicherung nicht mehr zu. Als der Ersatzwagen dann vorfuhr, sah ich, dass es doch ein Fünftürer war. Ich war überrascht – aber noch überraschter war ich, als ich unter der Handbremse eine weiße Feder liegen sah.

Der Mechaniker, der meinen Wagen reparierte, ersetzte dabei gleich noch einige verrostete, schadhafte Teile, die schon bald zu einem Unfall hätten führen können. Hätte ich den Wagen nicht gegen die Mauer gesetzt, wäre dies nie entdeckt worden, und ich hätte möglicherweise einen weitaus schlimmeren Unfall gehabt. Danke, ihr Engel!

Susan

Eine Lektion in Klarheit

Ich musste lachen, als ich diese Geschichte las. Die Engel geben uns immer das, worum wir gebeten haben. Deshalb sollten wir klar formulieren, was wir wollen.

❀ ❀ ❀

Vor Jahren bat ich die Engel einmal um einen Parkplatz vor einem bestimmten Geschäft in der Stadt. Als ich dort ankam, sah ich genau an der Stelle, um die ich gebeten hatte, tatsächlich einen freien Platz. Das Problem war nur, dass ich einen großen Kombi hatte und dass der Platz zu klein für ihn war. Ich musste den Engeln danken, mir aber dennoch woanders einen Parkplatz suchen.

Auch wenn ich heute einen kleineren Wagen fahre, bitte ich die Engel immer um einen großen Parkplatz, damit ich leichter ein- und ausparken kann. Es funktioniert!

Margaret Merrison, DCS

Unangenehme Geräusche abschalten

Bitten Sie zuerst die Engel um Hilfe.

❀ ❀ ❀

Ich war auf dem Weg zum Engel-Ausbildungskurs mit Diana Cooper. Nach etwa zwanzig Minuten fing das Auto an, ein quietschendes Geräusch zu machen. Ich glaubte, es käme vom Keilriemen, also hielt ich an und wurde langsam ärgerlich. Da es sich um einen Ausbildungskurs für Lehrerinnen handelte, musste ich entspannt und konzentriert ankommen. Also bat ich die Engel um Hilfe. Ich erklärte ihnen die Situation und warum ich eine stressfreie Fahrt brauchte.

Kaum hatte ich die Engel angesprochen, als das Geräusch auch schon aufhörte. Ich dankte ihnen und fuhr entspannt weiter. Ich war bereit für die Engelausbildung.

Pauline, DCS

Unsichtbare Hände

Wenn Sie große Angst haben und Schlimmes durchmachen, werden die Engel alles tun, um Ihnen den Weg zu erleichtern.

❀ ❀ ❀

Während der letzten achtzehn Monate war mein Mann sehr krank. Er brauchte permanent Hilfe, sodass ich bald vollkommen erschöpft war und mir große Sorgen machte. Während der Fahrten ins Krankenhaus schien es mir allerdings, als würde mein Auto von unsichtbaren Händen gelenkt. Ich fand auch auf dem Rückweg immer einen Parkplatz vor meinem Haus, obwohl es normalerweise unmöglich ist, dort einen zu finden.

Als sich der Zustand meines Mannes verschlechterte, bekam ich einen Anruf vom Krankenhaus. Ich kam dort, kurz bevor mein Mann starb, sicher an. Ich war tief berührt und den Engeln, die mir während dieser schweren Monate geholfen hatten, sehr dankbar.

Erika Bellini

Die Engel brachten uns nach Hause

Die Engel können das Unvermeidliche nicht verhindern, aber sie können bewirken, dass es zu einer günstigeren Zeit geschieht.

❀ ❀ ❀

Wir waren in einem Wohnmobil auf dem Rückweg von Frankreich, als plötzlich ein Reifen platzte. Ein anderer Reifen war ebenfalls kurz davor, dabei hatten wir doch nur einen Ersatzreifen. Da wir keinen weiteren Reifen auftreiben konnten, beschlossen wir zu versuchen, so nach England zurückzukehren. Ich bat die Engel, uns sicher zurück auf englischen Boden zu geleiten.

Und wir schafften es. Aber kaum waren wir in England, als der andere Reifen platzte. Der Pannendienst kam, lud das Wohnmobil auf das Abschleppfahrzeug und uns in ein Taxi.

Auf der Autobahn sahen wir einen riesigen Lastwagen mit der Aufschrift »Angel«. Meine erste Reaktion war: »Guck mal, was für ein

Zufall«, aber dann musste ich über mich selbst lachen, schließlich bin ich es, die anderen immer erzählt, es gäbe keine Zufälle.

Wendy Overall

Ein blockiertes Lenkrad

Wenn Sie auf Reisen sind, sollten Sie immer Erzengel Michael bitten, Sie zu beschützen. Wie wir aus der obigen Geschichte wissen, kann er dafür sorgen, dass das Unvermeidliche zumindest nicht zu unangenehm wird.

❋ ❋ ❋

Mein Mann und ich kamen aus dem Urlaub zurück. Als wir uns unserem Haus näherten, blockierte plötzlich das Lenkrad. Glücklicherweise konnten wir den Wagen noch bis zum Haus ausrollen lassen. Ich bedankte mich bei Erzengel Michael dafür, dass er für unsere Sicherheit gesorgt hatte.

Barbara Howard, DCS

Schadensbegrenzung

Es folgt ein wunderbares Beispiel dafür, wie ein Auto vor Schaden bewahrt wird.

❋ ❋ ❋

Eine Frau, die an einem meiner Engelseminare teilgenommen hatte, war so begeistert, dass sie ihrem Mann davon erzählte. Zwar konnte sie ihn nicht überzeugen, aber immerhin nahm er den kleinen Engel an, den sie für sein Auto gekauft hatte.

Als er später rückwärts aus einer Parklücke herausfuhr, fuhr ihm ein anderes Auto hinten rein. Da es einen großen Krach gegeben hatte, erwartete er auch einen großen Schaden. Den gab es auch, aber nur am anderen Auto. Sein Wagen hatte kaum einen Kratzer abbekommen. Er traute seinen Augen nicht, denn das schien völlig unmöglich zu sein. Als er wieder im Auto saß, fiel ihm etwas auf: Der kleine Engel war in zwei Teile zersprungen. Heute glaubt er ebenso fest an Engel wie seine Frau.

Elizabeth Harley, DCS

Verkehrsengel

Die Engel helfen uns auch dabei, ohne Stress durch den Stoßverkehr zu kommen.

✳ ✳ ✳

Als ich vor Kurzem Johannesburg besuchte, mietete ich einen Wagen. Ich bat die Engel, mir alle Hindernisse aus dem Weg zu räumen und mich sicher an mein Ziel zu bringen. Als ich dann während eines heftigen Gewitters auf der Schnellstraße fuhr, verpasste ich meine Ausfahrt und musste zurückfahren. Aufgrund des schlechten Straßenzustands war dies ein ziemlich riskantes Manöver. Nachdem ich minutenlang auf eine Lücke im Stoßverkehr gewartet hatte, sagte ich laut: »Engel, ich muss da JETZT rein. Bitte!«

Da fuhr ein leuchtend gelbes Taxi auf die Spur neben mir. Der Fahrer sah mich an und fuhr einfach los. Ich wusste, dies war die Antwort. Ich hängte mich an ihn dran und fädelte mich in den dichten Verkehr ein. Ich musste laut lachen und prustete: »Danke, ihr Engel, danke, danke, danke.« Schon bald war ich zu Hause und konnte mir eine Tasse Tee zubereiten.

Jenny Hart, DCS

Engel als Lebensretter

Die Engel können uns hochheben und schnellstens aus der Gefahrenzone bringen, wie die nächsten beiden Geschichten zeigen.

✳ ✳ ✳

Ich war in Bristol für einen Englischkurs. Als ich eines Abends die Straße überquerte, schätzte ich die Geschwindigkeit eines mir entgegenkommenden Autos falsch ein. Ich dachte nur: »O nein, der kommt aber schnell. Er wird mich umfahren.« Plötzlich bewegte ich mich mit einer Geschwindigkeit, die ich für völlig unmöglich gehalten hätte, aus dem Weg und stand sicher auf der anderen Straßenseite. Der Wagen verpasste mich um Haaresbreite. Meine Freundin, die auf der anderen Seite gewartet hatte, sagte: »Ich dachte, du wärst tot!« Ich antwortete: »Das dachte ich auch.«

Damals war ich vollkommen ruhig. Welche Gnade ich erfahren hatte, begriff ich erst Jahre später.

Britta

Die Engel retteten meinen Bruder

Auch in dieser unglaublichen Geschichte zeigen die Engel ihre Macht, jemanden hochzuheben und ihn schnell wie der Blitz aus der Gefahrenzone zu bringen.

❈ ❈ ❈

Mein Bruder, der in Madrid lebt, wollte eine Straße überqueren. Er war zwei Meter weit gegangen, als er sich plötzlich auf dem Bürgersteig wiederfand. In diesem Moment raste ein Auto mit hoher Geschwindigkeit an ihm vorbei.

Britta

Ein brennendes Auto

In dieser Geschichte sorgt Erzengel Michael dafür, dass ein Feuer entdeckt wird, während der Wagen noch steht. Er kann das Feuer nicht verhindern, aber er kann den Schaden minimieren.

❈ ❈ ❈

Während der Fahrt nahmen mein Mann und ich plötzlich den Geruch von etwas Brennendem wahr. Wir dachten, dass jemand irgendwo ein Lagerfeuer gemacht hatte. Als mein Mann in ein Geschäft ging und mich im Auto zurückließ, dachte ich, ich hätte Rauch aus der Motorhaube aufsteigen sehen, tat es aber im Glauben ab, der Rauch stammte von den Abgasen anderer Autos.

Als mein Mann zurückkam, erwähnte ich so nebenbei, dass ich Rauch gesehen hatte. Dann sahen wir auch schon, wie Flammen aus dem Motorraum schlugen. Zum Glück hatten wir einen Feuerlöscher dabei und konnten das Feuer ersticken. Kaum war er fertig, sah mein Mann eine weiße Feder auf dem Motorblock liegen.

Die Engel halfen uns auch danach noch. Die Versicherung wollte das Auto abschreiben, aber mein Mann erhob Einspruch, sodass sie ihre Meinung änderte und die Reparatur bezahlte. Danke, ihr Engel!

Barbara Howard, DCS

Die Engel retteten mein Leben

In extremen Situationen werden die Engel auch Materie bewegen, um ein Leben zu retten.

❀ ❀ ❀

Als mich ein Lastwagen überholte, wurde ein Stein von der Größe eines kleinen Fußballs unter einem seiner Räder hervorgeschleudert und flog direkt auf mein Gesicht zu. Ich schrie auf und schnappte vor Entsetzen nach Luft, aber plötzlich änderte der Stein seine Richtung und krachte gegen den Seitenspiegel. Ich weiß, mein Schutzengel hatte seine Hand im Spiel und rettete mein Leben. Ich bin ihm auf ewig dankbar für sein Eingreifen.

Glenda Briggs

KAPITEL 8

Engel und Tiere

Auch Tiere steigen auf, und die Art und Weise, wie wir sie behandeln, wirkt sich sowohl auf ihre spirituelle Reise als auch auf ihren Aufstieg aus. Erzengel Fhelyai ist der Engel der Tiere. Ihn können Sie anrufen, um einem bestimmten Tier oder den Tieren allgemein zu helfen. Fhelyai hat eine strahlend gelbe Farbe, die sich in reines Weiß verwandelt, wenn er seine Energie auf ein bestimmtes Geschöpf konzentriert. Einer von Erzengel Fhelyais Engeln wird immer dabei sein, wenn ein Tier hinübergeht, um es zu unterstützen und zu trösten. Auch einer von Erzengel Azraels Engeln, dem Engel, der über Geburt und Tod wacht, wird dabei sein.

Engel und Kühe

Die Kühe kamen in der Zeit des goldenen Atlantis vom Sirius zur Erde, um den Menschen Milch zu schenken, die damals die perfekte Schwingungsfrequenz für die Menschen aufwies, und um Heilung zu bringen. Diese Tiere verdienen und brauchen unsere Liebe und unseren Respekt.

Den göttlichen Plan erkennen

Nichts geschieht zufällig, denn alles wird von den höheren Welten aus gelenkt. Tiere dienen uns, indem sie zur richtigen Zeit am richtigen Ort sind.

❈ ❈ ❈

Vor langer Zeit lebte mein Freund Sean unter den Armen Brasiliens und arbeitete mit ihnen. Da Sean jede Form von Grausamkeit gegenüber Tieren hasst, erschütterte ihn das folgende Ereignis bis ins Mark. Er war etwa acht Stunden lang gefahren und die Nacht war bereits hereingebrochen. Da in Brasilien die Tiere auf den Straßen schlafen, weil diese die Hitze des Tages speichern, haben die Autofahrer ein Signal verabredet: Einmal die Lichthupe betätigen heißt, die Straße ist frei, zweimal bedeutet, Tiere auf der Straße.

Sean hatte schon seit Stunden kein anderes Fahrzeug mehr gesehen und konnte daher auch nicht gewarnt werden. Bevor er wusste, wie ihm geschah, war er direkt in eine Kuh hineingefahren. Er war fürchterlich verstört, da sie sich dabei ein Bein gebrochen hatte. Da er keine Möglichkeit hatte, sie von ihrem Elend zu erlösen, musste er sie zurücklassen.

Dieser Vorfall machte Sean auch noch vierzig Jahre später zu schaffen, und er wusste immer noch nicht, warum er sich ereignet hatte. Er hatte zu Gott gebetet, ihn auf seiner Reise zu beschützen, und dann war dieser tragische Vorfall dazwischengekommen. Ich gab zu bedenken, dass Gott oder die Engel die Kuh vielleicht aus einem bestimmten Grund auf seinen Weg gestellt hatten. Er dachte darüber nach und sagte: »O mein Gott, ein Stück weiter war ein Stück der Straße in eine Schlucht gestürzt. Ich hatte keine Probleme, da ich langsam fuhr, aber wenn ich so schnell gefahren wäre wie vor dem Unfall mit der Kuh, wäre wohl etwas Schlimmes passiert.«

Die Engel helfen uns auf die unglaublichste Art und Weise, und manchmal dauert es eben Jahre, bis wir begreifen, was sie getan haben.
El Gleeson, DCS

Engel und Pferde

Die Pferde kamen vom Sirius zur Erde, um hier Freude und Freiheit zu erfahren. Sie boten an, uns zu dienen, und hatten dabei weder Zaumzeug noch Sattel im Sinn, aber wir versuchen sie zu kontrollieren. Dennoch heilen und helfen sie uns immer noch.

Die Engel retten Pferde

Wenn wir uns um Geschöpfe kümmern, die besonders verletzlich sind, sammeln wir »gutes Karma« an und uns widerfahren positive Dinge.

❊ ❊ ❊

Eines Tages hatte es heftig geregnet und im Hof vor den Ställen lagen viele Würmer. Da ich nicht wollte, dass sie von meinen Pferden zertreten wurden, brachte ich die nächsten zehn Minuten damit zu, die Würmer in Sicherheit zu bringen.

Als ich die Pferde dann auf die Weide führen wollte, wurden sie von einem plötzlichen Geräusch erschreckt und galoppierten die Auffahrt zur Straße hinunter. Ich hatte furchtbare Angst, dass sie jemand anfahren könnte. Also betete ich schnell zu den Engeln und bat sie, die Pferde zu retten – als Gegenleistung dafür, dass ich die Würmer gerettet hatte. Plötzlich kam eine Böe und schlug das Haupttor zu, sodass die Pferde nicht weiterlaufen konnten. Ich brachte sie auf die Weide und ging zurück, um das Tor wieder zu öffnen. Im Schnappverschluss steckte eine weiße Feder.

Rebecka Blenntoft

Ein heilendes Heim

Wenn wir reinen Herzens um etwas bitten, werden die Engel dafür sorgen, dass es geschieht, wie diese entzückende Geschichte zeigt.

❊ ❊ ❊

Weiße Federn sind für mich ein Zeichen für die Gegenwart der Engel. Ich musste mich um zwei sehr kranke Pferde kümmern. Die von mir gemieteten Ställe waren heruntergekommen, und ich betete zu den Engeln, einen ruhigen bezahlbaren Platz zu finden, an dem ich die Pferde heilen konnte.

Als ich eines Tages mit dem Auto herumfuhr, scherte dieses plötzlich nach links aus und bog in die Auffahrt eines großen Hauses ein. Das Anwesen wurde von einem Paar renoviert, das meistens im Ausland lebte, aber wie es der Zufall wollte, war der Mann an diesem Tag da. Ich fragte, ob ich die Ställe mieten könnte, und er sagte sofort Ja, da er wollte, dass jemand auf das Gelände aufpasste.

Das Anwesen war sehr ruhig und von Bäumen umgeben. Als ich meine Pferde dort hinbrachte, waren sowohl die Weide als auch die Ställe von weißen Federn bedeckt. In der Sattelkammer fand ich zwei Becher, auf denen in goldenen Buchstaben DIVINE (göttlich) stand.
Rebecka Blenntoft

Die Engel trösten ein Pferd

Wenn Sie wie Aleja mit den Engeln arbeiten, werden diese Ihren Tieren automatisch helfen, da ihre liebevolle Ausstrahlung durch Sie auf die Tiere übertragen wird.

✳ ✳ ✳

Wir haben ein großes Pferd, das Angst hatte, in den Anhänger zu steigen. Wir hatten viel Zeit damit zugebracht, es daran zu gewöhnen, sodass es allmählich ruhiger wurde.

Als es letztens aus dem Anhänger herauskam, steckten kleine weiße Federn in seinem Fell und zwischen seinen Hufen. Meine Tochter rief: »Mama, schau mal, da sind überall weiße Federn! Die Engel sind hier und helfen uns!« Ich wusste, dass sie recht hatte, denn mein Schutzengel und der des Pferdes waren bei ihm und hatten es beruhigt.
Aleja Daniela Fischer, DCS

Einhorn mit Reiter

Die Engel werden Ihnen und Ihren Tieren helfen, Ihr Bestes zu geben.

✳ ✳ ✳

Meine Tochter hat ein wunderschönes weißes Pferd, das über große Heilkräfte verfügt und von dem ich weiß, dass es dereinst ein Einhorn werden wird. Die beiden lieben das Springreiten und nehmen regelmäßig an Turnieren teil. Bei ihrer ersten Teilnahme an einem Turnier kamen wir spät an und waren alle sehr hektisch, obwohl wir versuchten, ruhig zu bleiben. Da sah ich auf dem Boden neben dem Anhänger zwei kleine weiße Federn liegen. Ich zeigte sie meiner Tochter und erklärte ihr, dass die Engel uns helfen würden.

Wir kamen rasch zum Turnierplatz. Sie wärmte das Pferd kurz auf, und dann wurde auch schon ihr Name aufgerufen. Sie gewann das Turnier und wir bedankten uns bei den Engeln für ihre Hilfe.

Aleja Daniela Fischer, DCS

Geannys Tod

Diese Geschichte erinnert auf eindrückliche Weise daran, wie wichtig es ist, mit unseren Tieren zu reden oder auf andere Weise mit ihnen zu kommunizieren.

❄ ❄ ❄

Geanny war eine wunderschöne Haflingerstute. Sie war sehr sanftmütig, liebevoll und besonders gut mit Kindern. Als sie krank wurde, wusste ich aufgrund meiner Verbindung zu ihr, dass sie akzeptiert hatte, dass es an der Zeit war zu gehen. Wir arbeiteten mit Erzengel Raphael, Mutter Maria, Erzengel Fhelyai und der golden- und silbervioletten Flamme, um ihr zu helfen.

Geanny wollte warten, bis meine Tochter ihr Sterben akzeptiert hatte, aber zuerst weigerte diese sich, den Tatsachen ins Auge zu sehen. Ich erklärte ihr, was ich von Geanny wahrgenommen hatte. Wir baten um Führung von oben, und ich fragte Gott, ob es für Geanny wirklich Zeit war, den Planeten zu verlassen. Es war Zeit. Also riefen wir den Tierarzt an, der sie am Abend einschläfern sollte.

Wir hielten eine wundervolle Zeremonie für sie ab. Ich rief viele Engel herbei, die beim Reinigen und beim Loslassen halfen. Geanny bekam vom Tierarzt ein Beruhigungsmittel und wir ließen sie sanft zu Boden gleiten. Dann streichelte meine Tochter sie und nahm ihren Kopf in die Arme. Ich sah, wie Geannys Seele den Körper verließ.

Am nächsten Tag nahm ich Kontakt zu Geannys Seele auf, die mir sagte, dass es ihr richtig gut ging und dass sie glücklich war. Sie dankte mir für alles, was wir getan hatten, und für unsere Liebe. Geanny besucht uns noch häufig. Ihre physische Zeit auf der Erde ist vorbei, aber ich bin mir sicher, dass sie alles, was sie jetzt macht, sehr gut macht.

Aleja Daniela Fischer, DCS

Engel und Delfine sowie andere Tiere

Ein Geburtstagsgeschenk von den Delfinen

Die Engel arbeiteten mit den Delfinen und mit der Energie von Tönen.

❊ ❊ ❊

Ich hatte eine Bootsfahrt zu den Delfinen gebucht. Die Fahrt sollte an meinem Geburtstag stattfinden und ein Geschenk sein. Als wir losfuhren, war der Himmel wolkenverhangen und das Meer aufgewühlt, und ich hatte schon Angst, dass wir keine Delfine sehen würden. Ich bat meine Engel, die Delfine zu mir zu schicken. Die ganze Gruppe begann lauthals zu singen, um das Geräusch der Wellen zu übertönen. Die Bootsleute lachten und meinten, so etwas hätten sie noch nie erlebt.

Aber es funktionierte! Der Wind flaute ab, ein blauer Himmel tat sich auf – und dann hörten wir einen Schrei, als jemand eine Delfinkuh entdeckte, die neben ihrem Jungen schwamm. Es war ein wunderbarer Augenblick, in dem ich mich tief mit den Delfinen verband. Ich bedankte mich bei meinen Engeln dafür, dass sie die Delfine zu mir gebracht hatten.

Gillian Webster, DCS

Die Engel reagieren auf Stille

Diese Geschichte illustriert ausgezeichnet, wie man mit den Engeln der Natur und der Tiere eins sein kann.

❊ ❊ ❊

Der übliche Veranstaltungsraum für unsere Dru-Yoga-Klasse war besetzt, sodass wir zu einem nahe gelegenen Fluss gingen, um Yoga in der

Natur zu praktizieren. Wir fanden direkt neben dem Fluss einen einladenden Platz. Die Besitzerin eines nahe gelegenen Hauses kam mit ihrem Hund auf uns zu, aber als wir ihr erklärten, was wir vorhatten, ging sie beruhigt wieder von dannen.

Die Sonne schien, das Wasser kräuselte sich, auf einer Weide jagten sich eine Stute und ihr Fohlen. Etwas weiter entfernt konnten wir einen Hirsch sehen.

Wir begannen mit einer Achtsamkeitsmeditation mit geöffneten Augen. Ich fing an, die verschiedenen Büsche, Bäume und Blumen bewusst wahrzunehmen. Als meine Augen zum Wasser wanderten, wurde mir bewusst, dass es nicht mehr floss und ganz still geworden war. Die Stute und ihr Fohlen starrten uns bewegungslos an. Auch der Hirsch stand vollkommen still da. Dann tauchte ein Fischreiher auf. Bienen summten und der Geruch von frisch gemähtem Gras erfüllte die Luft.

Gerade als ich dachte, die Welt könnte nicht vollkommener sein, schwebte eine weiße Feder vom Himmel herab und landete in der Handfläche meiner linken Hand.

Als wir fertig waren, tauchte die Frau mit dem Hund wieder auf und meinte, wir könnten jederzeit wiederkommen. Das war der perfekte Abschluss eines perfekten Nachmittags.

Marion Crichton

Engel und Vögel

Alle geflügelten Geschöpfe überbringen die Botschaften der Engel. Vögel stammen vom Sirius. Manche von ihnen sind dreidimensional und gehören einer Gruppenseele an, aber höher entwickelte Vögel wie zum Beispiel Adler, Papageien oder Schwäne sind fünfdimensionale Individualseelen. Vögel sind nicht hier, um etwas zu lernen, sie alle lehren uns etwas. Und sie befinden sich in der Obhut von Erzengel Bhokpy.

Engel als Rotkehlchen

Vögel sind Boten der Engel und können uns großen Trost spenden.

❋ ❋ ❋

Nachdem meine Mutter gestorben war, durchlebte ich eine schwierige Phase. Ich hatte Blumen und Blumenzwiebeln aus ihrem Garten mit nach Hause genommen, und sechs Wochen später fiel mir endlich ein, dass ich sie pflanzen sollte. Ich war vollkommen am Ende, meine Trauer war grenzenlos und Tränen strömten mir über die Wangen.

In diesem Moment landete ein Rotkehlchen auf dem Zaun. Es legte den Kopf zur Seite und sah mich aus seinen kleinen strahlenden Augen an. Es war so entzückend! Und wie wunderbar, als es direkt auf mich zugeflogen kam! Ich wusste, dass es mir geschickt worden war, um mir zu sagen, dass es meiner Mutter gut ging. Und auch mir ging es sofort viel besser. Engel kommen in mancherlei Gestalt.

Sue Walker, DCS

Federn

Diese Geschichte schildert eine sehr positive, schöne Sichtweise auf den Tod eines Vogels, der einen Übergang zu etwas Wunderbarem ankündigt.

❋ ❋ ❋

Als ich eines Morgens aufwachte, fand ich Hunderte weißer Federn in meinem Garten. Auf der Treppe zum Büro fand ich noch drei, und als ich aus dem Fenster blickte, sah ich eine weitere weiße Feder vom Himmel herabschweben.

Als ich am nächsten Morgen zur Arbeit ging, flog ein Taubenschwarm über mich hinweg. Plötzlich fiel eine Taube vor mir zu Boden. Ich hob sie auf und sie starb in meinen Händen. Ich musste unbedingt herausfinden, was das zu bedeuten hatte. Ich entdeckte ein Buch über Symbole, in dem stand, dass Vögel und Federn Symbole für Folgendes sind: »Etwas Neues tritt in Ihr Leben; Lebensgeist; Seele; der Übergang von einem Zustand in einen anderen oder von einer

Welt in eine andere.« Innerhalb weniger Tage trat ein neuer Mann in mein Leben: ein spiritueller Heiler.

Wenche Milas

Botschaften der Vögel

Diese Geschichte zeigt auf wunderbare Weise, wie Vögel die Liebe der Engel zu einem geliebten Vater bringen, um ihm beim Sterben zu helfen, und wie sie die Trauernden trösten.

❄ ❄ ❄

Mein Vater, der gütigste, aufmerksamste Mensch, war gestorben. Ich saß mit meiner Familie zusammen, als wir draußen plötzlich ein unglaubliches Vogelkonzert hörten: wie an einem Frühlingsmorgen, nur dass dies ein bitterkalter Winterabend war. Wir hatten nämlich einen plötzlichen Kälteeinbruch und die Temperaturen sanken bis auf sechs Grad unter null. In der darauffolgenden Nacht begann das Konzert um exakt dieselbe Zeit und endete erst nach zwei Stunden.

Ich glaube, dass dies eine Botschaft der Engel war, mit der sie uns mitteilen wollten, dass es meinem Vater gut ging und dass er glücklich war. Er hatte Vögel geliebt und ganz gleich, wo auf der Welt er gerade war, hatte er sie gefüttert und sich um sie gekümmert. Die Engel erscheinen mir immer als Vögel. Schwalben, die mein Vater besonders liebte, fliegen oft über meinem Kopf herum. Im Garten sind Rotkehlchen und andere Vögel, die so zahm sind, dass sie beinahe mit mir sprechen.

Sharon

Eine weiße Taube als Friedensbringer

Tauben sind von den Engeln gesandte Boten der Liebe und des Friedens. In dieser Geschichte empfing Elizabeth ihre unverwechselbare Energie.

❄ ❄ ❄

Als ich eines Tages nach Hause ging, war ich sehr traurig und fühlte mich einsam, da meine Mutter kürzlich gestorben war. Um es noch schlimmer zu machen, hatte ich auch noch einen Arbeitsunfall gehabt. Als ich aufsah, erblickte ich eine wunderschöne weiße Taube, die auf einem Sims hockte und mich ansah. Da wir mitten in der Stadt waren, war dies ein ziemlich ungewöhnlicher Anblick. Ich spürte, wie mich Liebe und Frieden durchströmten, und meine Stimmung besserte sich augenblicklich. Als ich nach unten schaute, sah ich zu meinen Füßen eine perfekte weiße Feder liegen. Ich weiß, dass die Engel an diesem Tag bei mir waren.

Elizabeth Finegan

Das Lied einer Amsel

Diese herzerwärmende Geschichte zeigt auf wunderschöne Weise, wie liebevoll die Verbindung zwischen Menschen und Vögeln sein kann, besonders wenn sie uns Botschaften der Engel überbringen.

❋ ❋ ❋

Meine Mutter war unheilbar an Krebs erkrankt und wurde zu Hause gepflegt. Auf dem Fenstersims hockte jeden Morgen eine wunderschöne Amsel und sang aus voller Kehle. Meine Mutter sagte, dies wäre ihr Vogel und ich dürfe das Fenster nicht schließen: »Ich weiß, dass ich noch lebe, wenn ich die Amsel höre.« Sie dachte, der Vogel wäre ein Engel, der ihren verstorbenen Mann zu ihr brachte. Nach ihrem Tod erschien auch in meinem Garten eine Amsel und sang jeden Tag.

Sechs Jahre später zog ich um – und was geschah? Die Amsel folgte mir. Sie sitzt immer noch auf der Veranda und singt jeden Tag aus voller Kehle. Meine Familie und ich sagen: »Das ist Gag.« Gag war unser Kosename für meine Mutter. Sie wacht über uns.

Isabella Kelly

Engel der Vögel

Wir können Vögeln helfen, indem wir die Engel bitten, ihnen zu helfen. So können sie vor Leiden bewahrt werden.

❋ ❋ ❋

Ein junger Vogel kam in unseren Wintergarten und konnte nicht wieder nach draußen finden, obwohl eine ganze Fensterfront offen war. Ein ausgewachsener Vogel folgte ihm und versuchte ihm den Weg zu zeigen, aber vergebens.

Mein Mann und ich versuchten ebenfalls, ihn herauszulocken, da er immer panischer wurde. Nach drei Stunden machte es bei mir endlich Klick, und ich bat die Engel, dem Vogel zu helfen. Innerhalb von fünf Minuten hatte er den Weg nach draußen gefunden. Ich war hocherfreut, konnte aber kaum glauben, dass ich so lange gebraucht hatte, bis mir einfiel, die Engel um Hilfe zu bitten.

Tilly

Ein kleiner Vogel wird gerettet

Die Vögel sind hier, um uns etwas zu lehren. In dieser entzückenden, inspirierenden Geschichte arbeiten die Engel mit einem kleinen Vogel, um Pauline zu helfen, ihre irrationale Angst vor Vögeln zu überwinden.

❋ ❋ ❋

Ich hatte in meinem Therapieraum im Garten gearbeitet. Auf dem Weg zurück ins Haus sah ich die Katze meiner Mutter an der Hintertür hocken. Sie hatte einen Vogel im Maul, ging damit zur Tür und ließ ihn dort fallen. Der Vogel erschien mir leblos.

Ich habe Angst vor Vögeln, daher bat ich die Engel, mir den Mut zu geben, den Vogel anzufassen. Ich hob ihn hoch und rief die Engel an, damit sie ihn wiederbelebten. Ich nahm den Vogel in eine Hand und strich ihm über den Kopf. Der Vogel verhielt sich ganz ruhig. Dann gab ich ihm eine Engelheilung. Als ich fertig war, nahm ich den Vogel mit in den Garten. Er sah mir in die Augen und dann flog er davon. Eine kleine Feder schwebte vor mir herab. Ich betrachtete sie als ein Dankeschön der Engel.

Pauline

Jahrestag

Die Geister unserer Lieben besuchen uns häufig an Jahrestagen und zu festlichen Anlässen. Dabei fungieren Vögel oft als Boten – wie in dieser Geschichte.

❊ ❊ ❊

An einem herrlichen Septembertag besuchte ich Freunde. Ich stand neben einem kleinen Bach in ihrem Garten und sah den Vögeln zu, die umherflogen. Ich war von ihrem Gesang wie verzaubert. Einer von ihnen kam mir so nahe, dass ich ihn hätte berühren können.

Wie aus heiterem Himmel fiel mir da das Lied »There's One More Angel in Heaven« (Im Himmel gibt es einen Engel mehr) ein. Heute war der Jahrestag des Hinscheidens meiner Tochter. Ich war so bewegt und fühlte mich so geehrt, dass ich diese wunderbare Erfahrung machen durfte.

Vivien Whitehead

Dein Kind ist glücklich

Der Verlust eines Kindes ist besonders schrecklich und häufig schwer zu akzeptieren.

❊ ❊ ❊

Eine Freundin rief mich an, um mir vom Begräbnis ihrer dreijährigen Tochter zu erzählen. Als ich den Hörer abnahm, landete ein Grünfink auf der Telefonleitung vor meinem Haus. Ein paar seiner Federn schimmerten golden im Sonnenlicht.

Ich wusste, dies war eine Botschaft des kleinen Mädchens, mit der sie uns sagen wollte, dass es ihr im Himmel gut ging. Wie um das zu bestätigen, flog der Vogel davon, als ich aufgelegt hatte.

Diana Cooper

Fliegende Federn

Ich liebe diese Geschichte, denn ich glaube, dass die Feder, die auf Pennys Herzen landete, ein Dankeschön der Engel für ihre Arbeit mit den Tieren war.

❊ ❊ ❊

Als ich nach einem Seminar über Tierheilung mit dem Zug nach Hause fuhr, sah ich etwas Weißes durch das Fenster fliegen. Es wirbelte in der Luft herum, und es gelang mir nicht, es zu fassen. Nach ein paar Momenten landete es direkt auf meiner Brust. Es war eine kleine weiße Feder.

Penny Wing, DCS

Margaret und ihr Pfau

Wenn Sie einem Vogel wirklich helfen möchten, rufen Sie die Engel an. Dann können Wunder geschehen.

❄ ❄ ❄

Ich nahm an Margarets Kursus über Porzellanmalerei teil. Als ich in ihre Küche ging, um die Pinsel auszuwaschen, sah ich ihre zahme Pfauenhenne. Ich war von der Ruhe, die sie ausstrahlte, wie verzaubert. Margaret sagte, die Henne sei einsam und bräuchte einen Pfauenmann. Daraufhin sagte ich Margaret, ich würde es zu meiner Aufgabe machen, ihr einen Gefährten zu besorgen.

Als ich am folgenden Sonntagnachmittag in meinem Garten lag, hörte ich zu meinem Erstaunen einen Pfau. Und tatsächlich: Im Garten meines Nachbarn stand ein wunderschöner männlicher Pfau. Du meine Güte, da war ja der Pfau für Margarets Henne! Ich versuchte ihn zu Margarets Haus zu locken, aber er flog davon. Da bat ich Erzengel Fhelyai, mir zu helfen, ihn mit der Henne zusammenzubringen.

Sofort kam mir die Idee: Margaret hatte eine Angestellte, die Lucky hieß und sehr gut darin war, Margarets Gänse einzufangen. Folglich nahm ich an, dass auch der Pfau für sie kein Problem sein sollte. Es dauerte nur drei Minuten, bis ich ihn auf die Veranda gelockt hatte, wo Lucky ihn fangen konnte.

Meine Gebete waren von den Engeln erhört worden.

Linda Squair, DCS

Die Engel helfen einer Holztaube

Da die Vögel sehr hoch entwickelt sind, kann sie kein Tier ohne ihre Zustimmung töten.

✻ ✻ ✻

Ich hörte ein schreckliches Kreischen, und als ich hinauseilte, sah ich, dass unser Kater Jasper eine Holztaube gefangen hatte, die so groß war wie er selbst. Er hatte sie in den Nacken gebissen und wollte sie nicht loslassen. Sobald er mich sah, rannte er mit ihr davon und versteckte sich in der Hecke. Ich konnte ihn nicht sehen, aber ich konnte hören, wie der Vogel verzweifelt mit den Flügeln schlug.

Erst dachte ich, ich müsse das Unvermeidliche akzeptieren, aber dann fragte ich die Engel: »Engel, kann ich dem Vogel auf irgendeine Weise helfen?« Augenblicklich kamen mir die folgenden Worte in den Sinn: »Nimm den langen Stecken aus dem Gemüsebeet und stochere damit in der Hecke herum.«

Ich tat wie mir geheißen und muss den Kater wohl so erschreckt haben, dass er den Vogel fallen ließ. Erstaunlicherweise flog dieser unverletzt aus der Hecke und erhob sich in die Lüfte. Ich dankte den Engeln von Herzen.

Diana Cooper

Von einem Vogel gesegnet

Welch ein Segen, wenn man um Hilfe bei der Aktivierung eines Portals bittet, und diese auf so grandiose Weise gewährt wird.

✻ ✻ ✻

Kürzlich zog ich in ein kleineres Haus um. Ich hatte mich für dieses Anwesen entschieden, weil es einen herrlichen Garten mit einem Portal und unglaublicher Elementarenergie hat.

Ich wusste allerdings nicht, wie ich das Portal aktivieren oder mich mit ihm verbinden sollte. Eines Tages setzte ich mich still hin und bat die Engel, mir zu helfen. Später am selben Nachmittag flog ein großer Habicht direkt in das Zentrum des Portals. In seinem Schnabel hatte er einen kleineren Vogel. Er begann damit, seiner Beute die weißen Federn auszureißen. Schon bald war das Zentrum des Portals mit weißen Federn übersät. Dann flog der Habicht mit seiner Beute davon und hinterließ einen wunderschönen Federhaufen.

Erst später wurde mir klar, dass der Habicht mein Portal gesegnet hatte. Ich bedankte mich bei ihm und bei den Erzengeln Purlimiek und Fhelyai dafür, dass sie meinen Garten gesegnet hatten.

Heute ist mein Garten eine Quelle der Inspiration und ein Ort, an dem ich mich mit Engeln und Elementarenergien verbinden kann.

Elizabeth Ann, DCS

Engel und Katzen

Katzen stammen vom Orion und sind Heiler. Sie verfügen über übersinnliche Kräfte, wachen über den Haushalt und helfen uns, die Schwingungsfrequenz unseres Heimes anzuheben. Hier sind einige wunderbare und wahre Geschichten über Engel und Katzen.

Hilfe zur richtigen Zeit

Was für eine süße Geschichte!

❊ ❊ ❊

Unsere Katze Ginger hatte sich in den Schwanz gebissen, und als ich versuchte, diesen zu verbinden, stellte sich heraus, dass dies eine Höllenarbeit werden würde. Es war niemand da, der Ginger hätte festhalten können. Da rief ich die Engel an und sagte: »Bitte, Engel, helft mir. Wenn ihr mir nicht helft, muss ich ihr den Schwanz abschneiden.«

Es geschah ein Wunder: Plötzlich legte sich meine Katze ganz ruhig hin und hielt still, während ich ihr den Verband anlegte. Ich dankte den Engeln, denn wer sonst hätte auf diese Weise helfen können? Ich vertraue jetzt mehr und glaube fest daran, dass die Engel kommen, wenn man sie darum bittet.

Jenny

Auf der Suche nach Jasper

Wenn sich ein Tier verlaufen hat, bitten Sie die Engel, es sicher nach Hause zu geleiten.

❀ ❀ ❀

Ich war mit meiner großen getigerten Katze Jasper umgezogen, und am nächsten Morgen war sie verschwunden. Einen ganzen Tag lang suchte ich auf der Straße und im Garten nach ihr, konnte aber keine Spur von ihr entdecken. Dann fiel mir ein, die Engel um Hilfe zu bitten. Ich bat sie, Jasper sicher nach Hause zu bringen. Fünf Minuten später tauchte sie wieder auf, setzte sich hin, als ob nichts gewesen wäre, und begann sich zu lecken.

Christine

Timbles Tod

Beim traurigen Tod eines Haustieres kommen die Engel, um es heim zu geleiten.

❀ ❀ ❀

Timble war siebzehneinhalb, als der Tierarzt bei ihm ein schweres Schilddrüsenproblem feststellte. Ich hatte gehofft, dass er friedlich entschlafen würde, damit wir ihn nicht einschläfern lassen mussten, aber letzten Endes blieb uns keine andere Wahl.

Meine Tochter und ich waren bei ihm, er lag auf unseren Beinen. Er war sehr ruhig. Ein paar Minuten, nachdem ihm der Tierarzt die Spritze verabreicht hatte, spürte ich ein Summen um meinen Kopf und in meiner Hand, und dann ging Timble von uns. Wir blieben sitzen und weinten.

Das Haus kam uns so leer vor, er war definitiv von uns gegangen. Dennoch waren wir froh, dass sein Geist nun an einem besseren Ort war. Er hatte uns so große Freude bereitet, und wir waren glücklich, dass er bei uns gelebt hatte.

Ruth Peace

Timbles Gegenwart

Dies ist die Fortsetzung der obigen Geschichte.

❀ ❀ ❀

Ich hatte die Engel um ein Zeichen gebeten, dass Timble bei ihnen war, und erwartete eine weiße Feder. Ich zündete Räucherstäbchen an und sah dem aufsteigenden Rauch zu, als dieser sich plötzlich links von mir kräuselte und das Gesicht einer Katze formte. Ich wusste nicht, ob ich mir das nur einbildete, aber der Rauch bewegte und veränderte sich. Nun war es ein noch größeres Katzengesicht! Was für eine erstaunliche Überraschung!

Ruth Peace

Die rechte Zeit

Es ist immer schwer, sich zu entscheiden, wann man ein geliebtes Haustier einschläfern lassen soll. Tut man es, bevor die Zeit des Tieres gekommen ist, sammelt man negatives Karma an und das Herz verschließt sich ein wenig. Aber wenn Sie die Entscheidung reinen Herzens treffen und das Tier der Obhut der Engel übergeben, werden diese dafür sorgen, dass der Übergang reibungslos vonstattengeht und dass Sie kein Karma ansammeln.

❀ ❀ ❀

Ich hatte eine wunderschöne Schildpattkatze, die mir sehr viel bedeutete. Sie kam zu uns, als die Katze eines Freundes unseres Sohnes Junge bekommen hatte. Unser Sohn wollte unbedingt eines und bettelte, aber wir sagten, dass ein Hund im Haus schon genug wäre.

Eines Abends musste ich meinen Sohn von seinem Freund abholen. Er legte mir ein kleines Fellbündel in die Hände. Ich verliebte mich sofort, und wir nahmen es mit nach Hause. Es bildete sich eine enge Bindung zwischen Dip, dem Kätzchen, und mir. Ich weiß, dies ist ein merkwürdiger Name, aber unser Hund hieß Lucky. Zusammen also Lucky Dip (Glückstopf).

Als Dip fünfzehn war, bildete sich ein Geschwür an einem der Beine. Der Tierarzt meinte, es wäre Krebs. Wir wussten, dass ihre Zeit bald gekommen sein würde, aber wann war die richtige Zeit? Ich kam mir vor wie ein Gott, der mit ihrem Leben spielt. Ich sandte ihr viel heilende Energie, aber sie litt, und ich wusste, es war an der Zeit, zum letzten Mal mit ihr zum Tierarzt zu fahren.

Als wir völlig aufgelöst wieder nach Hause fuhren, landete eine weiße flauschige Feder auf der Motorhaube unseres Wagens. Das war ungewöhnlich, denn der Wagen fuhr ja, und auf der Motorhaube musste starker Wind herrschen, aber die Feder blieb etwa fünf Sekunden lang dort kleben, bevor sie davonflog. Wir betrachteten dies als Zeichen, dass wir das Richtige getan hatten und dass Dip in Sicherheit war, keine Schmerzen mehr hatte und von den Engeln behütet wurde. Das gab uns großen Trost.

Margaret Merrison, DCS

Katzenschutz

Katzen sind weise, erleuchtete und entspannte Wesen vom Orion, dennoch müssen die Engel ihnen häufig helfen.

❋ ❋ ❋

Lucy schläft gern draußen. Sie ist eine sehr friedliche Katze, und meistens gelingt es ihr, Problemen aus dem Weg zu gehen. Aber an einem Frühlingsmorgen tauchte sie voller Kratzer und Risse in den Ohren auf. Ich machte mir fortan große Sorgen, da ich sie nachts nicht im Haus halten konnte.

Also bat ich Erzengel Michael, sie zu beschützen und einen Tarnmantel um sie zu legen, der sie für ihre Feinde unsichtbar machen würde. Seit jener Nacht hat sie nie wieder einen Kratzer davongetragen. Einfach, aber effektiv!

Elizabeth Harley, DCS

Katzen und Schmetterlinge

Die Engel können durch Tiere wirken, um Ihre Stimmungslage zu verändern, wenn Sie sie darum bitten.

❋ ❋ ❋

Ich war sehr niedergeschlagen. Als ich Wäsche aufhängte, strich die Nachbarskatze um meine Beine. Ich bückte mich, um sie zu streicheln, und sah zu meiner Überraschung auf ihrer Nase eine weiße Feder kleben. Ich dankte den Engeln dafür, dass sie mich aufmuntern wollten. Dann flog auch noch ein wunderschöner Schmetterling auf die Wäsche. Ich war sprachlos und voller Liebe, so glücklich war ich.

Cheryl

Engel und Hunde

Auch Hunde stammen vom Sirius. Haushunde lernen, treue Freunde und Gefährten zu sein, und wie wir sie behandeln, wirkt sich auf ihren Aufstiegsweg aus. Wenn wir Hunde als gleichrangige Wesen behandeln, die auf die Erde gekommen sind, um andere Dinge zu erfahren als wir, erstrahlt auch unser Aufstiegslicht.

Venus verläuft sich

Ich bitte die Engel immer, auf meine Hündin Venus aufzupassen, besonders wenn wir im Wald unterwegs sind. Diese Geschichte erzählt, wie ich sie einmal fast verlor.

✳ ✳ ✳

Meine Hündin Venus kennt sich in unserem Wald sehr gut aus, und ich mache mir nie Sorgen, wenn sie einmal verschwindet, weil ich weiß, dass sie sicher zurückfinden wird. Aber diesmal war ich zu Besuch bei einer Freundin, und wir gingen in einem Waldstück spazieren, das Venus nicht kannte. Venus blieb dicht bei mir, was ziemlich ungewöhnlich war, aber plötzlich war sie nicht mehr da. Meine Freundin wartete, während ich zurückging und nach ihr suchte.

Wir riefen und pfiffen eine Zeit lang, aber es kam keine Reaktion. Ich wurde unruhig, da die Dämmerung hereinbrach. Ich wusste, ich musste die Engel bitten, sie zurückzubringen. Also rief ich ihren Schutzengel und die Erzengel Michael und Fhelyai an und bat sie,

Venus zu mir zurückzubringen. Ich hatte meine Bitte kaum ausgesprochen, als ich schon ihr Bellen aus den Tiefen des Waldes vernahm. Ich rief ihren Namen und plötzlich raste ein weißer Blitz auf mich zu. Ich glaube, sie war noch nie so froh, mich zu sehen – wie ich übrigens auch.

Diana Cooper

Engel helfen beim Hinscheiden eines Haustieres

Es kann einem das Herz brechen, wenn ein Haustier stirbt. Daher hoffe ich, dass diese Geschichte etwas Trost spenden kann.

❋ ❋ ❋

Als ich mit meinem Hund beim Tierarzt war, saß im Wartezimmer auch ein Paar, das völlig aufgelöst war, weil ihr Hund eingeschläfert werden musste. Ich bat die Engel um Hilfe und empfing diese Vision: Ich sah das Paar im Behandlungsraum stehen, die Engel standen neben ihnen und hatten ihnen die Flügel um die Schultern gelegt. Dann erschien ein schneeweißer Engel und nahm den Geist des kleinen Hundes in Empfang. Die Engel nahmen dem Paar sichtlich auch die Traurigkeit fort.

Ich fühlte mich sehr geehrt, dies sehen zu dürfen. Ich weiß mit absoluter Sicherheit, dass Engel existieren. Ich hoffe, diese Geschichte kann auch anderen Menschen etwas Hoffnung schenken.

Anonym

Mein Hund wird von den Engeln zu mir gebracht

Engel bringen die Geister der Tiere wie auch der Menschen zu Ihnen.

❋ ❋ ❋

Es gefiel mir gar nicht, meine kleine Hündin Venus zurückzulassen, da wir eine sehr enge Beziehung haben. Ich musste aber für zwei Wochen nach Südafrika, was eine lange Zeit ohne sie bedeutet. Eines Abends saß ich auf meinem Bett, dachte an sie und schickte ihr Liebe. Ich bat sie, geduldig auf meine Rückkehr zu warten.

Später stand ich wieder auf und schoss aus dem Fenster einige Fotos, auf denen viele Orbs zu sehen waren. Auf einem war der Orb eines Engels, der den Geist von Venus trug. Die Erzengel Michael und Fhelyai beschützten sie. Sie hatten sie also an diesem Abend hierhergebracht, damit sie mich besuchen konnte. Dies war nicht nur eine große Freude für mich, sondern auch ein großer Trost.

Diana Cooper

Juno und das offene Tor

Bitten Sie die Erzengel Michael und Fhelyai, Ihren Hund zu beschützen und auf ihn aufzupassen.

❀ ❀ ❀

Ich teile mein Leben mit Juno, einem Labracollie. Seine Mutter ist ein Collie und sein Vater ein Labrador. Die Engel hatten mich zu ihm geführt. Er ist sehr sanftmütig und hat Angst vor Menschen, da er von seinem Vorbesitzer geschlagen wurde.

Eines Tages erhielt ich auf der Arbeit eine SMS von einem Freund, der im selben Gebäude wohnte. Er fragte mich, ob ich Juno mitgenommen hätte, da er nicht im Garten war. Mein Freund gab zu, das Tor nicht geschlossen zu haben. Ich machte mir große Sorgen, denn Juno hatte Angst vor Autos und unsere Straße war stark befahren.

Ein anderer Freund hatte mir einmal beigebracht zu sagen: »Ich nehme an, was auch immer kommen mag.« Ich beschloss es zu versuchen. Ich wurde ganz ruhig, als ich diesen Satz immer und immer wieder aufsagte. Da fiel mir ein, dass ein Teil unseres Gartens ziemlich verwildert war und dass Juno sich möglicherweise dort versteckt haben könnte. Und so war es dann auch!

Als ich Gott und den Engeln dankte, fiel mir erst ein, dass ich die Engel an jenem Morgen gebeten hatte, bis zu meiner Rückkehr auf Juno aufzupassen. Ich habe jetzt volles Vertrauen zu den Engeln, denn sie taten, worum ich sie gebeten hatte.

El Gleeson, DCS

Ein Hundeleben

Manchmal dauert es lange, bis die Menschen auf die Engel hören.

❋ ❋ ❋

Mildred liebt Tiere. Sie hatte ihren geliebten Hund von einem Bauern gekauft, der seine Hunde draußen angekettet hielt. Sie nahm sich vor, ihn häufig zu besuchen und Licht in die Situation zu bringen. Dabei bat sie die Engel ständig um Hilfe.

Einer der Hunde starb, und bei ihrem nächsten Besuch dachte Mildred: »Ich hoffe nur, dass sie sich nicht noch einen Hund zulegen, da sie ihn ja sowieso nur anketten.« Da sagte der alte Bauer: »Wir haben einen neuen Hund. Möchtest du ihn sehen?«

Es war ein kleiner Schäferhund. Zu Mildreds Freude war er nicht angekettet und durfte sogar ins Haus. Aber noch besser war, dass er mit Respekt behandelt wurde. »Rate mal, wie wir ihn getauft haben?«, sagte der Bauer. »Engel.« Da wusste Mildred, dass die Engel geholfen hatten.

Mildred Ryan erzählte dies Diana Cooper.

Telsa, der Boxer

Tiere befinden sich ebenso wie wir auf einer ewigen Reise zu höheren Frequenzen. Auch sie reinkarnieren sich so oft wie nötig und meistens mit denselben Menschen.

❋ ❋ ❋

Ich reiste zu einem Heilseminar in ein Kloster und hatte Telsa, meinen Boxer, dabei. Normalerweise bleibt er gehorsam neben mir, aber dieses Mal rannte er in das Kloster, als ob er sich hier auskannte. Ohne sich auch nur einmal umzusehen, lief er auf einen gütigen, weisen und sehr spirituellen Mann zu und wich ihm nicht mehr von der Seite.

Der Mann erzählte mir, dass er meinen Hund aus einem früheren Leben im Kloster kannte, und dass schon die Franziskaner, die das Kloster erbaut hatten, einen Boxer hatten. Dann zeigte er mir in einer Broschüre ein Bild von den Mönchen mit einem Hund.

Rosemary Stephenson, DCS

Die Engel retten einen Hund

Wenn Sie ein Tier wirklich lieben und Ihr Möglichstes tun, um ihm zu helfen, werden die Engel Sie dabei unterstützen. Ihre Hingabe wird Wunder möglich machen.

❀ ❀ ❀

Ich hatte einen Welpen aus dem Tierheim geholt, aber bald darauf entdeckt, dass er Staupe hatte und eingeschläfert werden musste. Das brach mir das Herz. Unser dreijähriger Hund hatte sich angesteckt, ,und drei Tierärzte rieten uns, ihn ebenfalls einschläfern zu lassen. Da mein Mann das nicht wollte, bekam der Hund neben den Antibiotika regelmäßig einen Brei aus Leber, Knoblauch, Apfelessig und Honig. Ich behandelte ihn mit Reiki und wir beteten viel für ihn.

Eines Abends merkte ich, dass jemand neben mir auf dem Sofa lag. Aus den Augenwinkeln sah ich etwas Weißes, aber als ich den Kopf drehte, war da nichts. Ich sagte: »In Ordnung, ich weiß, dass du da bist. Danke.«

Am nächsten Sonntag war unser Hund wieder gesund. Der Virus war nicht bis in sein Gehirn vorgedrungen. Die Nahrung, das Reiki, die Gebete und der Engel, der über uns wachte, hatten geholfen.

Littlie

Der Kristallschädel und Telsa

Vertrauen Sie den Instinkten Ihres Haustieres. Es wird von den Engeln geführt und weiß, was zu tun ist.

❀ ❀ ❀

Edwin Courtenay hatte Rosemary Stephenson Cora, seinen Lieblingskristallschädel, geliehen. Da Rosemary nicht genau wusste, was sie von dem Schädel halten sollte, bewahrte sie ihn vorsichtshalber in einem ungenutzten Zimmer auf. Sie fragte sich, wie Telsa, ihr Boxer, wohl darauf reagieren würde.

Telsa stand in der Tür und legte den Kopf von einer Seite zur anderen, während er ihn ansah. Dann ging er auf den Schädel zu und sah ihn sich noch einmal genauer an. Nach einer Minute ging er zu Rosemary, setzte sich vor ihr hin und sah sie an. Rosemary hatte das Gefühl, dass es jetzt sicher sein würde, sich dem Kristallschädel zu nähern und ihn genauer zu betrachten. Als sie dies tat, spürte sie, wie Informationen in ihr Bewusstsein übertragen wurden.

Rosemary Stephenson erzählte dies Diana Cooper.

Ein Hund überbringt Botschaften aus der geistigen Welt

Ihre Tiere lieben Sie und passen auch nach ihrem Tod von der geistigen Welt auf Sie auf. Wie von menschlichen Verstorbenen, so werden Sie auch von verstorbenen Haustieren beschützt.

❋ ❋ ❋

Ich nahm an einem Seminar mit Carol Deakin teil und kann gar nicht sagen, wie sehr dies mein Leben verändert hatte. Als ich heimkam, schwebte ich geradezu. Ich legte mich hin, um die Erfahrung noch einmal in Ruhe zu genießen. Aus irgendeinem Grund griff ich plötzlich nach meinem kleinen Schmuckkästchen, in dem ich eine wunderbare Halskette aus Jaspis aufbewahrte, die mir meine Schwester geschenkt und die ich vollkommen vergessen hatte.

Am nächsten Morgen nahm ich – ohne zu wissen, warum – von der Fensterbank zwei große dalmatische Jaspisstücke, die meine Mutter mir geschenkt hatte. Ich schlug Jaspis in meinen Kristallbüchern nach, um zu sehen, was sie bewirkten. Als ich das Buch öffnete, fiel ein Bild meines geliebten Hundes Jasper (Jaspis) heraus, der vor einiger Zeit gestorben war. Meine Nackenhaare stellten sich auf, als ich erkannte, dass Jasper mir etwas sagen wollte.

Die Botschaft lautete: »Schütze dich. Wenn du dich dem Licht öffnest, musst du dich vor der Finsternis schützen.« Unglaublich! Heute gehört es ganz selbstverständlich zu meinem Leben, dass ich die Engel jeden Tag um Schutz bitte.

Tina Gray

Ein liebevolles Heim für einen Welpen

Ich werde häufig gefragt, was man auf spiritueller Ebene für Tiere tun kann, die grausam behandelt werden. Diese Geschichte zeigt, wie die Engel uns helfen können, den Tieren zu helfen.

❋ ❋ ❋

Gegenüber war ein spanisches Ehepaar mit einem Hundewelpen eingezogen. Ich konnte direkt auf ihren Hof blicken, wo sich der Welpe tagsüber in der heißen Sonne aufhalten musste. Ich redete jeden Tag mit ihm und streichelte seine Schnauze, wenn er sie durch den Zaun steckte. Das Paar schien ihm auch nicht genügend Auslauf zu gewähren. Ich erfuhr, dass sie bereits wegen Tierquälerei bei der Polizei angezeigt worden waren.

Ich bat meinen Schutzengel, mit den Schutzengeln der Hundehalter zu sprechen, damit diese ihnen erklärten, wie man einen Welpen behandeln muss und dass er Liebe, Aufmerksamkeit und Bewegung braucht. Ich tat dies jeden Tag und schickte auch heilende Energie. Nach ein paar Tagen sah ich, wie die Besitzer dem Hund Nahrung und Wasser hinstellten, mit ihm herumtollten und spazieren gingen. Ich möchte mich bei den Engeln für ihre Hilfe bedanken.

Sheralyn Taylor

Hundetraining

Dies ist ein praktisches Beispiel dafür, auf welche Weise Erzengel Fhelyai helfen kann.

❋ ❋ ❋

Unser Hund Lui ist freundlich und friedfertig, aber wenn ich mit ihm spazieren gehe, läuft er mir häufig davon. Wenn ich dann Erzengel Fhelyai um Hilfe bitte, kommt er immer zurück. Und gleichzeitig schwebt jedes Mal eine weiße Feder vom Himmel herab.

Rama Regina Margarete Brans

Engel und Insekten

Da sich Insekten auf einer anderen evolutionären Stufe als wir befinden, ist ihre Schwingungsfrequenz ganz anders als die unsere. Aber auch sie sind hier, um Erfahrungen zu machen. Eine Gruppenseele besteht aus etwa eintausend Insekten. Einige von ihnen sind dreidimensional, manche vierdimensional und nur wenige sind fünfdimensional.

Der Erzengel der Insekten

Unser Planet könnte ohne Insekten nicht überleben. Der Erzengel, in dessen Obhut sie sich befinden, muss hart arbeiten, um ihnen zu helfen.

❋ ❋ ❋

Die Engel haben so viel Freude in mein Leben gebracht. Während einer Meditation erfuhr ich den Namen des Erzengels der Insekten. Er lautet Preminilik. Er lehrte mich, alle Insekten zu lieben und zu respektieren, da sie alle eine bestimmte Aufgabe haben und wir vieles von diesen wunderschönen Geschöpfen lernen können. Preminilik hat gesagt, sie würden eine wichtige Rolle für das Überleben von Mutter Erde spielen und sollten von allen Menschen geehrt werden.

Linda, DCS

Schöner Schmetterling

Wenn Vögel, Schmetterlinge oder andere Tiere etwas dreimal tun, überbringen sie eine wichtige Botschaft.

❋ ❋ ❋

Vor Jahren war ich sehr krank. Mein Immunsystem war zusammengebrochen und ich machte eine schwere Zeit durch, aber dies gab mir den nötigen Antrieb, um eine tiefe Transformation durchzumachen und spirituell zu erwachen. Ich war viel allein und lernte, gesunde Nahrung zuzubereiten, um meinen Körper zu heilen; ich führte Tagebuch, um meine Gefühle zu heilen, und ich ging viel in der Natur spazieren.

Eines Tages sah ich einen schönen Schmetterling in leuchtenden Farben. Er wollte wohl, dass ich ihn sah, denn er ließ sich immer direkt auf den Blumen und Büschen vor mir nieder. Später tauchte derselbe Schmetterling vor meinem Schlafzimmerfenster auf.

Als ich am nächsten Morgen erwachte, war er immer noch da. Ich kniete mich hin und fragte ihn, ob er mein Schutzengel wäre. Sollte dies der Fall sein, solle er doch bitte zu mir kommen. Der Schmetterling flog dreimal um mich herum, wie um sicherzustellen, dass ich seine Botschaft auch wirklich verstanden hatte. Von diesem Augenblick an habe ich nie mehr gezweifelt, dass ich von den Engeln geführt und beschützt werde.

Jill Webster, DCS

Konferenz der Wespen

Diese Geschichte zeigt, wie Wespen reagieren, wenn wir mit ihnen kommunizieren. Am besten ist es, dabei die Engel zu Hilfe zu rufen.

✿ ✿ ✿

Vor unserem Stall befand sich ein Wespennest, und wenn wir die Fenster offen ließen, flogen die Wespen hinein und erschreckten die Pferde. Ich rief den Engel an, in dessen Obhut sich die Insekten befinden, und sagte den Wespen, sie dürften nicht mehr in den Stall. Sollten sie das doch tun, würden die Spinnen sie erwischen. Zuerst nahmen sie mich nicht ernst und flogen weiterhin in den Stall.

Dann sprach ich mit den Spinnen und bat sie, den Stall frei von Wespen zu halten. Und es sollte nicht lange dauern, bis eine Wespe in ein Spinnennetz geriet und zwei andere Wespen wild um sie herumschwirrten. Da versprachen sie, draußen zu bleiben, und sie sind seitdem nicht mehr zurückgekehrt, obwohl sie immer noch ihr Nest vor dem Stall haben. Heute leben wir alle glücklich miteinander, aber in getrennten Bereichen. Menschen und Tiere können friedlich zusammenleben.

Aleja Daniela Fischer, DCS

Engel helfen den Bienen beim Umzug

So wie die Engel den Menschen zuflüstern, was sie tun sollen, so beraten sie auch Tiere, Vögel und Insekten – in diesem Fall: Bienen.

❀ ❀ ❀

In meiner Komposttonne fand ich ein Bienennest. Ich wollte ihnen nichts tun, aber ich wollte auch nicht von ihnen gestochen werden. Da niemand bereit war, das Nest an einen anderen Ort zu bringen, bat ich die Engel um Hilfe. Ich erklärte ihnen, dass ich nicht wollte, dass den Bienen ein Leid geschah.

Ich wartete einen Tag, bevor ich wieder nachsah. Die Bienen waren fort und das Nest lag auf dem Kompost. Die Engel lassen uns nie im Stich und sie erstaunen mich immer wieder.

Marion

Ein kosmischer Augenblick

Dies ist eine inspirierende Geschichte über die wahre Schönheit der Insekten.

❀ ❀ ❀

Ich war anlässlich des 11.11.11 im Tempel von Luxor und meditierte dort mit vielen anderen. Ich wusste nicht, was auf mich zukommen würde, aber ich hoffte, es würde etwas ganz Wunderbares sein.

Ein paar Minuten vor 11.11 Uhr landete eine Fliege auf meinem Mund. Ich dachte: »O nein!« Vielleicht bedeutete das ja, dass ich nicht bereit war. Die Fliege bewegte sich nicht, und ich erkannte, dass auch sie Teil des großen Bewusstseinswandels war. Als wir in den kosmischen Augenblick hinüberglitten, veränderte sich ihre Farbe zu Gold und ich empfing eine Vision, in der alle Fliegen aufsteigen und eine goldene Farbe annehmen.

Dies war ein ganz besonderer Moment, der mir immer als Mahnung in Erinnerung bleiben wird, weder zu urteilen noch zu spekulieren.

Elizabeth Ann, DCS

Geschöpfe Gottes

Alles auf diesem Planeten erfüllt einen Zweck und ist Teil des göttlichen Plans. Dies vergessen wir oft, wenn wir an bestimmte Tiere oder Insekten denken, die wir als hässlich bezeichnen. Diese Geschichte mag Ihnen helfen, Ihre Wahrnehmung zu ändern.

❋ ❋ ❋

Ich half Diana auf ihrer Südafrikatour. Wir übernachteten in einem wunderschönen Bed and Breakfast in der Nähe von Kapstadt mit Blick auf das Meer.

Eines Nachmittags genoss ich gerade die atemberaubende Aussicht, als plötzlich eine Ratte auf dem Rasen vor dem Fenster auftauchte. Der Besitzer der Anlage war entsetzt und sagte, er würde sie sofort eliminieren. Ich bat ihn, dies nicht zu tun, vor allem da ich nicht wusste, welcher Sinn darin lag, dass ich die Ratte gesehen hatte.

Als ich am nächsten Morgen den Vorhang aufzog, lag die Ratte auf dem Rasen. Es war offensichtlich, dass sie tot war. Ich ging hinaus, um mich zu vergewissern, und genau in diesem Augenblick bildete sich über ihrem Körper ein wunderschöner Regenbogen. Als ich genauer hinsah, erkannte ich ihre große Schönheit: Sie leuchtete förmlich im ersten Sonnenlicht des neuen Tages. Ich rief Erzengel Fhelyai an und bat darum, dass die kleine Ratte doch aufsteigen möge. Ich sang ihr ein Lied der Liebe, als ich sah, wie sich ihre Seele aus dem Körper erhob. Dies war ein unglaubliches Erlebnis, das mein Mitgefühl für alle Geschöpfe auf diesem Planeten erweckte.

Elizabeth Ann, DCS

Die Reise nach Shirdi

Wenn wir wirklich erwacht sind und die Führung durch die Engel annehmen, wird diese vielerlei Formen annehmen, wie diese Geschichte zeigt.

❋ ❋ ❋

Wir waren in Indien und fuhren mit dem Auto nach Shirdi. Vorher hatte ich zu den Engeln und dem Hindugott Ganesha gebetet, uns und unser Auto zu beschützen. Nachdem wir etwa zwei Stunden gefahren waren, bekam einer der Reifen ein Loch. Da wir keine Werkstatt finden konnten, nahmen wir den Wagenheber heraus, um den Reifen zu wechseln. Leider war das Gerät so verrostet, dass es vollkommen nutzlos war.

Ich betete zu Erzengel Michael und zum aufgestiegenen Meister Shirdi Sai Baba. Plötzlich tauchte ein Mann auf, reparierte den Wagenheber und wechselte den Reifen. Er wollte kein Geld, bat uns aber, im Tempel von Sai Baba in Shirdi eine Kokosnuss zu opfern.

In diesem Augenblick sah ich einen wunderschönen Schmetterling und wusste sofort, dass uns die Engel diesen Mann geschickt hatten. Als wir später eine Werkstatt fanden, sagte uns der Mechaniker, dass ein dünner Eisendraht das Problem verursacht hatte. Hätten wir nicht angehalten, hätten wir wohl einen Unfall gehabt.

Ich bedankte mich bei den Engeln, bei Ganesha und bei Sai Baba für ihren Segen und für ihre Hilfe.

Sameeta, DCS

KAPITEL 9

Engel sind überall

Überall sind Engel. Wenn Sie die Engel um Hilfe für sich selbst oder andere bitten, werden Ihnen wahrscheinlich Dutzende zu Hilfe eilen. Die Engel werden auch alle, die sich jemals auf Erden inkarniert hatten, mitnehmen, um derzeit lebende Menschen zu besuchen oder ihnen zu helfen. Sie versammeln sich an Kraftorten und sie warten an Straßenecken auf uns. Wir sind gesegnet, dass heute so viele Engel da sind, die nur darauf warten, uns zu helfen.

Liebe löst Zorn auf

Bitten Sie die Engel, Menschen, die traurig, böse oder zornig sind, mit Liebe zu überschütten und ihre Gefühle zu transformieren.

❋ ❋ ❋

Eine Kundin, die in das Geschäft kam, in dem ich arbeitete, schrie meine Kollegen aus unerfindlichen Gründen regelmäßig an, sodass diese schon nervös wurden, wenn sie nur auftauchte. Ich bat die Engel, diese Frau mit Liebe regelrecht zu überschütten.

Ich war an der Rezeption, als sie wiederkam. Sie kam auf mich zu und begann bereits mit ihren Beschimpfungen. Als sie vor mir stand, bat ich die Engel, sie mit Liebe zu überfluten. Plötzlich hielt sie inne und blieb stehen. Sie drehte sich um und verließ das Gebäude. Sie ist nie mehr wiedergekommen. Ich weiß aber, dass sie wenigstens einmal in ihrem Leben Liebe gespürt hat.

Anne Lundqvist

Die violette Flamme

Die folgende Geschichte soll daran erinnern, dass ein zorniger Mensch negative Energien in einem Haus zurücklassen kann, sodass die späteren Bewohner krank werden. Die Engel der violetten Flamme von Erzengel Zadkiel wandeln niedere Energien um, damit höhere einströmen können. Wenn Sie um die golden- und silber-violette Flamme bitten und sie visualisieren, werden die niederen Energien umgewandelt und durch höhere ersetzt werden.

❉ ❉ ❉

Eine Freundin, die als Medium arbeitete, hatte mich angerufen und eine Nachricht hinterlassen. Sie hatte Probleme mit dem Hausbesitzer und war mit den Nerven am Ende. Sie hatte das Gefühl, ihr Haus sei nach seinem Besuch voller Hass und Wut. Diese Atmosphäre machte sie krank. Ich bat die Engel, die Energie für sie zu reinigen.

Nach einigen Minuten rief sie an, um mir zu sagen, dass sich die Energie verändert hatte und sich viel leichter und heller anfühlte. Ich bat auch Saint Germain, den Hüter der violetten Flamme, diese einzusetzen, um die Negativität aufzulösen. Ich bin so gesegnet, dass die Engel mit mir arbeiten. Ich bitte sie immer, Licht und Liebe in die Welt hinauszuschicken.

Sarah

Eins

Jeder heilige Ort, jedes Haus und jedes Gebäude hat seinen eigenen Engel.

❉ ❉ ❉

Letty hatte eine starke Verbindung zum Himalaja und war sich sicher, schon einmal dort gelebt zu haben. Einmal hatte sie in einer Mediationsgruppe eine Vision, in der sie sich auf dem Gipfel eines Berges im Himalaja gesehen hatte.

Sie begann über die Engel des Himalajas zu meditieren und ging so sehr darin auf, dass sie Teil der Energie eines Engels wurde. Sie wurde eins mit ihm, obwohl sie sich ihre eigene Identität bewahrte. Sie konnte sogar ihren physischen Körper unter sich sehen.

Als sie ihre Augen schließlich wieder öffnete, wusste sie, dass sie eine sehr tief greifende Erfahrung gemacht hatte.

Dieses Erlebnis wurde Diana Cooper erzählt.

Vertrauen

Diese Geschichte zeigt, dass durch Vertrauen auch das Unmögliche möglich wird.

❀ ❀ ❀

Als sich mein Sohn sein Ohr durchbohren und einen Ohrring einsetzen ließ, war ich alles andere als begeistert. Dennoch half ich ihm, das Ohr regelmäßig zu desinfizieren. Nach zwei Wochen sagte er: »Mama, kannst du das wieder reinstecken?« Er hatte den Ohrring herausgenommen, dabei sollte er doch sechs Wochen lang im Ohr bleiben. Es würde sehr schwierig sein, ihn wieder hineinzustecken, da sein Ohr angeschwollen war. Ich sah mir die Sache an und wusste, dass es unmöglich sein würde.

»Es tut mir Leid, Liebling, aber er geht nicht wieder rein«, sagte ich.

Daraufhin fragte er: »Kannst du nicht die Engel um Hilfe bitten?« Ich dachte: »O nein, frag mich doch etwas, das möglich ist, nicht etwas, das unmöglich ist.« Aber da ich nicht wollte, dass sein Vertrauen in die Engel erschüttert würde, versprach ich es zu versuchen.

Wir riefen beide die Engel an und zu meinem Erstaunen ließ sich der Ohrring danach beim ersten Versuch problemlos einsetzen.

Elizabeth Harley, DCS

Beim Wünschen ist Vorsicht geboten

Wir kennen wohl alle das Sprichwort: »Pass auf, was du dir wünschst, denn es könnte wahr werden.« Hier ist ein Beispiel dafür. Wenn man um etwas bittet, sollte man sich im Klaren darüber sein, was man wirklich möchte.

❀ ❀ ❀

Ich hatte mir die *Prophezeiungen von Celestine* gekauft und las das Buch in der U-Bahn von London zum Flughafen, in der Abflughalle des Flughafens und im Flugzeug, das mich zurück nach Glasgow brachte. Ich war völlig darin versunken. Bevor ich mich versah, hörte ich schon die Stimme des Flugkapitäns, der ankündigte, dass wir in zehn Minuten landen würden. Ich hatte nur noch fünfzig Seiten zu lesen und wollte jetzt nicht aufhören.

Ich schickte den Engeln ein Gebet, in dem ich sie darum bat, das Buch noch vor dem Landen zu Ende lesen zu können. Im selben Moment machte der Kapitän erneut eine Durchsage, in der er sich entschuldigte und ankündigte, dass wir nach Edinburgh umgeleitet werden würden. Alle murrten und beschwerten sich, aber ich musste lachen, als mir bewusst wurde, um was ich gebeten hatte. Zumindest konnte ich jetzt das Buch zu Ende lesen.

Karin Finegan, DCS

Der Engelohrring

Die Engel kennen wunderbare Wege, um etwas zur rechten Zeit geschehen zu lassen, das uns hilft.

❋ ❋ ❋

Ich besuchte meine Schwester in Australien. Sie war erst vor Kurzem dort hingezogen und hatte großes Heimweh. Ich trug auf der Reise meine silbernen Engelohrringe und legte sie abends im Haus meiner Schwester auf ein Regal. Am nächsten Morgen war nur noch einer da. Als mein Besuch zu Ende ging, war der andere immer noch nicht wieder aufgetaucht. Meine Schwester wollte ihn unbedingt finden, aber ich sagte: »Denk dran, es ist ein Engelohrring. Er wird schon auftauchen, wenn er gebraucht wird.«

Am ersten Weihnachtstag trug sie einen Stapel Wäsche ins Schlafzimmer, setzte sich aufs Bett und weinte vor Heimweh. Da sah sie auf dem Stapel Wäsche den Engelohrring liegen und erinnerte sich an meine Worte. Sie war absolut entzückt. Die Engel hatten ihr Herz zum Lachen gebracht.

El Gleeson, DCS

Die Engel helfen einer Mutter

Wir alle müssen bestimmte Lektionen lernen. Oft geht es dabei darum, in schweren Momenten loszulassen und das Problem in die Hände der Engel zu legen, damit es zum Wohle aller gelöst werden kann.

❀ ❀ ❀

Mein Sohn hatte sich verliebt, aber ich wusste, dass die Frau nicht zu ihm passte. Trotzdem zog mein Sohn mit ihr zusammen und verlor jedes Interesse an seiner Familie und seinen Freunden. Zudem verlor er das Vertrauen in sich selbst und seine Arbeit. In meiner Verzweiflung bat ich die Engel darum, die Beziehung aufzulösen.

Ich fragte meinen Sohn, ob er zu einem Therapeuten gehen wolle. Sollte er hinterher immer noch dieselben Gefühle für seine Freundin haben, würde ich seine Entscheidung respektieren. Nach zwei Sitzungen kam er heim und zog wieder bei mir ein. Er blieb allerdings nicht lange, da seine Freundin damit drohte, sich das Leben zu nehmen, wenn er nicht zu ihr zurückkehren würde. Er sagte, er könne nicht damit leben, wenn sie sich etwas antun würde.

Ich bat die Engel und Führer meines Sohnes, mit den Führern und Engeln seiner Freundin Kontakt aufzunehmen, damit die beiden erkennen könnten, dass diese Beziehung ihnen nicht mehr diente. Ich bat darum, dass alles zum höchsten Wohl aller Beteiligten geschehen möge und sich alles im Einklang mit dem Gesetz der Gnade weiterentwickeln solle.

Drei Monate später kam mein Sohn nach Hause und sagte mir, dass er dieses Mal bleiben würde. Ich segnete die Engel. Später traf er seine wahre Seelengefährtin und die beiden heirateten.

Mariel

Rosa Lippenstift

Die Engel stoßen uns auf die unmöglichsten Dinge.

❀ ❀ ❀

Beim Bummeln ging ich in ein Geschäft und direkt zu einem Tisch mit allerlei herabgesetzten Artikeln. Mir fiel ein hübscher rosafarbener Lippenstift auf und ich nahm ihn in die Hand. Normalerweise mache ich mir nichts aus Make-up, aber irgendetwas sagte mir, ich solle ihn umdrehen, also tat ich es. Wie verblüfft ich war, als ich den Markennamen sah: *Angel Dust*. Wow! Danke, ihr Engel. Wie sich unschwer erahnen lässt, kaufte ich ihn mit einem breiten Lächeln im Gesicht.

Kari Nygard, DCS

Poetische Inspirationen durch die Engel

Diese Geschichte zeigt, wie Liz ihre eigenen Erfahrungen benutzt, um andere durch ihre Poesie zu inspirieren und anzuleiten. Sobald wir einmal verstanden haben, dass all unsere Erfahrungen einen tieferen Sinn haben, können wir eine positive Zukunft erschaffen.

❀ ❀ ❀

Mit zweiundzwanzig wurde bei mir Krebs festgestellt und ich litt jahrelang an Depressionen. Nichts schien jemals richtig zu sein und ich sah mich vielen Herausforderungen gegenüber. Mein Leben änderte sich allerdings, als ich erst eine Ausbildung zur Therapeutin und dann zur Reiki-Meisterin begann. Durch das Reiki fühlte ich mich auch den Engeln verbunden. Ich habe meine Fähigkeiten in den letzten zehn Jahren erweitert, indem ich viel über Engel und Heilung las und viele Seminare besuchte.

Eines Tages spürte ich plötzlich, wie mich ein tiefer Friede überkam, und ich begann wunderschöne intuitive, emotionale und tief gehende Gedichte zu schreiben. In einem Zeitraum von sechs Monaten schrieb ich über zweihundert Gedichte.

Ich wusste, dass sie anderen helfen würden, und verspürte das dringende Bedürfnis, sie zu veröffentlichen. Ich lernte eine Frau kennen, die ihren eigenen Verlag hatte und meine Gedichte herausbringen wollte. Die Engel halfen mir, denn mein Buch wurde innerhalb von sechs Wochen veröffentlicht.

Liz Everett

Geschenke

Engel können sich auf vielerlei Weise zeigen, und wenn Sie mit ihnen Kontakt aufnehmen wollen, können alle möglichen Engelgeschenke auftauchen.

❀ ❀ ❀

Ich wollte engeren Kontakt zu den Engeln und kaufte Bücher, Karten und Kassetten, um das Schwingungsniveau meines Hauses anzuheben. Ich konnte zwar keine Engel sehen, aber ich spürte kegelförmige Energieräder von unten in mein Herzzentrum strömen.

Dann brachte mir eine alte Freundin ein paar Geschenke mit. Darunter auch ein bezauberndes Windspiel aus drei Kristallengeln mit goldenen Flügeln und Musikinstrumenten in den Händen. Die drei gravierten Röhren verbreiteten einen himmlischen Klang. Auf diese Weise kamen also noch mehr Engel in mein Leben.

Krystyna Napierala

Präsident Obama

Die Wahl von Barack Obama im Jahre 2008 erzeugte auf der ganzen Welt eine Welle der Begeisterung, welche der Erde einen Schub auf ihrem Aufstiegsweg gab. Er ist der vierundvierzigste Präsident der Vereinigten Staaten, 44 ist die Zahl, die dieselbe Schwingung wie das goldene Zeitalter von Atlantis hat. Obama war Priester in Atlantis und wurde dort auf seine Rolle als Präsident in dieser Inkarnation vorbereitet.

❀ ❀ ❀

Als Barack Obama in sein Amt eingeführt wurde, spürte ich große Begeisterung unter den Lichtarbeitern. Ich zündete Räucherstäbchen an, verwandelte meine Küche in einen heiligen Ort, um mir dort die Zeremonie anzuschauen und Licht zu senden.

Als Präsident Obama mit seiner Rede begann, sah ich mit meinem Dritten Auge einen violetten, russisch anmutenden Hut auf seinem Kopf, der sein Drittes Auge und sein Kronenzentrum beschützte. Seine Rede berührte mich sehr. Ich spürte eine gewaltige Anzahl Engel in seiner Nähe und in der ganzen Region von Washington, DC.

Ich wusste, dass er vor großen Herausforderungen steht und dass es nicht leicht sein würde, das ihm entgegengebrachte Vertrauen zu rechtfertigen. Daher sandte ich ihm und seinen Mitarbeitern häufig das Licht der Engel.

Susan

Ein perfektes Weihnachtsfest

Wenn Sie einen wunderbaren Tag verbringen möchten, lassen Sie los und vertrauen Sie den Engeln.

❄ ❄ ❄

Weihnachten hatte ich meine Familie zum Mittagessen eingeladen. Früher wäre ich angesichts der Aussicht, fünfzehn Leute bei mir zu haben, gestresst gewesen, aber jetzt wusste ich, dass mir die Engel helfen würden.

Ich hatte Stühle und Geschirr bei einer Catering-Firma bestellt, aber als ich sie abholen wollte, musste ich feststellen, dass die Stühle ziemlich schäbig waren und dass sie kein Geschirr vorrätig hatten. Dabei waren es nur noch zwei Tage bis Weihnachten!

Ich atmete tief durch und vertraute darauf, dass mir die Engel helfen würden. Ich wollte gerade gehen, als der Verkäufer aus heiterem Himmel sagte, er hätte noch Glasteller und fünfzehn rotgoldene Stühle. Ich war natürlich entzückt und brachte alles nach Hause.

Nun passte das Tischtuch nicht mehr, aber ein herrlicher roter Seidensari, den ich nur ein paar Tage zuvor gekauft hatte, passte wunderbar. Dann kam eine Freundin zu Besuch und brachte mir ein Geschenk: einen wunderbaren Tischschmuck aus rotem Glas. Meine Schwägerin brachte Knallbonbons, die farblich perfekt zu allem anderen passten.

Alle fanden, dass der Tisch wunderbar aussah, aber nur ich wusste, dass die Engel dies alles möglich gemacht hatten.

Mairi Beckett, DCS

Hochzeitsengel

Alles hat seinen Grund. Die Engel sorgen für Synchronizitäten und das richtige Timing.

✻ ✻ ✻

Peter und ich heirateten im Oktober 2001, und während wir in der Kirche warteten, merkten wir, dass sich einer unserer Gäste verspätet hatte. Wir wussten ja, dass bei einer Hochzeit immer Engel anwesend sind und dass ein Engel am Hochzeitstag immer die Aufgabe hat, dem Brautpaar zu helfen. Unsere Zeremonie war etwas ganz Besonderes und wir konnten die Gegenwart der Engel deutlich spüren. Der verspätete Gast sagte uns nachher, dass er bei seiner Ankunft genau in dem Augenblick einen doppelten Regenbogen über der Kirche gesehen hatte, in dem unsere Ehe gesegnet wurde.

Hätte er sich nicht verspätet, hätten wir nie von dem wunderschönen doppelten Regenbogen erfahren, den uns die Engel zu unserer Hochzeit geschenkt hatten.

Jillian Stott, DCS

Schnitzeljagd

Folgen Sie den Federn und die Engel werden Sie direkt zu Ihrem Traum führen.

✻ ✻ ✻

Während der Lehrerinnenausbildung mit Diana Cooper war ich einmal ziemlich ratlos, weil ich nicht wusste, welche Kleidung ich bei den Engelzeremonien anziehen sollte. Mit ein paar anderen Frauen ging ich in den Ort, um etwas Passendes einzukaufen. Die anderen fanden schnell etwas, aber ich konnte nichts Besonderes entdecken, und zu allem Überdruss war es schon recht spät geworden. Da sah ich eine weiße Feder und sagte: »Mädels, die Engel sind da.« Dann sah ich noch eine größere Feder und sagte: »Die Erzengel sind da.«

Ich folgte den Federn und als ich wieder aufsah, stand ich vor einem wunderbaren Laden, der genau das Kleid hatte, nach dem ich gesucht hatte. Noch heute trage ich es voller Stolz, weil ich weiß, dass die Engel mich zu diesem Geschäft geführt hatten.

Carol de Vasconcelos, DCS

Engelferien

Engel sind ständig bei uns, aber manchmal verwandeln sie einen besonderen Anlass wie einen Urlaub in etwas ganz und gar Außergewöhnliches.

❊ ❊ ❊

Die Engel sind großartige Lichtwesen. Sie sind Teil meines Lebens und ich habe ständig mit ihnen Kontakt. Kürzlich beispielsweise besuchte ich meine Schwester in London. Die Engel halfen mir mit allem, auch mit meinem Visum. Ich konnte es bereits drei Tage nach Antragsstellung abholen, was äußerst ungewöhnlich ist. In London sorgten die Engel immer für günstig gelegene Parkplätze, sodass meine Schwester einmal entzückt ausrief: »Du musst Hilfe von den Engeln haben!«

Lila Norval, DCS

Zeichen

»Zufälle« werden von Ihren Führern und Engeln organisiert, um Ihre Aufmerksamkeit zu erlangen.

❊ ❊ ❊

Ich bekomme sehr viele Zeichen. Meine Schwester, meine Mutter und ich sehen überall weiße Federn. Meine Mutter fand in ihrem Schlafzimmer zwei weiße Federn unter einem Stuhl, dabei hat sie gar keine Vögel und die Fenster waren geschlossen. Sie glaubte nicht an Engel, bis ihre Eltern starben und sie anfing, regelmäßig an den unmöglichsten Orten Regenbögen und weiße Federn zu entdecken.

Anonym

Im Rückwärtsgang

Diese Geschichte erinnerte mich daran, dass ich beim Rückwärtsfahren immer die Engel um Hilfe bitten soll.

❋ ❋ ❋

Ich konnte nicht rückwärtsfahren, da das Gelände zu uneben war. Nachdem ich es einige Male erfolglos probiert hatte, gab ich frustriert auf. Aber da kamen mir die Engel in den Sinn. Ich stellte den Motor wieder an und bat sie um Hilfe. Ich versuchte es noch einmal und konnte selbst in diesem unebenen Gelände problemlos manövrieren.

Anonym

Haus- und Reinigungsengel

Diese Geschichte erinnert uns auf eindrückliche Weise daran, dass alles miteinander verbunden ist.

❋ ❋ ❋

Ich empfing die Botschaft, dass ich die Schwingungsfrequenz meines Hauses anheben und mit seiner Energie arbeiten solle. Während ich die Zimmer sauber machte, zeigten mir meine Hausengel, dass Zimmer wie Chakras betrachtet werden können.

Mir fiel dann auch auf, dass sich Freunde und Familienangehörige, aber auch ich länger in bestimmten Chakra-Räumen aufhielten. Mit reinem Herzen bat ich meine Hausengel, die Aurareinigungsengel herbeizurufen, damit diese unsere Auras mit ihren goldenen Staubwedeln abstauben und die Räume hinterher mit ihren goldenen Besen ausfegen könnten. Später sagten sie mir, dass sich die Dinge positiv verändert hätten.

Ich selbst spüre ebenfalls eine positive Veränderung. Ich bin gesünder und glücklicher, wenn ich mit den Engeln arbeite, die für die Chakras meines physischen Körpers und für die in meinem Haus zuständig sind.

Marion Edwards, DCS

Die Engel greifen ein

So etwas wie einen Zufall gibt es nicht. Die Engel und Führer arrangieren alle »Zufälle« und »Versehen«.

✹ ✹ ✹

Während unseres Aufenthaltes in Legoland nahm jemand aus Versehen den Rucksack meiner Schwester mit, als wir mit einer der Bahnen fuhren. Ich rief die Erzengel Chamuel und Michael an und bat sie einzugreifen. Kurz darauf wurde der Rucksack mit all ihren Sachen zurückgebracht – inklusive Portemonnaie und Mobiltelefon.

Lila Norval, DCS

Ein Engel erscheint

Wenn wir mit heilenden Energien arbeiten und eine reine Schwingung haben, ist es für die Engel viel leichter, Kontakt zu uns aufzunehmen.

✹ ✹ ✹

Ich hatte meiner Mutter gerade eine Reiki-Behandlung gegeben. Danach saßen wir auf dem Boden und unterhielten uns über Engel und darüber, was sie uns bedeuten. Plötzlich erschien direkt vor mir ein Engel neben meiner Mutter. Ich konnte keine Farben sehen, nur einen schwarzen Umriss. Ich hatte überhaupt keine Angst, sondern war nur überrascht.

Katie Curtis

Wunderbare Energie

Wenn Sie aufrichtig um Energie bitten, werden Sie sie bekommen.

✹ ✹ ✹

Als ich eines Abends meine Gebete sprach, bat ich den Schöpfer, eine weiße Lichtsäule zu senden, die mich von Kopf bis Fuß einhüllen und beschützen sollte. Und plötzlich war ich von einer pulsierenden Energie umgeben. Ich lag vollkommen still da, während das Pulsieren über meinem Herz-Chakra weiterging, bis es zu den Füßen wanderte. Ich verspürte absolute Glückseligkeit. Ich bedankte mich bei der Energie. Es war eine ganz wunderbare Erfahrung, für die ich sehr dankbar bin.

Anonym

Verloren und wiedergefunden

Die Engel der Liebe helfen uns, verlorene oder verlegte Gegenstände wiederzufinden. Sollte etwas nicht wieder auftauchen, haben die Engel dafür sicherlich einen Grund.

Eheringe

Eheringe sind etwas sehr Persönliches und Kostbares.

❋ ❋ ❋

Als ich eines Abends schwimmen war, schrumpfte die Haut an meinen Fingern so sehr, dass meine Eheringe (ich trage meinen Verlobungs- und meinen Ehering) in das dunkle, schlammige Wasser fielen. Ich konnte sie nicht wiederfinden.

Ich bat meinen Schutzengel um Hilfe und es geschah ein Wunder! Am nächsten Morgen kam mein Sohn ins Schlafzimmer gelaufen und rief: »Mami, ich habe deine Ringe im See gefunden.« Die Ringe lagen nebeneinander auf den Steinen und glitzerten. Ich hoffe, diese Geschichte lässt Sie an Engel glauben, weil sie wirklich da sind, um uns zu helfen.

Aulikki Juurinen

Hilfreiche Engel

In dieser Geschichte bekommt Rene unerwartet ihren Ehering wieder, nachdem sie die Engel um Hilfe gebeten hat.

❋ ❋ ❋

Nachdem ich mit einer Freundin auf einem Einkaufsbummel war, merkte ich, dass ich meinen Ehering verloren hatte. Ich musste ihn in der öffentlichen Toilette im Einkaufszentrum gelassen haben, als ich mir dort die Hände gewaschen hatte. Wir fuhren zurück und suchten alles ab, aber vergebens. Ich war total aufgebracht. Ich hängte ein paar Zettel auf und versprach sogar eine Belohnung, aber ich rechnete nicht ernsthaft damit, meinen schönen Ring jemals wiederzusehen.

Zu Hause bat ich die Engel, meinen Ring zu finden. Und später rief mich tatsächlich eine Frau an, die den Ring gefunden hatte.

Rene

Geld verloren

Die Engel bewahren Ihre Sachen auf erstaunliche Weise auf.

❊ ❊ ❊

Ich war gerade mit der Arbeit in meinem Therapieraum im Garten fertig geworden, ging ins Haus zurück, legte meine Schlüssel hin und zog meine Wolljacke aus. Da bemerkte ich, dass der Fünfzigeuroschein, den ich in der Hand gehalten hatte, verschwunden war. Ich ging in den Therapieraum zurück, konnte ihn aber nirgendwo entdecken. Da es windstill war, wusste ich, dass er noch im Gras liegen müsste, falls ich ihn im Garten fallen gelassen hatte. Ich sah aber auch noch mehrmals im Therapieraum nach.

Ich bat die Engel um Hilfe und beschloss, noch ein letztes Mal im Garten nachzusehen. Ich schaute auch unter das Auto, und als ich mich hinkniete, spürte ich ein Kratzen auf dem Bauch. Zu meiner großen Überraschung steckte der Schein in meinem Hosenbund. Und vorher hatte ich nichts gespürt! Ich kann den Engeln nicht genug für ihre Hilfe danken.

Pauline

Schlüssel sicher verwahrt

Synchronizitäten werden von den Engeln arrangiert.

❊ ❊ ❊

Ich ging auf der Straße spazieren, als ich einen Mann bemerkte, der einen Schlüsselbund aufhob. Er fragte mich, ob es meiner wäre, was ich verneinte. Ich schlug vor, er solle ihn auf eine Mauer legen, falls der Besitzer ihn suchen sollte.

Dann bat ich die Engel verlorener Gegenstände, die Schlüssel ihrem Besitzer zurückzubringen. Später fiel mir ein Mann auf, der nach etwas suchte. Ich fragte ihn, ob er seine Schlüssel verloren hätte. Überrascht sagte er Ja. Ich ging zur Mauer und übergab sie ihm. Er umarmte mich und nannte mich einen Engel.

Ich lächelte und bedankte mich bei den Engeln. Ich war glücklich.
Ruby Gouri

Himmlische Helfer

Was für eine unglaubliche Erfahrung es doch ist, wenn ein Engel einen bei der Hand nimmt und dorthin führt, wo man etwas verlegt hat.

❀ ❀ ❀

Meine Tochter und ihre Freundin wollten, dass ich sie auf Reiki einstimme. Als Vorbereitung wollte ich das Zimmer mit Salbei räuchern, konnte aber mein Salbeibündel nicht finden. Da bat ich die Engel um Hilfe. Ich hörte: »Es ist dahinter.« Ich drehte mich um, sah aber nichts. Also fragte ich die Engel noch einmal.

Noch einmal hörte ich: »Es ist dahinter.«

»Hinter was?«, fragte ich. Da spürte ich, wie meine Hände genommen und auf ein Regal gelegt wurden, auf dem eine Schachtel mit Blütenessenzen stand. Dahinter lag das Salbeibündel. Ich dankte den himmlischen Helfern.
Catherine McMahon, DCS

Gesund und munter

Die Engel helfen Alison, Zeit zu sparen, als sie sie darum bittet, eine verlorene Kreditkarte zu finden.

❀ ❀ ❀

Ich hatte meine Kreditkarte verloren, als ich die Bank verließ, es aber erst gemerkt, als ich in einem Laden damit bezahlen wollte. Ich bat die Engel, sie für mich zu finden. Als ich zur Bank zurückkam, hatte jemand meine Karte bereits abgegeben. Eine Bankangestellte, die in meinem Dorf arbeitet, erkannte mich und händigte sie mir aus. Bei dieser Gelegenheit konnte ich ihr einen Scheck geben, den ich vergessen hatte einzureichen – und es vermeiden, Schlange zu stehen.

Alison

Einen Beleg finden

Es erfüllt mich mit Ehrfurcht, wenn ich sehe, wie die Engel Gegenstände bewegen und unsere Aufmerksamkeit auf etwas lenken, wenn wir sie nur darum bitten.

❄ ❄ ❄

Eine meiner Freundinnen hatte vor Kurzem ein Baby bekommen. Ich hatte einige Dinge für die Babyparty gekauft, und als ich eine Hose zusammenfaltete, um sie in das Paket zu legen, fiel mir auf, dass sie einen kleinen Riss hatte. Für die Rückerstattung des Kaufpreises brauchte ich den Kassenbeleg, also sagte ich zu den Engeln: »Ok, ihr Engel, ich brauche diesen Beleg und ich weiß, dass ihr ihn für mich finden könnt.«

Später sah ich eine Broschüre unter dem Bett liegen. Ich hob sie auf und darunter fand ich den Beleg. Danke, ihr Engel!

Catherine McMahon, DCS

Ein verlorener Kristall

Wenn Sie die Engel um Hilfe gebeten haben, sollten Sie auch dort noch einmal nachschauen, wo Sie bereits gesucht haben.

❄ ❄ ❄

Mein Mann hatte seinen Lieblingskristall verloren. Wir suchten ihn überall, konnten ihn aber nicht finden. Nachdem ich die Engel um Hilfe gebeten hatte, fiel mir neben den Topfpflanzen etwas auf: der

Kristall. Wir hatten bereits mehrmals an dieser Stelle gesucht, und er war nie dort gewesen, aber jetzt lag er da. Wieder einmal hatten die Engel unsere Bitten erhört.

Karelena MacKinlay, DCS

Gefunden!

Wenn wir meditieren und mit den Engeln oder Erzengeln in Kontakt treten, werden sie uns dorthin führen, wo wir etwas verloren haben.

❀ ❀ ❀

Mein Mann restauriert klassische Sportwagen der Marke Triumph. Sein Hobby ist seine ganze Leidenschaft. Eines Tages kam er sehr aufgeregt nach oben. Er konnte den Schraubenschlüssel nicht finden, den er brauchte, um seine Arbeit zu vollenden. Könnte ich ihm nicht helfen?

Wir suchten zwei volle Tage lang, bis ich endlich auf die Idee kam, Erzengel Gabriel um Hilfe zu bitten. Ich empfing eine blitzartige Vision von etwas, das in den Motorraum fiel. Und wirklich: Der Schraubenschlüssel hatte sich im Motorblock verkeilt. Danke, Erzengel Gabriel, danke.

Jenny Hart, DCS

Verlorene Juwelen

Glaube und Vertrauen machen das Unmögliche möglich.

❀ ❀ ❀

Meine Freunde und ich waren zu einer Hochzeitsfeier eingeladen, bei der es beim anschließenden schottischen Hochlandtanz ziemlich hoch her ging. Als wir gehen wollten, fiel einer meiner Freundinnen auf, dass ein großer Stein aus ihrem neuen Ring fehlte. Der Ring war ein Geschenk ihres Mannes und sie war in Tränen aufgelöst. Ich sagte, ich würde ihn finden, und bat die Engel, mich zu führen. Dann ging ich direkt zu der Stelle, an der die Band gespielt hatte – und fand den Stein. Niemand konnte glauben, dass ich ihn so schnell gefunden hatte, aber meine erstaunte Freundin und ihr Mann waren mir sehr dankbar.

Karin Finegan, DCS

Ein verlorener Ohrring

Die Engel bringen etwas Verlorenes zurück, wenn die Zeit dafür reif ist.

❀ ❀ ❀

Ich hatte einen meiner Engelohrringe verloren und war ziemlich verärgert, weil er für mich von großem ideellem Wert war. Ich suchte überall, konnte ihn aber nicht finden. Schließlich gab ich die Hoffnung auf und behielt den anderen als Weihnachtsbaumschmuck. Monate später öffnete ich die Haustür und da lag mein Ohrring auf der Fußmatte. Er lag da, als sei er sorgfältig so hingelegt worden. Er sah zwar etwas mitgenommen aus, war aber nicht beschädigt. Ich war verblüfft und sehr, sehr dankbar. Die Botschaft ist: »Man soll nie die Hoffnung aufgeben.«

Karelena MacKinlay, DCS

Positive Affirmationen

Wenn wir positive Affirmationen aufsagen, nehmen die Engel deren Energie auf und helfen uns.

❀ ❀ ❀

Meine Schwester und ich kümmerten uns um unsere Mutter, die im Krankenhaus lag. Eines Tages fuhr ich mit dem Taxi zurück nach Hause, und am darauffolgenden Morgen konnte ich meine Handtasche nicht finden. Meine Schwester hatte sie auch nicht gesehen und die Taxigesellschaft sagte, im Taxi wäre ebenfalls keine gewesen. Ich wiederholte ständig meine Affirmation: »Meine Handtasche ist gefunden worden.«

Als ich zum Haus meiner Schwester ging, lag meine hellblaue Tasche dort auf dem Rasen. Geld und Kreditkarten waren nicht angetastet worden. Meine Schwester lebt in einer belebten Straße in der Nähe einer Schule, eines Ladens und einer Bushaltestelle. Meine Freundin meinte, die Engel hätten meine Handtasche wohl unter ihren wunderschönen Schwingen verborgen.

Trish Thorpe

Höre auf deinen Instinkt

Die Engel drängen uns, auch an den unwahrscheinlichsten Orten nachzusehen.

❀ ❀ ❀

Mein Sohn wollte nach Südafrika fliegen, konnte aber die Zigarettenpackung nicht finden, die er aus Thailand als Geschenk für Freunde in Südafrika mitgebracht hatte. Ich sagte: »Ich werde meine Suchengel fragen«, ging in sein Zimmer und öffnete den Garderobenschrank. Auf dem ersten Regal lag eine leere Schuhschachtel, ich schob sie instinktiv beiseite und siehe da: Dahinter lagen die Zigaretten!

Angela

Suchengel

Manchmal leiten uns die Engel dazu an aufzuräumen, damit sie uns besser helfen können, etwas zu finden.

❀ ❀ ❀

Ich suchte nach einem Buch, weil ich etwas in Bezug auf die kalten Füße einer Patientin nachschlagen wollte. Da das Buch nicht dort lag, wo es sein sollte, bat ich meine Suchengel um Hilfe. Sie führten mich in mein Heilungszimmer, und ich begann aufzuräumen. Dabei fand ich auch das Buch über Fußdiagnose. Ich danke euch, meine wundervollen Engel.

Angela

Mein Diamantring

Die Engel wirken auf mancherlei Weise.

❀ ❀ ❀

Meine Großmutter hatte mir den Ring meiner Urgroßmutter geschenkt, wofür ich ihr sehr dankbar war. Eines Tages steckte ich ihn während des Kochens in meine Hosentasche. Als ich ihn später zurück ins Schmuckkästchen legen wollte, war die Tasche leer und der Ring war weg.

Ich bat Erzengel Chamuel und die Liebesengel, mir zu helfen. Meine innere Stimme sagte mir, ich solle vertrauen, und genau das tat ich. Monate später räumte ich unter meinem Bett auf. Als ich fertig war, sah ich etwas in einer Ecke funkeln. Mein Ring! Ich habe nicht die geringste Ahnung, wie er dort hingekommen sein könnte.

Ich fing an zu tanzen und zu singen. Ich weiß, dass die Engel mit mir feierten, weil ich diese reine Glückseligkeit verspürte. Ich bedankte mich bei Chamuel und den anderen Engeln für ihre Hilfe.

Jennifer Lea

Ein goldenes Armband

Manchmal sorgen die Engel dafür, dass kostbare Dinge auf sonderbare Weise zu uns zurückkehren.

❋ ❋ ❋

Als ich beim Einkaufen war, merkte ich plötzlich, dass mein goldenes Armband weg war, das meine Eltern mir zu meinem achtzehnten Geburtstag geschenkt hatten. Ich ging denselben Weg bis zum Auto zurück, konnte das Armband aber nirgendwo sehen. Dann ging ich zum Kundendienstschalter des Geschäfts.

Eine Frau kam zu mir, ich fragte sie nach dem Armband, sie gab es mir und ging wieder. Sie sagte kein Wort und fragte mich auch nicht nach meinem Ausweis. Ich hatte das überwältigende Gefühl, dass dies keine normale Frau gewesen war, sondern jemand sehr Spezielles.

Bernice

Die Brille meines Mannes

Gebete sind machtvoll und wirksam.

❋ ❋ ❋

Auf einem Segeltörn fiel die Brille meines Mannes ins Wasser. Während er tauchte und nach ihr suchte, betete ich zu den Engeln. Nach drei oder vier Versuchen fand er seine Brille tatsächlich wieder. Das beweist, dass Gebete wirklich helfen. Ich bedankte mich bei den Engeln für ihre Hilfe.

Britta

Engel und Zeitmanagement

Die Zeit mag sich linear anfühlen, ist es aber nicht. Wenn Ihr Bewusstsein dreidimensional ist, verläuft die Zeit sehr langsam. Wenn Ihre Schwingungsfrequenz fünfdimensional geworden ist, verläuft sie wie im Fluge. In der siebten Dimension, der Dimension der Engelenergie, existiert keine Zeit; alles geschieht gleichzeitig. Engel können diese Frequenzen beeinflussen, um unser Zeitkonzept zu verändern, wie Sie in den folgenden Geschichten sehen werden.

Ein unerwarteter Zwischenhalt

Da Engel immer im Interesse unseres höchsten Wohles wirken, mag es manchmal so scheinen, als würden sie eine Störung verursachen. So können sie beispielsweise dafür sorgen, dass wir uns verspäten oder einen Anschluss verpassen.

❊ ❊ ❊

Ich wollte von Südafrika nach England fliegen. Das Reisebüro hatte mir einen Flug über Kapstadt gebucht. Als ich in Kapstadt in die Maschine nach London steigen wollte, stellte sich heraus, dass der Flug überbucht war und dass ich erst am folgenden Tag fliegen konnte. So hatte ich also einen ganzen Tag in Kapstadt zur Verfügung. Mein Cousin lud mich zum Mittagessen mit seiner Frau und seiner Schwester ein. Ich hatte die drei seit fünfundzwanzig Jahren nicht gesehen und wir verbrachten ein paar schöne Stunden miteinander. Ich spürte, dass unser Treffen einen tieferen Sinn haben musste, wusste aber nicht, welchen.

Drei Monate später wurde bei meinem Cousin ein bösartiger Hirntumor diagnostiziert. Da wir uns erst vor Kurzem begegnet waren, war es für mich viel leichter, mit ihm und seiner Familie während dieser schwierigen Zeit zu kommunizieren. Ich bin meinem Engel sehr dankbar, dass er diesen Zwischenhalt organisiert hatte.

Anonym

Aus der Gefahrenzone gebracht

Ich wusste, die Engel taten dies zu meinem Besten.

❄ ❄ ❄

Ich war auf dem Weg zu einem Treffen in London und musste auf dem Weg dorthin jemanden abholen. Wie immer bat ich Erzengel Michael, mich auf meiner Reise zu beschützen. Zum Glück! Ich hörte »Die Frau des Zeitreisenden«, als ich auf der M25 fuhr, also auf einer Route, die ich sehr gut kannte.

Ich sah auf die Uhr und überlegte, dass ich noch genau zehn Minuten bis zur Ausfahrt hatte und dass ich pünktlich sein würde. Nur der Bruchteil einer Sekunde schien vergangen zu sein, aber als ich mich umsah, wusste ich nicht, wo ich war. Langsam dämmerte mir, dass ich auf der Autobahn schon viel weiter gefahren war und bereits in Kent sein musste. Ich wusste, dass ich sozusagen auf Autopilot gefahren war. Vermutlich ausgelöst durch »Die Frau des Zeitreisenden« war ich aus der Zeit herausgehoben worden.

Es gelang mir, den richtigen Weg wiederzufinden und meine Freundin rechtzeitig abzuholen. Später erklärte mir mein Führer Kumeka, dass die Engel mich hochgehoben und ein Stück weiter wieder abgesetzt hatten, weil ich sonst in einen Unfall auf der Ausfahrt verwickelt worden wäre. Wieder einmal konnte ich den Engeln nur danken und darüber staunen, welche unglaublichen Dinge im Universum geschehen.

Diana Cooper

Perfektes Timing

Wenn wir mit den Engeln arbeiten, sollten wir auch darauf vertrauen, dass alles zur rechten Zeit geschieht.

❄ ❄ ❄

Mary hat eine wunderbare Beziehung zu den Engeln. Außerdem ist sie eine wundervolle Heilerin, die sich bei wichtigen Anlässen einstimmt und heilende Energie sendet oder das Licht aufrechterhält. Da sie bereits Ende achtzig ist, braucht sie zweimal täglich Hilfe. Am Gedenktag zum Ende des Ersten Weltkriegs wollte sie mit einer Freundin während der zweiminütigen Schweigezeit um 11.00 Uhr Licht aussenden. Sie war außerordentlich verstimmt, dass ihre Pflegeperson an diesem Tag nur einmal, und zwar um 10.45 Uhr, kommen konnte.

Überrascht und entzückt musste sie dann aber feststellen, dass plötzlich schon um 10.15 Uhr jemand vom Pflegedienst kam. Die Frau machte ihre Arbeit und entdeckte erst hinterher, dass sie am falschen Ort war.

Nun konnte sich Mary nicht nur einstimmen und um 11.00 Uhr das Licht senden, sie bekam zudem die Gelegenheit, der Pflegeperson von den Engeln zu erzählen und ihr zu berichten, wie diese hinter den Kulissen arbeiten, um uns zu helfen.

Diese Geschichte wurde Diana Cooper von Mary erzählt.

Reparaturengel

Wenn Sie an einer Vision festhalten und den Engeln davon erzählen, werden diese dafür sorgen, dass sie Wirklichkeit wird.

❄ ❄ ❄

Im November 2011 erlebte Schottland mehrere schwere Stürme. Meine Mutter war zu der Zeit in Spanien, aber in ihrem Haus in Schottland war alles in Ordnung. Im Dezember gab es ebenfalls heftige Stürme und meine Mutter erhielt eine E-Mail von einem Nachbarn, in der er ihr mitteilte, dass ihr Zaun umgeweht worden war. Freunde und Nachbarn hatte alle Mühe, ihre Zäune repariert zu be-

226

kommen, weil die Reparaturmannschaften angesichts des Ausmaßes der Zerstörung überfordert waren.

Meine Mutter bat die Engel, eine Firma ausfindig zu machen, die den Zaun schnell reparieren würde.

Die meldete sich auch, machte ihr einen Kostenvoranschlag und stellte den neuen Zaun innerhalb einer Woche auf, während manche der Freunde meiner Mutter immer noch darauf warteten. Die Engel hatten definitiv ihre Hand im Spiel.

Pauline Gow, DCS

Rechtzeitig am Bahnhof

Wenn Sie knapp dran sind, sollten Sie die Engel bitten, dafür zu sorgen, dass Sie rechtzeitig zum Zug kommen.

❅ ❅ ❅

Eine Freundin war mit dem Zug gekommen, um mich zu besuchen. Am Tag ihrer Heimreise hatten wir noch viel Zeit, bevor der Zug abfuhr, und beschlossen, auf dem Weg noch ein paar Einkäufe zu machen. Also fuhren wir erst später zum Bahnhof, aber ich verpasste die Ausfahrt. Da es ein Samstagmorgen war, herrschte starker Verkehr. Meine Freundin und ich beteten zu den Engeln und baten sie, dafür zu sorgen, dass wir rechtzeitig am Bahnhof ankamen. Wir kamen drei Minuten vor Abfahrt des Zuges an.

Cornelia Mohr, DCS

Sehr kurze Wartezeit

Lassen Sie sich von den Engeln dabei helfen, sich in der richtigen Schlange anzustellen — oder noch besser: Lassen Sie sie dafür sorgen, dass gar keine Schlange da ist.

❅ ❅ ❅

Wir mussten aufs Rathaus, wo man normalerweise stundenlang anstehen muss. Deshalb bat ich die Engel, die Sache doch bitte zu beschleunigen. Wir mussten zu zwei Schaltern, und als wir am ersten ankamen, wartete dort niemand. Aber nachdem wir fertig waren, standen zehn Leute an. Beim zweiten Schalter warteten wir zehn Minuten, und als wir gingen, hatte sich auch hier eine Schlange aus zehn Leuten gebildet.

Penny Wing, DCS

Gerade noch rechtzeitig

Wenn Sie sich verlaufen, gibt es dafür häufig einen spirituellen Grund. Sehr oft wollen die Engel gerade Ihre Energie an einem bestimmten Ort haben.

❋ ❋ ❋

Die Engel haben mir schon oft geholfen, rechtzeitig an einem bestimmten Ort anzukommen. Vor Kurzem wollte ich zu einem Wiedersehenstreffen von Engellehrern nach Glastonbury fahren und hatte mir vorgenommen, noch vor den anderen dort zu sein. Ich verließ das Haus fünfundvierzig Minuten zu früh (zumindest gemäß meinem Navigationsgerät) und bat die Engel, dafür zu sorgen, dass ich frühzeitig dort wäre.

Leider führte mich das Navigationsgerät aufs Land hinaus, sodass ich immer im Kreis herumfuhr und die richtige Straße nicht mehr finden konnte. Da ich nun sicher zu spät kommen würde, fragte ich mich, warum dies wohl so sein sollte. Ich erklärte den Engeln, dass ich vor den anderen Lehrern dort sein wollte, damit ich sie begrüßen konnte.

Zum Glück kam nun ein Mann mit einem Hund auf mich zu. Ich verabschiedete mich von der modernen Technologie und fragte ihn nach dem Weg. Er gab mir perfekte Richtungsangaben. Als ich auf den Parkplatz in Glastonbury fuhr, rollte ich an dem Bus vorbei, aus dem die Lehrer gerade ausstiegen. Also kam ich noch rechtzeitig an, um sie zu begrüßen. Die Engel sagten mir später, dass sie goldene Energie in diesen Teil der Landschaft bringen wollten. Also war alles wieder einmal perfekt.

Diana Cooper

Rechtzeitig im Flugzeug

Die Engel können die Zeit verlangsamen, um uns zu helfen, wenn wir einen Flug oder Zug erwischen müssen.

✳ ✳ ✳

Ich flog regelmäßig von London nach Glasgow. Eines Freitagabends hatte die U-Bahn Verspätung und ich kam in Heathrow nur zwanzig Minuten vor dem Abflug der letzten Maschine an. Ich hatte nur Handgepäck dabei und wusste, dass alles gut sein würde, wenn ich den Flug schaffte. Falls ich ihn aber verpassen sollte, müsste ich für eine Übernachtung im Hotel und den Flug am nächsten Tag zahlen.

Ich schickte ein stilles Stoßgebet nach oben und stellte mir vor, wie ich in das Flugzeug stieg. Die Engel müssen die Zeit angehalten haben, denn ich bestieg das Flugzeug zehn Minuten vor Abflug. Niemand, dem ich das erzähle, glaubt mir, dass ich nur zehn Minuten gebraucht hatte, um das Flugzeug zu erreichen. Ich dankte den Engeln.

Karin Finegan, DCS

Die Engel beschleunigen die Zeit

Dass die Engel tatsächlich den Lauf der Zeit verändern können, beweist die folgende Geschichte.

✳ ✳ ✳

Auf dem Rückweg vom Haus meiner Tochter bog ich auf die Autobahn ein, als ich sah, dass ein sehr großer Geländewagen auf mich zugerast kam. Ich dachte noch: »O mein Gott, das war's dann wohl«, als ich plötzlich merkte, dass mein Wagen schon ein gutes Stück vor dem anderen Auto war. Dies muss auf das Eingreifen der Engel zurückzuführen gewesen sein, denn der andere Wagen war ganz klar auf Kollisionskurs gewesen. Ich habe dieses Erlebnis niemals vergessen.

Anonym

Der Humor der Engel

Alle hoch entwickelten, hochfrequenten Wesen haben einen wunderbaren Sinn für Humor. Aus diesem Grund sind sie auch so leicht. Man sagt ja, dass Engel fliegen können, weil sie alles leicht nehmen. Hier sind einige Geschichten, die zeigen, wie viel Humor die Engel haben.

Engelhumor

Ich finde diese Geschichte sehr erheiternd, denn erstens zeigt sie, dass man aufpassen muss, was man sich wünscht, und zweitens, dass die Engel einen ausgeprägten Sinn für Humor haben.

❋ ❋ ❋

Eines Tages übernachtete ich im Haus meiner Großeltern. Ich legte meine Brille auf das Buch, das ich auf dem Nachttisch platziert hatte, und sagte zu den Engeln: »Engel, wenn ihr wirklich existiert, sorgt dafür, dass meine Brille verschwindet.« Was ein ziemlich dummer Test war, da ich ohne Brille fast nichts sehen kann!

Als ich am nächsten Morgen erwachte, war die Brille tatsächlich verschwunden. Ich musste tagelang darüber lachen (auch wenn ich nicht viel sehen konnte). Meine Mutter wollte mir nicht glauben, dass die Engel die Brille versteckt hatten. Ich war überzeugt, dass sie schon wieder auftauchen würde, und tatsächlich war sie ein paar Tage später wieder da. Sie lag unter einem Tisch im selben Zimmer. Danke, ihr Engel.

Caroline Franks

Engel und Jugendliche

Eine entzückende Geschichte, die zeigt, auf welche Weise uns die Engel helfen.

❋ ❋ ❋

Die Enkelin meines Mannes ist noch nicht ganz vierzehn, und wir erlauben ihr nicht, Filme für Erwachsene zu sehen. Sie aber wollte einen Film mit Angelina Jolie sehen, der erst ab sechzehn Jahren freigegeben war.

Wir standen also im Kino an, und sie versuchte uns auf jede denkbare Weise auszutricksen, um den Film doch sehen zu können. Ich bat meine Engel, mir Standfestigkeit zu verleihen. Bei jedem ihrer Wutausbrüche schlug ich ihr wahlweise *Home, Kung Fu Panda* oder einen Film mit Will Smith vor.

Die Kassiererin fragte uns, welchen Film wir uns ansehen wollten. Ich fragte Justine, und widerwillig sagte sie: »Kung Fu Panda«. Sie war furchtbar wütend auf mich, schmollte und setzte sich demonstrativ in die letzte Reihe, während ich in der Mitte des Kinos saß. Ich übergab meine Sorgen den Engeln, lehnte mich zurück und genoss den Film. Gerade als wir gehen wollten, lief der Nachspann, und ich sah, dass eine der Sprecherinnen niemand Geringeres als Angelina Jolie gewesen war. Ich umarmte Justine und sagte: »Ich danke dir. Du hast einen tollen Film ausgesucht, den ich wirklich genossen habe. Und du konntest wenigstens Angelina Jolies Stimme hören. Das ist doch schon mal was, oder?«

Sie erwiderte: »Oma Faye, es tut mir leid.«

Ich wollte gern mitteilen, wie uns die Engel in jeder Situation helfen, auch wenn wir diese für noch so unbedeutend halten mögen.

Faye Moolman

Herumgehüpft

Die Engel passen schon auf uns auf, aber sie erwarten auch, dass wir unseren gesunden Menschenverstand benutzen.

❊ ❊ ❊

Ich habe meinen Söhnen gesagt, dass sie einen Schutzengel haben, der auf sie aufpasst. Eines Tages kam mein Zwölfjähriger, der auf dem Trampolin herumgehüpft war, völlig aufgelöst ins Haus. Er meinte, sein Schutzengel hätte nicht aufgepasst. Er war nämlich heruntergefallen und hatte sich wehgetan.

Ich schickte eine Frage los. »Ihr Engel, was soll ich ihm sagen?« Da kamen diese Worte aus meinem Mund: »Du musst lernen, besser aufzupassen.« Weise Worte von den Engeln.

Kari Nygard, DCS

Religiöse Wahrheiten

Die Engel haben eine spezielle Art, Fragen auf treffende und zugleich witzige Weise zu beantworten.

✳ ✳ ✳

Auf meinem Weg zum Einkaufen überholte mich ein Lieferwagen, auf dessen Rückseite BAPTIST (Täufer) stand. Beim nächsten Kreisel kam mir ein weißer Lastwagen entgegen, auf dessen Motorhaube NAZARETH stand. Nur Sekunden später fuhr ich auf den Parkplatz und sah, dass der neben mir parkende Lieferwagen einen riesigen Aufkleber mit der Jungfrau Maria hatte. Ich musste lachen, denn am Tag zuvor hatte ich über gewisse religiöse Ansichten nachgedacht und dies war offensichtlich die Antwort.

Ann Quinn

Die Engel stellen mich auf die Probe

Dies ist eine Übung zur Entwicklung übersinnlicher Fähigkeiten, die wir alle ausprobieren können. Im beschriebenen Fall sorgten die Engel dafür, dass sie auch noch Spaß macht.

✳ ✳ ✳

Eines Tages arbeitete ich mit einer Heilmethode an meiner ältesten Tochter, die medial begabt ist. Sie sagte, dass die Erzengel Raphael und Michael bei uns wären. Ich sagte, ich wüsste das. Dann sagte sie, die beiden wollten von mir wissen, auf welcher Seite sie stünden. Also sagte ich es ihr.

Mein Bruder Pat, der in der geistigen Welt lebt, kam ebenfalls und ich spürte seine Gegenwart sehr stark. Dann kamen meine Mutter, mein Großvater, meine Großmutter, meine Patentante, mein Vater und mein Stiefvater, die alle in der geistige Welt leben, gefolgt von Erzengel Gabriel zu uns. Ich war überglücklich.

Dann tauschten sie die Plätze. Sie wollten mich auf die Probe stellen, um herauszufinden, ob ich sie wirklich sehen konnte – und sie hatten Spaß dabei. Obwohl ich sie nicht deutlich sehen konnte, wusste ich genau, wo jeder von ihnen war. Das war ein wahrhaft erstaunlicher Tag.

Anonym

Rufen oder jodeln

Ich bin fast umgefallen vor Lachen, als ich diese Geschichte las.

❋ ❋ ❋

Seit ich ein kleines Mädchen war, habe ich an Engel geglaubt und eine enge Verbindung zu Erzengel Michael gespürt. Eines Tages bat ich ihn, mit mir Kontakt aufzunehmen. Ich sagte, ich hätte gern, dass er mich ruft oder dass er jodelt. Ich musste lachen, als ich am nächsten Tag vor meinem Haus einen großen Lastwagen stehen sah, auf dem JODEL stand.

Tracey

Die Liebe der Engel

Es gibt nichts Besseres als eine musikalische Botschaft von den Engeln, damit wir uns wieder gut fühlen.

❋ ❋ ❋

Eines Morgens wachte ich mürrisch, müde und genervt auf. Ich sagte: »Engel, helft mir! Helft mir! Helft mir!« Dann machte ich eine kurze Engelmeditation, um ihre Gegenwart besser spüren zu können, und fuhr immer noch unglücklich zur Arbeit. Ich wollte während der Fahrt auf keinen Fall irgendwelchen Krach hören. Aber als ich das Radio anstellte, wurde gerade das Lied »Who Loves You Pretty Baby« (Wer liebt dich, hübsche Kleine?) gespielt. Meine Stimmung hob sich augenblicklich und ich begann zu lächeln. Ich sagte Danke und hörte dem Lied aufmerksam zu. Vor meinem geistigen Auge sah ich die Engel zu der Musik tanzen. An jenem Tag war ich glücklich und nichts konnte mich aus der Ruhe bringen.

Carolyn

Engelfedern

Sie haben um Federn gebeten? Und was erwarten Sie dann? Wir müssen immer bereit sein, mit den Engeln zu lachen.

❀ ❀ ❀

Meine Freundin Deborah war etwas verstimmt, weil die Engel ihr nie Federn da ließen, obwohl sie ständig um eine bat. Aber die Engel sollten sie schon bald mit Federn überschütten, als ihre Kinder eines ihrer Kissen aufschnitten und das ganze Haus voller Federn war. Deborah war sauer, aber ihr Mann lachte nur und sagte: »Du hast dir doch schon seit Monaten Federn gewünscht. Du solltest besser aufpassen, was du dir wünschst.« Die Engel werden immer einen Weg finden, uns zu zeigen, dass sie bei uns sind – nur nicht immer auf die Art und Weise, die wir erwartet haben.

Eloise Bennett, DCS

Mit Sophi fliegen

Ich liebe diese Geschichte über das schallende Gelächter und den großartigen Humor von Carols Engel.

❀ ❀ ❀

Ich habe in vielen Meditationen darum gebeten, dass unsere Schutzengel uns in die Luft erheben. Dabei entschuldige ich mich immer bei meinem Schutzengel Sophi dafür, dass ich so schwer bin.

Während einer Meditation sollten wir mithilfe unseres Schutzengels zu einem Tempel hinauf levitieren. Ich empfing eine deutliche Vision von Sophi, der strahlend weiß und dreimal so groß und so stark wie ich hinter mir stand. Ich kicherte leise, während er mit mir den Berg hinaufschwebte. Als wir wieder aus dem Tempel herauskamen, fragte ich Sophi, ob wir vor unserer Rückkehr nicht noch ein bisschen umherfliegen könnten. Ich sehe noch sein entzücktes Gesicht vor mir und höre noch heute sein tiefes Lachen, als er mit mir durch den Himmel raste, bevor er mich leicht wie eine Feder wieder absetzte.

Carol Coppinger, DCS

Engelkarten

Oft wissen wir die Antwort bereits und sind ganz erstaunt, wenn die Engel uns genau dasselbe sagen.

* * *

In einer bestimmten Phase meines Lebens musste ich einige Entscheidungen in Beziehungsfragen treffen und war ziemlich verwirrt. Also beschloss ich, ein paar Engelkarten zu ziehen. Merkwürdig war, dass ich dachte, dass es wohl typisch für mich wäre, wenn ich *Vergebung* (da ich wütend auf jemand Bestimmtes war) und *Entscheidungen* ziehen würde. Zu meiner Überraschung zog ich genau diese beiden Karten.

Anonym

Eine Adlerfeder

Wenn wir anderen Menschen von unseren Schutzengeln erzählen, geschehen die erstaunlichsten Dinge.

* * *

Mein Schutzengel heißt Nicolas und ich bitte ihn ständig um ein Zeichen. Eines Tages, als ich zum Anwalt musste, um dort einige Papiere zu unterschreiben, bat ich um eine Adlerfeder. Die Anwaltskanzlei war mit allerlei indianischen Kunstwerken geschmückt, darunter auch einer Adlerfeder. Ich fragte den Anwalt: »Ist das wirklich eine Adlerfeder?« Er bejahte dies und meinte, ich könne sie haben. Ich fing an zu weinen, weil ich nicht glauben konnte, was geschehen war. Ich erzählte ihm von Nicolas und wir unterhielten uns geschlagene zwei Stunden über Engel. Was für ein unglaublicher Tag!

Anonym

Truthähne und Federn

Bitten Sie die Engel darum und Federn in Hülle und Fülle werden auf Sie zuschweben.

* * *

Ich fuhr meinen Sohn und meine Nichten zum Tennisunterricht. Vor unserer Abfahrt hatte ich ein ernstes Wort mit den Mädchen geredet, weil sie ihr Zimmer hätten aufräumen sollen und es nicht getan hatten. Die Stimmung war angespannt, aber da ich der einzige Mensch war, der darunter litt, bat ich die Engel, meine Stimmung zu heben.

Während ich auf der Landstraße dahinfuhr, kam uns ein Viehtransporter entgegen, und plötzlich sah ich, wie eine ganze Wolke überwiegend weißer Federn auf uns zugeflogen kam. Ich wusste, dass die Engel dies arrangiert hatten. Sie hatten getan, worum ich sie gebeten hatte: Meine Stimmung hob sich augenblicklich, weil ich so lachen musste.

Pauline

Fallende Perlen

Die Engel verstehen es, die Natur zu benutzen, um uns auf entzückende Weise einen Beweis zu liefern.

✳ ✳ ✳

In meiner Engelgruppe diskutierten wir über Engelzeichen, und ich sagte den Teilnehmerinnen, sie sollten sich ein eigenes auswählen. Eine von ihnen fragte, ob sie auch Perlen als Symbol nehmen könnte. Alle lachten, als ich ihr sagte, dass die Engel ihr aber vermutlich keine echten Perlen schenken würden. Stattdessen würde sie vermutlich eher den Begriff »Perle« in einer Anzeige oder auf einem Firmenschild sehen.

Am nächsten Tag schickte sie mir eine SMS, in der stand: »Die Engel haben mich heute mit Perlen überschüttet.« Es hatte stark gehagelt, und die Hagelkörner, welche die Straße bei ihrer Heimfahrt bedeckten, sahen für sie wie Perlen aus.

Susie

Ich glaube an Engel

Federn kommen und gehen.

✳ ✳ ✳

Ich wollte mehr über Engel wissen. Ich hatte selbst noch keine direkten Erfahrungen gemacht, aber viel über sie gelesen – und nun wollte ich endlich einen Beweis. Eines Abends forderte ich die Engel also heraus. Ich verlangte einen Beweis für ihre Existenz. Am nächsten Morgen hörte ich das Lied von Abba »I Have a Dream« (Ich habe einen Traum) und besonders die Zeile »I Believe in Angels« (Ich glaube an Engel) in meinem Kopf spielen.

Ich fragte mich, ob da einfach mein Unterbewusstsein am Werk gewesen sein könnte. Dann sah ich eine weiße Feder. Ich war begeistert, dass die Engel reagiert hatten. Ich legte die Feder in ein kleines Kästchen. Als ich dieses später wieder öffnete, war sie auf so geheimnisvolle Weise verschwunden, wie sie aufgetaucht war.

Heute kommunizieren die Engel häufig durch Liedtexte mit mir, die ich in meinem Kopf oder im Radio höre. Ich fühle mich gesegnet, so liebevoll von ihnen geführt zu werden.

Jane

Sie haben uns nebeneinandergestellt

Die Engel sorgen gern für Synchronizitäten, um uns daran zu erinnern, dass sie auf uns aufpassen.

❊ ❊ ❊

Ich lernte Lila während eines Seminars kennen. Wir verstanden uns auf Anhieb und verabredeten uns auf einen Kaffee in einem Einkaufszentrum, dem ein sehr großes Parkhaus mit mehreren Stockwerken angeschlossen war. Wie üblich bat ich die Engel um einen sicheren Parkplatz nahe beim Eingang.

Lila wartete schon im Café auf mich. Hinterher bat ich sie, mit mir zum Auto zu kommen, weil ich ein Geschenk für sie dabeihatte. Wir konnten es nicht fassen, als wir merkten, dass wir dank der Führung durch die Engel unsere Autos direkt nebeneinandergeparkt hatten.

Mit Tränen in den Augen lachten wir über den Humor der Engel und über ihre organisatorischen Fähigkeiten.

Hettie van der Schyff, DCS

Einzigartige Zeichen

Der Sinn der Engel für Humor ist auch in dieser Geschichte deutlich zu erkennen.

✳ ✳ ✳

In einem von mir geleiteten Engelseminar sprachen wir darüber, dass jeder von uns ein individuelles Zeichen mit seinen Engeln vereinbaren kann. Ich hatte bereits ein solches persönliches Zeichen, aber für diese Übung stellte ich mich als Partnerin für eine der Teilnehmerinnen zur Verfügung. Ich hörte meinen Schutzengel lachen und zu mir sagen: »Aber du hast doch bereits ein Zeichen. Was willst du denn jetzt? Einen Lollipop?« Bei diesen Worten sah ich einen riesigen Lutscher in bunten Farben vor meinem geistigen Auge.

Ein paar Tage später war ich mit einer Freundin in der Stadt bummeln. Es zog uns zu einem Laden, der uns bisher nicht aufgefallen war. Sein Name war *Lollipop* und dort wurden Handtaschen und Brieftaschen verkauft. Auf einer der Taschen sah ich zu meiner Überraschung einen Engelflügel.

Susan Rudd, DCS

Läuse? Oder Engel?

Ich schüttelte mich vor Lachen, als ich diese Geschichte las. Der Humor der Engel erstaunt mich immer wieder.

✳ ✳ ✳

Vor fünf Jahren war ich nach Frankreich gezogen. Ich spürte Energie auf der Kopfhaut, die sich anfühlte, als ob ich mit kleinen Nadeln gestochen werden würde. Ich spürte dies so häufig, dass ich zu meinem Mann sagte, die Kinder müssten Kopfläuse mit nach Hause gebracht haben.

Ich verschrieb der ganzen Familie eine Salbe, obwohl die Kinder lautstark protestierten. Sie meinten: »Du bist die Einzige, Mama, bei keinem von uns juckt es!«

Tatsächlich waren es keine Läuse. Als ich später im Fernsehen eine Sendung über Engel sah, wurde mir klar, dass ich die Energie der Engel gespürt hatte. Ich habe dieses Gefühl noch immer, aber heute weiß ich, dass es keine Kopfläuse sind.

Ann

Träume

Wenn wir träumen, befinden wir uns in einem ganz besonderen Zustand, in dem sich der »Zensor«, der unser Bewusstsein beschützt, entspannt hat, sodass wir Informationen aus dem Unterbewusstsein empfangen können. Im Schlaf sind wir daher auch offener für die Botschaften der Engel und der geistigen Welten. Diese können uns sehr bedeutsame Momente bescheren.

Eine Warnung
Ihr Schutzengel kann sich Ihnen im Traum offenbaren und Ihnen helfen.

❄ ❄ ❄

Ich träume sehr viel und zeichne alle meine Träume in einem Tagebuch auf. Eines Nachts begann mein Traum damit, dass mich jemand berührte.

Da dieser Jemand hinter mir stand, konnte ich sein Gesicht nicht sehen, aber er stellte sich als Daniel vor und sagte, er wäre mein Schutzengel. Er legte mir die Hände auf den Rücken, die Seiten und die Schultern. Er gab mir während dieser schwierigen Zeit zusätzliche Kraft.

Daniel erzählte mir, dass er mich und meine Familie schon seit vielen Jahren beschützte, dass er jetzt aber nicht in der Lage sei, meinen Vater zu beschützen. Dann zeigte er mir das Herz meines Vaters. Ich wachte auf und wusste nicht so recht, was ich mit dieser Botschaft anfangen sollte.

Ein paar Wochen später musste mein Schwiegervater nach einem Schlaganfall notfallmäßig ins Krankenhaus. Ich bin überzeugt, dass mich der Engel warnen wollte. Ich hatte dabei aber nie an meinen Schwiegervater gedacht, obwohl er für mich eigentlich ein Vater ist. Ich vermute, aus diesem Grund hatte der Engel auch nur »Vater« gesagt. Ich wusste, dass meine Begegnung mit meinem Schutzengel real gewesen war, als die Ärzte feststellten, dass der Schlaganfall durch eine blockierte Arterie vom Herzen zum Kopf verursacht worden war.

Ellouise

Ein Regenbogenengel

Wenn Sie im Traum einen Engel sehen, ist das so real und bedeutungsvoll, als wenn Sie ihn im Wachzustand sehen würden.

❀ ❀ ❀

Vor ein paar Jahren zog ich in eine Wohnung in einer sehr spirituellen Gegend. Dort begann ich, viel zu träumen. Während eines Traumes kam mein Schutzengel zu mir. Er hatte gewaltige Schwingen in gedämpften Regenbogenfarben und auf jeder Seite noch zwei kleinere Flügel. Dies war für mich ein so emotionales Erlebnis, dass ich immer noch weinen muss, wenn ich jemandem davon erzähle.

Cathy Boltwood

Ein Besucher im Traum

Manchmal nehmen liebe Verstorbene im Traum mit uns Kontakt auf.

❀ ❀ ❀

Seit ich klein war, träumte ich, dass mich Engel im Schlaf besuchen. Die Träume scheinen sehr real zu sein, und ich erfahre in ihnen Dinge, die mich glauben lassen, dass sie wirklich aus einer anderen Welt stammen. Es ist für mich unmöglich, nicht an Engel zu glauben, da ich sie ja gesehen habe.

Anonym

Im Traum geführt

Unehrlichkeit erzeugt Karma, aber wenn Sie diesem dunklen Weg den Rücken kehren, werden die Engel Sie dabei voll unterstützen, wie diese Geschichte zeigt.

❀ ❀ ❀

Ich hatte ein Erlebnis mit Engeln und empfing in einem Traum einen göttlichen Ratschluss. Ich hatte gewisse finanzielle Bedürfnisse und versuchte einen Weg zu finden, zusätzliche Mittel aufzutreiben. Da dachte ich, ich könnte mir von meiner Firma Geld erstatten lassen, aber dafür brauchte ich die entsprechenden Belege, die ich nicht hatte. Eine Kollegin schlug vor, dass ich sie doch fälschen könnte, aber ich zögerte.

Während eines Geschäftsessens sprachen die Direktoren über gefälschte Belege und dass das Management Maßnahmen ergreifen würde, um diesen Missbrauch zu stoppen. Das bestätigte meine Entscheidung.

Am selben Abend rief ich die Erzengel Gabriel und Michael an und bat sie, mir Klarheit und Mut zu schenken. Dann rief ich noch Erzengel Uriel an und bat ihn, sich um meine finanziellen Ängste zu kümmern.

In jener Nacht standen die Erzengel Michael und Gabriel neben meinem Bett, und ich bat sie, mir den rechten Weg zu weisen. Ich träumte, dass der Finanzchef und der Personalchef mir sagten, ich solle doch um eine Gehaltserhöhung und ein zinsloses Darlehen bitten.

Daraufhin schrieb ich jeweils eine E-Mail an den Finanzchef und den Personalchef und bat um die Erhöhung und das Darlehen. Innerhalb weniger Minuten bekam ich von beiden eine positive Antwort.

Piu Banerjee

Ein neuer Engel im Traum

Diese Geschichte erinnert uns daran, dass wir niemals allein sind.

❋ ❋ ❋

Während einer Phase großer Verzweiflung und Einsamkeit bat ich darum, mit meinem Schutzengel Kontakt aufnehmen zu dürfen. Ich hielt meinen Mittagsschlaf und hatte einen wunderbaren luziden Traum, in dem eine Frau neben mir auf dem Bett saß. Sie war von tiefem Mitgefühl erfüllt und legte mir eine Hand auf die Stirn. Sie hatte kurzes dunkles Haar und war wie in den 1930er-Jahren gekleidet. Umgeben war sie von einem Licht, das einen tiefen Frieden ausstrahlte. Sie erinnerte mich daran, dass ich in dieser schwierigen Phase nicht allein sei. Ich vermute, dass dies ein neuer Engel war, der mit mir arbeiten wollte. Ich erwachte ruhig, friedvoll und fühlte mich nicht mehr einsam. Ich bin gesegnet, dass ich so leicht mit den Engeln Kontakt aufnehmen kann.

Norma Parfitt

Ein Einhorn im Traum

Wenn Sie von einem Einhorn träumen, ist es zu Ihnen gekommen, um Ihre Seele zu berühren und Ihnen auf Ihrer Reise beizustehen.

❈ ❈ ❈

Ich hatte einen lebhaften Traum, in dem ich einen Waldweg entlangging. Vor mir tauchte ein weißgolden strahlendes Einhorn auf. Es drehte sich um, und als es mich ansah, verspürte ich ein wundersames Gefühl des Friedens und der Liebe.

Sharon Ralph

Der Name meines Engels

Im Schlaf sind wir für die Ratschläge der Engel empfänglicher.

❈ ❈ ❈

Zwei Wochen nachdem ich eine wunderschöne Engelin im Traum gesehen hatte, kam mir in einem anderen Traum ihr Name in den Sinn: Bellisimo. Heute sage ich Bella zu ihr.

Cathy Boltwood

Dein Engel ist bei dir

Wenn Sie von einer Feder träumen, ist dies ebenso eine Botschaft der Engel, als wenn Sie eine materielle Feder sehen würden.

❈ ❈ ❈

Ich hatte einen leichten Verkehrsunfall, der mich erschüttert und verärgert zurückließ. In der darauffolgenden Nacht träumte ich von einer großen weißen Feder in einem Papierkorb. Die Feder war so groß wie der Korb. Ich hatte gehört, dass Federn die Gegenwart der Engel anzeigen, aber da ich mir nicht sicher war, schrieb ich der Zeitschrift *Spirit and Destiny* eine E-Mail. Man bestätigte meine Vermutung.

Als ich später im Auto saß, schien mein Radio immer wieder von selbst den Sender zu wechseln, sodass ich mehrmals die Liedzeile »Your Angel is With You« (Dein Engel ist bei dir) hörte. Ich hatte das Lied vorher noch nie gehört und bin mir sicher, dass es ein Zeichen war, dass die Engel bei mir waren.

Beki

Gesegnet

Wenn Sie um etwas bitten, kann es sein, dass die Engel Ihnen etwas noch Besseres bringen.

❋ ❋ ❋

Ich hatte gelesen, dass Engelchöre über bestimmten Menschen singen, wenn sie schlafen, und ich wünschte mir nichts sehnlicher, als dass sie auch über mir singen würden. Ich bat meinen Schutzengel darum, aber nichts geschah.

Vor ein paar Wochen schlief ich dann nachmittags ein. Da erschienen plötzlich in zwei Ecken des Zimmers wunderschöne Spiralen strahlend weißen Lichtes. Sie erhoben sich in riesigen Bögen und ließen sich auf meinem Dritten Auge nieder, wo sie sanft wie Schmetterlingsflügel explodierten.

Das Licht war voller Freude und sehr verspielt, so als ob es mir zeigen wollte, wie Liebe sein könnte. Ich war zu Tränen gerührt und fühlte mich vollkommen aufgehoben. Eine Stimme wiederholte: »Die Engel wachen über deinen Schlaf.«

Pip

Die Namen der Erzengel

Wenn die mächtigen Erzengel Ihre Aufmerksamkeit auf sich lenken wollen, werden sie sich Ihnen nähern, wenn Sie offen dafür sind.

❁ ❁ ❁

Ich stand im Halbschlaf auf und schlurfte in die Küche. Ich wusste noch, dass ich von einem Engel geträumt hatte. Zwei Namen kamen mir in den Sinn: Metatron und Sandalphon. Ich hatte noch nie etwas von ihnen gehört und wusste daher nicht, wer sie waren. Aber da ich wusste, dass diese Information wichtig sein würde, schrieb ich mir die Namen auf. Heute weiß ich, wer sie sind, und alle Puzzleteile haben sich zusammengefügt.

Cathy Boltwood

Erzengel Michael im Traum

Wenn Sie von Erzengel Michael träumen, bedeutet das, dass er bei Ihnen war.

❁ ❁ ❁

Ich träumte von Erzengel Michael. Doch ich glaubte damals nicht an Engel und wusste auch nichts über diesen Erzengel. Aber als er erschien, hatte ich sofort das Gefühl, er sei ein alter Freund.

Als ich am nächsten Tag ins Fitnessstudio ging, sagte der Besitzer: »Erzengel Michael möchte dir helfen. Aber du bist oft so stur! Er kann nichts tun, wenn du ihn nicht darum bittest und seine Hilfe auch annimmst. Er liebt dich!« Ich war vollkommen schockiert, denn er konnte unmöglich von meinem Traum wissen.

Susan Elsawi

Der Schlaf der Engel

Diese Geschichte soll uns daran erinnern, dass die Engel unsere Gedanken nutzen, um zu helfen, wenn wir Liebe, Heilung, Schutz oder sonst etwas Positives aussenden.

❁ ❁ ❁

Ich ging früh ins Bett, um mich zu entspannen und an etwas Schönes zu denken. Bald wurde ich ganz ruhig und schlief ein. Nach einer Weile spürte ich, wie ich sanft aus dem Bett gehoben und wieder zurückgelegt wurde. Dieses Gefühl hielt nur ein paar Sekunden an, aber es fühlte sich sehr schön an, so als ob jemand auf mich aufpassen würde.

Ich erzählte meiner Mutter davon, und sie sagte, sie hätte die Engel gebeten, in mein Zimmer zu gehen, mich zu beschützen, mir Liebe zu schicken und mir zu zeigen, dass sie da sind.

Louisa Bowskill

KAPITEL 10

Engel hören und sehen

Die Stimmen der Engel hören

Da sich unsere Schwingungsfrequenz erhöht, entwickeln immer mehr Menschen ihr Hals-Chakra und werden so hellhörig. Immer mehr von uns fangen an, die Stimmen der Engel und Geister zu hören.

Loslassen

Wenn Sie eine Stimme aus dem Geistigen hören, wird Sie das immer in irgendeiner Weise erleuchten.

❈ ❈ ❈

Ich hatte große finanzielle Probleme. Vor allem nachts war ich regelrecht panisch und konnte nicht schlafen. Da hörte ich einmal eine tiefe sanfte Stimme sagen: »Mach dir keine Sorgen, entspanne dich. Es wird für dich gesorgt.« Ich hatte keine Ahnung, was das war – aber ich konnte tatsächlich loslassen, weil ich mich so getröstet fühlte. In jener Nacht konnte ich wunderbar schlafen. Ich denke, ich hatte die Stimme meines Schutzengels gehört, der mich beruhigen wollte.

Anonym

Die Zeit ist jetzt

Manchmal erregen die Engel unsere Aufmerksamkeit, indem sie das Licht an- und ausmachen. Wir können dies mit offenen und geschlossenen Augen sehen.

❈ ❈ ❈

Manchmal sehe ich helle Lichter, die in meinem Schlafzimmer an- und ausgehen, aber wenn ich die Augen öffne, ist es stockdunkel und von Lichtern ist nichts zu sehen. Dann höre ich eine sanfte, aber bestimmte Stimme in meinem Kopf sagen: »Steh auf!«

Folasade Loko

Die letzte Begegnung

Wenn die Engel zu uns sprechen, ist es wichtig, gut zuzuhören und zu tun, was sie uns auftragen.

❋ ❋ ❋

Annies Tochter Mary war schwer krank und lag im Krankenhaus. Da Annies Familie nicht da war, bat sie mich, sie ins Krankenhaus zu fahren, damit sie ihre Tochter besuchen konnte. Da meine Mutter bei mir war und ich zudem auf meinen kleinen Enkel aufpassen musste, war ich ziemlich gestresst und sagte: »Nein, es tut mir leid, aber ich habe keine Zeit.«

Da sprach eine laute Stimme in meinem Kopf: »Bring Annie zu Mary!« Also lud ich alle ins Auto und fuhr Annie ins Krankenhaus. Wir wussten es damals nicht, aber dies war das letzte Mal, dass Annie ihre Tochter sah, denn Mary verstarb noch in derselben Nacht.

Sue Walker, DCS

Der städtische Engel von Cheltenham

Die Engelfürsten operieren auf einer höheren Schwingungsfrequenz als die Erzengel. Sie wachen über Großkonzernen, Städten und großen Projekten.

❋ ❋ ❋

Als ich damit begann, Engelseminare abzuhalten, wurde ich auch nach Cheltenham eingeladen, um dort ein Seminar für etwa 30 Personen zu geben. Die Aussicht, eine so lange Strecke zu fahren, machte mich ziemlich nervös. Ich rief Erzengel Michael an, bat ihn um Kraft und Mut und fuhr los.

Nachdem ich im Seminarraum dann einen geheiligten Raum erschaffen hatte, setzte ich mich nach draußen, um mich zu erden, bevor die Teilnehmer ankamen. Da geschah etwas Unglaubliches. Ein riesiger Engel, der sagte, er sei der städtische Engel von Cheltenham, beugte sich zu mir nieder und flüsterte: »Danke, dass du dein Licht und deine Lehre in unsere Stadt gebracht hast. Wir sind dir sehr dankbar.« Ich war absolut entzückt.

Eloise Bennett, DCS

Das Ende einer Ehe

Wenn die Zeit für das Ende einer Beziehung gekommen ist, werden die Engel uns unterstützen und behutsam anleiten, damit wir die richtigen Entscheidungen treffen — selbst wenn diese nicht dem entsprechen, was andere wollen.

❄ ❄ ❄

Vor ein paar Jahren befand ich mich in einer schwierigen Situation mit meinem Mann und unserem Vikar. Als er uns getraut hatte, hatte der Vikar uns angeboten, ihn aufzusuchen, falls wir jemals Eheprobleme haben sollten. Nun wollten mich sowohl mein Mann als auch unser Vikar davon überzeugen, der Ehe eine letzte Chance zu geben.

Innerlich schrie ich »NEIN!« und spürte, wie ich meinen Körper verließ. Es war zu schmerzhaft, ich wollte nur noch raus. Da hörte ich eine Stimme ganz ruhig sagen: »Mach dir keine Sorgen, alles wird gut.« Ich entspannte mich. Diese Worte halfen mir, mit allem fertigzuwerden, bis die Ehe geschieden war. Ich bin den Engeln auf ewig dankbar für die Kraft und Liebe, die sie uns täglich geben.

Louise Weir

Zum ersten Mal

Wenn wir am Boden zerstört und des Lebens müde sind, kommen die Engel zu uns, nehmen die Panik von uns, sodass wir ruhig werden und uns aufraffen können, um zurück ins Leben zu gehen.

❄ ❄ ❄

Ich steckte in einer sehr schwierigen Phase und war geistig, emotional und körperlich vollkommen erschöpft.

Eine Freundin überredete mich, Reiki auszuprobieren. Ich fuhr zur angegebenen Adresse und beklagte mich bei der Frau, die mir öffnete, über mein Leben, musste aber feststellen, dass ich in der falschen Straße war. Sie schickte mich freundlicherweise zur richtigen Adresse.

Ich wollte wieder ins Auto steigen, aber das war verschlossen und die Schlüssel steckten im Zündschloss. Da sagte eine Stimme beruhigend: »Sei ganz ruhig und gerate nicht in Panik. Alles wird gut, meine Kleine.« Augenblicklich war ich ganz entspannt und ruhig, denn ich wusste, dies hatte ein Engel gesagt. Ich rief meinen Mann an und bat ihn um Hilfe.

Da tauchte ein junger Mann auf, der meinte, er könne mir helfen, das Auto aufzumachen. Er war der Sohn der Frau, bei der ich irrtümlicherweise gelandet war. Es gelang ihm, das Auto aufzubekommen. Als mein Mann eintraf, konnte er nicht glauben, wie sehr ich mich verändert hatte.

Und der Wandel ging noch weiter. Innerhalb weniger Monate war ich in Reiki eingeweiht und hatte Kontakt zu Erzengel Raphael und seinen Heilengeln aufgenommen. Seither führen mich die Engel.

Mairi Beckett, DCS

Traumzeit

Wenn die Engel uns spezifische Ratschläge geben, verleihen sie uns im Allgemeinen auch die Kraft und die Entschlossenheit, für das zu kämpfen, was wir für richtig erachten.

✳ ✳ ✳

Ich wachte dreimal hintereinander mitten in der Nacht auf, weil mir mein Engel sagte, ich solle meine Mutter zum Arzt bringen, weil mit ihrem Bauch etwas nicht stimmte.

Ich ging mit ihr zum Internisten. Während wir im Wartezimmer saßen, bat ich die Engel mir zu sagen, was ich sagen sollte. Der Arzt konnte nichts finden, aber ich war so verzweifelt, dass er meinte, er würde eine Computertomografie machen lassen. Das jedoch könne dauern.

Ich erklärte ihm, dass ich diese selbst bezahlen würde, woraufhin er im Krankenhaus anrief. Als er auflegte, sagte er: »Sie haben wirklich Glück, schon morgen können Sie einen Termin haben.«

Ein paar Stunden nach der Untersuchung wurde mir gesagt, ich solle mit meiner Mutter schnellstens zu einem Gefäßchirurgen gehen. Sie hatte ein abdominales Aortenaneurysma und wurde sofort in den Operationssaal gebracht. Der Chirurg sagte, meine Mutter hätte Glück gehabt, denn wäre das Aneurysma nicht entdeckt worden, hätte sie nur noch Stunden zu leben gehabt. Wieder einmal dankte ich den Engeln für ihre Hilfe.

Mariel Forde Clarke, DCS

Von den Engeln ermutigt

Wie schlimm es auch stehen mag, die Engel werden versuchen, zu Ihnen durchzudringen, um Ihnen zu helfen.

❅ ❅ ❅

An einem Silvesterabend gingen wir am Fuße des Sainte-Victoire-Gebirges spazieren. Ich entdeckte einen kleinen Felsvorsprung, setzte mich mit dem Gesicht der Sonne zugewandt hin, spürte die Brise in meinem Haar und begann zu meditieren. Alles war ganz wunderbar.

Mein Engel sprach zu mir und versicherte mir, dass ich nie allein sein würde, dass er immer da wäre und dass ich an der Schwelle zu etwas Neuem stehen würde. Einige Zeit zuvor hatte ich ein wunderschönes Blatt gefunden und beschlossen, es am Berg zu lassen, damit die Engel es mit zu Gott nehmen könnten. Als wir ins Hotel zurückkamen, ging ich ins Badezimmer und sah auf dem Boden eine kleine weiße Feder liegen.

Susie Cooper

In Zeiten der Not

Wenn die Engel bei uns sind, verbreiten sie neben der Gewissheit, dass alles gut werden wird, auch ein wunderbares Gefühl der Ruhe und des Friedens.

❅ ❅ ❅

Ich machte eine Phase großer finanzieller Probleme durch. Ich konnte keinen Ausweg sehen, und als ich eines Nachts ins Bett ging, war ich völlig panisch und verspürte große Angst.

Da hörte ich eine Frauenstimme sagen: »Entspann dich; fürchte dich nicht; lass los.« Ich wusste nicht, wer zu mir gesprochen hatte, aber ich fühlte mich getröstet und beschloss, den Rat zu beherzigen. Ich versank in einen tiefen Schlaf und erwachte, weil ich das Gefühl hatte, dass mich jemand wieder ins Bett legte. Ich war ganz ruhig und voller Hoffnung und wusste, dass alles gut sein würde. Ich bin mir sicher, dass es die Stimme meines Schutzengels war, der in meiner Not zu mir gesprochen hatte.

Jayshree Naidoo

Die Stimme eines Engels

Wenn Sie auf die Stimme der Engel hören, macht das Ihr Leben bedeutend einfacher.

❀ ❀ ❀

Eines Nachmittags fuhr ich zum Supermarkt und parkte das Auto an einer anderen Stelle als gewöhnlich. Als ich mit dem Einkaufen fertig war, ging ich automatisch zu dem Ort, an dem ich meinen Wagen normalerweise parke. Da hörte ich eine strenge Stimme sagen: »Wir haben unser Auto auf der gegenüberliegenden Seite geparkt!« Ich hörte die Stimme mehrmals, und als sie immer lauter wurde, drehte ich mich um, um zu sehen, wer da so energisch war. Aber es war niemand zu sehen. Da begriff ich, dass es die Stimme eines Engels war, der mir sagen wollte, dass ich das Auto an einer ganz anderen Stelle geparkt hatte.

Marjetka Novak, DCS

Erinnerung an die Liebe

Das Universum, der göttliche Quell und die Engel lassen uns nie im Stich. In dieser Geschichte wird dies deutlich sichtbar.

❀ ❀ ❀

Ich durchlebte die dunkle Nacht der Seele. Obwohl ich das wusste, fühlte ich mich im Stich gelassen und zweifelte jegliche Verbindung zu Gott und dem Göttlichen an. Vorwurfsvoll sagte ich zum göttlichen Quell: »Du hast mich im Stich gelassen!« Da hörte ich eine donnernde Stimme, die antwortete: »Ich habe dich nie im Stich gelassen. Du hast dich selbst im Stich gelassen.«

Noch immer verletzt und mit dem Gefühl der Isolation sah ich im Flur eine ganze Gruppe schneeweißer Engel auf mich zukommen. Sie waren gekommen, um mich an meine Verbindung zum Göttlichen zu erinnern, als ich dies am meisten brauchte. Ich stand in der Gegenwart ihrer Reinheit und Gnade und ließ mein Herz mit Licht erfüllen.

Was für ein eindrückliches Beispiel dafür, dass sich unser Glaube ändern muss, wenn das Leben zu fordernd für ihn wird. Seither ist mein Glaube viel beständiger. Er basiert auf der Erinnerung daran, welche Liebe die Engel für uns empfinden. Sie wollen nur, dass wir uns an unsere Göttlichkeit und an die Wahrheit erinnern.

Marie Louise Jones

Überstunden

Geben Sie niemals die Hoffnung auf, auch wenn etwas vollkommen unmöglich erscheint.

✳ ✳ ✳

Ich arbeitete als Aushilfsarzt in einer neuen Praxis. Da mir die Arbeit dort Spaß machte, fragte ich, ob ich mehr Stunden bekommen könnte. Mir wurde gesagt, dass sie mich zwar gern mehr beschäftigen würden, aber gerade einen langfristigen Vertrag mit einem anderen Aushilfsarzt abgeschlossen hätten. Ich war zwar enttäuscht, akzeptierte dies aber so.

Ein paar Tage darauf bekam ich eine klare Durchsage von meinem Schutzengel, dass der andere Arzt die Stelle nicht antreten könnte und dass ich sie bekommen würde. Kurz darauf kam der Praxismanager zu mir und fragte mich, ob ich mehr arbeiten könnte, da der andere nicht mehr für sie arbeiten konnte. Ich war hocherfreut und arbeite bis heute in dieser Praxis.

Birinder Kaur

Von den Engeln gerettet

Wenn unsere Seele nicht zugestimmt hat, dass wir sterben sollen, wird der Schutzengel dafür sorgen, dass wir überleben.

❀ ❀ ❀

Ein Seminarteilnehmer erzählte uns eine Geschichte aus seiner Jugend. Er hatte in einer Kellerwohnung ohne Fenster gewohnt, und eine Tages fing der Gasofen an zu lecken. Er dachte, er hätte im Traum eine Stimme gehört, die sagte: »Steh auf und nichts wie raus!« Zuerst überhörte er sie, aber als sie immer lauter wurde, konnte er sie nicht mehr ignorieren. Obwohl er durch die austretenden Gase bereits benommen war, schleppte er sich aus der Wohnung, zumindest konnte er den Kopf aus der Tür stecken. Die Nachbarn fanden und retteten ihn. Sein Schutzengel hatte ihm das Leben gerettet.

Marjetka Novak, DCS

Mit den Engeln ist alles möglich

Viele von uns sind schon in furchtbaren Situationen gewesen, da ist es gut zu wissen, dass die Engel im Hintergrund wirken, um alles wieder ins Lot zu bringen.

❀ ❀ ❀

Ich kehrte mit meiner einjährigen Tochter nach Schweden zurück, nachdem mein Mann und ich uns hatten scheiden lassen. Dort konnte ich keinen Job finden, ohne zuerst für Kinderbetreuung gesorgt zu haben. Weil ich keine Stelle hatte, konnte ich keine Wohnung mieten. Weil ich keine Wohnung hatte, konnte ich keinen Krippenplatz bekommen. Es war ein einziger Albtraum!

Schließlich gelang es mir, eine Wohnung zur Untermiete zu finden. Ich erhielt auch ein Stipendium für den zweiten Bildungsweg. Sophie bekam einen Platz in der Krippe und ich war glücklich. Aber schon bald stellte sich heraus, dass ich die Wohnung nicht behalten konnte. Das Sozialamt versprach, mir eine andere zu besorgen, aber es war keine frei. Die Krippe und die Schule, auf die ich ging, waren im gleichen Stadtteil. Wenn ich umziehen müsste, würde ich auch die Schule aufgeben müssen. Dann aber würde ich nicht für die Krippe zahlen können. Ich lag jede Nacht wach und warf mich unruhig im Bett hin und her.

Drei Wochen vor der Zwangsräumung lag ich wieder wie gewöhnlich schlaflos im Bett, als ich eine wunderschöne liebevolle Frauenstimme sagen hörte: »Mach dir keine Sorgen, alles wird gut.«

Daraufhin schlief ich augenblicklich ein. Zwei Tage später bekam ich einen Brief, in dem mir mitgeteilt wurde, dass ich direkt neben der Schule und in der Nähe der Krippe eine neue Wohnung bekommen würde.

Kay Gallen-Kallela

Ein liebevoller Rat

Es folgt eine faszinierende Geschichte, in der ein Engel gut hörbar einen ganz spezifischen Zeitrahmen für die Lösung eines Problems bekanntgibt.

❊ ❊ ❊

Ich befand mich mitten in einer sehr traumatischen Scheidung und versuchte irgendwie klarzukommen. Eines Abends saß ich weinend und um Hilfe flehend im Garten. Ich stand kurz vor einem Nervenzusammenbruch. Ich bat darum, dass bestimmte Fakten offenbar werden mögen, damit ich Entscheidungen treffen und die Probleme lösen könnte. Plötzlich wurde ich ganz ruhig und hörte eine Stimme sagen: »Sein ganz ruhig, mein Kind, in drei Tagen wird alles geregelt sein.«

Ich wusste, dass ich mich auf diese Information verlassen konnte, und stellte sie daher nie infrage. Zum ersten Mal seit langer Zeit schlief ich gut. Eine Freundin, der ich von meinem Erlebnis erzählte, dachte, ich sei verrückt geworden. Doch genau drei Tage später kamen die nötigen Fakten tatsächlich ans Tageslicht und ich konnte eine Entscheidung treffen. War es ein Engel, der mich beruhigt hatte, ein Führer oder ein Meister? Es spielt keine Rolle. Ich bin ewig dankbar, das Erlebnis gab mir neuen Mut, denn ich wusste, dass ich nicht allein war.

Carol

Liebe erträgt alles

Wenn wir doch nur wüssten, was unsere Schutzengel alles tun, um uns zu helfen, wenn wir enttäuscht oder niedergeschlagen sind.

❋ ❋ ❋

Ich war sehr enttäuscht, weil ich eine Rolle in einer Show nicht bekommen hatte. Da ich auch im Berufsleben nicht sehr erfolgreich war, traf mich dieser Schlag noch schwerer. Ich war in Tränen aufgelöst, aber ich konnte Wellen der Liebe spüren, die auf mich zuströmten. Dann hörte ich diese weisen Worte: »Sei dankbar für das, was du hast« und »Liebe erträgt alles«.

Dies ist seither noch oft geschehen, und ich weiß, die Worte stammen von den Engeln.

Stephanie

Die Leiter

Wenn unsere Zeit zu sterben noch nicht gekommen ist, werden die Engel dafür sorgen, dass wir es begreifen, wie diese dramatische Geschichte beweist.

❋ ❋ ❋

Als ich zwei Jahre alt war, fiel ich in das Schwimmbecken. Niemand war in der Nähe und ich sank auf den Boden. Eine tröstende Stimme sagte klar und deutlich: »Öffne die Augen und schwimm zur Leiter.« Ich tat es und überlebte.

Sharon Olsen Guam

Überlebenstipps von den Engeln

Manchmal muss ein Engel sehr schwer arbeiten, um uns überleben zu helfen und uns zu heilen. Wie schon aus der vorangegangenen Geschichte sichtbar geworden, kümmern sich die Engel definitiv um Sharon.

✳ ✳ ✳

Ich goss Benzin auf einen Holzstapel, ohne zu wissen, dass sich darunter glühende Kohlen verbargen. Der Kanister mit zwanzig Litern Benzin explodierte! Dieselbe ruhige Stimme, die zu mir im Schwimmbecken gesprochen hatte, als ich ein kleines Kind war, sagte, ich solle mein Hemd ausziehen, mich zu Boden werfen und umherrollen. Ich überlebte, begriff aber erst später, dass die Engel beide Male bei mir gewesen waren. Ich habe nur ganz wenige Narben, und die meisten Menschen sehen überhaupt nicht, dass ich einmal Verbrennungen erlitten hatte. Das liegt sicher daran, dass ich zu meinen Engeln bete, deren Namen ich nicht kenne, von denen ich aber weiß, dass sie da sind.

Sharon Olsen Guam

Eine Hand auf der Schulter

Ein erdgebundener Geist ist noch nicht ins Licht hinübergegangen. Seine Energie ist oftmals sehr problematisch und kann für feinfühlige Menschen ein Problem sein, sodass sie den Schutz der Engel brauchen.

✳ ✳ ✳

Ich hatte ein schwieriges Jahr hinter mir, sodass ich körperlich, emotional und spirituell erschöpft war. Ich schien besonders sensibel für negative Energien zu sein, und manchmal hatte ich das Gefühl, es würde mir etwas anhaften. Daher bat ich Erzengel Michael um Schutz.

Eines Tages hatte ich mich mit meiner besten Freundin zum Mittagessen verabredet. Während ich ihr von meinen Sorgen erzählte, sagte sie, dass sie sich ganz schlecht fühlte und völlig erschöpft sei. Während wir uns unterhielten, sah ich neben uns einen Engel stehen. Er war über zwei Meter groß und ganz in Weiß gekleidet. Er legte die rechte Hand auf die linke Schulter meiner Freundin und seine linke auf meine rechte Schulter. Dann sagte er: »Ich bin hier, ihr steht unter meinem Schutz.« Ich spürte einen Energieschub und fühlte mich getröstet. Die Liebe, die dieser Engel für mich empfand, überwältigte mich.

Ich glaube an Engel, weil ich einen gesehen habe! Die Engel wollen uns auf unserer Lebensreise unterstützen. Wir sollten sie um Hilfe bitten und in unser Leben einladen.

Theresa Monson

Nur die irdischen Eltern

Viele Menschen fühlen sich nicht geliebt und wundern sich, warum sie sich gerade diese Eltern ausgesucht haben. (Mehr Informationen zu diesem Thema finden Sie in meinem Buch Transform Your Life. *Deutsch:* Ich schenke mir ein neues Leben. Sieben Schritte zu mir selbst. *Heyne.)*

❀ ❀ ❀

Eines Abends war ich sehr traurig und fragte mich, warum ich das Gefühl hatte, nie von meinen Eltern geliebt und gewollt worden zu sein. Warum bloß hatte ich mir ausgerechnet diese Eltern ausgesucht? Da spürte ich, wie mich ein Gefühl der Liebe überkam, und ich hörte eine Stimme sagen: »Wir sind deine wahren Eltern. Wir lieben dich sehr. Die anderen sind nur deine irdischen Eltern. Alles ist gut.« Ich musste weinen, weil das Gefühl der Liebe so stark war.

Seitdem bin ich wegen meiner Eltern nie wieder traurig gewesen.

Kay Gallen-Kallela

Ein Engel rief meinen Namen

Wow! Was für eine wunderbare Bestätigung von den Engeln.

❀ ❀ ❀

Nach einem Schlaganfall waren bei mir Lähmungserscheinungen zurückgeblieben, sodass sich mein Mann um mich kümmern muss. Ab und zu macht er Ferien und besucht Verwandte in Frankreich. Wenn er fort ist, ist der Pflegedienst für mich da.

In der Nacht, bevor mein Mann beim letzten Mal fortging, sprach ich meine üblichen Gebete, bat meinen Schutzengel darum, mich zu beschützen, und mir ein Zeichen zu geben, damit ich wusste, dass er da war.

Am nächsten Morgen rief eine Stimme, die ich nicht kannte, meinen Namen. Ich dachte, es wäre jemand vom Pflegedienst, also rief ich, ich wäre in der Küche, aber es kam niemand. Niemand war da, aber ich hatte deutlich gehört, wie mein Name gerufen wurde. Ich weiß, dies war das Zeichen, um mir zu bestätigen, dass ich beschützt wurde. Ist das nicht wunderbar?

Vivien Barboteau

Der Engel Elia

Carol ist ein Medium. Sie sieht Engel und kommuniziert täglich mit ihnen.

❊ ❊ ❊

Im Laufe der Jahre hatte ich viele Erlebnisse mit Engeln. Eines Abends, ich wollte gerade ins Bett gehen, schien es mir, als würde ein Ton durch meine Schädeldecke dringen und meinen ganzen Körper durchströmen. Es war ein sehr hoher Ton, der direkt zu meinem Geist sprach. Danach fiel ich in einen tiefen Schlaf.

Meine Engel hatten mir gesagt, ich solle alles aufschreiben, deshalb schrieb ich dieses Erlebnis später auf. Als ich damit anfing, erklang derselbe Ton wieder. Ich legte mein Tagebuch hin und ließ mich ganz auf diese Erfahrung ein. Da hörte ich eine tiefe Männerstimme, die von einem höheren Ort zu kommen schien und eine höhere Schwingungsfrequenz hatte, als ich je wahrgenommen hatte. Von ihr empfing ich eine machtvolle Botschaft: »Ich bin der Engel Elia. Du sollst erwachen und alle anderen Erdengel herbeirufen. Man wird dich anleiten. Wir lieben dich so sehr. Du bist die Mutter von allem.«

Die Botschaft war sehr profund. Ich konzentrierte mich auf meinen Atem, wie die Engel es mich gelehrt hatten, da dies Körper, Geist und Seele harmonisiert.

Carol Guy

Engel sehen

Es gibt so viele Möglichkeiten, mit den Engeln in Kontakt zu treten. Menschen, die Engel sehen, gelten als hellsichtig. Dieser Abschnitt enthält einige wunderbare Beispiele ihrer Erfahrungen.

Ein Engel erscheint

Das Wunderbare an dieser unglaublichen Geschichte ist, dass sowohl Hannah-Belle als auch ihr Mann diesen Engel sahen, der hier in allen Einzelheiten beschrieben wird.

❋ ❋ ❋

An einem Sommermorgen saß ich mit meinem Mann im Bett. Wir tranken etwas und sprachen über den vor uns liegenden Tag. Das Sonnenlicht schien hinter Daniel durch das Fenster. Es fiel auf die Wand gegenüber, an der eine Kommode stand. Es wurde immer heller, und ich konnte sehen, wie es Gestalt annahm. Ich stieß Daniel an und flüsterte: »Siehst du, was ich sehe?«

Er antwortete: »ja.« Wir saßen sprachlos da. Das Lichtwesen war etwa anderthalb Meter groß, und wir konnten seine Flügel und Federn sehen – sogar den Heiligenschein. Das Lichtwesen wurde immer heller, bis es schließlich nach etwa drei Minuten langsam verblasste.

Ich werde nie die Federn vergessen, denn sie waren vollkommen. Ich fühle mich so geehrt, dies sehen zu dürfen – besonders da mein Mann es ebenfalls wahrgenommen hatte.

Hannah-Belle Roberts

Die Trauernden heilen

In dieser Geschichte gibt Lesley eine der klarsten und schönsten Beschreibungen eines Engels wieder, die ich je gelesen habe.

❋ ❋ ❋

Meine liebe Mutter war schon eine Weile gebrechlich, aber es war doch ein Schock für mich, als sie starb. Ich spürte die schlimmste Trauer, die ich je erlebt hatte. Ich lag im Bett und rief nach meiner Mutter und nach Gott. Ich sagte, wie leid es mir täte, dass ich ihren Tod nicht verhindern konnte, und bat Gott, sich um sie zu kümmern.

Da sah ich ein helles Licht, das sich vom Schädeldach über meinen Körper bis hin zu den Füßen bewegte. Ich sah einen wunderschönen, etwa zweieinhalb Meter großen Engel. Sein Haar war silberweiß und das Gesicht wirkte wie aus Porzellan. Er hatte seine Augen wie in tiefer Konzentration geschlossen. Sein Gewand hatte viele Falten, und er hielt eine Lichtkugel in den Händen, deren Licht auf mich fiel.

Ich sah, dass sechs oder acht Hände sein Gewand berührten. Ich verstand dies als ein Symbol der Heilung. Wurde mir die Botschaft geschickt, dass meine Mutter geheilt wurde oder dass meine Trauer geheilt wurde? Oder beides? Ich sehe Geister, seit ich klein war, aber ich hätte mir nicht vorstellen können, dass Engel in der heutigen Welt real sind. Jede Nacht bete ich nun zu den Engeln und den Erzengeln, so wie ich auch jede Nacht zu meiner lieben Mutter bete.

Lesley Darbyshire

Die Gegenwart eines Engels

Kann es einen wunderbareren Trost in Zeiten des Verlustes geben als den Anblick eines Engels?

❈ ❈ ❈

Ich erinnere mich noch, wie meine Mutter uns sagte, dass Großvater nach seinem Tod in einem Zimmer in unserem Haus aufgebahrt würde. Da wir Gäste hatten, hatte meine Mutter ihr Bett zur Verfügung gestellt und schlief in dem Zimmer, in dem der Sarg stand. In der Nacht erwachte sie und sah ein sehr helles Licht. Als sie zum Sarg hinüberblickte, sah sie dort einen großen Engel stehen.

Margaret Grundy, DCS

Hoffnungsbringer

Engel sorgen dafür, dass sich Magie ereignet.

✳ ✳ ✳

Im Jahre 1997 war ich vollkommen verzweifelt. Ich hatte vier kleine Kinder, arbeitete Vollzeit, mein Mann hatte einen sehr anstrengenden Beruf und meine Mutter, die bei uns wohnte, war demenzkrank.

Ich war erschöpft und frustriert. Trotz all meiner Bemühungen konnte ich nicht die richtige Pflege für meine Mutter bekommen. Eines Nachts konnte ich nicht schlafen und dachte, ich würde nicht länger mit alldem fertig werden. Ich bat: »Bitte helft mir!« Da tauchte neben meinem Bett ein helles Licht auf und ein wunderschöner silberner Engel trat daraus hervor, ergriff meine Hand und sagte mir, dass alles gut sein würde. Dann wurde ich in eine Schwingung des Friedens und der Liebe eingehüllt, die so machtvoll war, dass ich dafür keine Worte habe.

Am nächsten Tag kamen die Dinge dann ins Rollen. Wie durch Magie erschien die Hilfe, die ich für meine Mutter benötigte. Dieses machtvolle Erlebnis ist mir in Erinnerung geblieben und hat mich dazu inspiriert, mit anderen Menschen zu arbeiten und ihnen von den Engeln zu erzählen.

Elizabeth Ann, DCS

Unfallengel

Wenn man sich weigert, auf die Botschaften der Engel zu hören, mag die Seele zustimmen, dass ein dramatischerer Weckruf erfolgt.

✳ ✳ ✳

Ich geriet in einen schlimmen Unfall, bei dem ein junger Mann von hinten auf meinen Wagen auffuhr. Mein Auto war demoliert und ich war eingeschlossen. Doch es kam Hilfe, ich wurde befreit und trug nur kleine Verletzungen davon. Die Polizisten und die Rettungskräfte waren erstaunt und sagten mir, dass ich Glück hatte, überhaupt noch am Leben zu sein. In jener Nacht besuchten mich mehrere Engel. Als ich sie ansah, erfüllte mich ein Gefühl tiefer Ruhe und großer Liebe.

Einer sagte zu mir: »Das mussten wir tun, um dich zur Umkehr zu bewegen.« Ich befand mich damals in einer destruktiven Beziehung und hatte einen sehr anstrengenden Job. Aus beidem musste ich unbedingt raus.

Der Unfall und die daraus resultierenden Rückenschmerzen bedeuteten, dass ich krankgeschrieben wurde und nicht mehr zur Arbeit gehen konnte. Während dieser Zeit beendete ich die Beziehung und sah mich nach einer neuen Stelle um. Das Ergebnis: Ich fand einen guten Job und begegnete meinem jetzigen Lebenspartner. Ich bin überzeugt, dass mich die Engel in jener Nacht besucht hatten, damit ich etwas unternahm.

Caitlin Allen

Die Engel anderer Menschen sehen

Dies ist die Geschichte von Jennifer, die als Kind sehr feinfühlig war und nicht wusste, wie sie mit ihrer Hellsichtigkeit umgehen sollte.

❀ ❀ ❀

Von Kindesbeinen an konnte ich Auras sehen. Ich dachte, jeder könnte das. Erst als ich zehn Jahre alt war, begriff ich, dass nicht alle Menschen es konnten. Vor etwa zehn Jahren begann ich Licht neben einem Menschen zu sehen, den ich ansah, oder eine Gestalt, die stets strahlend weiß war. Ich sah Gesichtszüge wie auf einem Negativ, was übrigens auch passiert, wenn ich blinzle.

Ich habe erstaunliche Dinge gesehen. Einmal sah ich zum Beispiel vier Menschen aus dem Meer kommen. Dann begriff ich, dass es nur zwei Menschen waren und dass die anderen hellen Gestalten hinter ihnen ihre Schutzengel waren. Ich weiß, dass es Engel oder Geistführer sind, die ich sehe. Das empfinde ich als sehr tröstlich.

Jennifer Palmer

Eine Erinnerung ans Leben

Diese Geschichte enthält eine eindrückliche Botschaft der Engel, dass wir hier sind, um zu leben und um jeden Augenblick anzunehmen.

❀ ❀ ❀

Die letzten fünf Jahre waren die schlimmsten meines Lebens. Ich bin sechsmal umgezogen und begann, unter einer posttraumatischen Belastungsstörung zu leiden. Zudem geriet ich in finanzielle Schwierigkeiten. Schlimmer konnte es eigentlich nicht mehr werden. Aber als ich eines Morgens aufstand, spürte ich einen Knoten in meiner Brust. Ich geriet in Panik, denn ich hatte schon immer Angst vor Krankenhäusern. Der Arzt ließ eine Mammografie machen, was mich noch mehr in Angst versetzte. Das Warten auf den Befund schien endlos. Zum Glück aber war es nur eine Gewebeverdickung und alles war in Ordnung.

Am nächsten Morgen hatte ich eine Vision. Eine weibliche, ganz in Weiß gekleidete Gestalt mit langem Haar stand vor mir und sagte: »Gestern warst du tot, heute hast du dein Leben zurückbekommen.« Dann verschwand sie. Das war so ein tief gehendes Erlebnis! Mein Engel war zu mir gekommen, um mir zu sagen, dass ich noch eine Weile hier bleiben werde.

Joan Charles

Ein Straßenengel

Ist es nicht wunderbar, dass Candace den Engel sehen konnte, der ihre Tochter beschützte?

❄ ❄ ❄

Als meine jüngste Tochter auf der Uni war, ging sie eine Zeit lang mit ihren Freunden bis in die frühen Morgenstunden aus. Manchmal tranken sie bei diesen Anlässen auch einiges. Ich lag dann hellwach im Bett und wartete darauf, dass ich ihr Auto hörte.

Als ich eines Nachts wieder einmal auf sie wartete, sah ich deutlich ein Bild ihres Autos, das die Straße entlangfuhr. Auf dem Dach lag ein wunderschöner weißer Engel. Es sah aus, als ob er sich an einem Schlitten festhalten würde. In diesem Augenblick wusste ich, dass meiner Tochter nichts passieren konnte. Bis heute stelle ich mir diesen weißen Engel, den ich Bianca nenne, vor, wie er über meine Tochter und ihr Auto wacht, sodass beiden nichts geschehen kann.

Candace

Goldene und weiße Engel

Es ist immer gut, wenn uns Hellsichtige erzählen, was sie während ihrer spirituellen Arbeit sehen.

✾ ✾ ✾

Als wir alle während der Filmarbeiten für *The Cosmic Moment* zusammenwaren und Diana den Herzschlag von Gaea trommelte, sah ich goldene und weiße Engel neben allen Anwesenden stehen.

Linda Kelly

Die Engel wachen über mich

Engel erscheinen oft in einer Form, die für Kinder besonders angenehm ist.

✾ ✾ ✾

Mein erstes Erlebnis hatte ich mit fünf Jahren, als ich einen schlimmen Unfall hatte. Ich fiel über einen Gullydeckel und musst aus dem Loch geholt werden. Nachdem ich aus dem Krankenhaus entlassen worden war, schlief ich eine Zeit lang bei meinen Eltern, da ich noch sehr krank war. Mitten in der Nacht wachte ich da einmal auf und sah drei »Nonnen« neben dem Bett stehen. Ich weckte meine Eltern und fragte sie, warum die Nonnen hier seien, aber da sie nichts sahen, meinten sie nur, ich solle weiterschlafen. Die Nonnen blieben da, bis ich wieder eingeschlafen war.

Erst später begriff ich, dass es Engel waren, die mich beschützten und mir heilende Energie schickten. Mittlerweile bin ich neunundfünfzig, aber meine erste Begegnung mit den Engeln habe ich nie vergessen.

Lesley Morgan

Engel am Himmel

Katie zeigte mir eine ganz wunderbare Zeichnung, die sie von ihrem Engel angefertigt hatte.

✾ ✾ ✾

Ich war gerade in der Küche, um nachzusehen, ob auch alle Geräte ausgeschaltet waren. Plötzlich sah ich eine Hand vor mir, die mir bedeutete aufzuhören. Ich sah aus dem Fenster und erblickte das Bild eines Engels am Himmel. Er trug einen Ritterhelm und hatte wunderschöne Schwingen.

Katie Curtis

Engel spenden Hoffnung

Die Engel sind so voller Liebe und Mitgefühl, dass sie zu uns kommen, wenn wir in Not sind.

❄ ❄ ❄

Vor sieben Jahren geschah auf der Arbeit etwas, das mich tief erschütterte. Als ich nach Hause kam, fing ich an zu weinen und weigerte mich, mit irgendjemandem zu sprechen. Ich ging ins Bett und verkroch mich unter der Decke. Als ich dann die Engel um Hilfe bat, hörte ich einen sehr melodischen Chorgesang.

Dann sah ich ein zweieinhalb Meter großes Wesen, das ganz in Gold gebadet in einer Ecke stand. Ich hatte das Gefühl, es würde auf mich aufpassen, und ich wusste, ich hatte einen Engel gesehen.

Dieses Gefühl hat mich nie verlassen, ich weiß jetzt, dass wir die Engel in Zeiten der Not anrufen können. Ich rate anderen Menschen immer, die Engel in guten wie in schlechten Zeiten zu kontaktieren und die irdischen Segnungen mit ihnen zu teilen.

Tara

Engel am Himmel

Kurz vor dem Einschlafen oder Aufwachen ist der Schleier zwischen den Welten besonders dünn. Während dieser Phasen haben viele Menschen Kontakt mit ihren Engeln.

❄ ❄ ❄

Eines Morgens erwachte ich, als es noch dunkel war. Ich sah zur Decke und erblickte dort einen Nachthimmel mit Hunderten von Sternen, die wie kleine LED-Lampen aussahen. Am Himmel waren viele Engel unterschiedlicher Größe zu sehen, die sich schnell hin und her bewegten. In der Mitte sah ich einen großen Engel, der sich nicht bewegte. Die Engel sahen aus wie Lichtsilhouetten und hatten Auras. Als ich meine Augen schloss und sie wieder öffnete, waren sie immer noch da. Ich lächelte sie an, bedankte mich und fühlte mich sehr beschwingt.

In der nächsten Nacht hatte ich noch ein Erlebnis, bei dem ich einen großen Engel sah, der eine Taube hielt.

Pat McLure

Hitze, Licht und Heilung

Engel und Geistführer erscheinen uns in vielerlei Gestalt, aber immer ist es eine Ehre, sie zu sehen.

❄ ❄ ❄

Ich machte eine schwere Zeit durch. Als ich eines Abends ins Schlafzimmer ging, spürte ich eine extreme Hitze über meinem Kopf und sah dort ein Licht. Es war ganz erstaunlich, diese heilende Energie zu spüren. In jener Nacht schlief ich ganz friedlich. Als ich am nächsten Morgen erwachte und die Tür öffnete, stand dort ein riesiger Mann. Ich wusste, dass dies mein Schutzengel Pontius war. Wo immer ich auch hingehe, sehe ich vor meinem geistigen Auge den Buchstaben »P«. Ich danke den Engeln. Ihr seid einfach unglaublich!

Sumaya Essop

In schwierigen Situationen

Auch in dieser Geschichte tauchen Engel auf, nehmen die Angst und bringen Heilung.

❄ ❄ ❄

Vor sieben Jahren wurde ich mir meiner Sterblichkeit bewusst. Ich hatte eine größere Operation vor mir und furchtbare Angst. Aber da ich zwei kleine Kinder hatte, musste ich es irgendwie schaffen. Ich betete, wie ich noch nie gebetet hatte.

Als sie mich in den Operationssaal schoben, sah ich meine verstorbene Mutter und viele Engel. Meine Mutter sagte, sie wären alle gekommen, um dafür zu sorgen, dass alles gut verlaufen würde. Als ich wieder zu mir kam, wollten die Schwestern wissen, warum ich lächelte. Ich erklärte ihnen, dass die Engel auf mich aufpassten und dass sie mir gesagt hatten, es würde alles gut gehen. Die Engel existieren wirklich und helfen, wenn wir sie darum bitten.

Rosa Fraga

Der Gesang der Engel

Da sich die Schwingungsfrequenz des Planeten erhöht, können mehr und mehr Menschen die Engel oder sogar einen ganzen Engelschor singen hören. Hinterher berichten sie meistens davon, dass sie sich geheilt oder inspiriert fühlen.

Wenn wir in einem Seminar summen, singen oder das OM intonieren, können wir sehr oft die wundervollen Klänge der Engel hören, die unsere Musik in höhere Frequenzen umwandeln. Das geht noch lange, nachdem wir aufgehört haben, weiter, und während dieser ganzen Zeit können Magie und Wunder geschehen.

Durch ein Lied geheilt

Wenn Sie Kontakt mit einem lieben Verstorbenen oder den Engeln aufnehmen möchten, sollten Sie auf die Lieder achten, die Sie hören.

❀ ❀ ❀

Wir halten Trauerseminare ab. Eine junge Teilnehmerin namens Kali hatte ihren Vater zehn Monate zuvor verloren. Während des Seminars empfingen die meisten Teilnehmer Botschaften, aber Kali empfing nichts. Sie vertraute mir an, dass sie zwar vom bisherigen Seminar profitiert hatte, aber dennoch frustriert war.

Dann geschah während der Abschlusszeremonie ein Wunder. Ich wählte Track 7 auf dem CD-Spieler aus, aber er sprang auf Track 9

»I Believe« (Ich glaube). Als das Lied zu Ende war, entschuldigte ich mich für das Versehen, aber Kali sprang mit Freudentränen im Gesicht auf und rief, dass ihr Vater mit ihr Kontakt aufgenommen hatte. »I Believe« war sein Lieblingslied gewesen, es war sogar bei seinem Begräbnis gespielt worden.

Kali glaubte, sie sei von den Engeln gesegnet worden, weil sie durch sie eine Botschaft von ihrem Vater empfangen hatte. Sie strahlte vor Liebe. Sie glaubt fest daran, dass ihr Vater ihr weiterhin durch die Engel den Weg weist.

Mariel Forde Clarke, DCS

Heilende Harmonien

Wenn schöne Harmonien gesungen oder gespielt werden, singen die Engel ihre wunderbaren heilenden Harmonien über den Anwesenden.

❄ ❄ ❄

Als Truda schwer krank im Krankenhaus lag, brachte ihr Sohn ihr ihre Lieblingsmusik. Sie hörte sich eine der CDs an: *100 000 Angels* von Bliss. Während sie das Lied hörte, konnte sie nicht aufhören zu weinen, weil sie die Engel um sich spürte. In diesem Augenblick wusste sie, dass sie vollständig genesen würde.

Dies wurde Diana Cooper von Truda erzählt.

Die Melodie der Engel

Wenn Sie Ihr Bewusstsein erweitern und Kontakt mit den Welten der Engel aufnehmen – unabhängig davon, ob Sie an Engel glauben oder nicht –, öffnen Sie sich der siebten Dimension und können möglicherweise ihre Musik hören.

❄ ❄ ❄

Nachdem ich meine Engelausbildung abgeschlossen hatte, bat ich meine gute Freundin Stanka, mir zu helfen, mich auf mein erstes Seminar vorzubereiten, indem sie die Rolle einer Teilnehmerin spielte. Stanka war mit den Schriften von Diana Cooper vertraut, stand den Übungen zwar etwas skeptisch gegenüber, aber sie machte mit und übte einige von ihnen zu Hause. Während sie das tat, hörte sie eine wunderbare Engelmelodie. Das wird sie niemals vergessen.

Marjetka Novak, DCS

Ankündigung einer Geburt

Jede Seele, die hier geboren wird, ist willkommen und wird geliebt.

❀ ❀ ❀

Mein erstes Engelerlebnis hatte ich nach der Geburt meines dritten Kindes. Es lag schlafend in seinem Körbchen, aber ich hörte, wie es unruhig wurde. Ich wachte sofort auf, da man bei einem Neugeborenen so wachsam ist wie sonst nie. Das Zimmer war von inspirierender Musik erfüllt. Ich hörte Trompeten, Panflöten und Flöten. Es war wunderschön und ich dachte: »Jeder Ton, den ich je gehört habe, wird hier in höchster Vollendung gespielt.« Das Gefühl, das ich beim Hören dieser Klänge hatte, blieb noch ewig bei mir. Als ich zum Fußende des Bettes ging, klang die Musik langsam aus. Ich nahm mein Baby auf und wusste, dass es diese Musik ebenfalls gehört hatte. Was für ein ganz besonderer Willkommensgruß!

Ann

Die Musik der Engel hören

Einige Lehrerinnen der Diana-Cooper-Schule reisten zu den Pipers Stones in der Nähe von Dublin. In den Steinen nahmen sie eine starke, wunderschöne Energie wahr. Diese Geschichte schildert, was eine der Lehrerinnen dort erlebte.

❀ ❀ ❀

Ich unterrichte Klavier und liebe Musik. Als wir im Steinkreis waren, hörte ich, wie die Engel eine Melodie sangen. Nachdem wir ins Hotel zurückgekehrt waren, legte ich mich aufs Bett und hörte wieder diese himmlische Musik. Plötzlich war eine ganze Stunde vergangen, so als ob die Engel mich irgendwo hin entführt hätten.

Als wir am nächsten Tag das magische Newgrange besuchten, hörte ich dieselbe Musik, aber dieses Mal war sie irdischer – so als ob sie von

Meistern oder unseren Vorfahren gesungen würde. Es kam mir vor, als würde mir aus den Welten der Engel kosmische Weisheit übermittelt, die später durch Wesen, die einmal Menschen gewesen waren, geerdet worden war.

Marie Mitchell erzählte dies Diana Cooper.

Vertrauen

Wenn die Engel über uns singen, spüren wir ihre reine Liebe. Manche von uns hören sogar ganze Engelchöre, besonders in jenem Zustand zwischen Wachen und Schlafen, in dem die Schleier besonders dünn sind.

❁ ❁ ❁

Eines Nachts blinkte in meinem Schlafzimmer schneeweißes Licht in regelmäßigen Abständen und im Hintergrund hörte ich einen Summton — wie der von einem Ventilator, aber ich spürte keinen Luftzug. Mich umgab ein intensives Gefühl der Liebe, so als ob ich von Kopf bis Fuß mit Liebe überschüttet werden würde. Ich spürte, dass alles so war, wie es eigentlich sein sollte. Die Botschaft lautete: »Vertraue«. In der darauffolgenden Woche wachte ich zur Musik eines Engelschors auf, der langsam verklang, je wacher ich wurde.

Annette O'Donnall

Die Antwort ist in einem Lied

Fragen Sie — und die Antwort wird Ihnen auf irgendeine Weise gegeben werden.

❁ ❁ ❁

Eines Abends richtete ich folgenden Wunsch an die Engel: »Ich möchte meine Intuition stärken. Ich möchte eure Botschaften besser hören, sehen und verstehen.«

Als ich am folgenden Morgen aufwachte, hörte ich in meinem Kopf die Melodie von »Silence is Golden« (Schweigen ist Gold). Sofort wusste ich, was ich zu tun hatte, um meine Intuition zu stärken.

Cornelia Mohr, DCS

Auf die Worte achten

Denken Sie an die Engel und danken Sie ihnen für alles, was sie für Sie tun, dann werden sie auch mit Ihnen kommunizieren.

❋ ❋ ❋

Während ich nach einem Engelseminar der Diana-Cooper-Schule auf dem Flughafen saß und auf meinen Rückflug wartete, schrieb ich die Abenteuer meiner inneren und äußeren Reisen in mein Tagebuch. Ich spürte, wie mich die Engel in Licht und Liebe hielten, und war dankbar und voller Licht.

Ich schrieb: »Geliebte Engel, wenn ich zu Hause bin und wieder arbeite, unterstützt mich bitte mit Freude, Leichtigkeit und Gleichmut. Ich danke euch.«

Ich klappte das Tagebuch zu, und plötzlich drang die Musik aus einem Café in mein Bewusstsein. Erstaunt und entzückt interpretierte ich die Worte des Liedes als Antwort der Engel: »Talk, talk, talk to me« (Sprich, sprich, sprich mit mir).

Cornelia Mohr, DCS

Ein Engelchor

Gelegentlich kommt es vor, dass sich Menschen fürchten, wenn sie einen Engel sehen oder hören. Das liegt häufig daran, dass sie nicht wissen, was geschieht. Die Engel verstehen unsere Ängste und werden ihr Möglichstes tun, diese auf behutsame Weise zu zerstreuen.

❋ ❋ ❋

Nachdem ich nach einer Meditation im Bett eingeschlafen war, hörte ich in meinem Ohr einen Engelschor. Ich fühlte mich so friedlich, aber dann bekam mein Verstand Angst, sodass ich aufschreckte und mich ängstlich fragte, was los war. Dieses Erlebnis hat mir letztendlich geholfen, die Verbindung zu den Welten der Engel stärker zu spüren.

Anonym

Die Engel stellen das Radio an

Wenn die Engel uns wirklich auf etwas hinweisen wollen, dann benutzen sie sogar Geräte, die gar nicht angeschaltet sind.

❀ ❀ ❀

Nachdem ich nach Hause gekommen war, ging ich mit dem Hund spazieren. Als ich zurückkam, hörte ich aus der Küche Stimmen. Vorsichtig schlich ich dorthin und sah, dass das Radio an war. Wir stellen es allerdings fast nie an und ziehen meistens sogar den Netzstecker. Das Lied, das gespielt wurde, war »Spirit in the Sky« (Geist im Himmel). Was für ein himmlisches Zeichen!

Karelena MacKinlay, DCS

Eine Botschaft für mich

Tausend Menschen mögen ein Lied hören und es ignorieren, aber wenn es für Sie bestimmt ist, werden Sie es wissen.

❀ ❀ ❀

Ich befand mich in einer Phase rapiden spirituellen Wachstums und hatte das Gefühl, dass ich Führung benötigte. Beim Bummeln in einem Einkaufszentrum hörte ich ein Lied mit den Worten »Send Me an Angel« (Schick mir einen Engel). Ich kannte dieses Lied aus meiner Kindheit. Instinktiv wusste ich, dass mir die Engel halfen und mich unterstützten.

Nadine Oliver

Unterstützung durch die Engel

Wenn Sie glauben, dass die Worte eines Liedes für Sie bestimmt sind, und daraufhin in dem Wissen handeln, dass die Engel Sie unterstützen, kann sich Ihr Leben vollkommen verändern.

❀ ❀ ❀

Ich arbeitete in einem Blumengeschäft und hatte eigentlich einen verantwortungsvollen Posten. Aber ich wurde von den Besitzern ständig fertiggemacht und schikaniert. Sie übertrugen mir völlig belanglose Aufgaben, sodass ich überhaupt nicht verstehen konnte, warum sie mich mit meiner Qualifikation überhaupt eingestellt hatten.

Als ich eines Morgens zur Arbeit fuhr, stand ich kurz davor, in Tränen auszubrechen, weil der Tag davor so furchtbar gewesen war. Der Verkehr war extrem dicht. Ich hörte mit halbem Ohr Radio, als plötzlich ein Lied über Engel gespielt wurde. Ich kann mich nicht an den Titel erinnern, aber die Worte sind mir deutlich in Erinnerung geblieben: »I walked into an empty room, suddenly my heart went boom … An orchestra of angels, waiting there for me … There must be an angel playing with my heart« (Ich ging in einen leeren Raum, plötzlich machte mein Herz einen Sprung ... Ein Orchester aus Engeln wartete dort auf mich … Ein Engel muss mit meinem Herzen spielen).

Ich brach in Tränen aus, aber nicht aus Kummer, sondern vor Freude. Ich wusste, mir war die Botschaft übermittelt worden, dass ich nicht allein war und auf Unterstützung zählen konnte. Ich kündigte und fand eine neue Stelle, in der ich mich um behinderte Menschen kümmern konnte.

Stephanie Beckham

Bedingungslose Liebe

Dies ist eine Geschichte über wahre bedingungslose Liebe.

✵ ✵ ✵

Ich begann, spirituelle Bücher zu lesen, woraufhin sich mir eine vollkommen neue Welt eröffnete. Meine spirituelle Entwicklung ging ziemlich rasant vor sich, aber mein Mann fühlte sich damit nicht wohl. Er sagte mir bald, dass er sich in eine Frau verliebt habe, die seine Zwillingsflamme sei, aber er wusste nicht, was er tun sollte. Er wollte, dass ich es ihm sagte, weil ich Bücher über Zwillingsflammen gelesen hatte.

Ich sagte ihm, dass ich ihn liebte, und wenn er mit seiner Zwillingsflamme zusammen sein wollte, dann wäre das in Ordnung, weil ich nur das Beste für ihn wollte. Das war einer der fantastischsten Augenblicke meines Lebens. Was ein Albtraum hätte sein können, war einfach nur wunderschön. Ich hörte die Engel singen und spürte reine Glückseligkeit, als sie uns in ihre Schwingen hüllten. Und in jener Nacht hatte ich dann einen wunderschönen Engeltraum.

Wenche Milas

Ein verkleideter Engel

Wir hören nur, was wir hören sollen.

✳ ✳ ✳

Nachdem ich eines Morgens in der Firma ankam, ging ich in mein Büro und stellte das Radio an. Ein fröhliches Lied erklang und ich traute meinen Ohren nicht, als ich die Worte hörte: »Open up your eyes ... angel in disguise ... open up your eyes ... angel of protection« (Öffne die Augen ... ein verkleideter Engel ... öffne die Augen ... ein Schutzengel). Danke, ihr Engel, sagte ich zu mir selbst.

Kari Nygard, DCS

KAPITEL 11

Babys und Kinder

Engel und Babys

Die Engel lieben Babys und ihre strahlende Unschuld, die sie sich bewahren konnten, weil sie die geistige Welt erst vor Kurzem verlassen haben.

Die Engel beschützen Babys

Dieser Großmutter wird eine Vision ihres ungeborenen Enkelkindes gewährt, das von den Engeln beschützt wird. So kann sie sich in der Gewissheit entspannen, dass ihre Enkelin sicher ist.

❄ ❄ ❄

Ein paar Tage, bevor meine Tochter Rosie mir sagte, dass sie mit meinem ersten Enkelkind schwanger war, empfing ich das deutliche Bild zweier Engel, die ein Baby – ich wusste, es müsse meine Enkelin sein – auf liebevolle, nährende und beschützende Weise hielten. Diese Vision blieb während Rosies ganzer Schwangerschaft bei mir. Ich wusste, dass meine Enkelin in Sicherheit war und dass ihr Schutzengel über sie wachte. Vor Kurzem gebar Rosie ihr Baby Jessica.

   Mary Thomson

Die Geburt einer alten Seele

Ich höre so gern Geschichten von Müttern, die ihr Baby sofort erkennen, wenn sie ihm in die Augen schauen.

❄ ❄ ❄

Nachdem ich meinen Sohn geboren hatte, wurde mir klar, dass das Leben so viel mehr ist, als wir normalerweise annehmen. Die Hebamme sah ihm in die Augen und rief aus: »Meine Güte, du bist aber eine alte Seele.« Ich wusste, dass sie recht hatte, konnte aber nicht erklären, warum.

Dann veröffentlichte Diana Cooper ihr Buch *Discover Atlantis* (gemeinsam mit Shaaron Hutton: *Entdecke Atlantis. Das Urwissen der Menschheit verstehen und heute nutzen.* Ansata) zu einem Thema, das mich schon immer interessiert hatte, und ich wusste, das war es! Ich kannte jedes Wort, das ich las.

Sandra Pratt

Eine große Seele wird geboren

So viele hochfrequente Seelen inkarnieren sich gerade jetzt, um dem Planeten zu helfen und uns allen Licht zu bringen.

❈ ❈ ❈

Mein Mann und ich wollten eine Familie gründen. Da ich daran glaubte, dass es möglich wäre, eine große spirituelle Seele zu bitten, mich als Mutter zu erwählen, betete ich mit aller Kraft meines Herzens.

Eines Nachts lag ich auf meinem Bett und schaute zur Decke hinauf, als ich sah, wie sich diese in einen wolkenverhangenen Himmel verwandelte. Die Wolken teilten sich und Ströme farbigen Lichts schienen auf meinen Körper. Es war eine unglaublich schöne Vision. Eine riesige weiße Taube erschien und schlug langsam und anmutig mit den Flügeln. Da wurde mir bewusst, dass ich eine hoch entwickelte Seele in mir trug. Ich bedankte mich bei den Engeln.

Hélène Gonella

Ein Neugeborenes

Diese Botschaft meines Schutzengels bezüglich meines neuen Enkelkindes erfüllte mich mit großer Freude.

❈ ❈ ❈

Meine Enkeltochter sollte zur Welt kommen, während ich in Irland an der Wiedersehensfeier der Diana-Cooper-Schule war. Insgeheim hoffte ich, dass sie warten würde, bis ich wieder zu Hause wäre, aber während der Wiedersehensfeier erhielt ich eine SMS, in der stand, dass meine Enkelin wohlbehalten und gesund zur Welt gekommen war. Dann musste ich in eine Besprechung. Als ich mich in den Kreis setzte, fiel mir auf, dass mein Schutzengel nicht bei mir war. Kaum hatte ich das bemerkt, als er auch schon angeflogen kam. Ich fragte ihn, wo er gewesen sei, und hörte erstaunt seine Antwort: »Ich habe dem Baby deine Liebe übermittelt.«

Ich fragte, warum Kailani sich entschieden hatte, während meiner Abwesenheit geboren zu werden. Die Antwort lautete: »Es machte ihr nichts aus, weil du eine so starke Herzensbindung zu ihr hast. Sie wusste, dass du für sie da bist.«

Ich flog bald nach Hause und traf Vorbereitungen, sie am nächsten Nachmittag zu besuchen. Aber am Morgen hörte ich sie rufen, ließ alles stehen und liegen und fuhr hin, um sie an mein Herz zu drücken.

Diana Cooper

Die Engel helfen einem Baby, sich zu erinnern

Diese Geschichte soll uns daran erinnern, dass es den Engeln leichter fällt, mit einem Baby Kontakt aufzunehmen, wenn wir es so viel wie möglich halten.

✳ ✳ ✳

Bevor mein fünftes Enkelkind geboren wurde, nahm ich eine ganze Woche lang eine riesige Lichtsäule neben mir wahr. Sie fühlte sich wunderschön und sehr machtvoll an. Mir wurde gesagt, dies sei die Energie von allen Engeln und von Gott.

Taliya kam dann per Kaiserschnitt zur Welt und war ein wirklich herziges Baby. In der ersten Woche bewegte sich die Lichtsäule jedes Mal, wenn ich sie in den Arm nahm, sodass sie durch uns beide hindurchging. Ich konnte auch den Gesang der Engel hören. Die Engel sagten, ich solle Taliya so oft wie möglich halten, weil sie ihr helfen wollten, sich zu erinnern, woher sie kam.

Diana Cooper

Die Liebe eines Babys

Eine ganz erstaunliche Geschichte, in der erzählt wird, wie ein Baby mit seinem Engel kommuniziert. Wie nah die Babys den geistigen Welten doch sind.

❀ ❀ ❀

Ich wusste immer, dass es Engel gibt, aber eines Nachts wurden sie für mich sehr real. Mein ältester Sohn Alex, der damals fünf Monate alt war, schlief in seinem Zimmer. Ich erwachte um vier Uhr morgens, weil ich nebenan eine Frauenstimme hörte. Mein erster Gedanke war, dass jemand in sein Zimmer eingedrungen war und dass ich meinen Sohn retten müsse, aber ich konnte meinen Körper nicht bewegen. Plötzlich verspürte ich einen tiefen Frieden und wusste, dass es meinem Sohn gut ging.

Die Frauenstimme erklang weiterhin in einer Sprache, die ich kannte, aber nicht verstand. Die Stimme war die eines Engels, und ich hatte eine Vision von einem geflügelten Seraphim, der neben dem Kinderbettchen stand. Die Stimme verklang und mein Sohn antwortete.

Ich werde dieses Bild niemals vergessen, weil es so wunderschön war. Ich glaube, dass mein Sohn eine wichtige Unterhaltung mit dem Engel geführt hat. Er hat immer noch Verbindung zu den Engeln und kann sie mit Leichtigkeit sehen. Meine Söhne sind erstaunliche Engellehrer für mich.

Anu Wyskiel

Ein Baby kennt seinen Namen

Unser Name wird von der Seele ausgesucht, und wenn er ausgesprochen wird, zieht seine Schwingung bestimmte Erfahrungen an.

❀ ❀ ❀

Während der Schwangerschaft meiner Mutter wurde beschlossen, dass ich Jane heißen sollte, falls ich ein Mädchen wäre. Alle wussten dies, auch mein Vater, der auf See war. In der ersten Woche meines Lebens wurde ich dann auch tatsächlich Jane genannt, bis die Standesbeamtin in die Geburtsklinik kam. »Wie soll das Baby heißen?«, fragte sie.

Meine Mutter öffnete den Mund, um »Jane« zu sagen, aber heraus kam »Ann«.

Während meiner Jugend nannten mich alle Anna. Ich denke immer, der arme Engel, der die Namen vergibt, er musste wirklich sehr schwer arbeiten, damit ich den richtigen Namen bekam. Immerhin klappte es in letzter Minute doch noch.

Anna Knight

Eine wundersame Empfängnis und Geburt

Wunder geschehen ständig. Oft sind sie einfach die spirituelle Konsequenz daraus, dass wir durch harte Arbeit die richtige Energie erlangen.

✳ ✳ ✳

Als ich den gesunden Neugeborenen zum ersten Mal in den Armen hielt, durchströmte uns ein Erkennen aus den himmlischen Welten der Schöpfung. Ich war Annabelle, der Mutter des Jungen, zum ersten Mal persönlich begegnet, obwohl wir vierzig Wochen lang zweimal in der Woche miteinander telefoniert hatten.

Annabelle hatte nach einer künstlichen Befruchtung bereits eine Fehlgeburt erlitten, und da sie sechsundvierzig war, war ihr gesagt worden, sie könne kein Kind mehr bekommen. Ich hatte mich bereiterklärt, dieser wunderbaren Frau zu helfen, Mutter zu werden.

Ich forderte die Hilfe eines Erzengels an, um Annabelles Körper und ihre Emotionen zu heilen. Wir telefonierten zweimal pro Woche. Ich rief die Meister an, damit sie die Fortpflanzungsorgane revitalisierten. Nach fünf Wochen wurde Annabelle schwanger. Ich nahm sie zweimal pro Woche mit in die Reiche der Engel. Annabelle beschrieb ihre Erlebnisse dort als »ganz erstaunlich«. Mit einem Engel an ihrer Seite gebar sie ihren wunderschönen Sohn Santino. Ich bin für die Familie sein »Engelpapa«.

Ian Pridmore

Umsorgt

Diese eindrückliche Geschichte erinnert uns daran, dass jede Fehl- oder Totge-
burt eine wunderschöne Seele ist, die der Familie auch nach ihrem Hinscheiden
verbunden bleibt.

❋ ❋ ❋

Vor acht Jahren hatte ich eine Fehlgeburt. Damals war mein Sohn achtzehn Monate alt, daher war ich zu beschäftigt, um mich meinem
furchtbaren Schmerz hinzugeben. Meine Schwägerin war ebenfalls
schwanger, und ich hasste die Eifersucht, die ich empfand, wenn ich sie
sah.

Eines Abends ging ich zu Bett und weinte mich einmal richtig aus.
Ich erwachte in den frühen Morgenstunden, weil ein Licht unter meiner Schlafzimmertür hindurchschien. Dann öffnete sich die Tür. Eine
dunkle Gestalt kam auf mich zu und eine Stimme sagte, ich müsse
keine Angst haben.

Die Gestalt breitete die Arme aus, sodass ich ein neugeborenes Mädchen sehen konnte. Das war mein Baby. Ich hatte ihr den Namen Sarah
gegeben, als ich sie verloren hatte. Jetzt verspürte ich ungeheure Erleichterung. Die Gestalt sagte bald, sie müsse Sarah jetzt wieder mitnehmen, aber sie würde sicher aufgehoben sein und ich würde sie wie-
dersehen.

Dann erinnere ich mich nur noch daran, dass mein Mann nach seiner
Nachtschicht ins Bett gekrochen kam. Ich stand auf, um nach meinem
Sohn zu sehen. Dabei spürte ich einen tiefen inneren Frieden in mir.
Auf dem Boden lag eine wunderschöne schneeweiße Feder. Ich lief ins
Schlafzimmer, um meinen Mann zu holen, aber als wir zurückkamen,
war die Feder verschwunden. Ich bin so gesegnet, dass ich meinen
Sohn habe. Die Engel wachen über uns alle und über alle Kinder in der
geistigen Welt.

Anonym

Schutz für meinen kleinen Sohn

Die Engel werden unsere Kinder behüten und dafür sorgen, dass sie glücklich sind, wenn wir einmal nicht da sind.

❀ ❀ ❀

Als mein Sohn sieben Monate alt war, bat ich Erzengel Michael, ihn in seinen Schutzmantel zu hüllen, wenn er in der Kinderkrippe war. Ich bin überzeugt, dass er deswegen glücklich und gesund blieb.

Wenn mein Sohn einmal schrie, bat ich die Engel, ihn im Licht zu baden, bis er sich beruhigt hatte. Mittlerweile ist er vier, und ich erzähle ihm von den Engeln. Ich habe Engelkarten für Kinder, die ich selbst auch gern benutze.

Britta

Unser Baby dankt uns

Wasser ist ein wunderbares psychisches und spirituelles Element.

❀ ❀ ❀

Seit langer Zeit sorgen die Engel beim Segeln für die Sicherheit unserer Familie und unseres Bootes. In einer leichten Brise zu segeln ist etwas ganz Wunderbares. Wir nahmen unseren Sohn zum ersten Mal mit aufs Boot, als er zwei Wochen alt war, und zum ersten Mal seit seiner Geburt konnte ich mich entspannen. In derselben Nacht träumte ich, dass ich der Seele meines Sohnes begegnete. Er bedankte sich dafür, dass er sich bei uns reinkarnieren durfte. Und ich dankte ihm, dass er in unsere Familie gekommen war. Dies war der einzige spirituelle Traum, an den ich mich je erinnert habe.

Britta

Die Gabe der Hoffnung

Diese bewegende Geschichte erzählt, wie drei Frauen eine so machtvolle Heilungsenergie erzeugten, dass alle drei trotz jahrelanger Probleme schwanger wurden.

❀ ❀ ❀

Tereza, Katrina und Hilary schlossen ihre Ausbildung zur Reiki-Meisterin gemeinsam ab. Ein Jahr später hatten alle drei jahrelange Probleme überwunden und erwarteten Nachwuchs. Hilary sagte: »Die Meister haben dies alles ausgelöst.«

Nach zwei Fehlgeburten hatte Tereza große Angst. »Als wir die Ausbildung zur Reiki-Meisterin begannen, lernte ich während einer Meditation einen Engel kennen, der mir Hoffnung machte. Darauf konzentrierte ich mich ständig.«

Katrinas einzige Möglichkeit, schwanger zu werden, war, sich auf künstlichem Wege befruchten zu lassen. »Die Arbeit gab mir ein tieferes Verständnis meiner Situation, hüllte mich in heilende Energie und räumte alles aus dem Weg, was mich bisher daran gehindert hatte, Mutter zu werden.«

Olivia, Thomas und Alex wurden in einem Zeitraum von sechs Monaten geboren. Sie alle haben hier eine besondere Aufgabe zu erfüllen. Sie sind ein Segen für uns und die Welt.

Elizabeth Harley, DCS

Mein Baby

Dies ist eine weitere inspirierende Geschichte über ein von den Engeln vollbrachtes Wunder.

❋ ❋ ❋

Vor neun Jahren war ich schwer krank. Ich hatte unkontrollierbare Krampfanfälle und zwei Fehlgeburten. Die Ärzte rieten mir von einem weiteren Baby ab, und der Neurologe erklärte mir, dass ich im Koma enden könnte, wenn ich weiterhin diese Anfälle hätte.

Meine Schwester schlug mir vor, es mit Reiki zu versuchen. Ich war zwar skeptisch, beschloss aber, es auszuprobieren. Je länger ich Reiki machte, desto mehr realisierte ich, dass ich dabei war, mich zu verändern. Ich begann Engel zu sehen.

Ein Jahr später wurde ich schwanger. Ich machte weiterhin Selbstheilung und sah Engel um mich herum, die ihr Licht in mich einströmen ließen. Es war fantastisch. Mit Worten kann man die Liebe, das Licht und den Frieden nicht beschreiben, die ich spürte. Mein Sohn wurde im Juli geboren – gesund und wunderhübsch. Dank der Heilung und Führung durch die Engel und ihre Liebe war ich damit gesegnet, mein Baby normal auszutragen. Ich weiß, dass die Engel immer gegenwärtig sind und dass Wunder geschehen, wenn wir ihnen gestatten, uns zu führen.

Leola Rammble

Engel und Kinder

Sie können Ihren Kindern wirklich helfen, wenn Sie mit ihnen über Engel sprechen und sie daran erinnern, dass jedes von ihnen einen eigenen Schutzengel hat. Kinder mögen es besonders, wenn sie erfahren, dass die Schutzengel sie lieben, ganz gleich, was sie auch anstellen mögen. Viele Kinder sehen Engel oder Lichter neben den Menschen. Es ist ein großer Trost für sie, wenn Sie ihnen sagen, dass das ganz normal ist.

Kindermund

Wenn Kinder über Engel sprechen, klingt das nach Wahrheit, und wer bereit ist, ihnen zuzuhören, in dem wird sich etwas wandeln.

❋ ❋ ❋

Als mein Sohn vier Jahre alt war und in den Kindergarten kam, hatte er einen eindrücklichen Traum. Er sah Engel, die seine Augen mit Engelstaub bestäubten.

Ich wusste, dass etwas Wichtiges geschehen sein musste, da sein Energieniveau so hoch war. Er war voller Licht und konnte nicht aufhören, von seinem Traum und den Engeln zu erzählen. Ich war entzückt, aber auch ein bisschen besorgt, weil ich nicht wusste, wie die Leute im Kindergarten reagieren würden. Das alles geschah 1993, als die Menschen noch nicht so aufgeschlossen waren wie heute.

Etwas beklommen holte ich meinen Sohn wieder ab. Ich öffnete das Tor und ging den Weg zum Haus entlang. Dort brummte und summte es wie in einem Bienenstock. Ich blieb in der Tür stehen und hörte zu. Alle Kinder und einige der Betreuer unterhielten sich über Engel.

Elizabeth Harley, DCS

Möge er glücklich sein

Es liegt in der Verantwortung der Eltern, ihre Kinder mit psychischem Schutz zu umgeben, denn dies wird ihnen enorm helfen.

✵ ✵ ✵

Wenn ich meinen Sohn Jamie von der Schule abhole, frage ich ihn immer, wie sein Tag war und mit wem er gespielt hat. Ein paar Tage lang erzählte er mir, dass er allein gespielt hätte. Ich fand das traurig und sagte ihm, er solle sich doch unter die anderen Kinder mischen und mit ihnen spielen.

Als ich Jamie am nächsten Morgen zur Schule brachte, bat ich Erzengel Michael, ihn zu beschützen und ihm zu helfen, mit den anderen Kindern zusammen und glücklich zu sein.

Als Jamie aus der Schule kam, sah er sehr zufrieden aus. Er gab mir eine große königsblaue Feder, die er gefunden hatte und die – wie er sagte – für mich bestimmt war. Von diesem Augenblick an machte ich mir keine Sorgen mehr um Jamie. Ich dankte Erzengel Michael an jenem Tag und an jedem folgenden.

Christina Byrne

Offenbarung

Manchmal ist es nicht so leicht, anderen Menschen von unserem Glauben an die Engel zu erzählen, weil wir nicht wissen können, wie sie darauf reagieren werden.

✵ ✵ ✵

Ich nahm an der ersten Lehrerausbildung der Diana-Cooper-Schule im Jahre 2002 teil. Damals gab es nur sehr wenige Bücher über Engel, und obwohl ich hundertprozentig an sie glaubte, zögerte ich doch, anderen Leuten davon zu erzählen – besonders nicht meinen Arbeitskollegen, weil ich Angst hatte, sie würden sich über mich lustig machen. Ich weiß noch genau, dass ich Menschen erst genau einzuschätzen versuchte, bevor ich ihnen sagte, dass ich Engellehrerin sei.

All das änderte sich aber, als ich etwas später zu einer Esoterikmesse ging. Dort traf ich ein kleines Mädchen, das mir sagte, sie sei vier Jahre alt. Es fragte mich ganz direkt, ob ich an Engel glaubte. Ich sagte: »ja.« Daraufhin erzählte es mir von seinen Engeln, als ob dies das Normalste auf der Welt wäre. Da wurde mir klar, dass mir diese Vierjährige etwas sehr Wichtiges gezeigt hatte: Wenn sie frei heraus sprechen konnte, warum dann nicht auch ich?

Seitdem erzähle ich Leuten, die mich fragen, was ich tue, stolz, dass ich Engellehrerin bin. Ich bin mir sicher, dass mir das kleine Mädchen auf der Messe von den Engeln geschickt worden war, damit ich meine Wahrheit über Engel verkünden konnte. Es wird Sie wohl nicht überraschen, wenn ich sage, dass sich noch nie irgendjemand über mein Interesse an Engeln lustig gemacht hat. Im Gegenteil: Fast alle, denen ich davon erzähle, sind fasziniert von meiner Arbeit.

Elizabeth Ann, DCS

Kindlich

Diese Geschichte handelt von einer weisen Großmutter. Sie zeigt auf, wie sehr wir unseren Kindern und Enkelkindern helfen können, indem wir sie ermutigen.

❀ ❀ ❀

Meine Enkeltochter war vier und fing an zu begreifen, was Vorstellungsvermögen ist. Sie sagte zu mir: »Weißt du was, Omi? In dieser Woche habe ich meine Vorstellungskraft benutzt und einen Engel gesehen.«

Ich sagte ihr, ich hätte noch nie einen Engel gesehen, würde dies aber gern einmal. Dann fragte ich sie, ob ihr Engel nicht einmal in das Zimmer kommen könnte, in dem ich Reiki-Behandlungen gab. Sie nickte und wir gingen in das Reiki-Zimmer. Sie sagte mir, ich solle mich hinlegen. Ihre Augen waren weit geöffnet, sie sah sich im Zimmer um und beschrieb mir, was sie sah. Das bewies mir, dass sie nicht ihre Vorstellungskraft benutzte, sondern tatsächlich einen Engel gesehen hatte.

Serena

Schutz vor Schikane

Eltern und Kinder können Erzengel Michael bitten, sie vor Schikanen zu beschützen. Er wird dies tun.

❋ ❋ ❋

Ich telefonierte gerade mit meiner ältesten Tochter, als es plötzlich einen gewaltigen blauen Blitz gab und ein Geräusch, das sich anhörte wie das Knistern eines defekten Stromkabels.

Später kam ein kleines Mädchen zu einer Heilsitzung zu mir, und ich fand heraus, dass sie in der Schule schikaniert wurde. Ich erzählte ihr von Erzengel Michael und sagte, wenn sie jemals Angst hätte, könne sie ihn anrufen und er würde sofort kommen. Bei ihrem nächsten Termin sagte sie: »Ich glaube, ich habe Erzengel Michael gesehen.« Ich fragte sie, wie er ausgesehen hatte, und sie beschrieb ihn mir genauso, wie auch ich ihn gesehen hatte. Ich war überrascht und sehr glücklich, auch weil dies die Bestätigung war, dass ich tatsächlich Erzengel Michael gesehen hatte.

Die Eltern des Kindes wandten sich wegen der Schikanen bald an die Schulleitung. Die Sache wurde bereinigt, und heute ist das Mädchen mit allen befreundet – sogar mit denen, die sie vorher geärgert hatten. Danke, Erzengel Michael.

Anonym

Ein Auto bekommt einen Namen

Fragen Sie die Kinder, denn sie sind so sehr auf die Welten der Engel eingestimmt, dass sie die perfekten Antworten geben werden.

❋ ❋ ❋

Ich wollte mir vor Kurzem ein neues Auto kaufen und entschied mich für ein wunderschönes perlweißes Modell. Ich gebe meinen Autos immer die Namen von Engeln. Das letzte hieß Erzengel Michael. Also stimmte ich mich ein und fragte, wie der Name meines neuen Autos sei. Ich erfuhr, dass es Seraphina hieß. Seraphina ist einer der mächtigen Seraphim, der mit Erzengel Metatron zusammenarbeitet. Aber aus irgendeinem Grund schien mir der Name überhaupt nicht zu stimmen.

Am selben Tag kamen meine Enkeltöchter Leah Beth und Nicole zu Besuch. Ich beschloss sie zu bitten, mein neues Auto zu taufen, sagte ihnen aber, dass ich gern einen Engelnamen hätte. Nicole, die damals drei war, sagte sofort: »Du sollst dein Auto Seraphina nennen.« Ich fragte sie, woher sie diesen Namen kannte. Sie wusste es nicht, aber sie wusste, dass es der richtige Name war. Ich muss wohl nicht extra betonen, dass mein perlweißes Auto heute Seraphina heißt. Die Reinheit und Unschuld der Kinder sorgt dafür, dass sie ein guter Kanal für Informationen und Wissen aus der Welt der Engel sind.

Elizabeth Ann, DCS

Sie retteten meinen Sohn

Mir blieb das Herz stehen, als ich diese Geschichte las.

❋ ❋ ❋

Wir lagen eines Morgens noch im Bett, während unser zweijähriger Sohn Justin in unserem Schlafzimmer an der Kommode herumspielte. Er wollte ein Haus, in dem er sitzen konnte, und zog eine der Schubladen auf. Plötzlich wurde er von einer unsichtbaren Kraft oder einem unsichtbaren Wesen etwa zweieinhalb Meter zurückgezogen. Dann gab es einen lauten Knall, als die schwere Kommode umkippte. Wäre er nicht zurückgezogen worden, wäre die Kommode mit Sicherheit auf ihn gefallen. Es war offensichtlich, dass seine Zeit noch nicht gekommen war und er von oben beschützt wurde. Wir sind ewig dankbar. Ich danke den Engeln immer dafür, dass sie unseren wunderschönen Sohn gerettet haben.

Siobhan M.

Die Engel fahren ins Krankenhaus

Eine weitere magische Geschichte, in der die Engel auf einen Hilferuf reagieren.

✻ ✻ ✻

Ich habe schon immer an Engel geglaubt. Das folgende Erlebnis aber war wahrhaft ein Wunder und wird mir immer in Erinnerung bleiben.

Meine sieben- und vierjährigen Kinder spielten in unserem Park. Eve, meine Älteste, kletterte auf das höchste Spielgerüst, das etwa drei Meter hoch war. Als ich nur einen Augenblick lang nicht hinsah, fiel Eve. Ich hörte einen Schrei, der mir durch Mark und Bein ging, dann schrie sie, dass ihr der Rücken wehtun würde.

Der Arzt schickte uns ins Notfallzentrum. Ich bat die Engel, mir zu helfen, schnell ins Krankenhaus zu kommen und einen Parkplatz in der Nähe des Eingangs zu finden, falls wir einen Rollstuhl brauchen sollten. Sofort spürte ich eine ganz wunderbare Gegenwart und entspannte mich. Es war, als ob jemand anderes das Auto lenken würde. Als wir am Krankenhaus ankamen, sah ich direkt neben dem Eingang einen Parkplatz und ein Rollstuhl stand auch bereit. Ich bedankte mich bei den Engeln, denn ich wusste, dies war ihr Werk. Selbst heute fühle ich mich sehr demütig, wenn ich an die gewaltige Liebe denke, die ich an jenem Tag spürte.

Eve ging es gut, sie hatte nur ein paar blaue Flecken. Allen, die dies lesen, kann ich nur sagen: Bittet einfach um Hilfe!

Michelle Bacchus

Die Engel spielen mit einem Kind

Die Engel erscheinen den Kindern auf eine Weise, die diese verstehen können und die ihnen Spaß macht.

✻ ✻ ✻

Ich war sechs, gerade in die Schule gekommen und meine ganze Klasse – außer mir – hatte sich schlecht betragen. Ich wurde belohnt, indem ich als Einziger nachmittags spielen gehen durfte. Da ich sehr schüchtern war und außerhalb meiner Klasse keine Freunde hatte, starrte ich aus dem Fenster, weil ich nicht wusste, was ich mit mir anfangen sollte.

Da sah ich ein leuchtendes Kind in meinem Alter, das eine Tür öffnete und mit mir spielen wollte. Was für ein Spaß! Ich hatte es vorher noch nie in der Schule gesehen. Es war ganz erstaunlich. Dann erklang das Pfeifsignal und es verschwand. Ich habe es nie wieder gesehen. Es war für mich da, als ich Angst hatte, und die einzige Erklärung, die ich habe, ist, dass dies mein Schutzengel war.

Jeevan

Ein riesiger weißer Engel

Es ist ganz natürlich, dass ein Kind Angst vor Dingen hat, die es nicht kennt. So auch Katie. Aber heute glüht ihr Gesicht, wenn sie von ihrem Engel erzählt.

❀ ❀ ❀

Als ich sieben Jahre alt war, sah ich eine schneeweiße Gestalt am Fußende meines Bettes stehen. Sie war riesig, über zwei Meter groß, und ich hatte furchtbare Angst. Ich nahm all meinen Mut zusammen und lief schnell in das Schlafzimmer meiner Eltern. Ich habe diese wunderbare Gestalt niemals vergessen und werde es auch nicht tun. Ich glaube nämlich heute, dass dies mein Schutzengel war.

Katie Curtis

Vertrauensvoll wie ein Kind

Diese eindrückliche Geschichte erinnert uns daran, wie wichtig es ist, den Kindern von Engeln zu erzählen, damit sie sie um Hilfe anrufen können.

❀ ❀ ❀

Da unsere Eltern arbeiteten, gingen meine kleine Schwester und ich zu der Familie, die uns gegenüber wohnte. Der Mann ging mit meiner Schwester und mir einzeln in die Garage, wo er uns missbrauchte. Ich wusste nicht, was das alles zu bedeuten hatte, und hatte große Angst, denn er tat mir weh und ich hatte keine Ahnung, wie ich das verhindern sollte.

Eines Tages gingen meine Schwester und ich von der Schule nach Hause. Ich weiß noch, dass ich um Hilfe gebetet hatte, denn ich wollte dort nicht wieder hin. Plötzlich stand eine Engelin vor mir. Sie war wunderschön und von Licht umgeben. Sie hatte langes goldenes Haar und war ganz in Weiß gekleidet. Und sie hatte die süßeste und gütigste Stimme.

Sie sagte: »Carol, bring deine kleine Schwester jetzt nach Hause. Du bist alt genug, um auf sie aufzupassen. Nimm den Schlüssel, den dir deine Mutter gegeben hat, und geh heim. Deine kleine Schwester und du, ihr seid jetzt in Sicherheit. Ihr müsst dort nicht mehr hingehen. Niemand wird euch etwas tun.«

Die Engelin lächelte, und ich wusste, wir waren in Sicherheit. Ich brachte meine Schwester heim und wir gingen nie wieder zu den Nachbarn. Ich habe meiner Mutter oder meinem Vater nie von der Engelin erzählt oder von dem, was geschehen war.

Ich wollte diese Geschichte teilen, weil es wichtig ist, dass unsere Kinder wissen, dass die Engel da sind, um ihnen zu helfen. Sie sind in Sicherheit und können sich darauf verlassen, dass die Engel ihnen den Weg zeigen.

Carol Guy

Eine Weihnachtsgeschichte

Die Engel lieben Kinder. Weil Kinder so einfach sind, weil sie lachen und Spaß haben, ziehen sie die Engelenergie ganz natürlich an.

❋ ❋ ❋

Meine Enkeltöchter und ihre Eltern waren bei uns zum Essen. Wir hörten Weihnachtsmusik und banden uns Servietten um die Köpfe, um wie Schafhirten auszusehen. Wir fanden Spielzeuge, die als Schafe herhalten mussten, und verwandelten die Küche in einen Stall. Es war einfach magisch. Dann hängten wir einen Papierengel an die Lampe, und ich erzählte den Kindern von dem Buch *Gabriel's Light*. Die Herrlichkeit der Engel erfüllte den ganzen Raum.

Wir versahen Maria mit einem goldenen Umhang und legten das Jesuskind in die Krippe. Wir priesen es und bedankten uns. Dies alles spielte sich auf einem alten braunen Schaffell ab. Als ich das Fell später wieder in den Flur brachte, sah ich dort eine große schneeweiße Feder liegen. Ich sah meinen Mann an, und wir wussten beide, wer sie dorthin gelegt hatte und warum. Ich freute mich wahnsinnig, weil ich das Gefühl hatte, ich wäre innig umarmt worden. Den Engeln gebührt Dank.

Hannah-Belle Roberts

KAPITEL 12

Die Engel helfen bei finanziellen Problemen

Die Engel werden Ihnen das bringen, von dem Sie glauben, es verdient zu haben – sofern Sie darum bitten. Viele von uns schränken sich selbst ein, weil sie gewisse Ideen in Bezug auf Geld haben, die nicht besonders hilfreich sind. Die Engel werden uns helfen, Reichtum und Überfluss zu manifestieren, wenn wir mit einem offenen Herzen darum bitten.

Himmlische Gaben

Blumen für meine Oma
Diese Geschichte geht zu Herzen.

❀ ❀ ❀

Als meine Oma starb, wollte ich Blumen für ihr Begräbnis kaufen. Da ich geschieden war und zwei Kinder durchbringen musste, war das Geld knapp, aber ich konnte immerhin ein kleines Bouquet kaufen. Als am Tag des Begräbnisses die Blumen nicht da waren, war ich ziemlich niedergeschlagen und bat die Engel um Hilfe.

Am nächsten Tag ging ich zum Blumengeschäft, wo mir die Verkäuferin erklärte, dass einige Bestellungen durcheinandergeraten waren. Sie gab mir das Geld zurück und obendrein ein neues Bouquet, das ich meiner Mutter schickte. Mir war klar, dass meine Oma damit sehr zufrieden sein würde. Die Engel kümmern sich wirklich um mich und meine Kinder.

Janis Attwood, DCS

Die Engel finden einen Ausweg

Manchmal müssen wir auf das, was wir wollen, etwas warten. Aber die Engel werden dafür sorgen, dass wir es bekommen, wenn die Zeit dafür reif ist.

✳ ✳ ✳

Meine Intuition sagte mir, dass ich ein spirituelleres Leben führen und ganz speziell mit Engeln arbeiten sollte. Ich entdeckte die Diana-Cooper-Schule und wusste sofort, dass dies das Richtige für mich wäre. Da ich mir die Schulgebühren aber nicht leisten konnte, bat ich die Engel um Hilfe.

Ein Jahr später starb meine Mutter. Ihr Haus wurde verkauft und der Erlös aufgeteilt. Nun hatte ich das Geld, um die Engelseminare zu besuchen. Vor ihrem Tod hatte meine Mutter mir noch gesagt, dass ich mir von dem Geld etwas gönnen solle, da ich seit vielen Jahren alles Geld für meine Töchter ausgegeben hatte. Dank meiner lieben Mutter – und den Engeln – bin ich heute eine ausgebildete Lehrerin der Diana-Cooper-Schule.

Janis Attwood, DCS

Eine neue Stelle

Viele Menschen haben keine Arbeit und stehen vor gewaltigen Herausforderungen. Wenn wir mit offenem Herzen zu den Engeln beten, kann das augenblicklich zu Ergebnissen führen, wie die folgende Geschichte zeigt.

✳ ✳ ✳

Eine Frau, die meinen Newsletter abonniert hat, schrieb mir dies, nachdem sie eine Zeit lang arbeitslos war und bereits angefangen hatte, von ihrem Ersparten zu leben.

»Ich betete zu den Engeln, dass mir jemand eine Stelle anbieten möge. Und schon am nächsten Tag wurde mir eine ganztägige Position in einer Firma in der Nähe meines Hauses angeboten. Ich weiß, dass meine Gebete immer erhört werden, aber ich war doch einigermaßen überrascht, dass es so schnell ging – und das, obwohl ich für die Stelle überhaupt nicht qualifiziert war. Und was noch erstaunlicher ist: Ich hatte mich nicht einmal beworben. Zu sagen, dass ich überrascht war, wäre also eine Untertreibung.«

Catherine McMahon, DCS

Eine gute Lösung

Sagen Sie den Engeln, was Sie möchten, dann werden sie einen Weg finden, es Ihnen zu bringen. Das gilt übrigens für große Dinge ebenso wie für kleine.

❀ ❀ ❀

Ich hatte bei Nelsons in London ein Bachblüten-Set in einem Holz-kästchen bestellt. Kurz darauf entdeckte ich im Internet eine Firma, die die leeren Holzkästchen so billig anbot, dass es besser gewesen wäre, das Holzkästchen und die Essenzen separat zu bestellen. Ich brauchte zwar keine zwei Sets, bestellte das preiswerte Holzkästchen aber trotzdem, da ich das andere dann einer Freundin schenken wollte. Ich war mir sicher, die Engel würden schon dafür sorgen, dass alles so ablaufen würde, wie es ablaufen sollte.

Ein paar Tage später kam das Holzkästchen an, aber auch nach drei Wochen hatte ich das Set aus London immer noch nicht bekommen. Ich wollte gerade Nelsons kontaktieren, als ich eine E-Mail von ihnen bekam, in der stand, dass mein Päckchen vom norwegischen Zoll zu-rückgeschickt worden wäre. Sie erstatteten mir den vollen Preis. Ich weiß, meine Engel haben mir geholfen. Ich bedankte mich herzlich bei ihnen.

Wenche Milas

Zeig mir das Geld

Es gibt Zeiten, in denen wir klar und deutlich sagen müssen, was wir wollen. Das, was Florianna sagte, mag schroff erscheinen, aber wenn es im Geiste der Dankbarkeit gesagt wird, werden die Engel helfen, wie ihre Geschichte zeigt.

❋ ❋ ❋

Vor Kurzem hatte ich einige finanzielle Probleme, also beschloss ich, meinen Haushalt aufzulösen. Ich wollte das Haus mit dem gesamten Inhalt verkaufen; im Besonderen wollte ich mich von zwei sehr alten hölzernen Engelfiguren trennen.

Als ich eines Morgens wieder einmal niedergeschlagen war, rief ich meinem Engel zu: »Zeig mir das Geld!« Fünfzehn Minuten später kam ein junges Paar und kaufte die beiden Engelfiguren. Das nenne ich mal Hilfe von den Engeln! Die Engel halfen mir, Engel zu verkaufen. Ist das nicht wunderbar?

Florianna

Die Engel manifestieren Geld

In dieser Geschichte geben die Engel einer jungen Mutter genau das, worum sie gebeten hat — nicht mehr und nicht weniger.

❋ ❋ ❋

Als wir eines Sonntags kurz vor Mittag nach Hause gingen, kam ich mit meinen drei Kindern durch den Park. Meine achtjährige Tochter quengelte, weil ich ihr auf dem Flohmarkt nicht das gekauft hatte, was sie wollte. Ich erklärte ihr, dass ich es mir nicht leisten konnte und dass ich nicht einmal genug Geld hatte, um Lebensmittel einzukaufen.

Dann sagte ich: »Also gut, wir bitten unsere Engel einfach, etwas Geld aufzutreiben, damit ich dir etwas kaufen kann und wir noch genug Geld für Eis übrighaben.« Als wir durch den Park gingen, fanden wir einen Fünfzigeuroschein. Wir hüpften vor Freude und bedankten uns bei den Engeln. Dann gingen wir zum Flohmarkt zurück, kauften den Kindern die gewünschten Kleinigkeiten und hinterher aßen wir Eis. Es blieb sogar noch genug Geld übrig, um am nächsten Tag Lebensmittel einzukaufen. Wir hatten einfach nur fest daran glauben müssen.

Anonym

Parfüm von den Engeln

Alles hilft und mag es noch so klein sein.

❀ ❀ ❀

Ich machte mich für die Arbeit fertig, und als ich mein Lieblingsparfüm auftragen wollte, merkte ich, dass die Flasche beinahe leer war. Ich war verärgert, denn mein Mann war gerade erst aus England zurückgekehrt, und wenn ich es früher gemerkt hätte, hätte ich ihn bitten können, mir eine neue Flasche mitzubringen, da Parfüm in unserer Heimat Norwegen viel teurer ist.

Ich sagte mir: »Ich bin mir sicher, dass irgendjemand bald ins Ausland reisen wird und mir das Parfüm mitbringen kann.« Später kam auf der Arbeit ein Elektriker in mein Büro und fragte: »Ich fahre morgen nach England, kann ich dir vielleicht ein Parfüm mitbringen?« Ich war hocherfreut. Danke, ihr Engel.

Wenche Milas

Die Engel koordinieren den Hausverkauf

Wenn Sie bereit sind, etwas zu tun, das der göttlichen Ordnung entspricht, sorgen die Engel dafür, dass das Geld dafür da ist. Bitten Sie einfach darum.

❀ ❀ ❀

Ich empfing eine Botschaft von den Engeln, dass es an der Zeit war, aus der Innenstadt aufs Land zu ziehen, weil dies besser für meine Heil- und Lehrtätigkeit sein würde. Allerdings war ich knapp bei Kasse und konnte das Geld dafür nicht aufbringen. Ich bat also die Engel um Hilfe.

Ein paar Tage später traf ich eine Freundin, die ich seit Langem nicht gesehen hatte. Ich schilderte ihr meine Situation, und sie erklärte sich sofort bereit, mir das Geld für den Umzug zu leihen. Ich nahm dankend an. Meine Wohnung wurde schnell verkauft. Die erste Person, die sie besichtigte, machte mir gleich ein Angebot. Die Engel waren anscheinend sehr darauf bedacht, dass ich schnell umzog. Ich konnte meiner Freundin das Geld sofort zurückzahlen.

Jill Webster, DCS

Brot vom Himmel

Diese Frau brauchte Brot. Die Engel reagierten auf ihre Gedanken und fanden eine Möglichkeit, ihr welches zu besorgen.

❈ ❈ ❈

Als ich vom Einkaufen im Supermarkt zurückkam, merkte ich, dass ich das Brot vergessen hatte. Ich holte meine Tochter von der Schule ab, und sie gab mir ihren Rucksack, der ungewöhnlich schwer war. »Was hast du denn da drin?«, fragte ich. »Er ist ja so schwer.«

Ich machte ihn auf und traute meinen Augen nicht: Er war voller Brot. Das erinnerte mich daran, dass die Engel über uns wachen.

Anonym

Überfluss

Das Universum möchte, dass wir so viel Überfluss und finanziellen Reichtum haben, wie wir glauben verdient zu haben oder tatsächlich brauchen. Es wird Ihnen sogar helfen, Ihre tief sitzenden Glaubensmuster zu verwandeln, die verhindern, dass Sie bekommen, was Ihnen zusteht. Es ist sinnlos zu sagen, dass man eine Villa haben möchte, wenn man gleichzeitig glaubt, dass man in ein armes Stadtviertel gehört. Oder dass man erfolgreich sein möchte, aber glaubt, dass es ein Ding der Unmöglichkeit ist, ein Unternehmen zum Laufen zu bringen. Wenn Sie eine Villa möchten, sollten Sie in großen Maßstäben denken. Wenn Sie Erfolg möchten, sollten Sie sich vorstellen, erfolgreich zu sein.

Glaube führt zu positiven Ergebnissen

In der folgenden Geschichte sagt Karelena den Engeln, dass sie das Geld für das Seminar nur will, wenn dies dem Wohle aller dient.

❈ ❈ ❈

Ich wollte an einem bestimmten Seminar teilnehmen. Also sagte ich zum Universum: »Wenn ich dieses Seminar wirklich besuchen soll, dann beschaff mir bitte das Geld dafür.« Unerwarteterweise wurde mir ein paar Wochen später eine Teilzeitstelle angeboten, dank der ich die Seminargebühr vollständig bezahlen konnte. Das ist mir jetzt schon zum zweiten Mal passiert.

Die Botschaft lautet, dass das Universum unermesslich reich ist und dass es uns mit allem versorgen wird, wenn wir nur aus den richtigen Gründen darum bitten.

Karelena MacKinlay, DCS

Geld für Ägypten

Die Engel haben wundersame Wege, uns sowohl Antworten als auch die finanziellen Mittel zu geben, um das Richtige zu tun.

❁ ❁ ❁

Als ich mir überlegte, ob ich 2011 an der Reise mit Diana Cooper nach Ägypten teilnehmen sollte, bat ich die Engel um ein Zeichen. Kurz darauf bekam ich einen Anruf von meinem Finanzberater, der mir sagte, dass die Summe, auf die ich wartete, zweitausendfünfhundert Pfund höher ausfallen würde als erwartet. Das war ohne Zweifel die Antwort auf meine Frage.

Penny Wing, DCS

Das Einhorn-Zentrum

Dies ist ein Beispiel dafür, wie man um etwas Bestimmtes bitten kann, aber dabei doch offen für alles bleibt, was die Engel einem bringen mögen.

❁ ❁ ❁

Wir hatten ein schönes Haus und ein Gebäude im Garten, das ich Einhorn-Zentrum nannte. Ich hielt dort Seminare ab und praktizierte Komplementärtherapien. Mein Mann Les hatte eine geräumige Garage, in der er herumwerkeln konnte. Aber wir hatten auch eine sehr hohe Hypothek auf dem Haus, und Les hatte zwar eine gut bezahlte

Stelle, kam aber wegen der Entfernung nur am Wochenende nach Hause.

Ich bat die Engel darum, dass unsere Hypothek abgezahlt werden möge, dass Les eine gut bezahlte Stelle in der Nähe finden möge und dass ich in unserem kleinen Garten Gemüse anpflanzen könnte. Ich dachte, die Engel würden uns helfen, indem wir im Lotto gewannen oder etwas Ähnliches. Seither habe ich allerdings gelernt, dass sie so nicht arbeiten.

Für uns war es ein großer Schock, als Les 2007 eine Woche vor Weihnachten entlassen wurde. Er sah sich nach einer neuen Stelle um, fand aber keine. Uns wurde klar, dass wir das Haus verkaufen mussten, um nicht in die Schuldenfalle zu geraten. Ein Makler sagte uns, dass er einen Interessenten hätte, und tatsächlich kaufte dieser das Haus.

Wir suchten nach einem kleineren Gebäude mit großem Garten, in dem ich Gemüse anpflanzen konnte und der genug Platz für das Einhorn-Zentrum und eine Garage bot. Das war ziemlich schwierig, da wir ja keine neue Hypothek aufnehmen wollten. Wir gingen zu einem Tarot-Experten, der sagte, unser neues Haus würde ganz in der Nähe sein. Es würde schmutzig und heruntergekommen sein, aber wir sollten hinter die Fassade schauen und sein Potenzial erkennen.

Tatsächlich fanden wir in einem Umkreis von fünfzehn Minuten ein Haus. Es war vernachlässigt worden, aber es hatte Potenzial. Wir konnten es kaufen, ohne eine Hypothek aufzunehmen, und hatten noch Geld für das Einhorn-Zentrum übrig. Wir sind dabei, es liebevoll instand zu setzen. Unter dem Einhorn-Zentrum kreuzen sich zwei Leylinien, wodurch die Energie erhöht wird. Les hat eine Stelle in der Nähe gefunden und genug Zeit für seine Hobbys. Und wir bauen unser eigenes Gemüse an. Wir sind den Engeln dankbar, dass sie uns einen solchen Überfluss beschert haben, auch wenn dieser in einer Form kam, die wir nicht erwartet hatten.

Margaret Merrison, DCS

Bittet, so wird euch gegeben

Dies ist die Geschichte einer Frau, die bat und der gegeben wurde — und das in weniger als einer Woche.

✳ ✳ ✳

Ich wollte meinen Traum verwirklichen, machte mir aber Sorgen, wie ich dann meine Familie versorgen sollte. Also bat ich Erzengel Gabriel um Hilfe. Am nächsten Morgen erhielt ich einen Anruf von einem Mann, der mich bat, seine beiden Computer zu reparieren. Dabei hatte ich wochenlang keine Anfragen gehabt. Ich reparierte sie, und er war so überglücklich, dass er mich all seinen Freunden empfahl. Dann erhielt ich einen Anruf von einem Kunden, der seit Monaten seine Rechnungen nicht bezahlt hatte. Nun wollte er plötzlich seine Schulden begleichen.

All das in weniger als einer Woche, nachdem ich Erzengel Gabriel um Hilfe gebeten hatte. Das hat mir eindrücklich die Wahrheit der Worte »Bittet, so wird euch gegeben. Klopfet, so wird euch aufgetan« demonstriert.

Claire Bucknall

Ein Herzenswunsch

Wenn uns etwas besonders große Freude macht, so ist es auch in unserem höchsten Interesse.

✳ ✳ ✳

Ich liebe das Meer und die Wale. Ich bin im Atlantik mit Buckelwalen geschwommen, habe aber nie einen berührt. Eine Freundin schickte mir ein Foto, auf dem ein Mann einen Grauwal anfasst. Ich war wie verzaubert. Das musste ich auch, aber wie? Dafür musste ich nach Mexiko fliegen, aber ich hatte kein Geld.

Da bat ich die Engel: »Wenn es meinem höchsten Wohl dient, dann ermöglicht es bitte.« Zwei Monate später erhielt ich einen Brief von einer Anwaltskanzlei mit einem Scheck über viertausendfünfhundert Pfund. Genug Geld für einen Monat Mexiko, um die Grau- und Blauwale zu sehen!

Es gelang mir, Grauwale zu berühren und zu küssen. Einmal tauchte die Mutter eines spielenden Kalbes direkt unter mir auf und ich empfing Informationen von einem uralten Weisheitshüter. Mit einem Blauwal kommunizierte ich auf eine so intensive Weise, dass ein Experte, der uns beobachtete, erstaunt bemerkte: »Wie in aller Welt haben Sie einen Blauwal dazu bewegen können, direkt neben Ihrem Boot aufzutauchen?« Und das Beste? Der Scheck, der mir all das ermöglichte, kam genau an dem Morgen, an dem mein Seminar »Überfluss durch Engel« stattfand.

Elizabeth Harley, DCS

Unerwarteter Geldsegen

Wenn Sie um etwas bitten, wissen Sie nie, woher es kommen mag.

❀ ❀ ❀

Als ich zur Bank ging, sah ich, dass auf meinem Konto mehr Geld war, als ich erwartet hatte. Ich wusste nicht, woher dieses Geld gekommen war. Ich wusste nur, dass ich die Engel um finanzielle Unterstützung gebeten hatte.

Ich erwähnte dies einem Freund gegenüber, und er sagte mir, er hätte das Geld auf mein Konto überwiesen. Weiter erzählte er, dass einer meiner Kontoauszüge aus einem Stapel Papiere gefallen war, den er getragen hatte. Da er gesehen hatte, wie wenig Geld ich noch auf dem Konto hatte, hatte er beschlossen, etwas zu überweisen. Er lachte, als er sagte, beinahe hätte er auf die Überweisung als Absender S. Engel (Schutzengel) geschrieben.

Immer wenn ich einen Schritt mache, um mein Leben wieder in die richtige Richtung zu lenken, stehen die Engel des Himmels und der Erde direkt hinter mir und unterstützen mich voller Liebe.

Jill Webster, DCS

Engelkarten mit der Bonuskarte gekauft

Ganz gleich, was Sie auch brauchen mögen, die Engel werden einen Weg finden, es Ihnen zu bringen.

❀ ❀ ❀

Als ich anfing, mich für Engel zu interessieren, wollte ich mehr über sie herausfinden und las einige Bücher. In einem esoterischen Zentrum wurde mir gezeigt, wie man Engelkarten benutzt. Ich wollte die Karten kaufen, hatte aber das Geld nicht. Also bat ich die Engel um Hilfe.

Dann begann das Geschäft, in dem ich arbeitete, esoterische Sachen zu verkaufen, darunter auch die Engelkarten, die ich wollte. Mir wurde gesagt, ich könnte die Karten mit meiner Bonuskarte kaufen. Zum Glück hatte ich genug Punkte darauf und konnte die Engelkarten gratis bekommen.

Janis Attwood, DCS

Entspannen und den Überfluss genießen

Im Leben geht es nicht darum, sich zu Tode zu schuften, um Geld zu verdienen.

❀ ❀ ❀

Ich mühte mich ab, größeren Reichtum zu manifestieren, machte mir aber gleichzeitig Sorgen, dass ich als gierig oder oberflächlich angesehen werden könnte, wenn ich um mehr Geld betete. Eine Freundin gab mir ein Buch über Engel und aufgestiegene Meister, in dem auch Abundantia erwähnt wurde, eine wunderschöne Göttin, die bei finanziellen Problemen hilft. Ich dachte, ich könnte ja sie um Hilfe bitten.

Am nächsten Tag erhielt mein Catering-Geschäft einen Großauftrag. Ich war so glücklich, dass ich voller Dankbarkeit im Zimmer herumtanzte. Ich arbeitete schwer, um mir dieses Geld zu verdienen – und bekam Migräne. Da erforschte ich meine Seele. Warum hatte ich diese Schmerzen? Ich tat mein Bestes, um Geld zu verdienen, aber ich wollte doch dabei nicht krank werden.

Ich bat die Engel um Führung. Vor meinem geistigen Auge erschien Abundantia. Sie war voller Freude und goldene Münzen regneten auf sie herab. »Sei wie ich!«, rief sie mir zu. Die Botschaft schien zu lauten: »Hör auf, dir Sorgen zu machen.« Ich begann zu lachen.

Als ich mich etwas später anzog, fand ich einen Zehneuroschein, der in eine wunderschöne weiße Feder gewickelt war. Das war die Bestätigung, die ich brauchte. Die Engel helfen mir, meine Ziele zu erreichen. Dieses Erlebnis hat all meine Sorgen beseitigt; wenn ich wieder einmal anfange, mir Sorgen zu machen, stelle ich mir einfach Abundantia vor.

Janis Attwood, DCS

Auf Wohnungssuche

Überfluss und Reichtum gibt es in so vielen Formen, und mit einer Mutter wie dieser kann man den Fluss einfach genießen.

❀ ❀ ❀

Ich habe gerade erfahren, dass mein Sohn die möblierte Wohnung im australischen Brisbane, die er unbedingt wollte, bekommen hat. Da es einen weiteren Interessenten gab, hatte mich mein Sohn gebeten, meine Kommunikations- und Hausengel zu bitten, sie ihm zu besorgen. Ich bat also die Schutzengel meines Sohnes und des Maklers, miteinander zu sprechen und ihm den Zuschlag zu erteilen. Es hat funktioniert, was mich nicht sonderlich überrascht.

Angela

Eine behutsam beigebrachte Lektion

Spiritualität hat nichts damit zu tun, dass wir etwas verdienen würden oder nicht.

❀ ❀ ❀

Ich beschloss, ein zweitägiges Engelseminar abzuhalten. Die Aufgabe schien überwältigend, aber ich wusste, die Engel würden mir helfen. Ich fand auch den perfekten Ort dafür, allerdings kostete er dreihundert Pfund am Tag. Ich unterschrieb den Vertrag, schaltete einige Anzeigen und entspannte mich. Unglücklicherweise meldete sich niemand an und ich musste beide Tage stornieren. Das Hotel berechnete mir dennoch die vollen sechshundert Pfund.

Ich wusste, dass darin eine Lektion verborgen war, aber welche? Später erkannte ich: »Es geht nicht um dich; es geht nicht um Geld. Es geht darum, den Planeten und alle seine Bewohner zu heilen.« Als ich merkte, was ich getan hatte, schämte ich mich, denn wenn ich nur zwanzig Pfund pro Tag hätte zahlen müssen, hätte ich vermutlich mit den Schultern gezuckt und weitergemacht wie bisher.

Dies war eine wunderbare Lektion, um mich daran zu erinnern, was wirklich wichtig ist. Ich hielt das Engelseminar später in unserer örtlichen Kirche ab, und wir hatten eine wunderbare Zeit. Deshalb: »danke!«

Barbara Howard, DCS

KAPITEL 13

Irdische Engel

E ngel verkörpern sich nicht. Manchmal überstrahlen sie aber einen Menschen oder veranlassen ihn, jemandem zu helfen. Es folgen einige Geschichten über Menschen, die gehandelt haben, weil es ihnen ein Engel zugeflüstert hat. Sie sind die irdischen Engel. Manchmal nimmt ein Engel auch für kurze Zeit menschliche Gestalt an und verschwindet dann wieder. Auch einige faszinierende Geschichten dieser Art habe ich in dieses Kapitel aufgenommen.

Verkleidete Engel

Die stillen Engel heilen

Ihr Schutzengel wird immer versuchen, Ihre Stimmung zu heben und Ihnen zu helfen.

❊ ❊ ❊

In den Jahren, in denen ich als Köchin und gleichzeitig als Teilzeittherapeutin arbeitete, fühlte ich mich plötzlich einmal sehr krank. Meine Schicht sollte noch zwei Stunden dauern und hinterher hatte ich noch zwei Reiki-Behandlungen. Ich fühlte mich ganz schwach und war wacklig auf den Beinen, aber ich wollte weder meine Kollegen noch meine Klienten im Stich lassen.

Ich bat die Engel um Heilung und darum, dass ich meine Arbeit zu Ende bringen könnte. Zwei Sekunden später erhielt ich eine telefonische Nachricht von meiner Schwester Lorraine, die lautete: »Ich glaube, Freunde sind wie stille Engel, die uns wieder auf die Beine bringen, wenn unsere Flügel vergessen haben, wie man fliegt.« Ich spürte augenblicklich, wie meine Energie zurückkehrte, und fühlte mich geerdet. Merkwürdig war, dass meine Schwester bis zu diesem Zeitpunkt niemals Engel erwähnt hatte.

Eloise Bennett, DCS

Der Mann im Wald

Manchmal übertragen die Engel ihre Energie auf einen Menschen, sodass dieser wie ein Engel handelt — wie in dieser Geschichte.

❋ ❋ ❋

Ich ging im Wald spazieren, als mir ein Mann begegnete, der Pyjama, Bademantel, Hausschuhe und eine Schiebermütze trug. Da hier irgendetwas nicht stimmen konnte, hielt ich ihn an und begann mich mit ihm zu unterhalten. Er schien keine Ahnung zu haben, wo er hinwollte und wo er wohnte. Mir war klar, dass er Hilfe brauchte.

Als ein anderer Spaziergänger mit einem Hund auftauchte, sagte er, er habe Angst vor Hunden, und lief davon. Ich fragte den Mann mit dem Hund, ob ich sein Mobiltelefon borgen könnte, um die Polizei anzurufen, aber er weigerte sich und ging weiter.

Ich bat die Engel, dem Mann zu helfen. Da tauchte ein Paar auf, dem ich von dem Mann erzählte. Sie boten an, ihn zu suchen und mit ihm zu sprechen. Wir machten ab, dass ich in die andere Richtung gehen sollte, aber ich fand keine Spur von dem Mann.

Am nächsten Tag sah ich das Paar wieder. Sie hatten den Mann gefunden und ihn nach Hause gebracht. Er war schon eine ganze Weile umhergewandert, und seine Frau war sehr erleichtert, als die beiden ihn sicher zu Hause ablieferten.

Ich habe das Paar nie wieder gesehen, aber ich glaube, die Engel brachten die beiden, um dem Mann zu helfen, und ließen sie zurückkehren, damit ich erfuhr, dass er in Sicherheit war.

Diana Cooper

Hilfe zur rechten Zeit

Ja, die Engel werden auch auf Ihre Familie einwirken, damit sie Ihnen hilft. Wird Hilfe in Liebe gewährt, sollten Sie sie in Liebe annehmen.

❋ ❋ ❋

Sandra rief mich an, um mir zu sagen, dass sie sehr gern die Ausbildung zur Engellehrerin bei mir machen würde. Während des Grundkurses hatte sie mir erzählt, dass sie zwar knapp bei Kasse, aber stolz darauf war, wie gut sie mit dem Wenigen, das sie hatte, zurechtkam. Sie hatte damals aber kein Geld für den Lehrerkurs und wollte ihn daher später machen.

Als Sandra eines Tages die Post holte, fand sie einen Scheck von ihrer Schwester Susan und ihrem Schwager über die Summe, die sie brauchte, um die Engelausbildung zu zahlen. Sandra war sehr dankbar und erkannte, dass die Engel ihr geholfen hatten.

Dort, wo Susan wohnte, hatte es zur gleichen Zeit geschneit, und als sie aus dem Fenster blickte, sah sie zwei perfekt geformte, ineinander verschlungene Herzen im Schnee. Ich interpretiere dies als Zeichen, dass die Engel Susan und ihrem Mann dafür danken wollten, dass sie es Sandra ermöglicht hatten, an etwas teilzunehmen, das ihr so viel bedeutete.

Rosalind Horswell, DCS

Eine Geschichte der Hoffnung

Der Trost der Engel mag sich in Worten oder Taten oder in beidem ausdrücken.

❋ ❋ ❋

Ich machte einen Spaziergang im schottischen Hochland in der Nähe von Aviemore. Ich genoss den herrlichen Tag, die Stille und die frische Luft, aber dummerweise bog ich an einer Weggabelung falsch ab und merkte erst nach zwei Stunden, dass ich es nicht mehr rechtzeitig zur Bibliothek und zur Bank schaffen würde.

Ich fragte die Engel, welchen Weg ich einschlagen sollte, und die Antwort lautete: »nach links«. Als ich schon nicht mehr konnte, realisierte ich, dass es noch acht Meilen bis nach Aviemore waren. Ich fragte, warum ich in diese Richtung geschickt worden war, und erhielt zur Antwort: »Weil er hier ist.«

In diesem Augenblick kam ein Radfahrer vorbei und wir unterhielten uns. Er sagte, alles würde gut werden. Ich hätte die richtigen Schuhe an und viel Zeit. Falls ich es nicht zur Bank schaffen sollte, würde ich es eben an einem anderen Tag tun. Ich fühlte mich getröstet und wurde ganz ruhig. Als er davonfuhr, sah ich auf seinem Rücken das Wort *Hoffnung* und musste lächeln. Ein paar Minuten später kam ein Taxifahrer vorbei, der mich mitnahm und dafür nicht mal Geld annehmen wollte.

Ich ging zur Bank, zur Bibliothek und lud mein Mobiltelefon auf. Dann lief mir wieder mein mysteriöser Erdengel über den Weg. Ich sagte ihm, dass mir der Name auf seinem Hemd gefiel. Da antwortete er: »Das bin ich. Das ist, was ich bin: Hoffnung.« Ich bin gesegnet, eine Botschaft der Engel erhalten zu haben, und ich werde nie wieder an ihnen zweifeln.

Yvonne Watson

Man kann nichts weggeben

Diese Geschichte handelt von einem geistigen Gesetz in der Praxis.

❋ ❋ ❋

Als ich die obige Geschichte las, fiel mir ein Vorfall ein, der sich vor vielen Jahren während meiner Ausbildung zur Hypnotherapeutin ereignet hatte. Damals hatte ich nur wenig Geld, aber in unserem Kursus war eine Frau, die noch weniger Geld hatte als ich. Ich wachte eines Morgens mit dem unwiderstehlichen Drang auf, ihr Geld zu schicken. Also stellte ich ihr einen Scheck über die Summe aus, die ich noch auf dem Konto hatte. Ich kannte die Frau kaum, aber das Gefühl, von dem ich heute weiß, dass es ein Hinweis meines Engels war, war sehr stark.

Später erzählte mir die Frau, dass sie gerade vollkommen verzweifelt gewesen war, weil sie die Miete nicht bezahlen konnte. Ein Hellseher sagte ihr, dass Geld sei unterwegs, und am nächsten Tag erhielt sie meinen Scheck, dessen Betrag genau der Miete entsprach.

Jahre später rief sie mich an und verkaufte mir ein Los, mit dem ich das Zehnfache der damaligen Summe gewann. Das geistige Gesetz besagt, dass alles, was wir ohne Hintergedanken verschenken, zehnfach zu uns zurückkehren wird. Das bestätigte mir, dass ich damals wirklich aufgrund des Drängens meines Engels gehandelt hatte.

Diana Cooper

Verloren in Afrika

Engel kommen in allen möglichen Gestalten, Größen und Farben daher – und sie kommen immer dann, wenn wir sie am dringendsten brauchen.

❀ ❀ ❀

Ich verbrachte einen wunderbaren Nachmittag mit einer Freundin. Ich brach später auf, als ich ursprünglich beabsichtigt hatte, und machte mir Sorgen, weil ich mich in der Gegend nicht besonders gut auskannte. Prompt verpasste ich eine wichtige Ausfahrt und merkte schnell, dass ich nicht auf der richtigen Straße war. Aber da sie auch nach Durban führte, fuhr ich weiter. Plötzlich jedoch war ich in einem afrikanischen Township. Es war schon spät, und ich fing an, mich ernsthaft zu ängstigen. Ich konnte nicht einmal telefonieren, da es damals noch keine Mobiltelefone gab. Ich hielt an einer Tankstelle und fragte, wie ich nach Durban käme. Die Richtungsangaben waren ziemlich vage, sodass ich immer tiefer in das Township hineinfuhr.

Da beschloss ich, umzukehren und denselben Weg zurückzufahren. Ich hatte mich verirrt, ich hatte Angst und es war dunkel, da es keine Straßenbeleuchtung gab. In Südafrika ist eine weiße Frau, die allein in einem afrikanischen Township unterwegs war, hochgradig gefährdet. Da sagte ich zu den Engeln: »Hallo Leute, ich könnte hier wirklich Hilfe gebrauchen. Ich habe mich verirrt. Bitte helft mir.«

Wieder sah ich die Tankstelle und hielt an. Ein riesiger schwarzer Mann kam auf mich zu und sagte: »Sie haben sich sicherlich verirrt, oder?« Ich nickte. Er lächelte und meinte, ich solle der einzigen Straße mit Laternen folgen, da dies die einzige Straße nach und aus Kwadebeka sei. Auf ihr solle ich einfach weiterfahren und so würde ich letzt-

endlich nach Durban kommen. Ich hielt mich an seine Richtungsangaben und kam gesund und munter in Durban an. Ich war so dankbar.
Ich weiß einfach, dass er ein Engel war, da ihn eine ganz besondere und
sehr schöne Aura umgab.

Dawn Connell

Ein merkwürdiger Engel

*Urteilen Sie nie über einen Menschen, denn er könnte ein verkleideter Engel
sein.*

❊ ❊ ❊

Kurz vor Weihnachten ging ich mitten im dichtesten Einkaufstrubel in
Edinburgh einkaufen. Ich kam gerade aus einem Geschäft, als ich mit
einem Mädchen zusammenstieß. Ich fällte sofort ein Urteil über sie,
denn sie hatte Piercings, Tätowierungen, rosa und blau gefärbte Haare,
und sie blickte mich finster an, als sie in mich hineinrannte. Ich sah zu
Boden und merkte, dass meine Handtasche offen war und mein Portemonnaie fehlte. Ich stürmte wie panisch zurück ins Geschäft. Dort lag
meine Geldtasche auf dem Tresen. Wäre ich nicht so schnell zurückge-
eilt, hätte sie womöglich jemand genommen. Ich bin mir absolut sicher, dass das Mädchen ein Engel war. Ich begriff, dass es Engel in allen möglichen Formen und Gestalten gibt.

Lesley Sorridimi

Die Engel bringen Hilfe

*Wenn Sie auf die Stimme der Engel hören, retten Sie möglicherweise jemandem
das Leben.*

❊ ❊ ❊

Meine Mutter lebte allein. Als sie älter wurde, baten wir sie, einen
Notknopf an einer Kette um den Hals zu tragen. Eines Morgens fuhr
Kate, die Frau, die sich um meine Mutter kümmerte, durchs Dorf.
Obwohl nicht der Tag war, an dem sie üblicherweise zu meiner Mutter
ging, beschloss sie aus unerfindlichen Gründen, nach ihr zu sehen.

Ich danke den Engeln, dass sie es tat, denn meine Mutter hatte gerade einen Schlaganfall gehabt und Kate konnte sofort einen Rettungswagen alarmieren. Das rettete meiner Mutter das Leben, denn sonst wäre einen ganzen Tag lang niemand zu ihrem Haus gegangen. Sie hatte vergessen, den Notknopf umzuhängen. Ich werde Kate – einem menschlichen Engel – und allen anderen Engeln auf ewig dankbar sein, denn dank ihnen konnte meine Mutter noch acht Wochen leben, was uns die Möglichkeit gab, eine sehr intensive Zeit miteinander zu verbringen.

Sue Walker, DCS

Hilfe für andere

Wenn Sie um Hilfe für andere bitten, werden die Engel für perfekte Synchronizitäten sorgen, damit sofort Hilfe kommen kann.

❊ ❊ ❊

Ich ging im Winter bei Glatteis spazieren und ein Mann fuhr mit einem kleinen Anhänger an mir vorbei. Als er um die Kurve biegen wollte, scherte der Anhänger aus und landete im Graben. Ich betete: »Ihr Engel, bitte helft ihm – zum Wohle aller.« Und plötzlich kamen vier Männer anmarschiert. Sie stellten sich neben den umgekippten Anhänger, und nach einigen Anstrengungen gelang es ihnen, ihn wieder aufzurichten. Ich danke den Engeln, dass sie hier geholfen haben.

Kari Nygard, DCS

Verkehrssicherheit

Diese Geschichte soll uns daran erinnern, dass wir besser auf Warnungen hören und uns vorsehen sollten.

❊ ❊ ❊

Vor vielen Jahren war Mary von einem Astrologen davor gewarnt worden, an einem bestimmten Tag mit dem Auto zu fahren. Unglücklicherweise musste sie an diesem Tag aber zu einem Termin, sodass sie ziemlich nervös war. Sie fuhr langsam und umsichtig. Als die Ampel, an der sie gehalten hatte, auf Grün umschaltete, wartete sie noch einen Augenblick und fuhr dann langsam los, wobei sie sich nach allen Richtungen umsah. Genau in diesem Augenblick überfuhr ein junger Mann auf einem Fahrrad die rote Ampel und raste direkt an ihr vorbei. Wäre sie nicht so vorsichtig gefahren, wäre sie in einen hässlichen Unfall verwickelt worden. Sie bedankte sich bei den Engeln dafür, dass sie den Astrologen bewogen hatten, sie zu warnen.

Diese Geschichte wurde Diana Cooper erzählt.

Die Aufgabe der Seele

Diese Geschichte erinnert uns, dass wir alle großartige Wesen sind, wenn wir uns nur öffnen und unser wahres Selbst sind.

❈ ❈ ❈

Viele Jahre lang wusste ich nicht, wer ich war. Ich glaubte, dass ich nicht gut genug wäre. Ich war meiner Meinung nach schüchtern, nicht besonders intelligent und kein bisschen weise. Meine Träume waren irgendwo tief in mir vergraben.

Dann begegnete ich einem irdischen Engel namens Michael. Er stellte mich seiner erleuchteten wunderbaren Frau und spirituellen Lehrerin vor. War das ein Segen für mich! Mein Leben veränderte sich augenblicklich. Ich hatte Begegnungen mit den Engeln und fühlte mich wie neugeboren. Meine Träume blühten auf: Ich sang vor hundert Leuten, ich leitete Seminare über Engel und ging auf Reisen.

Die Engel lehrten mich, dass ich Teil des großen Ganzen bin und Talente besitze, die mein Herz mit Freude erfüllen und Mutter Erde bereichern. Ich bin frei und ausgeglichen und erfreue mich eines großen Reichtums auf allen Ebenen, wie es jeder von uns sollte.

Daniela Soraya Shanti Marcinno, DCS

Ein Engel im Krankenhaus

Und die Blinden werden sehend gemacht.

❈ ❈ ❈

Wir haben einen fünfjährigen Sohn, der von Geburt an auf dem linken Auge blind ist. Er hatte eine Operation, um den Druck auf die Linse zu mildern, und danach sollte er zu einer Routineuntersuchung kommen. Aber wir wurden nicht von der Krankenschwester begrüßt, die normalerweise da ist, sondern von einer, die meiner Meinung nach ein Engel sein musste.

Sie war klein und hatte einen sanftmütigen Ausdruck im Gesicht. Nachdem sie den Augendruck gemessen hatte, hielt sie meinem Sohn eine Linse vor das Auge und bat ihn, die Buchstaben an der Tafel vorzulesen. Das war vorher noch nie gemacht worden. Zu unserem Erstaunen konnte er sehen. Unser Sohn sah! Er konnte alle Buchstaben, auf die sie zeigte, lesen. Ich war schockiert, denn uns war gesagt worden, er würde auf dem Auge niemals sehen können. Unser Engel sagte: »Sie sehen es ja selbst, er kann sehen.«

Der Augenarzt konnte es nicht fassen, und obwohl unser Sohn auf dem Auge immer noch nicht seine volle Sehkraft hat, haben wir die Hoffnung auf eine vollständige Heilung noch nicht aufgegeben. Wunder geschehen! Wir haben die Schwester nie wiedergesehen, aber wir sind mit Hoffnung, Liebe und heiligem Glauben gesegnet.

Katrin

Gelbe Rosen

Folgen Sie den Hinweisen der Engel, damit diese Sie benutzen können, um ihre Arbeit zu tun.

❈ ❈ ❈

Als ich Weihnachtskarten zu meinen Nachbarn bringen wollte, verspürte ich plötzlich den Impuls, an einem Supermarkt zu halten und eine Pflanze zu kaufen, obwohl ich überhaupt nicht wusste, für wen die Pflanze bestimmt sein würde. Ich fühlte mich von den Minirosen angezogen, konnte mich aber nicht entscheiden, in welcher Farbe ich sie kaufen sollte. Ein sehr großer Mann stand rechts hinter mir und sagte: »Kaufen Sie die gelben Rosen, da sie ein Symbol für einen Neuanfang sind.« Also kaufte ich die gelben Rosen.

Später suchte ich eine Nachbarin auf, die vor Kurzem ihren Mann verloren hatte. Ihr schenkte ich die gelben Rosen. Während wir uns unterhielten, erzählte sie mir, dass ihre Tochter bei einer Hellseherin gewesen war, weil sie der Tod ihres Vaters so sehr erschüttert hatte. Ihr wurde gesagt, sie solle nach gelben Rosen Ausschau halten, da diese ihr zeigen würden, dass es ihrem Vater gut ging. Nun wusste ich, dass die gelben Rosen eine Botschaft für die Familie waren.

Glenise

Ein Engel in Menschengestalt

Sie werden wie ein Engel handeln, wenn Sie wirklich auf die stille Stimme der Engel hören.

❋ ❋ ❋

Mein Mann Keith war schwer krank und litt unter Demenz. Da ich arbeitete, kümmerte sich eine wunderbare Frau namens Christina morgens um ihn.

Eines Tages war Keith aus dem Bett gefallen und lag halbkomatös auf dem Boden. Da er extrem schwer ist, konnte ich ihn nicht aufheben. Als Christina kam, versuchten wir es gemeinsam, schafften es aber nicht. Ich bat einen Handwerker, der in der Nachbarschaft arbeitete, um Hilfe, und gemeinsam gelang es uns, Keith ins Bett zu hieven.

Ich sorgte dafür, dass sich ein Arzt Keith anschaute, und fuhr Christina zur Bushaltestelle. Als ich zurückkam, war Keith wieder aus dem Bett gefallen. Ich machte ihm auf dem Boden ein Lager, konnte ihn aber nicht dorthin bringen. Da rief ich: »Lieber Gott, bitte hilf mir!« Da tauchte ein Mann namens Julian auf, dem ich mein Problem schilderte. Er meinte nur: »Deswegen bin ich ja hier.« Dann schob Julian Keith in das Bett auf dem Boden.

Ich fragte Julian, warum er überhaupt gekommen war. Er antwortete, dass er in der Nachbarschaft gearbeitet hatte, als ihm jemand sagte, er solle zu mir gehen. Seither bezeichne ich ihn immer als meinen Schutzengel. Meine Gebete waren wirklich erhört worden.

Diana

Ein verborgener Segen

Wenn jemand oder etwas ein Hindernis oder eine Herausforderung darstellt, sollten wir es segnen, sodass es sich möglicherweise in einen Segen verwandelt.

❋ ❋ ❋

Als ich achtzehn war, reiste ich von England aus nach Papua-Neuguinea, wo ich in Rabaul eine Stelle als Rezeptionistin fand. Eines Tages wollte ich nach Feierabend die Kokope-Straße entlangfahren, eine wunderschöne Küstenstraße, von der man einen herrlichen Ausblick aufs Meer hat.

Als ich aus der Stadt fuhr, kam ich an eine Kreuzung mit einem Stoppschild, aber da niemand in Sicht war, hielt ich nicht an. Plötzlich tauchte wie aus heiterem Himmel ein Polizist auf einem Motorrad auf und hielt mich an. Er sagte: »Sie haben das Stoppschild nicht beachtet, das kostet Sie vierzig Dollar.« Ich hatte kein Geld bei mir, sagte ihm aber, dass ich es zu Hause hätte. Er meinte: »Das macht nichts, ich folge Ihnen nach Hause.« Wir fuhren zu mir, ich gab ihm die vierzig Dollar und er zog ab.

Später fiel mir auf, dass die Vögel nicht mehr sangen. Dann gab es ein grummelndes Geräusch und das Haus begann zu wackeln. Da Rabaul auf einer Erdbebenzone liegt, wusste ich, dass es am sichersten ist, mich in den Türrahmen zu stellen, was ich auch tat. Das Erdbeben hatte die Stärke 8,5 auf der Richterskala, war also sehr stark.

Das Haus hielt stand und ich überlebte. Später erfuhr ich, dass viele Menschen, die auf der Kokope-Straße unterwegs waren, bei dem Erdbeben umgekommen waren. Da wurde mir klar, dass der Polizist, der mich gezwungen hatte, nach Hause zu fahren, ein Engel gewesen war und dass er mir das Leben gerettet hatte.

Rowena Beaumont

Die Lieferung eines Mobiltelefons

Zuvorkommenheit und Güte sind Eigenschaften der Engel. Zum Glück gibt es viele wunderbare Menschen auf der Erde, die diese Eigenschaften ebenfalls besitzen.

❋ ❋ ❋

Mein Mann wollte sich ein neues Mobiltelefon kaufen. Da wir in Kreta leben, bestellte er es im Internet. Wir baten die Engel, das Telefon sicher an unser örtliches Postamt zu liefern. Als es nach drei Wochen immer noch nicht angekommen war, baten wir die Engel, es zu finden. Kurz darauf erhielten wir einen Anruf von einem anderen Postamt, in dem wir gefragt wurden, ob wir ein Paket erwarteten. Das Mobiltelefon war an das dreißig Kilometer weit entfernte Postamt geliefert worden. Die Dame am Telefon sagte, dass sie das Gefühl gehabt hatte, jemand würde dringend auf das Paket warten. Daher hatte sie beschlossen, den Empfänger ausfindig zu machen. Sie hatte im Telefonbuch nach uns gesucht und unsere Nummer gefunden.

Im Gespräch bot sie uns an, das Paket im Laden eines Freundes zu hinterlassen, wo wir es dann abholen konnten. Wir packten ein Engelgeschenk ein, schrieben einen Dankesbrief und hinterließen beides bei ihrem Freund. Wäre diese Frau nicht so fürsorglich gewesen, hätten wir das Paket wohl nie erhalten. Und wir bedankten uns bei den Engeln für ihre Hilfe.

Janis Attwood, DCS

Ein Engel mitten in einer Überschwemmung

Manchmal begreifen wir erst hinterher, dass die Engel in unser Leben eingegriffen haben. Diese wunderbare Geschichte zeigt, dass Engel uns auch auf unerwartete Weise unterstützen.

❀ ❀ ❀

Eines Sonntagnachts wurden mein Freund und ich von unseren Mitbewohnern geweckt, die entdeckt hatten, dass der Boiler leckte. Die Küche stand schon ein paar Zentimeter unter Wasser und immer neues Wasser strömte aus dem Leck. Wir suchten nach dem Absperrhahn, konnten ihn aber nicht finden. Ich rief zwei Notfallklempner an. Einer meinte, so kurzfristig könne er nicht kommen; der andere nahm das Telefon gar nicht erst ab.

Als letzten Ausweg rief ich die Nummer auf unserer Wasserrechnung an, aber da es bereits vier Uhr morgens war, hatte ich nicht viel

Hoffnung. Zu meiner Überraschung nahm eine sehr ruhig wirkende Frau ab und erklärte mir, dass sich der Absperrhahn unter einem Gitter auf dem Bürgerstieg vor unserem Haus befinden würde. Nachdem ich das Gitter entfernt hatte, erklärte sie mir ganz ruhig, wie das Wasser abzustellen war.

Nun floss kein Wasser mehr und wir wischten die überflutete Küche auf. Dann fielen wir erschöpft ins Bett. Erst am nächsten Tag fiel mir auf, wie unwahrscheinlich es war, dass jemand von den Wasserwerken um diese Nachtzeit arbeiten, das Telefon abnehmen und genau wissen sollte, wie uns geholfen werden konnte.

Ich habe vielen Menschen diese Geschichte erzählt und die Frau dabei immer als Engel bezeichnet. Ich meinte das nicht wörtlich, aber manchmal frage ich mich doch, ob nicht vielleicht ...

Anonym

Ein Engel rettet eine Jugendliche

Die Engel mussten viele Menschen beeinflussen, um diese Jugendliche sicher nach Hause zu bringen.

✳ ✳ ✳

In meiner Jugend hatte ich epileptische Anfälle, die ich aber ziemlich gut unter Kontrolle hatte. Ich fuhr immer mit dem Zug nach Johannesburg, wo sich die Universität befand. Eines Tages hatte ich einen leichten Anfall und wusste, dass ich aussteigen musste. Die nächste Station war aber nicht meine, sondern eine, die als gefährlich eingestuft wurde. Da setzte sich ein Engel neben mich und sagte streng zu mir: »Du wirst nicht an dieser Station aussteigen, Mädchen, du steigst erst an der nächsten aus.«

Als ich an meiner Station den Zug verließ, stand meine Mutter, die normalerweise immer auf dem Parkplatz auf mich wartet, schon auf dem Bahnsteig. So kam ich dank des Engels sicher nach Hause. Ich bin jetzt zweiundvierzig, aber ich denke immer noch voller Dankbarkeit an jenen Vorfall zurück.

Sharon

Am Engelgletscher

Manchmal wirken die Engel durch einen Menschen, um uns einen göttlichen Augenblick zu bescheren.

✳ ✳ ✳

Ich unternahm mit meiner Freundin Ita eine zwölftägige Reise nach Kanada, damit wir dort gemeinsam unseren fünfzigsten Geburtstag feiern konnten. Am dritten Tag besuchten wir Angel Glacier, wo die Energie von Erzengel Michael am stärksten ist.

Wir entschieden uns, zum Mount Edith Cavell zu wandern. Ein Mann lud uns ein, mit ihm auf den Gipfel zu steigen. Es schneite ziemlich heftig, und ich rutschte so oft aus, dass ich nicht mehr weiterkonnte. Aber der Mann gab mir eine Mütze und Handschuhe und gemeinsam mit Ita stützte er mich, bis wir auf dem Gipfel angekommen waren. Ich war sehr stolz auf meine Leistung und zitterte vor freudiger Erregung.

Während des Abstiegs wurde aus dem Schneesturm ein regelrechter Blizzard. Als der Mann merkte, wie sehr ich zu kämpfen hatte, ging er vor mir her und half mir, ohne ein Wort zu sagen. Er ergriff meine Hand, bis wir an einen sicheren Ort kamen. In seiner Gegenwart schienen alle Ängste von mir abzufallen. Ich fühlte mich stärker, und irgendetwas veränderte sich in der Art, wie ich meine Beziehung zu Männern sah. Ich fühlte mich befreit und selbstsicherer. Es kam mir vor, als wäre diese Begegnung ein göttlicher Moment gewesen. Ich versuchte später, es Ita zu erklären, und sie sagte, sie hätte genau dasselbe gespürt. Für mich war dieser Mann ein Engel, der mir geholfen hatte, als ich nicht mehr weiterkonnte.

Maura

Ein Akt der Güte

Eine wundervolle Botschaft ist in der Geschichte enthalten.

✳ ✳ ✳

Ich kam am frühen Abend in London Heathrow an, hatte aber keine Hotelreservierung. Alle Hotels, die ich anrief, waren entweder voll oder zu teuer. Schließlich fand ich aber doch noch ein Zimmer. Man sagte mir, ich solle den Bus Nummer 555 nehmen. Da ich eine ange-brochene Rippe hatte, fiel es mir schwer, meine Koffer zu tragen, aber ein sehr netter Mann half mir dabei.

Der Busfahrer sagte mir, wo ich aussteigen musste, und der nette Mann half mir wieder mit meinem Gepäck. Es war dunkel, und als der Bus abfuhr, sah ich mich um, konnte das Hotel aber nicht entdecken. Dann sah ich in der Ferne doch noch das Schild. Aber es sah so weit entfernt aus. Ich zog einen der Koffer ein paar Meter weit, stellte ihn ab, holte den zweiten … So ging das eine Zeit lang. Dann ging der größere Koffer kaputt und die Kleider fielen auf die Straße. Und das Hotel schien immer noch genauso weit entfernt zu sein. Ich sah mich nach einem Taxi um, aber sie waren alle besetzt und keines hielt an. Da sah ich zum Himmel hinauf und bat meine Engel um Hilfe.

Unvermittelt tauchte ein Taxi auf. Der Fahrer hielt an und fragte mich, ob ich Hilfe bräuchte. Ich weinte fast vor Freude, als ich Ja sagte. Er hob meine Koffer auf und brachte sie bis an die Rezeption. Ich dankte ihm, nannte ihn einen Engel und fragte ihn, was er dafür haben wollte. Er wollte nichts annehmen und sagte stattdessen: »Wenn jeder Mensch nur einmal am Tag etwas Gutes tun würde, wäre die Welt si-cherlich anders.« Und mit diesen Worten ging mein Engel. Ich werde seine Worte nie vergessen.

Kalliope, DCS

Wenn Engel verschwinden

Seit Anbeginn der Zeit gibt es Geschichten über Fremde, die wie aus dem Nichts auftauchen, um jemandem zu helfen, und dann verschwin-den, bevor er sich bei ihnen bedanken kann. Hier sind einige solcher Geschichten.

Ein Engel mit einer Pudelmütze

Irdische Engel senden manchmal positive Gedanken aus, um uns sicher nach Hause zu geleiten.

✻ ✻ ✻

Ich war zu einem Kristallladen gefahren, der etwa eine Stunde weit von mir entfernt liegt. Es hatte erst geschneit und dann getaut, aber während ich in dem Laden war, hatte es wieder angefangen zu schneien, sodass der Straßenzustand ziemlich prekär war. Ich machte mir Sorgen, da ich auf Nebenstraßen fahren würde, die nicht gestreut waren.

Ich verließ den Laden und verstaute eine große Amethystgeode auf dem Beifahrersitz. Auf meinem Weg fuhr ich an mehreren Autos vorbei, die von der Straße abgekommen, in Gräben gerutscht und dort zurückgelassen worden waren. Dann kam ich zum Fuße eines ziemlich steilen Hügels. Ich kroch im zweiten Gang hinauf, bedauerte aber meine Entscheidung, als ich etwas Verbranntes roch. Plötzlich war der ganze Wagen voller Rauch.

Ich öffnete die Fenster und sah einen gütig aussehenden älteren Herrn neben dem Beifahrerfenster stehen. Er trug eine Pudelmütze und meinte, er würde spazieren gehen. Das war merkwürdig, denn es war sieben Uhr abends an einem kalten Januartag mitten im Nichts.

Obwohl ich die Handbremse angezogen hatte, rutschte mein Wagen langsam den Hügel hinunter auf die Autos zu, die an seinem Fuße standen. Ich geriet in Panik und fragte den neben mir her laufenden Mann, was ich tun solle. »Sie müssen weiterfahren, auch wenn es schwer ist und Sie Angst haben«, antwortete er. Ich lachte und sagte ihm, dass ich die Engel um Hilfe gebeten hatte und dass ich es mithilfe meiner Gebete und seiner positiven Kommentare durchaus schaffen könnte. Als ich schließlich oben auf dem Hügel angekommen war, sah ich in den Rückspiegel, aber der Mann war nirgendwo zu sehen.

Der Wagen roch furchtbar nach Rauch, aber in der Werkstatt konnte kein Schaden festgestellt werden. Ich wusste, dass mir der Engel mit der Pudelmütze geholfen hatte. Meine Amethystgeode steht heute auf einem Fensterbrett und erinnert mich daran, dass wir immer Hilfe von den Engeln bekommen können, wenn uns etwas unmöglich, gefährlich oder erschreckend erscheint.

Mai Worth

Ein Autounfall

Dies ist die unglaubliche Geschichte eines Engels, der zu Hilfe eilte.

❁ ❁ ❁

Als mein Partner Yoram mich zum ersten Mal besuchte, fuhr ich ihn im Auto umher. Ich war nervös, wollte ihn aber unbedingt beeindrucken. An einer Kreuzung musste ich links abbiegen, verschätzte mich aber, sodass ein anderer Wagen in uns hineinfuhr. Eine Weile lang war alles verschwommen, aber dann dachte ich: »Ich lebe noch.« Allerdings war Yoram bewusstlos. Panisch zerrte ich ihn aus dem Wagen und legte ihn ins Gras.

Ein Mann mit einer friedvollen, sanftmütigen Ausstrahlung kam zu uns und sagte: »Keine Sorge, alles wird gut. Es sind nur die Autos zu Schaden gekommen.«

Ich sah Rauch aus dem anderen Auto aufsteigen und geriet wieder in Panik. Daraufhin wiederholte der Mann: »Machen Sie sich keine Sorgen, allen geht es gut.« Als uns die Sanitäter ins Krankenhaus brachten, meinten sie: »Normalerweise kommen die Leute nach einem solchen Unfall nicht so glimpflich davon.«

Yoram hatte sich die Rippen gebrochen, aber ansonsten war er in Ordnung. Ich machte mir Sorgen wegen der Frau im anderen Auto, erfuhr aber, dass es auch ihr gut ging. Anscheinend hatte sie ein Mann aus dem Auto gezogen, in dem sie eingeklemmt gewesen war. Unmittelbar darauf ging ihr Wagen in Flammen auf. Ich wusste, dies war derselbe Mann, der auch uns geholfen hatte. Ich wusste auch, dass er ein Engel war.

Phyllis

Eine Frau und ihr Hund

Die Passagiere dieses Busses brauchten dringend Hilfe, weil der Fahrer einge-
schlafen war.

❋ ❋ ❋

Mein Mann hatte mir ein Flugticket nach Santa Fe gebucht, wo ich an einer Vernissage meines Lieblingskünstlers teilnehmen wollte. Von Santa Fe aus wollte ich mit dem Shuttlebus weiter nach Albuquerque fahren.

Als ich in den Bus stieg, fiel mir eine wunderschöne Frau auf, die ganz in Weiß gekleidet war und einen riesigen Hundekäfig dabeihatte. Sie saß neben mir und hatte den Kopf des Hundes auf dem Schoß liegen. Ich fragte sie, wie lange sie den Hund schon hatte, und sie antwortete: »nicht lange.« Ich fragte sie, was sie so machte, und sie antwortete: »Kosmologie.«

Dann fuhr der Bus los, und nach einiger Zeit erhaschte ich einen Blick auf den Busfahrer. Seine Augen waren geschlossen. Die Frau in Weiß stieß mich an und fragte: »Haben Sie das gesehen?«

Sie redete während der ganzen restlichen Fahrt mit dem Fahrer, um ihn wachzuhalten. Als der Bus ankam, drehte ich mich um, um ihr zu danken, aber sie, der Hund und der Käfig waren verschwunden.

Vicki Grabicki

Eine schlimme Autopanne

Wenn Sie in Gefahr sind, sollten Sie Gott und die Engel anrufen. Dann wird
jemand wie aus heiterem Himmel erscheinen und Ihnen helfen.

❋ ❋ ❋

1991 wollte ich mein erstes Auto kaufen. Nachdem ich einen Wagen gefunden hatte, bat ich einen Freund, den Motor und das Chassis zu begutachten. Er fuhr mit mir zum Händler. Ich war nervös und sehr aufgeregt.

Auf dem Heimweg musste ich allein im neuen Auto auf einer mehr-spurigen Straße mit mehreren Ampeln fahren. Plötzlich ging der Motor aus. Mir blieb nichts anderes übrig, als den Leerlauf einzulegen, die Warnblinkanlage einzuschalten und auf den Mittelstreifen zu rollen. Ich zitterte am ganzen Körper, weil ich wusste, dass ich mich in einer lebensgefährlichen Situation befand. Obwohl im Moment keine anderen Autos auf der Straße waren, wusste ich, dass der Verkehr dicht sein würde, sobald die Ampel hinter mir auf Grün sprang. Mein Freund hatte einen anderen Weg genommen, daher war ich ganz auf mich gestellt.

Da begann ich zu beten: »O Gott, bitte hilf mir!« Etwas weiter war eine Ausfahrt, wo ein blauer Wagen anhielt. Ein Mann und eine Frau stiegen aus und kamen auf mich zugelaufen. Die Frau rief: »Keine Sorge, wir hatten auch mal so einen Wagen. Das ist uns auch schon mal passiert.« Der Mann hob die Kühlerhaube, fummelte am Motor herum und innerhalb weniger Sekunden sprang dieser wieder an. Ich sagte immer wieder: »Danke, danke.« Die beiden liefen zurück zu ihrem Auto, und ich fuhr weiter. Der blaue Wagen verschwand.

Das Paar hatte genau gewusst, was zu sagen und zu tun war. Ich habe keinen Zweifel, dass die beiden Engel waren. Wenn Sie einem Engel begegnen, wissen Sie das ganz tief in Ihrem Herzen. Ich danke Gott dafür, dass es Engel gibt.

Linda Veryard

Reifenpanne auf der Brücke

Auch in dieser Geschichte tauchen Helfer auf und verschwinden wieder.

❋ ❋ ❋

Wir waren mit meiner sechsundachtzigjährigen Großmutter Mary auf dem Weg vom Flughafen Miami nach Hause. Es war zehn Uhr abends, und wir befanden uns gerade auf der zehn Kilometer langen Brücke nach Key West, als unser Kombi plötzlich langsamer wurde. Einer der Reifen war geplatzt. Wir waren nach dem langen Flug sehr müde, und nun waren wir nicht nur gestrandet, sondern auch ganz allein auf der Brücke.

Plötzlich tauchte wie aus heiterem Himmel ein blauer Wagen auf und zwei junge Männer stiegen aus. Einer sagte: »Keine Sorge, Sie können gleich weiterfahren.« Sie wechselten den Reifen und sagten: »Wir fahren Ihnen bis nach Key West hinterher.« Wir wussten gar nicht, wie wir ihnen danken sollten.

Wir fuhren weiter, und nach einer Weile merkte ich, dass niemand hinter uns war. Wo waren unsere beiden Freunde geblieben? Da es unmöglich war, zu wenden oder zu überholen, fragten wir uns, wo unsere beiden edlen Ritter geblieben waren. Wir glauben, dass diese beiden Männer unsere Schutzengel waren und uns aus einer großen Not gerettet hatten.

Bernice und Anona

Ein sehr realer Engel

Wenn Sie Vertrauen haben, wird Ihnen immer ein Engel helfen.

❋ ❋ ❋

Ich brachte meinen Vater, der siebenundachtzig ist und unter Angina und verschiedenen Komplikationen litt, zu einem Heiler. Während der Heilung verschlechterte sich sein Zustand plötzlich. Der Heiler rief mich ins Zimmer, wo ich schockiert sehen musste, dass mein Vater im Begriff war, das Bewusstsein zu verlieren. Ich redete auf ihn ein, und der Klang meiner Stimme schien ihn etwas zurückzubringen. Wir beschlossen, meinen Vater ins Krankenhaus zu bringen, und riefen den Rettungsdienst an. Mein Vater ist über einen Meter achtzig groß und sehr schwer zu bewegen, besonders wenn er fast besinnungslos ist.

Ich rief die Engel an und bat sie um Hilfe. Da tauchte ein Mann auf, der sagte, er sei Sanitäter. Weiter sagte er: »Alles wird gut, machen Sie sich keine Sorgen.« Ich weiß noch, dass ich in strahlend blaue Augen sah und ganz ruhig wurde. Er hatte das gütigste Gesicht und Lächeln, die ich je gesehen habe. Der Rettungswagen kam und brachte meinen Vater ins Krankenhaus. Ich sah mich nach dem Mann um, um ihm zu danken, konnte ihn aber nirgends entdecken. Ich fragte im Krankenhaus nach ihm, aber niemand hatte einen Mann gesehen, auf den meine Beschreibung zutraf. Er war einfach verschwunden. Mein Vater ist mittlerweile genesen und es geht ihm gut. Ich glaube, der Mann war ein Engel.

Yvonne Clarke, DCS

In tiefem Wasser

Die Engel arbeiten mit allen Elementen, um uns zu helfen.

❋ ❋ ❋

Das Haus, an dem wir arbeiteten, befand sich am Ende einer kleinen Straße und war nur über sie zu erreichen. Nach schweren Unwettern hatte es große Überschwemmungen gegeben und der Eingang zum Haus stand unter Wasser. Diejenigen, die es überhaupt hierhin geschafft hatten, waren nun eingeschlossen und fragten sich, wie sie wohl nach Hause kommen sollten.

Mein Kollege beschloss, einfach mit dem Wagen durchs Wasser zu fahren, aber das Auto blieb stecken und er war sofort vom Wasser eingeschlossen. Irgendjemand half ihm aus dem Auto und brachte ihn in Sicherheit. Dann verschwand diese Person. Mein Kollege konnte nicht sagen, wer ihm geholfen hatte, aber ich glaube, es war ein Engel.

Elizabeth Stubbs, DCS

Die geistigen Gesetze

Wenn Sie bereit sind, ein bestimmtes Buch zu lesen, werden die Engel dafür sorgen, dass es zu Ihnen kommt.

❋ ❋ ❋

2001 veränderte sich meine Welt abrupt, als mein lieber Vater an Krebs starb. Da ich seit vielen Jahren ganzheitliche Therapeutin war, spendeten mir meine Überzeugungen großen Trost. Auf der Suche nach weiteren Inspirationen stieß ich auf das Buch *A Little Light on the Spiritual Laws* (*Der spirituelle Lebens-Ratgeber. Im Einklang mit dem Universum fühlen, denken, handeln.* Ansata) von Diana Cooper.

Während ich das Buch durchblätterte, tauchte ein Mann auf und begann mit mir darüber zu reden. »Ihre Bücher sind wirklich gut«, meinte er. Ich lächelte etwas beklommen, weil mir wirklich nicht nach Plaudern zumute war. Er redete weiter, bis ich das Buch zurückstellte und wegging. Ich wartete, bis er ebenfalls gegangen war, dann lief ich zurück und kaufte das Buch. Dabei fiel mir auf, dass der Mann nicht mehr zu sehen war. Ich weiß jetzt, dass er ein irdischer Engel war, der mich zum Lesen dieses Buches animieren wollte, denn es öffnete mir die Tür zu meiner weiteren spirituellen Entwicklung und veränderte mein ganzes Leben.

Debbie Pettitt

Die unsichtbare Hand

Eine tiefgründige Geschichte, die uns zeigt, wie ein Schutzengel jemanden auf sein Alkoholproblem hinweist.

❀ ❀ ❀

1984, in der Woche nach Weihnachten, war ich der erste Gast in meinem Stammlokal, nachdem ich mich bereits neun Wochen lang täglich betrunken hatte. Es war früh am Morgen, und ich bestellte ein Glas Bier, das der Wirt vor mir auf den Tresen stellte. Dann verlangte er zwei Pfund zwanzig. Mir fehlten aber fünfzehn Pence. Ich flehte den Wirt an, aber er weigerte sich, mir das Bier zu geben.

Er kannte mich gut und lachte, als er das Bier zurücknahm. Aber ich brauchte so dringend einen Schluck. Obwohl in der Kneipe keine anderen Gäste waren, schob eine »Hand« von rechts einige Münzen neben mein Geld, sodass es genau zwei Pfund zwanzig waren.

Ich sah den Wirt an, er stellte das Glas wieder vor mich auf den Tresen, aber ich schob es behutsam zurück. Ich drehte mich zu dem Fremden um, aber es war niemand da. Heute weiß ich, dass es mein Schutzengel war, und ich habe seit jenem Tag keinen Tropfen Alkohol mehr angerührt.

Anonym

Ein menschlicher Engel eilt zu Hilfe

Und noch eine Geschichte über einen Engel, der spurlos verschwindet, nachdem er geholfen hat.

✳ ✳ ✳

Früher lebte ich in Abu Dhabi, wo die Parkgewohnheiten ziemlich anders sind als bei uns und die Leute an Stellen parken, die bei uns verboten wären. An einem Freitagmorgen ging ich zu meinem Auto und musste feststellen, dass die Mitte der Straße voller geparkter Autos war und dass ich nicht rückwärtsfahren konnte, ohne eines der geparkten Autos zu rammen. Ich war blockiert.

Freitagsmorgens ist es sehr ruhig, da alle Leute beten, und ich konnte niemanden sehen. Ich bat die Engel, mir zu helfen. Wie aus heiterem Himmel tauchte plötzlich ein Araber auf und half mir, den Wagen aus der engen Lücke herauszumanövrieren. Er war sehr geduldig, denn ich musste das Lenkrad ziemlich oft einschlagen. Sobald ich es geschafft hatte, wollte ich mich bedanken, aber er war verschwunden.

Ich glaube, der Mann war ein Engel in Menschengestalt, der geschickt worden war, um mir zu helfen.

Julie Greenhalgh

Engel in der U-Bahn

Engel helfen, beschützen und unterstützen uns auf vielerlei — und zum Teil erstaunliche — Weise.

✳ ✳ ✳

Nachdem ich die Universität abgeschlossen hatte, zog ich nach New York City, wo ich drei Jahre lebte, während ich sparte, um meinen Doktor machen zu können. Ich war knapp bei Kasse und die U-Bahn war mein einziges Transportmittel.

Eines Abends fuhr ich mit einer Freundin in der U-Bahn. Wir unterhielten uns so angeregt, dass keiner von uns merkte, dass ein Mann meine Brieftasche gestohlen hatte. Ich war schockiert, als ich mitansehen musste, wie ein anderer Mann sie aus der Tasche des Diebes nahm und sie mir mitsamt Inhalt zurückgab. Ich stammelte ein Dankeschön und wandte mich nur kurz meiner Freundin zu. Als ich mich erneut umdrehte, war mein Retter verschwunden, obwohl der Zug nicht angehalten hatte und er nirgendwo hingegangen sein konnte. Ich glaube, der Mann, der mir die Brieftasche zurückgegeben hatte, war ein Engel.

Lauren Bloom

KAPITEL 14

Tod und Sterben

Die Engel helfen beim Übergang

Niemand stirbt allein. Die Engel sind immer bei uns, wenn wir hinübergehen. Unser Schutzengel hält unsere Hand und Erzengel Azrael, der Engel von Geburt und Tod, ist ebenfalls bei uns. Die beiden sorgen dafür, dass wir keinen Schmerz spüren, und sie minimieren den Schock, wenn wir ins Licht gehen.

Nachdem wir gestorben sind, bleiben die Engel bei uns. Ein Geist reist niemals allein, selbst wenn der Körper schon vor vielen Jahren gestorben ist, er wird eigentlich immer von einem Engel begleitet. Nicht einmal einem Meister ist es gestattet, ohne Begleitengel zu reisen.

Wenn jemand, der erst vor Kurzem verstorben ist, seine Liebsten aufsuchen möchte, wird ihn ein Engel begleiten, damit er zurückkehren und seinen Lieben und Freunden die Botschaft überbringen kann, dass es ihm gut geht.

Trost

Diese Geschichte schildert im Detail das Hinscheiden von Rubys Vater. Sie beschreibt auch, wie er vor seinem Tod die Engel sah.

❋ ❋ ❋

Nachdem er lange und tapfer gegen den Leberkrebs gekämpft hatte, wurde mein Vater in ein Hospiz verlegt. Wir waren in seinen letzten

Tagen alle bei ihm. Jeder Augenblick, den wir miteinander verbrachten, wurde zu etwas unendlich Kostbarem.

Ab und zu sah mein Vater in die Ecke des Zimmers, obwohl dort niemand war. Er hielt die Finger in die Höhe, aber wir begriffen nicht, was er uns sagen wollte.

Er konnte nicht sprechen, aber ich wusste, dass er etwas sah, was wir nicht sehen konnten. Ich dachte, er würde einen verstorbenen Verwandten sehen. »Kannst du deinen Vater sehen?«, fragte ich ihn. Er schüttelte den Kopf. Nein. »Kannst du deinen Bruder oder deine Mutter sehen?« Wieder schüttelte er den Kopf. Ich war verwirrt. »Kannst du Engel sehen?« Er nickte.

Ich fragte ihn, wie viele Engel er sah. Er hielt drei Finger seiner linken Hand in die Höhe. Mich durchlief ein Schauer, denn mein Vater hatte nie an Engel geglaubt. Ich sagte, er solle mit ihnen gehen.

Es ist uns immer noch ein großer Trost zu wissen, dass die Engel unseren Vater sicher auf die andere Seite gebracht haben. Jeder einzelne Tag ist wichtig. Der Tod lässt uns die Menschen in unserem Leben mehr schätzen.

Ruby

Mein Schutzengel

In dieser Geschichte hinterließen die Engel im Augenblick des Todes ein Zeichen, damit Elouise wusste, dass es der richtige Zeitpunkt war.

❄ ❄ ❄

Meine Familie war zutiefst erschüttert, als mein Schwiegervater einen Schlaganfall erlitt. Ich war sehr wütend, dass die Engel dies zugelassen hatten. Jede Nacht versuchte ich mit meinen Geistführern und meinem Schutzengel zu kommunizieren, erhielt aber nie eine Antwort. Ich fühlte mich betrogen und war sehr verletzt.

Dann erhielt ich einen Anruf aus dem Krankenhaus, in dem mir mitgeteilt wurde, dass sich der Zustand meines Schwiegervaters erheblich verschlechtert hatte. Als ich zum Auto laufen wollte, fiel mir eine leuchtend weiße Feder auf, die vor der Tür lag. Es war zehn Uhr morgens. Ich kam um 10.30 Uhr auf der Station an, aber es war zu spät. Er war um 10.00 Uhr gestorben.

Indem sie die Feder hinterließen, wollten die Engel mir versichern, dass er gut hinübergegangen war. Das stärkte meinen Glauben.

Elouise

Der Tod eines lieben Freundes

In den nächsten beiden Geschichten helfen die Engel einem Sterbenden, etwas für seine Freunde und Lieben zurückzulassen, das sie tröstet.

❋ ❋ ❋

Ein lieber Freund war an Krebs erkrankt. Ich hatte Nachtschicht und ging um 3.30 Uhr auf die Toilette. Obwohl die Toilette kein Fenster hat, lag eine weiße Feder auf dem Boden. Ich wusste, dies war ein Zeichen, dass Jacqui gestorben war.

Als ich am Morgen mit meiner Familie frühstückte, wurde ein Lied im Radio gespielt, dessen Text so ging: »Jackie, what are you doing now? You're in a better place« (Jackie, was machst du jetzt? Du bist an einem besseren Ort). Das Lied handelte von dem Sänger Jackie Wilson. Mein Sohn sah mich an und sagte: »Mama, hast du das gehört?« Wir wussten, dies war eine Botschaft von Jacqui.

Vivien Barboteau

Der Tod meines Neffen

Es kommt uns immer wie eine Tragödie vor, wenn ein Kind stirbt. Aber seine Seele hat der kurzen Lebensspanne und allen Erfahrungen zugestimmt. Dennoch ist es tröstlich, die Bestätigung zu erhalten, dass es sicher auf die andere Seite in die Arme der Engel gelangt ist.

❋ ❋ ❋

Mein dreijähriger Neffe Sage ertrank auf tragische Weise in einem Schwimmbecken. Eine Woche nach seinem Hinscheiden spürte ich ihn in meiner Nähe. Ich bat die Engel, ihn zu führen, zu unterstützen und in Licht und Liebe zu hüllen. Während einer Meditation sah ich fünf wunderschöne Engel kommen, ihn aufheben und mit ihm in den Äther fliegen.

Ich bat die Engel um ein Zeichen, dass es ihm gut ging. Als ich an diesem Abend kurz vor dem Einschlafen war, sah ich etwas im Vorhang. Ich dachte noch: »Das ist merkwürdig.« Ich sah einen Umriss, dann tauchten zwei Augen auf, und da wusste ich, es war Sage. Es war wirklich unglaublich und wärmte mir das Herz.

Als ich meiner Schwester davon erzählte und die Kleidung beschrieb, die er getragen hatte, erkannte sie die Sachen wieder, in denen Sage begraben worden war. Sie war so glücklich, dass es ihm gut ging und dass er in guten Händen war. Ich fühlte mich geehrt, dass ich etwas so Magisches hatte erleben dürfen. Natürlich dankte ich den Engeln.

Nadine Oliver-Piamsuphasup

Eine Feder von einem Freund

Manchmal öffnen uns Tragödien für die spirituellen Welten.

✳ ✳ ✳

Ich hatte eine wunderbare Freundin namens Chitra. Sie war verrückt nach Engeln und sprach ständig über sie. Sie sagte, sie wüsste immer, wenn Engel in der Nähe waren, weil sie kleine weiße Federn als Zeichen hinterließen. Damals stand ich dem skeptisch gegenüber.

Tragischerweise wurde Chitra ermordet. Wir waren tief erschüttert und vermissten sie furchtbar, denn sie war wirklich ein ganz besonderer Mensch. Ich hatte mit meiner Tochter über Chitra gesprochen, und wir waren beide sehr traurig. Als sie mich besuchte, fand sie eine riesige weiße Feder. Wir lachten, weil wir überzeugt waren, dass einer von Chitras Engeln versuchte, uns aufzumuntern. Es ging uns gleich besser, weil wir wussten, dass die Engel da sind und dass sie sich um Chitra kümmern.

Heather

Engel kommen, um ihn heimzuholen

Kein Leben ist verschwendet.

❀ ❀ ❀

Meine erste Begegnung mit der Welt der Engel hatte ich vor zwanzig Jahren. Ich arbeitete damals als Kosmetikerin mit einer Frau zusammen, deren ältester Sohn wegen seiner Leukämie Chemotherapie bekam. Es war eine emotional sehr aufwühlende Zeit, die alle tief berührte. Nachdem er gestorben war, erzählte mir die Frau, wie er ins Licht gegangen war. Er hatte in ihren Armen gelegen und gesagt: »Mama, ich muss jetzt gehen. Sie warten schon auf mich.« Sie fragte: »Wer wartet?« Und er antwortete: »die Engel.«

In diesem Augenblick wurde mir klar, dass wir mehr als unsere Körper sind. Dieses Erlebnis öffnete mir die Augen für die Realität der Engel.

Lorna

Als Eileen Caddy starb

Viele Erzengel werden die Menschen abholen, die nach ihrem Tod aufsteigen.

❀ ❀ ❀

Ich war mit einer Lehrerinnengruppe der Diana-Cooper-Schule zusammen, um einen neuen Kursus vorzubereiten, als das Telefon klingelte. Man sagte mir, dass Eileen Caddy, die Gründerin von Findhorn, der magischen spirituellen Gemeinschaft in Schottland, gestorben war. Sofort zündeten wir eine Kerze an und wollten gerade anfangen zu beten, als uns allen klar wurde, dass wir dies nicht zu tun brauchten. Wir wurden uns bewusst, dass sich Hunderte Engel um Eileen versammelt hatten, über ihr sangen und sie mit ihrer Liebe überschütteten. Offensichtlich war sie aufgestiegen und die Engel sangen ihr ein Loblied. Es war ein glorreicher Augenblick.

Am nächsten Tag saßen wir am selben Tisch und setzten unsere Arbeit fort, als das Telefon wieder klingelte. Dieses Mal hörten wir, dass eine Frau, die wir alle kannten, gestorben war. Wir zündeten eine Kerze an und stimmten uns ein, um sie mit unseren Gebeten zu begleiten. Der Unterschied war gewaltig, denn diese Frau brauchte alle Hilfe, die wir ihr geben konnten, damit die Engel sie ins Licht tragen konnten.

Diana Cooper

Eine geliebte Seele retten

Viele Menschen können das Licht nicht finden, nachdem sie gestorben sind. Deshalb stecken ihre Seelen fest. Diese Menschen haben dann keinen Engel an ihrer Seite, sondern ein Elementarwesen, das Wuryl genannt wird.

❋ ❋ ❋

Ich war furchtbar erschüttert, als mein Großvater starb. Ich wusste, dass er große Angst vorm Sterben gehabt hatte, und ich hatte das Gefühl, sein Geist steckte irgendwo an einem finsteren Ort fest. Ich hatte zudem das starke Gefühl, dass ich etwas tun musste. Weil ich aber nicht wusste, was, empfand ich dies als eine große Last.

Ich nahm an einem Kursus mit einem jungschen Psychologen teil und erzählte ihm von meinem Großvater. Er empfahl mir mehrere Methoden, aber das eine Wort, das mir in Erinnerung blieb, war »Engel«. Ich wusste instinktiv, was ich zu tun hatte. Ich bat die Engel um Hilfe.

Sogleich spürte ich, wie es in der Luft um mich herum flatterte. Dann hörte ich eine männliche Stimme sagen: »Hab keine Angst, wir sind gekommen, um deine Fragen zu beantworten.« Ich dachte: »Mann, hab ich ein Glück«, aber dann merkte ich, dass die Stimme nicht zu mir, sondern zu meinem Großvater sprach. Ich spürte, dass er von etwas umgeben war und dass er beschützt wurde, so als ob man ihn unter große Fittiche genommen hätte. Ich stand in Ehrfurcht vor der Macht und Majestät dieser Wesen da. Sie zögerten keinen Augenblick, in diese dunkle Energie einzutauchen, um eine gequälte Seele zu retten.

Michael und seine Engel kamen an jenem Tag. Welch ein Geschenk, sehen zu dürfen, dass Gott oder seine Boten uns niemals aufgeben, auch wenn wir uns selbst aufgegeben haben. Wir müssen nur bitten, dann wird die Tür geöffnet.

Krista Pergande

Die Arbeit eines Tages

Es gibt viele dunkle Orte, an denen erdgebundene Seelen feststecken. Sie brauchen jemanden, der ihnen das Licht zeigt.

❊ ❊ ❊

Tagsüber arbeite ich auf dem Bau, aber ich setze auch Seelen frei. Im Rahmen meines Jobs arbeitete ich an einem Projekt, um ein bestimmtes Gebäude zu einer Bibliothek umzubauen. Dort spürte ich die Anwesenheit eines Wesens, das sich anfühlte wie eine dunkle Wolke, die sich an meinen Rücken geklammert hatte. Ich wusste, dass das Gebäude früher eine Irrenanstalt gewesen war, in der Kriminelle verwahrt wurden.

Vor meinem geistigen Auge sah ich Hunderte von erdgebundenen Seelen, die mit einer dicken schwarzen Wolke über sich hier herumlungerten. Mein spiritueller Lehrer hatte mir gesagt, dass jemand eine Öffnung zum Himmel machen muss, damit das Licht durchscheinen kann.

Am nächsten Montag ging ich früh zur Arbeit, bevor die anderen kamen. Ich sagte den erdgebundenen Wesenheiten, dass sie – sofern sie dies wünschten – in das Licht gehen könnten, das ich im zentralen Treppenhaus erzeugt hatte. Dann könnten sie die Reise ihrer Seele fortsetzen und frei sein. Ich visualisierte ein strahlendes weißgoldenes Licht, dem sie folgen konnten. Ich sah Menschen Arm in Arm, einander an den Händen haltend und lächelnd vorbeigehen. Manche klopften mir im Vorbeigehen sogar auf die Schulter.

Als ich später darüber nachdachte, was geschehen war, spürte ich eine sehr große Präsenz hinter mir. Das Wesen war etwa zwei bis zweieinhalb Meter groß und strahlte Wärme und Liebe aus. Es legte die Arme um mich und dankte mir.

Ich begann zu weinen. Der Engel umarmte mich mit der Liebe Gottes und dem Dank dieser armen Seelen, die nun frei und glücklich waren. Heute gehe ich immer dorthin, wohin mich die Engel schicken.

Joe

Ein Flugzeugabsturz

Diese Geschichte veranschaulicht, wie ein Kind die Engel sehen kann, die sich versammeln, um die Opfer eines Flugzeugabsturzes abzuholen.

❋ ❋ ❋

Simon erzählte mir, dass er gerade eine Frau interviewt hatte, deren Vater 1994 beim Absturz der USAir 427 mit allen anderen Insassen an Bord gestorben war. Als Medium konnte er spüren, was geschehen war, aber er fragte sich, ob er sich das alles nur einbildete. Ein Freund wies ihn darauf hin, dass das Nummernschild seines Mietwagens die Zahl 427 enthielt. Die Engel sorgen für erstaunliche Synchronizitäten, um uns Beweise zu liefern.

Die Frau, mit der er sprach, erzählte ihm von einer anderen Frau, die mit ihrem vierjährigen Sohn auf die Ankunft des Flugzeugs gewartet hatte. Ihr Sohn zeigte kurz vor dem Absturz auf das Flugzeug und fragte: »Mami, warum fliegen all die Engel hinter dem Flugzeug her?«

Diese Geschichte wurde Diana Cooper von Simon Ludgate erzählt.

Der Engel des Todes

Erzengel Azrael ist der Engel des Todes, der jedem Menschen im Augenblick seines Todes erscheint. Er wirkt schwarz, weil sich sein Licht in ihm befindet und nicht nach außen abstrahlt.

❋ ❋ ❋

An der Universität belegte ich einen Kursus in Reflexzonentherapie. Im Rahmen der Fallstudien, die ich ausführen musste, kontaktierte ich Menschen, von denen ich glaubte, dass sie am meisten von einer Behandlung profitieren könnten.

Eine Frau hatte ein traumatisches Erlebnis hinter sich, und ich spürte, dass sie eigentlich nicht mehr hier sein wollte. Später erzählte sie mir, dass sie sich bereits genau überlegt hatte, wie und wann sie sich das Leben nehmen würde.

Als ich meine Hände auf ihren Körper legte, spürte ich, dass der Engel des Todes neben ihr stand. Er trug schwarze Lederklamotten und wirkte irgendwie aufgedonnert. Mir fiel ein, dass ich ein Fan von Motorrädern war und dass er diese Erscheinung wohl gewählt hatte, um mich nicht zu beunruhigen.

Als die Frau zu ihrer nächsten Sitzung kam, erzählte sie mir, dass sie einen neuen Gartenschuppen bestellt hatte. Das ist nicht gerade etwas, was man tut, wenn man nicht vorhat, noch eine Weile zu bleiben. Als ich meine Hände auflegte, war der Engel weg. Er wurde nicht mehr gebraucht.

Es gab mir großen Trost zu wissen, dass für jeden von uns bei unserem Hinscheiden ein Engel anwesend ist und dass er kein Urteil darüber fällt, auf welche Weise wir sterben.

Elizabeth Harley, DCS

In schützendes Licht gehüllt

Diese glorreiche Geschichte soll uns daran erinnern, wie viel wir tun können, um denen, die von uns gehen, zu helfen.

❋ ❋ ❋

Mein Sohn stand kurz davor zu sterben, als er mich fragte: »Mutter, welche Sünden habe ich begangen?« Ich antwortete: »keine.« Er war ein guter Vater, ein guter Sohn, ein guter Ehemann, ein fleißiger Arbeiter und ein Ehrenmann gewesen. Ich bat die Erzengel Michael und Raphael und den Schutzengel meines Sohnes, ihn in eine schützende Sphäre aus Licht zu hüllen.

Am Tag seines Todes sah ich Erzengel Michael an seinem Kopf, Erzengel Raphael zu seiner rechten und seinen Schutzengel zu seiner linken. Sie blieben die ganze Zeit über bei ihm. Später sah ich während der Meditation einen weißen Tiger mit strahlend blauen Augen auf seinem Körper liegen und mich ansehen.

Der Kaplan des Hospizes fragte, ob wir beten wollten, woraufhin sich die Familie in einem Kreis versammelte. Während der Kaplan das Gebet vorsprach, sah ich, wie die Mitte des Kreises von einem hellen weißen Licht erfüllt wurde, in dem eine Gestalt stand. Das Licht war so hell, dass ich ihr Gesicht nicht erkennen konnte und nur einen Bart sah. Ich wusste, diese Gestalt war der wahre Geist meines Sohnes.

Serena

Eine Feder als Bestätigung

Viele Menschen brauchen die Bestätigung, dass ihre Lieben gut ins Licht hinübergegangen sind. Bitten Sie um ein Zeichen und es wird Ihnen gegeben.

❄ ❄ ❄

Nachdem meine Mutter gestorben war, fuhr ich zum Blumengeschäft, um Blumen für das Begräbnis zu bestellen. Ich weinte während der Fahrt und bat um ein Zeichen, dass es ihr gut ging. Genau in diesem Augenblick schwebte die größte und schönste weiße Feder, die ich je gesehen hatte, vom Himmel herab und landete direkt auf der Windschutzscheibe. Ein Zufall? Ich glaube nicht.

Glynis

Salve Regina

Die Engel arrangieren Synchronizitäten und sorgen selbst nach unserem Tod dafür, dass unsere göttlichen Wünsche gewährt werden.

❄ ❄ ❄

Die Mutter einer meiner engsten Freundinnen war gestorben. Sie hieß Mary und war ein wunderbarer Mensch mit einem festen Glauben an Gott. In der Nacht nach ihrem Hinscheiden hörte ich ein Klopfen. Mein Mann und ich dachten, der jeweils andere hätte das Geräusch gemacht.

Ich spürte, dass Mary mit einer ganzen Engelgruppe neben mir war. Sie war sehr glücklich und bat mich, das Gebet »Salve Regina« aufzusagen.

Ich rief Erzengel Michael an, bat ihn, mich zu beschützen, und sprach das Gebet. Mary sagte mir, dass dies ihr Lieblingsgebet war und dass wir es auf ihrer Beerdigung sprechen sollten. Sie war so glücklich und strahlte so hell.

Ich erzählte meiner Freundin, dass Mary glücklich war, sich in den Armen der Engel befand und wollte, dass wir das Gebet »Salve Regina« bei ihrem Begräbnis sprachen.

»Zufällig« ging Marys andere Tochter in die Kirche, um zu beten, nachdem sie die Nachricht vom Tod ihrer Mutter erhalten hatte – und die Gemeinde sprach dasselbe Gebet. Für mich ist das die Bestätigung, dass unsere Lieben nach ihrem Tod von den Engeln geheilt und beschützt werden.

Martha McManus, DCS

Ein Geist nimmt meine Großmutter mit

Sofia sah, wie der Geist ihres Großvaters ihre Großmutter abholte.

❋ ❋ ❋

Ich möchte von einem Erlebnis erzählen, das ich nach dem Tod meiner Großmutter hatte. Drei Nächte vorher spürte meine Oma, dass sie sterben würde. In der dritten Nacht schwitzte sie sehr stark, war aber eiskalt. Ich gab ihr Wasser zu trinken und ein paar Notfalltropfen.

Nach etwa einer Stunde spürte ich, wie ein Geist in mein Schlafzimmer kam und an mir vorbeiging. Ich drehte mich um und konnte ihn sehen. Meine Oma drehte sich noch einmal zu mir um, umarmte mich und dann verschied sie. Der Geist nahm den Geist meiner Großmutter in die Arme. Es war mein Großvater, der gekommen war, um sie abzuholen.

Sofia Silva

Nahtoderlebnisse

Immer mehr Menschen berichten von Nahtoderlebnissen, die alle nach demselben Muster ablaufen. Die Sterbenden verlassen ihren Körper, schweben durch einen Tunnel ins Licht, wo sie von Engeln oder verstorbenen Angehörigen begrüßt werden. Manchmal erhalten sie auch Botschaften. Häufig wird ihnen gesagt, dass sie zur Erde zurückkehren müssen, und wenn sie das tun, sind sie nicht mehr dieselben wie vorher. Gelegentlich überlässt man ihnen auch die Wahl, aber natürlich wissen wir dies nur von denen, die in ihre Körper zurückkehren.

Mein Autounfall

Wir gehen vor unserer Inkarnation gegenüber unseren Familien gewisse Verpflichtungen ein.

❄ ❄ ❄

Mit sechsundzwanzig war ich in einen schweren Autounfall verwickelt. Eine Frau hatte mit voller Geschwindigkeit ein Stoppschild überfahren und war in mein Auto gerast. Meine drei Monate alte Tochter befand sich in der Kindertragetasche auf dem Rücksitz und überlebte nur, weil ein Passant ins Auto kletterte und sie herausholte.

Ich schwebte aus meinem Körper empor und sah mir die Szene von oben an, bevor ich in eine Art Korridor gesaugt wurde. Ich schwebte umgeben von Liebe, Licht und Frieden auf einer Wolke. Meine Familie erschien, und mir wurde gesagt, dass ich gegenüber meiner Tochter eine Verpflichtung eingegangen war, dass sie mich brauchte und dass ich noch eine andere Aufgabe zu erledigen hätte. Und – schwupps – war ich wieder in meinem Körper und hatte große Schmerzen.

Nachdem ich sechs Monate lang im Krankenhaus gelegen hatte, schien alles vergessen, was an jenem Tag geschehen war. Erst Jahre später dachte ich über mein Erlebnis nach. War ich Lichtwesen begegnet? Was war meine Aufgabe hier auf Erden?

Ich begriff: Das Wesen hatte mich mit auf eine erstaunliche Reise genommen, auf der ich meiner höheren Seele begegnet war und die Realität des Lebens nach dem Tode anerkannt hatte. Dies war der Beginn einer wunderbaren Beziehung zu den Welten der Engel. Dieses Erlebnis gibt mir noch heute Kraft. Namaste, wir sind alle eins.

Jenny Hart, DCS

Die Engel brachten mich zurück

Ich kenne Truda sehr gut und war eine von Hunderten, die Kerzen anzünde-
ten und für ihr Überleben beteten.

❀ ❀ ❀

Ich war schwer krank und befand mich an der Schwelle zwischen Leben und Tod. Alle dachten, ich würde sterben – darunter auch ich. Ich
dachte: »Das war's.« Mit diesem Gedanken schlief ich ein und bewegte
mich durch einen dunklen Tunnel. An seinem Ende sah ich ein helles
Licht voller Engel. In diesem Moment wusste ich, dass ich überleben
würde. Ich genas vollständig.
  Truda Clarke

Wiedergeboren

Diese faszinierende Geschichte beschreibt detailliert die Todeserfahrung eines
jungen Mannes.

❀ ❀ ❀

Ich war im Hause meinen Freundes Stuart und trank gerade eine Tasse
Tee, als ich plötzlich in eine Art Traumzustand sank. Alles wurde
schwarz und ich war wie gelähmt. Stuart sagte später, es sei gewesen,
als ob mich jemand abgeschaltet hätte.

Ich glitt an der Wand herunter und fiel über den Frühstückstisch und
die Stühle. Ich landete auf dem Boden und fiel und fiel. Alles wurde zu
Blau, das von Weiß und Silber durchzogen war.

Ich hatte eine Vision meiner Stadt. Ich schwebte über ihr und beobachtete die Menschen. Vor mir sah ich eine wunderschöne Frau, die
wie ein Stern strahlte. Ihr blondes Haar wehte im Wind und ihr Kleid
schimmerte im Licht. Sie küsste mich auf die Wangen.

Dann wurde alles wieder schwarz, und ich hörte eine Stimme, die
mir zurief, ich solle aufwachen. Ich hörte, wie Stuarts Mutter den Rettungsdienst anrief, und musste an meine eigene Mutter denken. Ich
sagte zu mir selbst: »nein!« Dann spürte ich, wie ich hochgehoben
wurde. Ich schnappte nach Luft und öffnete die Augen. Es kam mir

vor, als sei die Zeit stehen geblieben und als sei ich neu geboren worden.

Ich habe dieses Erlebnis nie vergessen. Ich glaube, ich bin in gewisser Weise gestorben und ein Engel hat mir zurück auf die Erde geholfen.

William Joseph Henwood

Ein himmlisches Krankenhaus

Wenn wir hinübergehen und unsere Arbeit auf Erden sehr geliebt haben, können wir sie in der Himmelswelt weiterführen.

❋ ❋ ❋

Ich hatte einen Fersensporn, eine sehr schmerzhafte Erkrankung der Füße. Ein Akupunkturarzt behandelte mich, und nach zwei Sitzungen war der Fersensporn verschwunden.

Fünf Jahre später kehrte die Krankheit aber zurück. In der Zwischenzeit war allerdings der Arzt gestorben. Ich lag im Bett und sagte: »Bitte, Doktor Ian, Sie müssen mir wieder mit dem Fersensporn helfen. Bitte tun Sie, was nötig ist.« Ich fand, er sei lange genug im himmlischen Krankenhaus gewesen, um mir von dort aus helfen zu können. Am nächsten Morgen ging es mir schon erheblich besser, und eine Woche später bat ich Doktor Ian noch einmal, alles Nötige zu tun. Am nächsten Morgen waren die Schmerzen vollständig verschwunden. Seither habe ich nie wieder welche gehabt. Ich bin wahrlich gesegnet.

Carmel

Ein Geistchirurg

Nach ihrem eigenen Tod helfen viele Chirurgen weiterhin den Lebenden.

❋ ❋ ❋

Ich war ins Krankenhaus eingeliefert worden, und nach mehreren Untersuchungen und einer Computertomografie stellte sich heraus, dass ich mit einem seltenen Virus infiziert war. Ich befand mich an der Schwelle zwischen Leben und Tod. Vier Wochen lang war ich völlig außer Gefecht gesetzt, und sieben Wochen lag ich im Krankenhaus. Ich habe nicht die geringste Erinnerung an diese Zeit.

Innerhalb von vierundzwanzig Stunden wurde ich zweimal am Gehirn operiert. Mein Zustand verschlechterte sich zusehends, und ohne eine dritte Operation würde ich sterben, hieß es. Aber nachdem ich eine Weile in einem sehr kritischen Zustand war, erholte ich mich erstaunlicherweise wieder. Ich musste wieder lernen, wie man geht und spricht. Es war, als wäre ich wiedergeboren worden.

Als ich vier Monate später eines Morgens aufwachte, stand eine männliche Gestalt neben meinem Bett. Ich weiß noch, dass ich dachte: »Wie kann er neben dem Bett stehen, obwohl dieses doch direkt an der Wand steht?« Und warum war er da? Ich hatte keine Angst. Er trug eine Operationskappe und -schürze. Am nächsten Morgen erinnerte ich mich noch genau an meinen »Traum« und wie die Gestalt ausgesehen hatte.

Eine Frau, die sich in solchen Dingen auskannte, interpretierte den Vorfall für mich. Ihrer Meinung nach war dies ein Geistchirurg, der neben den anderen Chirurgen im Operationssaal tätig war. Er war gekommen, um nach mir zu sehen, und möglicherweise, um meinen Heilungsprozess noch weiter zu unterstützen.

Ich weiß ganz tief in meinem Herzen, dass es genauso war. Ich fühlte mich sehr privilegiert. Tief in meiner Seele weiß ich, dass ich ihn sehen sollte.

Bernice

Eine Engelgeschichte

Manchmal kann die Seele im Augenblick des Todes einen Aufschub erwirken, um der Familie weiterhin helfen zu können.

❈ ❈ ❈

Der Vater meiner Freundin hatte ein chronisch obstruktives Lungenemphysem. Sie erzählte mir, dass der Arzt der Familie gesagt hatte, sie solle sich verabschieden, da er sehr schwach und seine Zeit gekommen sei.

Als ich ihren Vater im Krankenhaus besuchte, litt er unter großen Schmerzen. Ich nahm seine Hand und rief die Erzengel Raphael und Michael und alle Engel an, ihm heilende Energie zu schicken. Er sagte mir, er wolle seine kranke Frau und seine Familie nicht im Stich lassen. Später sah ich, wie ihn eine Lichtsäule einhüllte, in der ein riesiger Engel stand, der die Energie aufrechterhielt.

Am nächsten Tag rief meine Freundin an und sagte, ihr Vater säße aufrecht im Bett und äße. Alle waren schockiert, da sie mit dem Schlimmsten gerechnet hatten. Ich war die Einzige, an deren Besuch er sich erinnern konnte. Er wusste noch, dass er auf der anderen Seite gewesen war und mit einem Engel gesprochen hatte. Ihm war gesagt worden, er solle seine Sachen in Ordnung bringen und mit allen Frieden schließen. Er blieb seiner Familie noch acht Monate erhalten.

Anonym

Auf Wiedersehen

Die Engel kommen und beschenken uns mit einem warmen goldenen Gefühl im Herzen, wenn wir uns von jemandem zum letzten Mal verabschieden.

❃ ❃ ❃

In meiner Kindheit lebte eine sehr nette Familie in der Nachbarschaft. Sie hatte vier Söhne und wir waren drei Mädchen. Die Jungen waren zwar älter als wir, aber ihre Eltern hatten uns sehr gern zu Besuch. Wir waren die Töchter, die sie nicht hatten. Der Vater war ein sehr großer Mann, sah aus wie ein Kuschelteddy, und ich weiß noch, dass wir immer viel Spaß mit ihm hatten.

Als meine Mutter eines Tages kam, um uns abzuholen, wollte ich mich von ihm verabschieden, umarmte ihn ganz fest und küsste ihn auf die Wange. Ich hatte so etwas noch nie getan, es war einfach so über mich gekommen. Es war das letzte Mal, dass ich ihn sah, denn eine Woche später erlitt er einen Herzinfarkt und starb. Ich hatte eine solche Wärme, ein solches Glück und einen enormen Drang verspürt, ihn zu umarmen. Ich erinnere mich noch ganz genau daran.

Caroline Cameron

Noch ein Abschied

Das warme Gefühl im Herzen bedeutet aber nicht zwangsläufig, dass der andere sterben wird.

❈ ❈ ❈

Ich saß mit meinem Vater im Auto und verspürte plötzlich eine große Wärme im Herzen. Ich hatte den starken Drang, ihn zu umarmen, ihm zu sagen, dass alles gut werden würde und dass ich ihn liebte. Zwei Tage später starb mein Vater.

Deshalb war ich verständlicherweise sehr beunruhigt, als ich wieder einmal Wärme im Herzen spürte. Es geschah, als ich mich von meiner kleinen Tochter verabschiedete, die auf Klassenreise ging. Aber ich wusste irgendwie, dass alles gut gehen würde.

Caroline Cameron

»Hausputz«

Steckt eine Seele fest, kann sie nicht ins Licht gehen, sondern bleibt in ihrer vertrauten Umgebung.

❈ ❈ ❈

Auf einem wunderbaren Engelseminar lernte ich viel über Engel. Als ich dann nach Hause kam, hatte ich dort ein ganz erstaunliches Erlebnis. Das Haus, in dem ich seit zwölf Jahren lebte, hatte sich immer irgendwie schwer angefühlt, und seit wir hier eingezogen waren, hatten wir viele Probleme gehabt. Ich wurde mir nun einer Seele bewusst, die hier feststeckte. Erzengel Metatron kam und bot an, diese verlorene Seele ins Licht zu führen. Zuerst wollte sie nicht mitkommen, aber nachdem ihr versichert worden war, dass sie zur Liebe Gottes zurückkehren würde, ging sie freudig.

Dann tauchten drei weitere verlorene Seelen auf und baten, ins Licht geführt zu werden. Ich rief die Engel herbei, und auch sie wurden ins Licht getragen. Das Haus fühlt sich heute leichter an und das Leben meiner Familie hat sich dramatisch verbessert.

Anupama Singh

Vollkommen glückselig

Menschen, die eine Nahtoderfahrung machen, beschreiben diesen Zustand häufig als absolut glückselig.

❋ ❋ ❋

2008 machte ich eine Nahtoderfahrung. Mein Eisenspiegel war sehr niedrig und ich war vollkommen erschöpft. Da Tabletten nicht halfen, brauchte ich Eiseninfusionen. Während der zweiten Infusion, als ich beim Arzt auf der Liege lag, merkte ich plötzlich, dass ich nicht mehr atmen konnte.

Ich weiß, wie furchtbar das klingen mag, aber ich war ganz entspannt und blieb vollkommen ruhig. Der Arzt spritzte mir Adrenalin und versuchte, mich mit dem Atemgerät wiederzubeleben. Ich kam mir vor wie eine Beobachterin, die alles mit ansah. Er drückte mir das Atemgerät auf den Mund. Um mich herum war alles hektisch, aber ich war bereit zu gehen. Obwohl ich nicht atmen konnte, störte mich das überhaupt nicht. Ich war vollkommen glückselig.

Ich hatte überhaupt keine Sorgen. Ich dachte nicht einmal an meine Kinder. Ich war noch nicht so weit, dass mein Leben in Bildern an mir vorbeizog, aber ich befand mich in einem Zustand absoluten Friedens. Nichts kann je wieder so friedlich sein wie jener Augenblick.

Drei Jahre später bin ich immer noch da, habe Freude am Leben und keine Angst vor dem Sterben.

Caroline Cameron

KAPITEL 15

Erzengel Michael

E rzengel Michael ist der bekannteste Erzengel. Sein mächtiges Licht erstrahlt in allen Universen. Er trägt einen dunkelblauen Mantel und hält das Schwert der Wahrheit in seinen Händen, mit dem er alle Anhaftungen, die uns zurückhalten, durchtrennt.

Wir können ihn anrufen, damit er uns Kraft und Mut gibt und uns in Zeiten der Not hilft. Wenn Sie seinen Schutz herbeirufen, wird er seinen dunkelblauen Schutzmantel um Sie und Ihre Angehörigen legen. Es ist eine gute spirituelle Übung, ihn jeden Morgen und jeden Abend um diesen Schutzmantel zu bitten. Erbitten Sie seinen Schutz auch, wenn Sie mit dem Auto fahren, oder in jeder Situation, in der Sie möglicherweise Hilfe benötigen könnten. Es ist am effektivsten, wenn Sie ihn anrufen und sich dabei seinen dunkelblauen Mantel so lebhaft wie möglich vorstellen. In diesem Kapitel finden sich viele erstaunliche Geschichten über Begegnungen mit Erzengel Michael.

Erzengel Michael bei einem Begräbnis

Erzengel Michael beschützt, tröstet und hilft.

✳ ✳ ✳

Mein Vater, ein beliebter und ziemlich unorthodoxer Gemeindepriester, war gestorben und ich sah seiner Beerdigung mit Schrecken entgegen. Ich wusste, dass viele Menschen meinen Schmerz mitansehen würden, denn es würden drei verschiedene Abdankungen in zwei Tagen für ihn abgehalten werden.

Am ersten Abend standen nur die engsten Familienmitglieder und der Vikar am Sarg meines Vaters. Als ein Stück aus der *Oper Dido and Aeneas* gespielt wurde, heulten meine Tochter und ich auf eine Weise, die im Nahen Osten üblicher ist als in England.

Am zweiten Tag öffnete ich mein Herz Erzengel Michael. Sein Licht kam durch und sein dunkelblauer Mantel hüllte mich ein. Seine Arme umschlangen mich, und ich fühlte mich in dieser Verbindung zwischen Himmel und Erde sicher aufgehoben. Ich nahm meinen Platz in der ersten Reihe ein. Während der ganzen Zeremonie hüllte mich Erzengel Michael in seinen Schutzmantel und hielt sein Schwert vor mich. Wenn man mit etwas nicht fertig wird, braucht man einfach eine besondere Form der Hilfe.

Ich erzähle diese Geschichte voller Dankbarkeit gegenüber Erzengel Michael. Wenn uns etwas überfordert, stehen uns immer seine wunderbare Kraft und Liebe zur Verfügung. Sei Liebe, dann wird Liebe sein. Sie ist während unseres ganzen Lebens immer für uns da.

Sue Penrose-Gould

Erzengel Michael hilft einem Schulkind

Bitten Sie Erzengel Michael, auf Ihre Kinder aufzupassen, wenn sie in der Schule sind.

❋❋❋

Mein Sohn fürchtete sich sehr vor seinem strengen Mathematiklehrer. Wenn dieser ihm eine Frage stellte, verspannte sich mein Sohn und konnte kein Wort mehr hervorbringen. Da bat ich Erzengel Michael, meinen Sohn im Unterricht zu beschützen. Im Laufe der Zeit entspannte er sich mehr und mehr und hat heute jegliche Angst vor dem Lehrer und dem Mathematikunterricht verloren. Seine Zensuren sind besser geworden und er geht jetzt gern zur Schule. Und alles nur dank Erzengel Michael.

Martina Maria Seraphina Kammerhofer, DCS

Hausschlüssel gefunden

Bitten Sie Erzengel Michael um Hilfe, wenn Sie etwas verloren haben.

❊ ❊ ❊

Meine Schwester schenkte mir einen blauen Schlüsselanhänger mit dem Bild von Erzengel Michael. Eines Tages schlug ich am Strand Rad. Als ich dann nach Hause kam, konnte ich meinen Hausschlüssel nicht finden und merkte, dass er mir wohl aus der Hosentasche gefallen sein musste. Ich betete zu Erzengel Michael, ich möge den Schlüssel doch am Strand wiederfinden.

So unwahrscheinlich es auch ist, aber ich fand meinen Hausschlüssel im Sand. Die Wellen hatten ihn schon beinahe erreicht. Danke, Erzengel Michael.

Almut

Erzengel Michael spricht

Dies ist eine Ehrfurcht einflößende Geschichte.

❊ ❊ ❊

Mein Onkel lebte ein asketisches Leben. Er arbeitete in einer Fabrik und erhielt nur den Mindestlohn. Er lebte genügsam und aß fast nichts. Aber er kaufte Milch und Brot und verteilte diese Lebensmittel in aller Früh, indem er sie in unserer Nachbarschaft vor die Türen von Leuten legte, die unterprivilegiert waren.

Ich begegnete meinem Onkel zum ersten Mal, als ich elf war, und was mir sofort auffiel, war die Ausstrahlung des Gleichmuts, die ihn umgab. Er schien irgendwie zu leuchten. Er verbrachte den ganzen Tag damit, in seinem Schlafzimmer zu beten. Er war ein extrem spiritueller Mensch.

Als er eines Tages wieder in seinem Zimmer betete, wurde ich so neugierig, dass ich die Treppe hinaufschlich. Da die Tür halb offen stand, sah ich hinein. Er kniete mit seinem Rücken zu mir und »unterhielt« sich mit der Wand. Ich sah genau hin, konnte aber nichts sehen. Doch ich spürte die Gegenwart von etwas, das nichts glich, das ich kannte. Ich wusste einfach, etwas ganz Wunderbares war da. Mein Onkel benutzte eine Sprache, die ich noch nie gehört hatte. Leise schlich ich mich wieder nach unten.

Später rief er mich zu sich. Er sagte, er hätte mit Erzengel Michael gesprochen, und dieser hätte ihm gesagt, dass ich an der Tür gelauscht hätte. Er erklärte mir, dass er ständig mit Engeln wie Michael sprach. Er wusste, ich würde es verstehen, denn er hatte in der Sprache der Engel gesprochen, die nur wenige Menschen hören konnten. Aber ich hatte sie gehört. Erzengel Michael sagte ihm, dass ich anders sei und dass ich aus diesem Grund ihr Gespräch mitanhören konnte. Das war meine erste Begegnung mit Engeln. Aber Erzengel Michael sollte mir wieder erscheinen. Das erzähle ich in der nächsten Geschichte.

Ellie Evensong

Silberschuhe

Ellies Geschichte geht viele Jahre später weiter, als sie Erzengel Michael erneut begegnet.

❀ ❀ ❀

Ich war inzwischen nach Griechenland gezogen. Eine halbe Stunde von meinem Haus entfernt stand in einer abgelegenen Gegend eine winzige byzantinische Kirche aus dem 11. Jahrhundert, die Erzengel Michael geweiht war. Die Kirche war von der Straße aus nicht zu sehen und fast immer geschlossen.

Ich beschloss, diese Kirche zu besuchen. Schon als ich mich ihr näherte, spürte ich eine starke göttliche Energie. Da die Tür verschlossen war, sah ich durch ein Fenster. Auf dem Boden vor dem Altar stand ein Paar silberner Schuhe. Sie glichen nichts, was ich jemals gesehen hatte, aber ich fühlte mich wie magisch von ihnen angezogen. Die Fersen waren gegen den Altar gerichtet und die Spitzen gegen die Tür. Der Altar war vom Rest des Raumes durch einen Vorhang abgetrennt. Ich hatte das Gefühl, etwas zu sehen, das nicht von dieser Welt ist.

Ich ging immer wieder zu dieser Kirche, und jedes Mal befanden sich die Schuhe in einer anderen Position. Ich fragte den Priester nach der Kirche, und er erklärte mir, dass niemand jemals dorthin gehen würde und dass sie nur im November anlässlich des Festes der Erzengel überhaupt geöffnet würde. Ich fragte ihn nach den Schuhen. Er meinte, sie wären schon immer dort gewesen, und dass sie sich unter dem Altar hinter dem Vorhang befinden würden. Soweit er wusste, hatte niemand je die Kirche betreten. Die Schuhe blieben ein Mysterium.

Ich erzählte meinem ältesten Sohn davon. Er fuhr zu der Kirche, aber ein Bienenschwarm flog umher, als ob die Bienen die Kirche bewachen wollten, sodass er nicht näherkommen konnte. Mein Sohn spürte die Gegenwart von Michael und wollte wieder dorthin, um mit ihm zu kommunizieren. Und als er wiederkam, ließen die Bienen ihn durch.

Ich bin überzeugt, dass Michael diese kleine Kirche zu seinem Refugium gemacht hat. Er gab mir die Gelegenheit, seine Gegenwart zu spüren. Es war dasselbe Gefühl, dass ich mit elf Jahren hatte, als ich mit meinem Onkel sprach. Hatte er die Schuhe bewegt, um mich auf seine Gegenwart aufmerksam zu machen? Dieses wunderschöne Erlebnis veränderte mein Leben und öffnete mir die Augen für die Welt der Engel.

Ellie Evensong

Michael fährt

Erzengel Michael ist ein derart hochfrequentes Lichtwesen, dass er die Zeit beschleunigen kann.

❈ ❈ ❈

Wenn ich nachts weite Strecken fahre, total müde bin und nur noch nach Hause möchte, habe ich das Gefühl, dass Erzengel Michael den Wagen lenkt und dass ich mich nur noch am Lenkrad festhalte. Wenn ich dann zu Hause bin, staune ich immer wieder. »Wow, schon da?«

Wendy

Ein Engel in Blau

Wenn uns Erzengel Michael erscheint, sehen wir ihn fast immer in einem tiefdunklen Blau. Manchmal erscheint er auch als Mensch, der in diese Farbe gekleidet ist.

✳ ✳ ✳

An einem nebligen Morgen lief meine jüngste Tochter Tara eilig aus dem Haus, um noch den Schulbus zu erwischen, und wurde angefahren. Ein Nachbar kam, um uns zu informieren. Ich ging ins Badezimmer und sprach schnell ein Gebet: »Bitte, es soll sich jemand um sie kümmern, bis ich da bin.«

Als ich ankam, kniete eine Person in einer blauen Robe neben Tara. Sie drehte sich um und sagte: »O, Sie sind bestimmt die Mut...« Die Worte verklangen und ich hörte Glocken läuten.

Meine Tochter hatte eine Gehirnerschütterung und Prellungen am Bein, aber sonst war ihr nichts passiert. Ich fragte meinen Mann später, und er schwor, dass er niemanden außer uns und der Polizei gesehen habe. Da erinnerte ich mich an mein Gebet, und mir wurde klar, dass ein Engel es erhört hatte.

Sharon Gauthier

Eine Bitte um die Gegenwart der Engel

Diese Geschichte erinnert uns daran, dass die Engel mit uns Kontakt aufnehmen werden, wenn wir sie darum bitten.

✳ ✳ ✳

Mir wurde gesagt, dass wir vor dem Schlafengehen dreimal darum bitten sollten, ein Engel möge mit uns in Kontakt treten. Also tat ich genau das und bat darum, dass mich ein Engel kontaktieren möge.

Mehrere Nächte später wachte ich auf, weil mein Zimmer hell erleuchtet war und ein junger Mann neben meinem Bett stand. Er war schlank und hatte dunkles Haar. Er beugte sich über mich, berührte meine rechte Wange und strich mit dem Finger über sie. Ich konnte nur denken: »Das kann ich fühlen.« Ich war vollkommen verblüfft.

Vor Kurzem hatte eine Teilnehmerin an einem Seminar zur Entwicklung unserer Medialität eine Botschaft für mich. Sie sah einen jungen Mann, der ihre rechte Wange streichelte und ihr einen Namen sagte: Michael. Ich interpretiere das so, dass Erzengel Michael mich auf den spirituellen Weg geführt hat, auf dem ich mich jetzt befinde.

Mary Thomson

Auf Haussuche

Engel räumen uns Hindernisse aus dem Weg und bringen das zu uns, was für uns perfekt ist.

❋ ❋ ❋

Ich frage immer die Engel, wenn ich Hilfe brauche, und bedanke mich hinterher bei ihnen. Meine Mutter und meine Schwester stehen Engeln allerdings ziemlich skeptisch gegenüber. Als meine Schwester hochschwanger war, wollten ihr Freund und sie unbedingt aus ihrem kalten, feuchten Haus ausziehen und in eine Stadt am Meer in Cornwall ziehen. Ihre Suche nach einem Haus, das sie mieten konnten, wurde zunehmend hektischer, denn jedes Haus, für das sie sich interessierten, wurde ihnen von anderen Interessenten direkt vor der Nase weggeschnappt.

Meine Schwester rief meine Mutter weinend an, nachdem sie sich wieder vergeblich vier Häuser angesehen hatten. Ich schlug vor, sie solle doch Erzengel Michael um Hilfe bitten. »Was hat sie denn zu verlieren?«, fragte ich. »Sie soll ihn doch einfach um Hilfe bitten.«

Und meine Schwester bat ihn tatsächlich um Hilfe. Das erste Haus, das sie sich am nächsten Morgen ansahen, war perfekt und genau das Richtige für sie. Und: Sie bekamen es. Sie waren überglücklich. Das Haus befand sich in der Sankt-Michaels-Straße gegenüber der Sankt-Michaels-Kirche. Natürlich bedankte sie sich bei Erzengel Michael und jetzt bittet sie ihn immer um Hilfe.

Katie

Ein Engel des Lichts

Wenn Sie sich dem Licht eines Engels öffnen, kann das Ihr ganzes Leben ver-
wandeln.

❋ ❋ ❋

Ich stand unter der Dusche, als ich einen Schatten bemerkte, der das
durch das Fenster hereinscheinende Licht verdunkelte. Als ich aufsah,
erblickte ich einen riesigen Engel. Ich öffnete mich seiner Energie und
erkannte, dass es Erzengel Michael war. Ich spürte eine überwältigende
Liebe und fühlte mich von ihm beschützt.

Diane

Eine Bestätigung von Erzengel Michael

Dies ist eine wunderbare Beschreibung Erzengel Michaels von einer Frau, der
er erschien, nachdem sie ihn angerufen hatte.

❋ ❋ ❋

Ich begann mich spirituell zu entwickeln und las Bücher wie *A Little*
Light on the Spiritual Laws (Diana Cooper: *Der spirituelle Lebens-Ratgeber. Im*
Einklang mit dem Universum fühlen, denken, handeln, Ansata) und *A Little Light*
on Angels (Diana Cooper: *Der neue Engel-Ratgeber. Schutz, Beistand und Trost*
finden in jeder Lebenslage, Heyne). Bald war ich in der Lage, Gott und die
Engel um Hilfe in allen Situationen zu bitten. Ich verspürte besonders
starkes Interesse, Erzengel Michael anzurufen.

Als ich ihn eines Tages wieder anrief, »spürte« ich, wie sich jemand
umdrehte und mich ansah. Vor meinem geistigen Auge sah ich ein großes majestätisches Wesen in einem langen weißen Gewand mit sonnen-
gebräuntem Gesicht, schulterlangem kupferfarbenem Haar und stechenden Augen, die tief in meine Seele sahen.

Da dies während der Mittagspause auf der Arbeit geschah, konnte
ich nicht lange darüber nachdenken. Ich glaubte aber nicht, dass ich
mir das alles nur eingebildet hatte. Später als ich wieder zu Hause war,
gab ich im Internet den Suchbegriff »Erzengel Michael« ein und sah
genau das Bild jenes Engels, den ich vor mir gesehen hatte. Ich war tief

bewegt und Gott und den Engeln so dankbar, dass ich ihn sehen und fühlen durfte. Ich hoffe, alle, die dies lesen, lassen sich dadurch inspirieren, die Engel in ihr Leben einzuladen und von ihnen gesegnet zu werden.

Melody Chophla

Erzengel Michael hört zu

Wenn Sie unaufhörlich zu einem bestimmten Erzengel beten, wird er bei Ihnen sein.

❉ ❉ ❉

Ich war sehr froh, denn ich hatte in einem von Dianas Büchern gelesen, dass man zu Erzengel Michael beten soll, was ich daraufhin jeden Tag tat. Ich bat ihn, mich zu beschützen und mir Kraft zu geben. Dann war ich bei einem Medium, und das Erste, was es mir sagte, war, dass es Erzengel Michael bei mir sehen konnte. Es war wunderbar und zugleich unglaublich, eine solche Bestätigung zu bekommen. Ich wusste, meine Gebete waren erhört worden.

Anonym

Eine Fernsehreparatur

Die Engel können Maschinen dazu bringen, sich selbst zu reparieren. Glauben Sie daran und seien Sie dankbar, wenn die Engel Ihnen helfen.

❉ ❉ ❉

An einem Sonntagmorgen stellte ich den Fernseher an, um meine Lieblingssendung *Spirit Sunday* zu sehen, musste aber ziemlich genervt feststellen, dass das Bild unscharf war. Ich rief meinen Sohn an, ob er das in Ordnung bringen könnte, aber er konnte nicht kommen.

Als ich die Treppe hinunterging, dachte ich: »Ich bin mir sicher, dass es Elektronikengel gibt.« Da fiel mir ein, dass Erzengel Michael ja auch hilft, elektrische Geräte zu reparieren. Ich rief ihn an und dachte noch, wie wunderbar es wäre, wenn ich zurück ins Wohnzimmer gehen, den Fernseher anstellen und erleben könnte, dass er wieder funktioniert. Ich schaltete den Fernseher wieder an ... und er funktionierte! Ist es nicht wunderbar zu wissen, dass es für alles Engel gibt?

Carol de Vasconcelos, DCS

Credo

Erzengel Michaels Zwillingsflamme heißt Credo. Die Zwillingsflamme der Erzengel repräsentiert die göttlich weiblichen Eigenschaften. Daher repräsentiert die Erzengelin Credo Eigenschaften wie Glaube und Selbstvertrauen. Der Glaube ist eine der mächtigsten Energien, die uns zur Verfügung stehen, wie die folgenden Geschichten zeigen.

Das Wunder des Glaubens

Diese Geschichte zeigt, wie Erzengel Michael auf wundersame Weise auf Glauben und Vertrauen reagiert.

❊ ❊ ❊

Ich leitete ein Seminar mit dem Titel »Eine Reise der Heilung mit den Engeln«. Anfangs waren einige Teilnehmer ziemlich skeptisch. Eine Frau fand selbst die Vorstellung von Engeln zu Beginn unglaubwürdig, aber im Laufe einiger Wochen begann auch sie, die Engel um Führung zu bitten.

An einem Abend gab sie bekannt, dass sie mit ihrer Familie in die Ferien fahren und daher leider einen Abend verpassen würde. Als sie zurückkam, erzählte sie uns diese Geschichte aus ihren Ferien: Sie hatten gerade am Flughafen eingecheckt, als ihr Mann sie fragte, ob sie die Hintertür abgeschlossen hätte. Sie konnte sich nicht erinnern, sagte aber: »Wenn diese Engel so gut sind, wie Mariel behauptet, dann sollen sie es jetzt einmal beweisen.« Sie bat Erzengel Michael, ihr Haus und ihr Geschäft in schützendes Licht zu hüllen und bis zu ihrer Rückkehr darauf aufzupassen. Dann dankte sie Erzengel Michael.

Als sie zurück nach Hause kamen, rochen sie sofort den ekligen Geruch verbrannten Gummis. Der Sicherungskasten war ausgebrannt und alle Leitungen waren verschmort. Der Elektriker sagte, es sei ein Wunder, dass das Haus und das Geschäft nicht in Flammen aufgegangen waren.

Sie wusste, Erzengel Michael hatte ihr Haus beschützt und ihre Gebete erhört.

Mariel Forde Clarke, DCS

Scheinwerferreparatur

Erzengel Michael wird auch auf einen festen Glauben reagieren, indem er materielle Dinge repariert, wenn man ihn nur darum bittet.

❈ ❈ ❈

Ich wollte gerade ins Auto steigen, um zu einem Seminar zu fahren, als mir auffiel, dass einer der Scheinwerfer nicht funktionierte. Während der Fahrt begann es zu schneien. Da ich nicht umkehren und auf mein Seminar verzichten wollte, bat ich Erzengel Michael, den Scheinwerfer in Ordnung zu bringen. Und siehe da, als ich anhielt, um ihn zu überprüfen, funktionierte er einwandfrei und ich hatte seither nie wieder Probleme damit. Jetzt frage ich immer Erzengel Michael, wenn irgendetwas repariert werden muss.

Catherine McMahon, DCS

Erzengel Michaels Schwert und Schild

Erzengel Michael schwingt das Schwert der Wahrheit und des Lichtes, um Anhaftungen zu durchtrennen, und er hält einen Schild, der Menschen vor niederen Energien beschützt.

Ein Schlafzimmer reinigen

Wenn Ihnen bange ist oder Sie eine negative Gegenwart spüren, rufen Sie Erzengel Michael an und bitten Sie ihn, diese zu entfernen.

❈ ❈ ❈

Ich lebe in einer netten Wohnung in München. Eines Abends kam ich spät nach Hause und fühlte mich in meinem schönen Zuhause plötzlich gar nicht mehr wohl. Ich weiß nicht warum, denn während des Tages war nichts Ungewöhnliches geschehen. Ich ging zu Bett und versuchte zu schlafen, fand aber keine Ruhe, obwohl ich sehr müde war.

Da bat ich Erzengel Michael: »Erzengel Michael, bitte reinige und läutere dieses Zimmer und meine ganze Wohnung von allen negativen Energieformen und niedrigen Schwingungen.« Im selben Augenblick tauchte meinem Bett gegenüber ein blauweißer Blitz auf und das schlechte Gefühl verschwand. Jetzt fühlte ich mich sicher und konnte einschlafen. Dieses Erlebnis bekräftigte meinen Glauben, dass die Engel uns beschützen.

Dani

Eine Loslösungszeremonie

Loslösungszeremonien sind unglaublich wirkungsvoll und wichtig.

❀ ❀ ❀

Ich wollte am nächsten Tag eine Loslösungszeremonie abhalten und daher meinen Altar schon am Abend vorher aufbauen und alles darauflegen, was ich brauchen würde. Ich musste allerdings warten, bis mein Sohn im Bett war, weil ich sie in einem Zimmer durchführen wollte, das wir beide benutzten. Da fragte er mich, ob er bei einem Freund übernachten könnte, was für einen Wochentag in der Schulzeit ziemlich ungewöhnlich ist. Ich wusste aber, dass die Engel dafür gesorgt hatten, dass ich für die Vorbereitungen ausreichend Zeit haben würde. Die Zeremonie verlief sehr gut, und ich erhielt im Traum die Bestätigung, dass die Loslösung tatsächlich stattgefunden hatte.

Anonym

Bindungen lösen

Die folgenden vier Geschichten veranschaulichen, wie die geistigen Gesetze in der Praxis aussehen.

❀ ❀ ❀

Wenn ich Engelkurse abhalte, mache ich häufig eine geführte Meditation mit Erzengel Michael, um all jene Bindungen zu lösen, die nicht unserem höchsten Wohl dienen. Da dies eine sehr persönliche Angelegenheit ist, frage ich die Leute nicht, welche Bindungen sie lösen wollen, obwohl ich erlaube, dass sie ihre Erfahrungen teilen. Und falls nötig, helfe ich natürlich auch oder gebe Rat.

Eines Tages erhielt ich einen Anruf von einer Frau, die bei mir eine solche Meditation gemacht hatte. Sie schluchzte, weil sie gerade entlassen worden war. Sie hatte darum gebeten, dass die Bindung zwischen ihr und ihrem Job gelöst werden möge, weil er ihr nicht mehr gefiel. Aber sie brauchte doch das Geld!

Mir wurde bewusst, wie wirkungsvoll diese Übung tatsächlich ist. Ich freue mich aber, berichten zu können, dass die Frau die Engel auch um eine andere Stelle gebeten hatte, an der sie Freude haben würde, und dass sie eine solche ziemlich schnell bekam.

Margaret Merrison, DCS

Die Bindung an mein Haus lösen

Sie können die Bindung an alles lösen, wenn es an der Zeit ist loszulassen.

❋ ❋ ❋

Wir lebten seit einunddreißig Jahren in unserem Haus, aber da die Kinder mittlerweile ausgezogen waren, wollten wir uns nach etwas Kleinerem umsehen. Allerdings stand unser Haus bereits seit einem Jahr zum Verkauf, sodass ich mir große Sorgen machte und mich fragte, ob wir es wohl jemals verkaufen würden. Obwohl ich ständig in Kontakt mit meinen Engeln war, war ich ziemlich deprimiert.

Ich saß eines Tages auf der Veranda und sprach mit den Engeln und meinem Haus. Ich sagte: »Ich liebe dich so sehr. Meine Familie und ich sind in dir all die Jahre sehr glücklich gewesen, aber nun muss ich umziehen. Ich muss die Bindungen lösen, die mich hier halten, damit ich fortziehen und jemand anders hier einziehen kann, der dich liebt.« Ich spürte tatsächlich ein starkes Gefühl der Erleichterung und wusste genau, dass wir bald umziehen würden.

Zehn Minuten später klingelte das Telefon. Die Leute, die unser Haus eigentlich schon seit einem Jahr kaufen wollten, waren am Apparat. Sie sagten, sie hätten endlich einen Käufer für ihr Haus gefunden und würden sich bald melden. Der Verkauf ging reibungslos über die Bühne.

Dies ist nur eines meiner vielen wunderbaren Erlebnisse mit den Engeln. Ich glaube, in meinem Herzen hatte ich gar nicht umziehen wollen, weil mir das Haus so viel bedeutete. Dieser Vorfall lehrte mich eine wichtige Lektion über das Loslassen und das Weitergehen.

Tina Gray

Geschäftliche Bindungen lösen

Es ist manchmal leichter, daran zu denken, die Bindung an andere Menschen zu lösen, aber diese Geschichte erinnert uns daran, wie wichtig es ist, sich auch von allem anderen zu lösen, an dem wir festhalten.

❄ ❄ ❄

Eine meiner Klientinnen hatte Probleme damit, ihr Geschäft zu verkaufen, und bat mich herauszufinden, was dem Verkauf im Weg stand. Ich sah, dass die dicken Schnüre, mit denen sie an das Geschäft gefesselt war, den Verkauf verhinderten. Obwohl sie diese Bindungen nicht bewusst hergestellt hatte, hatte ihr Geschäft ihr doch ein stabiles Einkommen gesichert, und der Gedanke an die finanzielle Unsicherheit, die nun folgen könnte, blockierte den Verkauf auf der energetischen Ebene.

Mit Erzengel Michaels Hilfe durchtrennten wir die Schnüre und befreiten sie von allen Bindungen an das Geschäft. Sie war traurig, aber auch erleichtert, dass sie sich nun weiterentwickeln konnte. Drei Tage später wurde das Geschäft verkauft.

Catherine McMahon, DCS

Schnüre durchtrennen

Wenn Erzengel Michael Schnüre durchtrennt, lösen sich Ängste auf, sodass man sich stärker fühlt.

❄ ❄ ❄

Ich arbeitete mit zwei Frauen, die in einer schwierigen Phase steckten. Wir machten eine Übung, um mit Erzengel Michaels Hilfe Bindungen zu lösen. Eine der Frauen wurde eine gewaltige Menge Angst los und war vollkommen ruhig, als sie ging. Die andere beschrieb mir, wie sich sie gefühlt hatte, als die Schnüre durchtrennt und aus verschiedenen Körperteilen herausgezogen wurden. Beide Frauen spürten eine große Veränderung und fühlten sich hinterher viel stärker.

Annabella Ontong, DCS

Erzengel Michaels Schwert heilt eine heilige Stätte

In dieser Geschichte wird erzählt, wie Erzengel Michaels Schwert der Wahrheit eingesetzt wurde, um die Energie an einem heiligen Ort zu heilen.

Ich spüre eine starke Verbindung zum Glastonbury-Tor. Ich gehe häufig dorthin oder setze mich in den Chalice-Wells-Garten direkt darunter. Einmal schloss ich mich einer Gruppe von etwa einhundert Lichtarbeitern an, die sich hier versammelt hatten, um Erzengel Michaels Schwert der Wahrheit durch die Spitze des Hügels zu treiben, um den ätherischen Kristall im Hügel zu heilen. Selbstverständlich reden wir hier von einem geistigen Schwert, nicht von einem tatsächlichen dreidimensionalen. Die Zeremonie war sehr machtvoll.

In jener Nacht träumte ich, dass ich durch ein Kaleidoskop sah und Millionen schimmernder Stücke zusammenkamen, um den Kristall im Hügel zu bilden. Für mich war das die Bestätigung von Erzengel Michael, dass unsere Arbeit ihren Zweck erfüllt hatte.

Truda Clarke erzählte dies Diana Cooper.

Erzengel Michael beschützt uns

Erzengel Michael rettet ein Haus

Was ich an dieser Geschichte so besonders liebe, ist der feste Glaube von Melissa.

❋❋❋

Von einem Kunden erfuhr ich, dass ein schwerer Sturm auf uns zukam. Sofort bat ich Erzengel Michael, unser Haus zu beschützen. Eine halbe Stunde später erhielt ich einen Anruf von einem Nachbarn, in dem er mir mitteilte, dass ein großer Baum auf mein Haus gefallen war. Ich schnappte mir meine Tasche und rannte zur Tür. Im Hinauslaufen sagte ich einem unserer medialen Berater, dass ich dies nicht verstehen konnte, da ich Erzengel Michael doch gebeten hatte, das Haus zu beschützen. Der Berater antwortete, dass Michael ihm gerade gesagt hätte, dass er genau das getan hatte.

Als ich zum Haus kam, sah ich, dass die Eiche, die umgestürzt war, so groß war, dass sie über das ganze Haus gefallen war. Aber sie ruhte auf ihren Ästen, sodass zwischen dem Dach und dem Stamm noch Platz war. Nicht ein einziger Ziegel war beschädigt! Erzengel Michael hatte mein Haus tatsächlich beschützt.

Melissa Ellsworth

Michael ist ein strahlendes Licht

Wenn Sie an einen Engel oder Erzengel denken, wird zwangsläufig einer zu Ihnen kommen.

❋❋❋

Nachdem ich mich mit meiner Nachbarin über Engel unterhalten hatte, lieh sie mir ein paar Bücher zum Thema. Ich las eines von ihnen vor dem Schlafengehen und versuchte, die Engel um Schutz zu bitten und um Hilfe für die Zukunft. Dabei dachte ich aus irgendeinem Grund besonders an Erzengel Michael.

Gegen zwei Uhr morgens wachte ich auf, weil ein unglaublich helles Licht, das wie ein Engel aussah, neben mir stand. Kurz darauf verschwand es wieder, aber es war ein unglaubliches Erlebnis. Ich bin mir sicher, es war Erzengel Michael. Seitdem fühle ich mich sicher, weil ich weiß, dass ich beschützt werde.

Anu

Neuseeland

Diese Geschichte erinnert uns wieder einmal daran, wie wichtig es ist, den Engeln klar und deutlich zu sagen, was wir brauchen.

❀ ❀ ❀

Als ich durch Neuseeland reiste, wurde ich in Bussen ständig reisekrank und fuhr deshalb per Anhalter durchs Land. Das war schön, und ich fühlte mich sicher, weil ich einigen erstaunlichen, warmherzigen und großzügigen Menschen begegnete. Ich hatte es mir angewöhnt, mich an eine strikte Routine zu halten, bestimmte Kleidung zu tragen, meine Reisedauer im Voraus zu berechnen und immer Wasser, Obst und einen Schlafsack mitzunehmen.

Eines Tages beschloss ich jedoch in die nächste Stadt, Takaka, zu fahren und brach alle meine eigenen Regeln. Ich weiß nicht warum, aber ich sah mir die Route vorher nicht an und nahm auch keinen Proviant mit, nicht einmal Wasser. Takaka war aber weiter entfernt, als ich gedacht hatte, und so strandete ich bei Sonnenuntergang in einem Tal, ohne jede Hoffnung, noch weiter mitgenommen zu werden. Ich war müde und fing an, mir Sorgen zu machen. Also rief ich Sananda, Erzengel Michael und alle anderen Engel zu Hilfe.

Ich formulierte meine Wünsche klar und deutlich: Ich wollte von einer Frau mitgenommen werden. Ich wollte auf dem Rücksitz sitzen. Ich wollte irgendwo abgesetzt werden, wo ich etwas essen und trinken konnte. Und das alles vor Einbruch der Dunkelheit.

Ein Auto hielt an. Da vorn zwei junge Frauen saßen, musste ich auf dem Rücksitz Platz nehmen. Wir fuhren zu einem entzückenden Pub und Restaurant und verbrachten einen vergnüglichen Abend mit Musik und Tanz. Ganz in der Nähe war eine Jugendherberge, wo ich ein paar Tage lang blieb.

Ich habe nie an der Existenz von Engeln gezweifelt und auch nicht daran, dass ich auf meinen Reisen und im Leben allgemein von ihnen beschützt werde. Dieses Erlebnis bestätigte mir wieder einmal, dass man etwas bekommt, wenn man darum bittet.

Justine Taylor

Michael rettet die Fahrer

Wenn Sie um den Schutz Erzengel Michaels bitten, wird er Ihnen diesen gewähren. Ihr Glaube und Ihr Vertrauen sind mächtige transzendente Energien, die es ihm ermöglichen, Ihnen zu helfen.

❀ ❀ ❀

Ich bitte täglich um den Schutz der Erzengel für mein Haus, meine Autos und meine Familie. Einmal fuhr meine Tochter mit mir spätabends in der Nähe unseres Hauses die Hauptstraße entlang. Wie aus dem Nichts tauchte plötzlich ein sehr schnell fahrender roter Sportwagen auf. Ich geriet ebenso wie meine Tochter in Panik; seelisch bereiteten wir uns schon auf den Aufprall vor.

Plötzlich wurde unser Wagen auf die andere Spur geschoben, so als ob die riesige Hand eines Engels uns aus dem Weg des roten Wagens befördert hätte. Ich sah den Fahrer des anderen Autos verwirrt und benommen auf dem Bürgersteig sitzen. Ihm war nichts passiert, aber sein Wagen war auf dem Dach gelandet und drehte sich. Ich spürte ein Kribbeln im Körper und wusste, dass Erzengel Michael bei mir war. Ich spürte auch, wie er eine Sekunde lang meine Schulter berührte und – das wusste ich – lächelte. Ich war froh, dass meine Tochter bei mir war, denn sonst hätte mir wohl niemand geglaubt.

Catherine Hardie

Sich der Angst stellen

Wenn wir die Ängste anderer Menschen spüren, reagieren wir automatisch auf sie, weil sie unsere eigenen verborgenen Ängste aktivieren.

❀ ❀ ❀

Ich fuhr mit dem Zug nach Oslo. Die meisten Reisenden waren bereits ausgestiegen, und plötzlich merkte ich, dass der einzige Mitreisende, der noch mit mir im Abteil saß, ein dunkelhaariger Mann war. Da ich nicht wusste, was ich von ihm halten sollte, bat ich Erzengel Michael um seinen Schutz. Der Mann fing an, auf mich einzureden, aber ich konnte ihn nicht verstehen. Ich vertraute darauf, dass Erzengel Michael mich beschützen würde, und benutzte meine Hände, um mit dem Mann zu kommunizieren.

Er nahm sein Mobiltelefon heraus, rief jemanden an und gab mir dann das Telefon. Am anderen Ende war sein Bruder, der sich große Sorgen machte, weil der Mann sein Flugzeug wohl verpassen würde, da er sich verirrt hatte. Da realisierte ich, dass ich nichts zu befürchten hatte und meine Angst nur daher rührte, dass ich seine Angst, das Flugzeug zu verpassen, gespürt hatte. Ich stieg eine Station früher mit aus und half ihm, zum Flughafen zu kommen. Als er mir die Hand küsste, spürte ich eine unglaublich starke Verbindung zu ihm. Ich sah ihm in die Augen und spürte seine Dankbarkeit. Da wusste ich, dass wir alle miteinander verbunden sind.

Kari Nygard, DCS

Naturschutz

Erzengel Michael beschützt auch die Natur, besonders jene Orte, an denen die Schwingung sehr heilig ist.

❊ ❊ ❊

Meine Freundin Heather und ich gingen am herrlichen See von Fernworthy spazieren, wo riesige Bäume stehen. Plötzlich hatte Heather das Gefühl, wir sollten nicht hier sein. Sie sah einen riesigen Engel mit ausgebreiteten Armen. Auf dem Kopf trug er einen metallenen Helm, der jenem glich, den Erzengel Michael zuweilen trägt. Der Engel war riesig und sehr machtvoll. Er teilte uns mit, dass dies ein ganz besonderer, intensiv umhegter Ort wäre und dass ihn niemand betreten oder gar beschädigen dürfe.

Dies wurde Diana Cooper von Mary erzählt.

Erzengel Michael anrufen

Ein weiteres von Erzengel Michael vollbrachtes Wunder.

❀ ❀ ❀

Mein jüngste Tochter Shelley machte eine Ausbildung zur Kranken-schwester. Bei ihren Prüfungen und der Zuteilung ihrer Praktikums-stellen bat sie immer ihre Engel um Hilfe. Wie viele andere junge Men-schen in der Ausbildung kam sie an den Wochenenden nach Hause, um sich ein bisschen verwöhnen zu lassen und Mutters gute Küche zu genießen.

Der Abschied fiel uns immer schwer, aber eines Abends war er be-sonders schwer, daher stand ich in der Tür und bat Erzengel Michael, sie zu beschützen und für ihre Sicherheit zu sorgen. Da ein Sturm vorhergesagt worden war, war ich ein bisschen nervös. Ich rief noch mehr Engel an, damit sie sicher zurückkam.

Später rief Shelly mich an und weinte. Sie war an eine Kreuzung gekommen und die Ampel war gerade auf Grün umgesprungen, als ein großer Bagger ihren Weg kreuzte und ihr Wagen in ihn hineinzurasen drohte. Aber plötzlich wurde ihr das Lenkrad aus den Händen geris-sen und irgendeine Kraft lenkte den Wagen vom Bagger weg. Andere Autofahrer hatten gesehen, was geschehen war, und konnten nicht glauben, dass Shelley nichts passiert war. Selbst die Polizei konnte es nicht glauben.

Shelly wusste, dass Erzengel Michael eingegriffen hatte. Heute sorgt sie immer dafür, dass der Beifahrersitz für ihn reserviert ist.

Mariel

Die richtigen Menschen zur richtigen Zeit

Überall gibt es wunderbare, warmherzige und großzügige Menschen. Erzengel Michael sorgt dafür, dass diese auch am richtigen Ort sind, damit sie anderen helfen können.

❀ ❀ ❀

Ich war nach Stirling gefahren, um meinen ehemaligen Freund zu treffen, aber er war nicht aufgetaucht. Ich hatte nur acht Pfund bei mir und keine Rückfahrkarte. Also ging ich aufs Polizeirevier, wo mir gesagt wurde, ich solle zum Busbahnhof zurückgehen. Sollte er auch später nicht auftauchen, würden sie mich gern über Nacht unterbringen – in einer Zelle.

Da bat ich Erzengel Michael, mir zu helfen und mich zu beschützen. Eine Frau mit zwei Kindern kam auf mich zu und sagte: »Es ist ja furchtbar, was Ihnen da passiert ist.« Ich wusste nicht, woher sie meine Geschichte kannte, aber sie war sehr mitfühlend und ging mit mir zum Busbahnhof zurück.

Da mein Exfreund immer noch nicht aufgetaucht war, rief ich meinen Sohn an, der mir sagte, ich solle mir ein Hotelzimmer nehmen, für das er mit seiner Kreditkarte bezahlen würde. Aber ich konnte kein Hotel finden, das ein Zimmer frei hatte. Auf der Straße begegnete ich zwei jungen Frauen, denen ich erklärte, dass ich nicht wusste, wo ich bleiben sollte. Eine der jungen Frauen gab mir die Schlüssel zu ihrer Wohnung und brachte mich dorthin. Sie machte mir etwas zu essen und bereitete mir ein Bett vor. Sie war sehr gütig.

Am nächsten Morgen erzählte ich ihr von den Engeln und dass ich sie um Hilfe gebeten hatte. Sie ging mit mir frühstücken, brachte mich zum Busbahnhof und bezahlte meine Fahrkarte. Ich bat sie um ihre Adresse und Telefonnummer, damit ich ihr das Geld zurückschicken konnte. Ich kaufte die größte Dankeskarte, die ich finden konnte, und schickte sie ihr mit dem Geld, das sie für mich ausgegeben hatte. Ich glaube, Erzengel Michael erhörte meine Gebete und sandte mir diese Frau. Ich glaube auch, dass er immer bei mir ist.

Janet Skinner

Ein sicherer Parkplatz

Wenn Sie Erzengel Michael bitten, Ihr Auto, Ihr Haus oder einen Menschen zu beschützen, können Wunder geschehen.

❅ ❅ ❅

Ich wohne in der Nähe des Flughafens. Als meine Kusine und ihr Mann einmal in die Ferien flogen, ließen sie ihr Auto vor meinem Haus stehen, weil sie dachten, er wäre dort sicherer als am Flughafen selbst. Als sie zurückkamen, ging ich zum Auto, um sie abzuholen, und sah, dass ein Ziegel vom Dach auf die Motorhaube gefallen war. Erstaunlicherweise war aber weder auf der Motorhaube noch auf der Windschutzscheibe auch nur der kleinste Krater zu sehen, sondern nur etwas Staub. Ich hatte Erzengel Michael gebeten, auf das Auto aufzupassen, solange es in meiner Auffahrt stand. Danke, Erzengel Michael.

Phil Hartnett, DCS

Erdbeben in Bali

Diese Geschichte zeigt, welch ungeheure Macht Erzengel Michael besitzt.

❀ ❀ ❀

Ich war auf Bali und nahm an einem Seminar teil. Eines Nachts wachte ich auf, weil mein Bett wackelte, und ich hörte, wie es laut an der Holztür rüttelte, so als ob jemand sie aufbrechen wollte. Ich begriff, dass dies ein Erdbeben sein musste, und rief Erzengel Michael um Hilfe an. Er kam nicht nur sofort zu mir und nahm mich in seine großen Schwingen, auch die Erde hörte auf, sich zu bewegen, so als ob seine Gegenwart sie beruhigt hatte.

Ich bat um Schutz für die ganze Insel, und in dem Wissen, dass alle in Sicherheit waren, ging ich glücklich und ganz ruhig wieder schlafen. Danke, Erzengel Michael, dass du mir die Liebe und Macht der Engel gezeigt und mich gelehrt hast, dass ich immer sicher bin und unter deinem Schutz stehe.

Anisiya Sheehan

Ein Segen auf der Autobahn

Wenn Sie um Schutz bitten, wird das Unmögliche möglich.

❀ ❀ ❀

Am Vatertag fuhr ich frühmorgens eine Freundin nach Hause. Während ich auf dem Rückweg zur Autobahn fuhr, dachte ich nur daran, schnell wieder nach Hause zu kommen und mit meiner Familie zu feiern.

Aber auf halber Strecke platzte einer der Hinterreifen. Ich versuchte, meinen Mann anzurufen, er ging aber nicht ans Telefon. Da ich mich sehr verletzlich fühlte und niemanden erreichen konnte, betete ich zu Michael und bat ihn: »Bitte schütze mich und mein Auto vor anderen Autos.«

In diesem Moment hielt ein Wagen der Autobahnpolizei an. Der Beamte sagte: »Ich bin gekommen, weil sie uns gerufen haben.« Aber ich hatte die Polizei gar nicht gerufen. Zur selben Zeit rief mich mein Mann an. Da er schon auf dem Weg zu mir war, dachte ich, der Polizist würde verschwinden, aber er sagte: »Es ist schon etwas unheimlich, wenn man hier ganz allein ist. Ich werde meine Scheinwerfer anlassen und Sie beschützen.« In diesem Augenblick wusste ich, wer mir zu Hilfe geeilt war. Es war kein anderer als Erzengel Michael, der übrigens auch der Schutzheilige der Polizisten ist. An jenem Tag versprach ich Erzengel Michael, dass ich diese Geschichte erzählen würde, sollte sich je die Gelegenheit dazu ergeben.

Anonym

Erzengel Michaels Schutzmantel

Wenn Sie sich jemals bedroht fühlen sollten, bitten Sie die Engel um Hilfe. Unterschätzen Sie bitte niemals die Wirksamkeit von Gebeten.

❋ ❋ ❋

Ich fuhr mit dem Zug nach London. Ein Betrunkener stampfte zwischen den Wagen hin und her und murmelte wirres Zeug. Schnell legte ich Erzengel Michaels blauen Schutzmantel um mich, bat darum, dass das Christus-Licht auf alle Fahrgäste in meinem Wagen scheinen möge und rief die Engel des Friedens an und bat sie, den Wagen mit Licht zu erfüllen. Außerdem sprach ich ein Gebet zum Schutzengel des Mannes.

Dann kam er und setzte sich direkt mir und einem männlichen Mit-reisenden gegenüber. Er erklärte uns, dass er heute eigentlich arbeiten sollte, sich aber stattdessen betrunken hatte. Frustriert schlug er mit der Hand auf den Oberschenkel des Mannes.

Ich betete im Stillen weiter für ihn. Er hob seine Hand, als ob er sie mir aufs Knie legen wollte, aber in zehn Zentimetern Entfernung hielt er plötzlich inne und zog seine Hand langsam zurück. Wir lächelten uns an. Ich bin überzeugt, dass Erzengel Michael uns an diesem Tag beschützt hatte. Ich hoffe, der Mann hat seitdem auf sein höheres Selbst und seinen Schutzengel gehört.

Diana Dudek, DCS

Michaels Schutz funktioniert wirklich

Es gibt viele wunderbare Beispiele dafür, dass durch Erzengel Michaels Schutz Häuser und Besitztümer gerettet wurden. Wie Pennys Geschichte zeigt, sollten wir uns jeden Tag daran erinnern.

❊ ❊ ❊

Erst kürzlich wurden bei drei unserer Nachbarn Fahrräder und andere Gegenstände aus dem Garten gestohlen. In der Nacht der Diebstähle hörten wir unsere Hunde bellen, dachten uns aber nichts dabei. Am Morgen sahen wir, dass jemand auch in unserem Garten gewesen sein musste. Da mein Mann dachte, er hätte vergessen, den Schuppen ab-zuschließen, liefen wir schnell hin, um zu sehen, ob etwas gestohlen worden war. Die Tür war zu, aber wir konnten sehen, dass jemand versucht hatte, sie zu öffnen. Mein Mann schloss in der Hoffnung auf, dass sein geliebtes Fahrrad noch da sein würde. Und es war tatsächlich noch da.

Ich bin überzeugt, dass Erzengel Michael verhindert hat, dass die Diebe in den Schuppen konnten, weil ich ihn jeden Tag bitte, unser Haus und unseren Garten zu beschützen.

Penny Wing, DCS

Das blaue Schutzlicht

Wenn auch nur eine Person die Engel zu Hilfe ruft, profitieren alle in der Gegend davon.

✻ ✻ ✻

Als ich eines Abends auf einer schlecht beleuchteten Straße nach Hause ging, fielen mir in einiger Entfernung zwei Männer auf, die neben einem teuer aussehenden Auto standen. Ich hatte so ein komisches Gefühl, dass ich Erzengel Michael sofort bat, mich und die ganze Gegend in das blaue Licht des Schutzes zu hüllen. Ich wusste nicht, ob die Männer das Auto wirklich stehlen wollten, aber sobald ich um Schutz gebeten hatte, spürte ich, wie sich die ganze Atmosphäre änderte, und sah, wie die Männer wegliefen. Ich konnte den Nachhauseweg ganz ruhig fortsetzen, weil ich wusste, dass Erzengel Michael mich beschützen würde.

Kari Nygard, DCS

Erzengel Michael schirmt uns ab

Erzengel Michael kann uns für andere Menschen unsichtbar machen. Diese Geschichte ist ein perfektes Beispiel für sein Wirken.

✻ ✻ ✻

Ich lebe in Südafrika, wo es für eine Frau nicht immer sicher ist, allein im Auto unterwegs zu sein. Ich aber muss ein Stück weit durch ein Township fahren, wenn ich zu meiner Farm will. Als ich eines Abends um eine Kurve in den Township hineinfuhr, sah ich Hunderte Menschen vor einer Polizeistation demonstrieren. Sie blockierten die Straße, aber ich war müde und wollte nicht umkehren und einen anderen Weg nehmen. Also bat ich Erzengel Michael, seinen Schutzmantel um mein Auto zu legen, damit ich unsichtbar sein und sicher nach Hause kommen würde.

Da geschah etwas ganz Erstaunliches: Ich fuhr langsam weiter und die Menge machte Platz für meinen Wagen. Keiner schlug aufs Dach, keiner schrie mich an, nichts. Es war, als ob die Leute mich nicht sehen würden. Nun, das nenne ich Schutz. Ich bin so froh, dass ich Erzengel Michael immer an meiner Seite weiß.

Marise Viviers

Erstaunliche Gnade

Hier ist eine wahrhaft eindrückliche Geschichte über Gnade.

❀ ❀ ❀

Ich fuhr zur Arbeit und mein siebzehnjähriger Sohn Jehan blieb zu Hause. Aus irgendeinem Grund bat ich die Erzengel und den aufgestiegenen Meister Shirdi Sai Baba, auf ihn aufzupassen. Später rief mich mein Mann an, um mir zu sagen, dass es in unserer Wohnung brannte und dass Jehan eingeschlossen war.

Bevor ich zu Hause ankam, rief Jehan mich schon an, um mir zu sagen, dass er zwar in Sicherheit wäre, aber all unser Besitz verbrannt wäre. Ich war so erleichtert, seine Stimme zu hören. Als ich ankam, sagte der Feuerwehrhauptmann, dass Jehan wahrlich gesegnet sei, denn er hätte noch nie jemanden gesehen, der aus so einem Feuer heil herausgekommen wäre.

Unter einer dicken Rußschicht waren einige unserer Besitztümer heil geblieben. Ich sah, dass neben der Waschmaschine, die explodiert war und den Brand verursacht hatte, noch unser Holzschrank stand, der wichtige Papiere enthielt. Oben auf dem Schrank befand sich ein Schlüsselanhänger mit einem Bild von Erzengel Michael – und der Schrank war aus irgendeinem Grund unversehrt geblieben. Erzengel Michael und Sai Baba hatten also nicht nur unseren Sohn, sondern auch einige sehr wichtige Papiere gerettet.

Seither habe ich gelernt, den Erzengeln, Engeln, aufgestiegenen Meistern und den Kräften des Lichts noch mehr zu vertrauen und ihre wunderbare Gegenwart in mir und um mich herum zu spüren.

Coomi S. Vevaina, DCS

Aus Seenot gerettet

Erzengel Michael kann unsere Ängste und Panikattacken so weit lindern, dass wir ruhig genug werden, um angemessen handeln zu können.

❀ ❀ ❀

Eines Tages wollte ich mit einer Freundin ans Meer fahren, um zu baden und Delfine zu beobachten. Während des Schwimmens spürte ich plötzlich einen brennenden Schmerz in meiner linken Seite. Da ich nichts sehen konnte, was den Schmerz erklären könnte, begann ich mir Sorgen um meine Sicherheit im Wasser zu machen. Ich rief meiner Freundin zu, dass ich zurück zum Strand schwimmen würde. Sie war weit hinter mir, und ich merkte, dass mit ihr irgendetwas nicht in Ordnung war. Ich schwamm zu ihr hin, und als ich näher kam, sah ich, dass sie ganz bleich war und unregelmäßig atmete. Dann stieß sie hervor: »Ich bin so müde, ich kann mich kaum noch bewegen. Ich kann nicht mehr zurückschwimmen, ich schaffe es nicht.«

Ich rief die Engel an und bat besonders Erzengel Michael um seinen Schutz. Meine Angst und die Panik verschwanden. Ich versicherte meiner Freundin, dass wir es beide zurück zum Strand schaffen würden. Dann schwammen wir langsam zurück. Ich hatte das Gefühl, dass wir beide beschützt wurden, bis wir sicher wieder am Strand waren. Danke, lieber Erzengel Michael.

Cornelia Mohr, DCS

Dank Michael sanft gelandet

Erzengel Michael kann Menschen auf ganz erstaunliche Weise retten. Hier ist ein weiteres Beispiel seiner Macht.

❀ ❀ ❀

Unser Sohn Chael ist drei Jahre alt und wurde nach Erzengel Michael benannt. Ich bitte Erzengel Michael immer, ihn zu beschützen.

Eines Tages fuhren mein Partner Paul und ich mit Chael zu einem Park mit einer Rutschbahn. Paul ist 1,93 Meter groß und die Rutschbahn war fast doppelt so lang. Als er oben stand, wurde Chael ein bisschen nervös, aber Paul wartete unten am Ende der Rutsche auf ihn. Auf dem Weg nach unten versuchte Chael einen Fuß auf die Rutsche zu stellen, um zu bremsen, aber statt langsamer zu werden, hielt er abrupt an. Er kippte über die Seite und niemand von uns war nahe genug bei ihm, um ihn aufzufangen.

Wir sahen staunend zu, wie sein Kopf sanft den Boden berührte und sein Körper fast zärtlich ins Gras gelegt wurde, als ob ihn eine unsichtbare Hand aufgefangen hätte. Er war so verblüfft wie wir – und vollkommen unverletzt. Wir sind überzeugt, dass dies das Werk von Erzengel Michael war.

Anonym

Michael anrufen

Wenn Sie einen Erzengel dreimal anrufen, wird er garantiert zu Ihnen kommen.

❊ ❊ ❊

2004 hatten wir die Weihnachtstage bei unserem Sohn und unserer Schwiegertochter verbracht. Als wir auf dem Nachhauseweg über die Autobahn fuhren, wurden alle Fahrzeuge auf die beiden linken Spuren geleitet und es galt eine Höchstgeschwindigkeit von sechzig Stundenkilometern.

Als wir auf die äußere Spur fuhren, um andere Autos zu überholen, spürten wir, dass wir von hinten angestoßen wurden. Ich sah, dass ein Wagen die Barriere touchiert hatte und wieder gegen uns prallte. Aber dieses Mal traf er uns unter der Stoßstange, sodass unser Auto durch die Kraft hochgehoben und nach vorn geworfen wurde. Während sich das Auto überschlug, rief ich: »Erzengel Michael! Erzengel Michael! Erzengel Michael! Rette uns, rette uns, rette uns!« Wir landeten kopfüber auf der Fahrbahn. Der Wagen lag auf dem Dach, aber wir waren unversehrt.

Ann Tyler

KAPITEL 16

Erzengel Raphael

Erzengel Raphael ist der Engel der Heilung und des Reisens. Seine Farbe ist ein strahlendes Smaragdgrün. Wenn er in Ihrer Nähe ist, können Sie diese Farbe manchmal kurz aufblitzen sehen. Braucht jemand Heilung, eilt er zu Hilfe, wenn er angerufen wird. Wenn Sie sich auf eine Reise begeben oder jemanden kennen, der unterwegs ist, sollten Sie Raphael um Unterstützung bitten, damit er einen seiner Engel schicken kann.

Raphael ist auch für die Entwicklung des Dritten Auges verantwortlich, das sich in der Mitte der Stirn befindet und das Chakra der Hellsichtigkeit ist. Es ist mit dem Planeten Jupiter und seinem aufgestiegenen Aspekt Jumbay verbunden. Dieser Planet steht für Ausdehnung und kosmischen Überfluss. Daher sollten Sie Erzengel Raphael auch anrufen, wenn Sie in irgendeinem Bereich Ihres Lebens Probleme mit Reichtum und Fülle haben.

Gebete und Anrufungen sind sehr machtvoll. Wenn Sie reinen Herzens beten, werden die Engel Ihre Gebete immer zu Gott bringen. Liebe, Mitgefühl und reine Absicht sind hier von entscheidender Bedeutung.

In diesem Kapitel habe ich einige Geschichten zusammengestellt, die zeigen, dass wunderbare Heilungen durch das Gebet möglich werden, und andere, in denen Raphael seine Anwesenheit kundgetan hat.

Eine Wunderheilung mit Raphael

Dies ist eine wahrhaft erstaunliche Geschichte, in der erzählt wird, wie Erzengel Raphael Nacht für Nacht Heilung brachte.

❀ ❀ ❀

Während einer Schwangerschaft erlitt ich einen Beckenbruch und hatte noch Jahre später große Schmerzen. Mein Arzt verschrieb mir Steroidinjektionen, also begab ich mich ins Krankenhaus, um mich dieser Behandlung zu unterziehen. Drei Monate später litt ich unter noch größeren Schmerzen und konnte nicht einmal mehr eine Tasse Tee zubereiten. Der Arzt meinte, die Behandlung habe die entzündeten Knochen noch mehr gereizt, und dass die einzige Option nun wäre, das Becken mittels einer Platte wieder zusammenzufügen.

Ich habe mich schon immer für Engel interessiert und bitte die Engel häufig um Hilfe. Am Tag, als ich entlassen wurde, las ich ein Buch über Erzengel Raphael und wie man ihn zu Heilungszwecken anrufen kann. Später legte ich mir die Engelkarten, und auch da tauchte Erzengel Raphael auf.

Ich ging ins Bett und befolgte die Anweisungen, wie man Raphael anruft. Sofort veränderte sich die Atmosphäre im Zimmer. Ich bat um Heilung für mein Becken und verspürte eine merkwürdige Empfindung im Iliosakralgelenk. Es schien mir, als würden Millionen winziger Spinnen dort ein Netz weben. Dies ging eine Zeit lang so weiter.

Am nächsten Tag waren die Schmerzen nicht mehr ganz so stark. Ich fuhr also jede Nacht mit der Anrufung fort. Manchmal wurde das Becken heiß, manchmal spürte ich einen stechenden Schmerz und musste Raphael bitten, langsamer vorzugehen. Zwei Monate lang rief ich ihn zu mir, und jedes Mal bat ich ihn, mich zu heilen. Nach zwei Wochen konnte ich schon wieder kurze Strecken fahren. Nach sechs Wochen stellte ich die Krücken weg.

Heute, mehrere Monate später, geht es mir besser als seit Langem. Ich glaube fest daran, dass Erzengel Raphael mich heilt. Ich fühle mich sehr geehrt, am empfangenden Ende dieses Wunders zu sein.

Anne-Marie

Raphael bestätigt

Wenn Erzengel Raphael seine Heilenergie aktiviert, ist nichts weiter als ein smaragdgrüner Blitz nötig, mit dem er die Energie unserer Gebete nutzt.

❋ ❋ ❋

Meine Freundin Truda war schwer krank, und Hunderte Menschen zündeten Kerzen für sie an und beteten für sie. Ich hatte ständig eine Kerze für sie brennen. Eines Abends waren die Nachrichten aus dem Krankenhaus sehr schlecht. Es hieß, sie würde die Nacht nicht überstehen. Ich spielte gregorianische Gesänge ab und setzte mich neben die Kerze, um Truda heilende Energie zu schicken. Als ich mich entspannte und gerade Energie schicken wollte, durchfuhr zu meiner Überraschung ein heller smaragdgrüner Blitz meinen Körper. Ich wusste, dies war Erzengel Raphael, der die Gelegenheit nutzte, um sein heilendes Licht durch mich zu senden. Später bestätigte mein Führer Kumeka, dass Raphael höchstpersönlich durch mich hindurchgekommen war, statt einen seiner Engel zu schicken. Truda genas vollständig.
Diana Cooper

Eine wunderschöne Heilung

Dies ist einfach eine sehr eindrückliche Geschichte.

❋ ❋ ❋

Meine Tochter war im Krankenhaus und stand vor einer sehr schwierigen Entscheidung. Sie war gestresst und brauchte dringend jemanden, mit dem sie reden konnte. Aber sie konnte weder ihren Mann noch mich erreichen. Schließlich traf sie ihre Entscheidung allein und ließ sich operieren. Am nächsten Morgen sprach sie mit ihren Engeln und bat sie um Heilung. Sie gab sich vollkommen in ihre Hände. Sie spürte, wie sie ins Licht emporschwebte, und sah ein Tor und davor zwei Tische.

Man sagte ihr, sie solle zu einem der Tische gehen. Dann wurde sie durch eine Tür in einen Raum mit einem Marmortisch geführt. Dort legte sie sich hin und wartete. Ihr Schutzengel erschien und legte sich über sie, sodass er ihren Oberkörper mit seinem Körper und seinen Schwingen bedeckte.

Dann stellten sich Engel auf beiden Seiten des Raumes auf und legten ihre Hände auf ihren Körper. Ein größerer Engel kam dazu und stellte sich hinter ihren Kopf. Er wickelte etwas um sich, sodass seine Schwingen verhüllt waren, und legte seine Hände in ihrer Aura auf das Herz-Chakra. Ein weiterer Engel trat ein und richtete einen smaragd-grünen Lichtstrahl auf ihren Körper.

Dann gingen die Engel, und als sie aufstand, sah sie zwei kleine Kinder im Nebel am Tor stehen. Sie hatte zwei Fehlgeburten gehabt. Das kleine Mädchen winkte und der kleine Junge lächelte schüchtern. Sie sank zurück ins Bett und spürte, dass sie sich wieder in ihrem Körper befand. Sie schrieb alles auf und rief mich dann an. Seitdem glaubt sie wirklich an Engel.

Susie Cooper

Der erstaunliche Raphael

Dies ist die Geschichte einer tief gehenden Heilung, in der Erzengel Raphael wieder einmal ein Wunder vollbringt.

❋ ❋ ❋

In den letzten drei Jahren wurde bei mir zweimal Krebs diagnostiziert. Beim ersten Mal entdeckte ich einen großen Leberfleck am rechten Bein. Nachdem dieser entfernt und untersucht worden war, entdeckten die Ärzte, dass es sich um einen bösartigen Tumor handelte. Nach der Operation stellte ich mir vor, dass Erzengel Raphael eine Decke aus grüner Energie um mein Bein wickelte und mich heilte. Mir wurde kurz darauf bestätigt, dass ich wieder vollkommen gesund war.

Drei Jahre später fielen mir einige kleine Beulen am Bein auf. Wieder hatte ich ein Melanom und musste sofort operiert werden. Ich bat Erzengel Raphael, die Ärzte zu führen und dafür zu sorgen, dass ich die beste Pflege erhielt. Ich bat ihn, während des ganzen Prozesses meine Hand zu halten und mich daran zu erinnern, dass alles gut werden würde – was er natürlich auch tat. Ich rief ihn jede Nacht an und bat ihn, mich zu beruhigen und zu heilen und alle anderen Melanome zu entfernen. Auch diesmal bat ich ihn, eine grüne Decke um mein Bein zu wickeln, mir inneren Frieden zu schenken und mir die Informationen zu geben, die ich brauchte, um mich selbst zu heilen.

Am dritten Tag im Krankenhaus sah ich die Erzengel Raphael und Michael neben meinem Bett stehen. Sie waren gekommen, um mir zu versichern, dass alles gut ausgehen würde. Ich verspürte einen tiefen inneren Frieden. Meine Genesung verlief so schnell, dass sich die Ärzte darüber wunderten.

Ich arbeitete auch weiterhin mit Erzengel Raphael. Vier Monate nach der Operation sagte der Onkologe, dass er sich nicht erklären könne, wie ich so schnell heilen konnte, weil es einfach nicht möglich war. Ich war in meinem Genesungsprozess zwei Monate weiter als vergleichbare Patienten. Es war ein medizinisches Wunder. Ich weiß, dass ich so schnell heilte, weil Erzengel Raphael an meiner Seite war.

Heather Vaughan

Eine tief gehende Heilung und Verwandlung

Diese unglaubliche Geschichte über Mut, Liebe und Glaube inspirierte mich sehr.

❋❋❋

In meiner Jugend litt ich unter Nierenversagen, und als ich sechzehn wurde, hatten meine Nieren ganz aufgehört zu funktionieren. Es folgten siebzehn Jahre Dialyse, viele Jahre im Krankenhaus, unzählige Operationen und drei fehlgeschlagene Transplantationen.

Wenn man unter einer schweren, lebensbedrohlichen Krankheit leidet und keine andere Wahl hat, als von einer Maschine abhängig zu sein und viele unangenehme Nebenwirkungen in Kauf zu nehmen, ist es sehr schwer, über das Leiden hinauszublicken. Und es ist unmöglich, daran zu glauben, dass Engel helfen können.

Nachdem die dritte Transplantation misslungen war, fiel ich in ein Koma und hatte ein Nahtoderlebnis, in dem mir gezeigt wurde, dass ich auf Ärztekongressen inspirierende Vorträge vor Hunderten von

Ärzten halten würde – sofern ich mich entscheiden würde zu leben. Dann sah ich, wie ich neben zwei Dialysepatienten stand und mit ihnen redete. Allein meine Gegenwart gab ihnen neue Hoffnung. Blitzschnell war ich wieder in meinem Körper, aber in mir hatte sich etwas verändert.

Einige Jahre später war ich Vorsitzender einer Nierenkrankheitsinitiative, die es sich zur Aufgabe gemacht hatte, die Lebensqualität von Dialysepatienten zu verbessern. Ich hatte eine erfolgreiche vierte Transplantation hinter mir und begann, auf Ärztekongressen Vorträge vor Hunderten von Ärzten zu halten. Und ich half den beiden Patienten, die ich gesehen hatte. Mein Nahtoderlebnis hat mir neue Kraft gegeben und mir geholfen, Jahrzehnte unvorstellbaren Leidens in ein Geschenk der Hoffnung zu verwandeln.

Aber die Engel waren noch nicht fertig mit mir. Aufgrund einer schweren chronischen Blasenentzündung hatte ich so große Schmerzen und war so angespannt, dass ich nächtelang nicht schlafen konnte. Nichts, was die Ärzte mir zu bieten hatten, half.

Als ich einmal zu einem Seminar fuhr, bekam ich wieder eine Blasenentzündung. Aus irgendeinem Grund bat ich meine Frau, Erzengel Raphael um Hilfe zu bitten. Er erschien ihr ganz in Grün und sandte ein weißes, reinigendes und heilendes Licht zu meiner Blase – und die Blasenentzündung war verschwunden. Und sie kam nie wieder! Ich habe bis heute nie wieder eine Blasenentzündung gehabt und danke jeden Tag dafür.

Wenn Sie eine chronische Krankheit haben, wenn Sie die Hoffnung verloren haben, wenn Sie sich verloren fühlen, verzweifelt und einsam sind, rufen Sie bitte die Engel um Hilfe an. Sie müssen wissen, dass die Engel kommen, wenn Sie sie anrufen, weil sie Ihnen helfen wollen.

Bitten Sie sie, Ihnen das in Ihrem Leiden verborgene Geschenk zu zeigen, und erkennen Sie, dass die Krankheit Ihnen helfen kann, Ihre wahre Bestimmung zu entdecken.

Jonathon Hope

Raphaels Refugium

Die Erzengel zeigen uns auf vielerlei Weise, dass sie unsere Gebete erhört haben.

❊ ❊ ❊

2010 war ich das ganze Jahr über krank und litt unter verschiedenen Symptomen wie zum Beispiel Brust- und Bauchschmerzen. Nachdem ich mehrmals erfolglos verschiedene Ärzte aufgesucht hatte, versuchte ich es mit alternativen Therapien, um mich selbst zu heilen. Ich benutzte Affirmationen und rief die Engel an, wobei Raphael immer eine prominente Rolle einnahm.

An einem Wochenende war ich in meiner Lieblingsgegend, dem Lake District, und wanderte zum Steinkreis von Castlerigg. Ich bat die Engel, mir ein Zeichen zu senden, und war enttäuscht, als ich keine Federn fand. Als ich nach Keswick zurückwanderte, kam ich an einigen wunderbaren schiefergedeckten Häusern vorbei. Eines von ihnen hieß *Raphaels Refugium*. Muss ich noch mehr sagen?

Ann Dunn

Raphaels heilendes Licht

Rufen Sie Erzengel Raphael an, bitten Sie ihn um Hilfe – und die Sache wird besser laufen als erwartet.

❊ ❊ ❊

2008 bekam mein Vater einen vierfachen Bypass. Ich rief Erzengel Raphael an und bat ihn, die Ärzte zu führen, meinen Vater zu heilen und mir die Kraft zu geben, mit allem fertigzuwerden. Der Arzt sagte mir daraufhin, dass die Operation besser als erwartet verlaufen sei und dass mein Vater vollständig genesen würde. Jede Tag schickte ich meinem Vater machtvolle Heilgedanken und hüllte ihn in grünes Licht. Er ist tatsächlich vollständig genesen und glücklicher und gesünder, als ich ihn seit langer Zeit erlebt habe.

Heather Vaughan

Engel-Reiki

Erstaunlicherweise spüren in der folgenden Geschichte sowohl die Heilerin als auch ihre Klientin gleichzeitig die Gegenwart der Engel.

❀ ❀ ❀

Da es einer Freundin von mir schlecht ging, bot ich ihr eine Reiki-Behandlung an. Ich bat die Engel und meine Führer, während der Behandlung bei mir zu sein. Dann begann ich. Als ich fast fertig war, bat ich Erzengel Raphael, mir eine grüne Sphäre heilender Energie zu schicken, die ich auf sie übertragen konnte. Außerdem bat ich Erzengel Michael, die Freundin in seinen Schutzmantel zu hüllen.

Als ich sie ansah, erblickte ich zu beiden Seiten von ihr zwei Engel mit goldenen Flügeln. Sie legten ihre Schwingen um sie, hoben sie vom Sofa auf und hüllten sie ganz und gar ein. Sie konnte spüren, wie sie emporgehoben wurde. Wir fingen beide an zu weinen. Sie fragte mich, was ich getan hätte, und ich antwortete ihr, dass dies das Werk der Engel war.

Das war das Unglaublichste, was mir seit langer Zeit widerfahren ist.
Jackie Fleming

Grünes heilendes Licht

Erzengel Raphael erscheint in einem dunklen Raum als grünes Licht.

❀ ❀ ❀

Vor einem Jahr musste sich die Mutter meiner »adoptierten« ägyptischen Familie einer schweren Operation unterziehen. Ich ging sie besuchen und sandte ihr heilende Energie. Mamma Senna ist dafür sehr empfänglich und stimmt mit mir darin überein, dass jede Heilung von Gott stammt. Als ich in meine Wohnung zurückkehrte, begann ich mein abendliches Schutzritual mit Saint Germain und bat dann Erzengel Michael um seinen Schutz. Ich dankte den anderen Engeln für ihren Beitrag, und schließlich bat ich Erzengel Raphael, Mamma Senna zu heilen.

Da erschien ein grünes Licht. Ich konnte es nicht fassen, denn ich sah tatsächlich die Gegenwart eines Engels. Ich bedankte mich und ging schlafen. Mamma hat sich sehr gut erholt.

Glenise Daniels

Danke, Raphael

Allein das Lesen eines Buches über Heilung kann uns schon so weit öffnen, dass wir sie empfangen.

❀ ❀ ❀

Ich war mit meinem Mann, meinem Vater und unseren beiden Söhnen nach einer wunderbaren sonnigen Woche auf Kreta auf dem Rückweg. Da spürte ich einen Schmerz in meinem Hals und realisierte, dass ich wohl eine Entzündung bekommen würde. Ich hatte das schon immer sehr häufig, besonders in meinen jungen Jahren gehabt.

Ich las gerade ein Buch über Erzengel Raphael und seine smaragdgrüne Heilenergie. Im Buch wurden Beispiele über Wunderheilungen aufgeführt, und es wurde von Menschen berichtet, die »sich einfach weigerten, krank zu sein«. Ich schloss die Augen, rief Erzengel Raphael an und bat ihn, mein Hals-Chakra in sein smaragdgrünes Licht zu hüllen. Sofort spürte ich eine große Erleichterung.

Die Rückreise war sehr anstrengend, denn das Flugzeug hatte Verspätung. Es waren also ideale Umstände, um deprimiert zu werden und das Immunsystem zu schwächen, aber dennoch waren meine Beschwerden bald weg und ich blieb gesund. Danke, Raphael.

Susan

Reiki mit den Erzengeln Raphael und Michael

Die Erzengel Raphael und Michael geben sich in dieser Geschichte zu erkennen und vollbringen eine Heilung.

❀ ❀ ❀

Eine meiner Klientinnen sagte mir, dass sie wegen Depressionen in Behandlung war. Ich bot ihr eine Reiki-Behandlung an, die sie gern annahm. Als ich meine Hände über ihren Kopf hielt, hörte ich eine Stimme zu meiner rechten »Michael« sagen und eine Stimme zu meiner linken »Raphael«. Ich war nervös, sah mich nach beiden Seiten um und bat um Hilfe bei der Heilung. Sofort spürte ich glühend heiße Hände auf meinen Handgelenken und konnte fühlen, wie die Erzengel mit mir arbeiteten, während ich die Heilenergie auf meine Klientin übertrug.

Als ich fertig war, fragte sie mich, was ich getan hätte. Sie hatte eine starke Hitze gespürt, die durch ihren Kopf eingetreten war, und fühlte sich nun viel leichter als bei ihrer Ankunft. Wir fühlten uns beide wunderbar — auch wenn ich nicht aufhören konnte zu weinen.

Lesley Sorridimi

Traumdeutung

Unsere Träume können uns viel über uns selbst offenbaren.

❀ ❀ ❀

Beim letzten Vollmond hatten wir eine wunderschöne Meditation an der Diana-Cooper-Schule. Wir riefen Erzengel Raphael an, und ich hatte das Gefühl, in seinem grünen heilenden Licht zu baden. Am nächsten Morgen wachte ich mit Schmerzen und Angst in meinem Herzen auf, gleichzeitig spürte ich aber auch, dass ich in ein intensives Licht gehüllt war.

Ich richtete meine Aufmerksamkeit auf das Herz und merkte, dass der Schmerz noch da war. Ich wusste, dass dort auf der energetischen Ebene Heilung stattfand. Als ich den Schmerz weiter beobachtete, verschwand er.

Zwei Tage später wachte ich mit dem Bild einer Schublade, in die alles Mögliche hineingestopft war, in meinem Kopf auf. Mir wurde klar, dass die unordentliche Schublade meinen Verstand repräsentierte: voller Gedanken, Bilder und Ideen. Ich schloss die Augen, konzentrierte mich auf mein Kausal-Chakra und bat Erzengel Christiel um Hilfe. Frieden erfüllte mein Wesen. Als ich Erzengel Michael fragte, ob er eine Botschaft für mich hätte, geschah etwas Wunderschönes:

Freude und Glück strömten in meinen Kopf. Mein Körper entspannte sich und wurde weicher. Ein friedvoller Moment folgte auf den anderen. Nach einiger Zeit verspürte ich das Bedürfnis, die Energie in Mutter Erde zu lenken, um mich selbst zu erden und zu erwachen.

Cornelia Mohr, DCS

Die Engel waren bei ihr

Gebete können eine Verbindung herstellen und dafür sorgen, dass ein Mensch genau am richtigen Ort ist, um die Hilfe zu bekommen, die er benötigt.

❋ ❋ ❋

Ich erhielt unerwartet einen Anruf, in dem mir mitgeteilt wurde, dass meine Kusine notfallmäßig ins Krankenhaus musste, um sich einer Hirnbiopsie zu unterziehen. Die Familie stand unter Schock und schien nicht zu begreifen, wie ernst die Situation war. Ich bat Erzengel Raphael, sich um meine Kusine zu kümmern und auf sie aufzupassen, und alle meine Freunde, ihr Licht und heilende Energie zu schicken und dafür zu sorgen, dass die Chirurgen von oben geführt wurden.

Auf dem Operationstisch erlitt meine Kusine eine Hirnblutung, und hinterher sagte der Chirurg zu meiner Tante: »Die Engel müssen bei ihr gewesen sein, denn wäre das anderswo passiert, hätte sie sicher nicht überlebt.«

Mairi Beckett, DCS

Eine goldene Aura

Wenn Sie Erzengel Raphael anrufen, ihn um Heilung bitten und dabei Ihr Herz der Liebe öffnen, nimmt Ihre Aura die goldene Farbe der Engel an.

❋ ❋ ❋

Als ich einer jungen Frau eine Heilbehandlung gab, rief ich gleich zu Beginn Erzengel Raphael an und bat ihn, mir zu helfen. Während der Sitzung spürte ich, dass sie eine ganz besondere Verbindung zu diesem Erzengel hatte und dass er eine ganz besondere Liebe für sie empfand.

Wir waren beide in sein Licht gehüllt. Hinterher erzählte sie mir erstaunt, dass sie eine goldene Aura um mich herum gesehen hatte.

Cornelia Mohr, DCS

Die Heilengel Raphaels

Ein Zeichen.

❀ ❀ ❀

Ich hatte noch nie eine Verbindung zu Raphael gespürt, obwohl eine meiner Freundinnen und die anderen Lehrerinnen häufig über seine Heilengel gesprochen hatten.

Eines Tages ging ich spazieren, machte mir über alles Mögliche Sorgen und war ziemlich niedergeschlagen. Ich beschloss, Raphael um ein Zeichen dafür zu bitten, dass die Engel bei mir waren und dass mein Leben besser werden würde. Da sah ich einen Mann und eine Frau mit einem Hund und ein paar umherlaufenden Kindern auf mich zukommen. Als sie an mir vorübergingen, hörte ich die Frau sagen: »Soweit ich es beurteilen kann, ist Raphael es wert.« Das war für mich ein eindeutiges Zeichen.

Karin Finegan, DCS

Mut, Liebe und eine Niere

Diese beeindruckende Geschichte zeigt, wie die Engel auf den festen Glauben, die Liebe und die Entschlossenheit einer Frau reagieren, ihrem Liebsten zu helfen.

❀ ❀ ❀

Als ich meinen Freund kennenlernte, wussten wir beide, dass wir den Richtigen gefunden hatten. Mir fiel allerdings auf, dass Bradleys Augen irgendwie stumpf waren und dass er außergewöhnlich viel Wasser trank.

Ich fragte ihn, ob es in seiner Familie Nierenprobleme gab, und er antwortete: »Ja, meine Mutter hat eine Zystenniere.« Ich wusste, dass die Krankheit vererbbar ist.

Monate später entdeckten wir, dass Bradley unter Nierenversagen litt und dass seine einzige Hoffnung eine Nierentransplantation war. Ich bot eine meiner Nieren an, aber sie war nicht kompatibel. Allerdings existierte eine experimentelle Technologie, mittels derer Nieren kompatibel gemacht werden konnten. Ich bat die Engel um Hilfe, und wunderbarerweise bildete Bradleys Körper keine Antikörper gegen mein Blut. Also fand die Operation statt. Ich wachte mit großen Schmerzen auf und wartete auf Bradleys Ankunft aus seiner OP. Aber meine Niere war nicht richtig festgenäht worden und leckte in seinen Körper. Sie nahmen sie wieder heraus, entfernten ein Blutgerinnsel und setzten sie wieder ein. Etwas später teilten uns die Ärzte mit, dass meine Niere in Bradleys Körper gestorben war. Sie versprachen, alles zu tun, um eine andere Niere zu besorgen. Ich war am Boden zerstört und fürchterlich wütend. Ich hatte das alles doch nicht durchgemacht, nur um meine Niere sterben zu sehen! »Das akzeptiere ich nicht!«, sagte ich zu mir selbst. Ich wollte, dass die Niere funktionierte, also würden die Engel dafür sorgen müssen.

Bei der nächsten Untersuchung stellte der Chirurg erstaunt fest, dass die Niere doch lebte. Das war ein Wunder! Zwei Jahre später funktioniert meine Niere immer noch sehr gut in Bradleys Körper. Danke, ihr Engel.

Nicola Kelleher

Erzengel Raphael greift ein

In einer Krise sollten Sie zuerst Erzengel Raphael anrufen, denn er kann allen Beteiligten helfen.

❄ ❄ ❄

Ich arbeitete am Computer und hatte meinen beiden Töchtern, die auf dem Sofa Purzelbäume schlugen, den Rücken zugewandt. Plötzlich schrie Paulina, dass Artemisia sich den Hals verrenkt hatte. Als ich sie in die Arme nahm, rollten ihre Augen nach oben und sie wurde ohnmächtig. Sie schien nicht mehr zu atmen.

Ich rief Paulina zu, sie solle einen Rettungswagen rufen, während ich Erzengel Raphael um Hilfe bat. Nach einiger Zeit wurde mir klar, dass

Paulina den Rettungsdienst nicht erreichen konnte. Da ich wusste, dass meine Nachbarin über medizinische Kenntnisse verfügte, schrie ich Paulina zu, sie solle die Tür öffnen, damit ich nach oben in ihre Wohnung kommen konnte. In diesem Moment öffnete Artemisia die Augen und begann wieder zu atmen. Ich war in meinem ganzen Leben noch nie so erleichtert. Ich bin mir sicher, dass Erzengel Raphael auf wundersame Weise eingegriffen und mir geholfen hatte, ruhig zu bleiben.

Ich bin Erzengel Raphael sehr dankbar.

Franziska Sirgusa, DCS

Erfreut über ein Leben mit den Engeln

Wenn wir mit den Engeln arbeiten, wirkt ihre Energie durch uns und berührt, wie diese Geschichte zeigt, andere Menschen.

✼ ✼ ✼

Ich hatte gesundheitliche Probleme, und obwohl ich wusste, was ich dagegen unternehmen sollte, tat ich nichts. Stattdessen schrie ich: »Bitte heil mich!« Dann erhielt ich von meiner geliebten Lehrerin Shalini Kalra Informationen über ein Engelseminar und wusste einfach, dass ich daran teilnehmen musste. Das Seminar war ganz erstaunlich und verdeutlichte mir die Macht Erzengel Raphaels.

Später betete ich zu ihm: »Bitte heile mich!« Im Traum sah ich in jener Nacht eine grüne Hand, die meine Stirn berührte. Als ich erwachte, fühlte ich mich sehr erfrischt.

Heute geht es mir besser und ich nehme auch keine Medikamente mehr. Ich fühle mich leichter und glücklicher. Es ist so tröstlich zu wissen, dass die Engel immer da sind und immer bereit sind, uns zu helfen.

Shyamali Dey

Meine erste Begegnung mit Erzengel Raphael

Eine innere Reise, während der Heilkräfte entwickelt werden.

✼ ✼ ✼

Ich entdeckte Engelkarten für mich und legte sie vor mir aus. Im selben Augenblick kam es mir vor, als sei ich in einer tiefen Schlucht und würde von den Engeln gehalten. Ich konnte einen Eingang am Felshang sehen, die Engel setzten mich behutsam dort ab, und ich trat ein.

Ein großer grüner Engel erschien mir und überreichte mir ein wunderschönes paillettenbesetztes grünes Kleid. Dann bat er mich, mich auf eine steinerne Bank zu legen, wo die Engel mich mit ihren Händen segneten. Dann sagte der grüne Engel: »Nun, da du das Kleid der Heilung trägst, ist es deine Aufgabe, anderen Menschen zu helfen.« Ich war überwältigt.

Der Engel, der mir das Kleid der Heilung überreicht hatte, war Erzengel Raphael. Mein Leben nahm nun eine neue Richtung und ich wurde Heilerin.

Martina Maria Seraphina Kammerhofer, DCS

Mit Erzengel Raphael heilen

Erzengel Raphael wird immer helfen, wenn eine Heilung benötigt wird – aber nur dann, wenn die betreffende Person wirklich bereit ist.

❋ ❋ ❋

Ich bin Hypnotherapeutin und rufe bei der Arbeit Erzengel Raphael an. Beim ersten Mal nahm ich meine Engelkarten mit zur Arbeit. Eine stach hervor: Erzengel Raphael. Das gab mir die tröstliche Bestätigung, dass er bereit war, mit mir zu arbeiten.

Die Rückmeldungen meiner Klienten waren positiv. Als ich später über die Wirksamkeit meiner Sitzungen nachdachte, wurde mir mitgeteilt, ich solle den Ergebnissen meiner Arbeit nicht zu verhaftet sein, da dies nur zu egozentrierten Zweifeln führen würde. Meine Klienten sollten ebenfalls Verantwortung für ihre Heilung übernehmen.

Ich rufe nun Erzengel Raphael vor jeder Sitzung an, und jedes Mal wird die Energie dann stärker.

Anonym

Das Wasser segnen

Wenn Sie in einem Schwimmbecken schwimmen, sollten Sie das Wasser segnen,
da seine Schwingung so fünfdimensional wird.

❊ ❊ ❊

Wenn ich im Fitnesszentrum bin, versuche ich immer, noch ein paar
Längen zu schwimmen. Dabei segne ich beim Eintauchen das Wasser
und vertraue darauf, dass alle, die darin sind, das Licht empfangen.

Eines Tages, als ich gerade meine letzte Bahn schwamm, merkte ich,
dass ich die Segnung vergessen hatte. Sofort holte ich dies nach und
sah zu meinem Erstaunen, wie das Wasser am Ende des Beckens von
einem wundersamen smaragdgrünen Licht erhellt wurde. Ich wusste,
dass Erzengel Raphael mir mitteilen wollte, dass der Segen angekommen war und benutzt werden würde, um die Menschen im Wasser zu
heilen.

Diana Cooper

Kontakt mit Raphael

Erzengel Raphael macht uns glücklich.

❊ ❊ ❊

Ich las ein Buch über geistige Führer und beschloss, mit meinem Kontakt aufzunehmen. Ich bat um seinen Namen und erhielt sofort eine
Antwort: Raphael. Im selben Augenblick sah ich ein helles grünes
Licht. Dieses Licht ist seither viele Male zu mir gekommen. Es kommt
immer dann, wenn ich glücklich bin und liebe.

Ich las auch, wie man Erzengel Michael um Hilfe anrufen kann, und
beschloss, das zu tun. Die Antwort kam schnell: »Nein, nicht Michael.
Raphael!« Wieder erschien das grüne Licht und ich war glücklich. Ich
suchte Erzengel Raphael im Internet und fand heraus, dass er sich als
grünes Licht zeigt und dass man glücklich ist, wenn er in der Nähe ist.
Heute weiß ich mit Sicherheit, dass Engel existieren.

Malin

Erzengel Raphael stoppt eine Blutung

Wenn wir Erzengel Raphael anrufen und um Heilung zum höchsten Wohle aller Beteiligten bitten, können Wunder geschehen, wie Anns Geschichte zeigt.

✳ ✳ ✳

Ich wurde nach einem Verkehrsunfall ins Krankenhaus eingeliefert, wo mir gesagt wurde, dass meine Milz entfernt werden müsse, da sie stark blutete. Ich sprach ein Gebet zu Erzengel Raphael und bat ihn, die Blutung zu stoppen und, wenn dies meinem höchsten Wohl dienen würde, die Operation zu verhindern.

Ich freue mich sehr, sagen zu dürfen, dass die Operation – und ich glaube fest daran – aufgrund der Intervention Erzengel Raphaels abgesagt wurde.

Ann Tyler

Er reagiert immer

Vertrauen Sie darauf, dass Raphael Ihnen helfen wird.

✳ ✳ ✳

Wenn ich Heilung brauche, rufe ich immer Erzengel Raphael an. Als mein Sohn Nils beispielsweise Bauchschmerzen hatte und sagte »Mama, tu doch etwas«, rief ich Raphael an, und schon ein paar Minuten später sagte Nils: »Alles ist wieder gut.« Seinem Bauch ging es besser.

Rama Regina Margarete Brans

Erzengel Raphael kümmert sich um die Reisenden

Erzengel Raphael kümmert sich um alle Reisenden. Daher ist es sehr nützlich, seine Hilfe und seinen Schutz zu erflehen, wenn man auf Reisen geht. Mehr als einmal habe ich den Trost seiner smaragdgrünen

Flügel gespürt, wenn ich unterwegs unangenehmen Situationen ausgesetzt war.

Ein von Raphael beschütztes Auto

Es ist ratsam, ein Bild von Erzengel Raphael im Auto zu haben.

❄ ❄ ❄

Als sich mein Partner Michael ein neues Auto kaufte, schenkte ich ihm ein kleines Bild von Erzengel Raphael, das ihn während der Fahrt beschützen sollte. Ein paar Monate später wollte er um 5.30 Uhr morgens zur Arbeit fahren, musste aber entdecken, dass sein Auto aufgebrochen worden war. Die Diebe hatten Geld, CDs und Werkzeuge gestohlen und erfolglos versucht, den Wagen kurzzuschließen. Mike rief die Polizei an, und ihm wurde gesagt, dass in jener Nacht viele Autos gestohlen worden wären. Die Täter waren Bandenmitglieder, die auf bestimmte Autos angesetzt waren. Der Polizeibeamte meinte, Mike könne sich glücklich schätzen, dass irgendetwas die Diebe vertrieben haben müsse. Mike fand einen gut sichtbaren Fingerabdruck auf dem Bild von Raphael und übergab es der Polizei zur forensischen Auswertung.

Eloise Bennett, DCS

Die Macht der Meditation

Das hier geschilderte Erlebnis erinnerte mich auf eindrückliche Weise an die Wirksamkeit der Meditation und daran, wie sie uns erfrischen und das Unmögliche nicht nur möglich, sondern auch schön machen kann.

❄ ❄ ❄

Ich wachte um drei Uhr nachts mit verstopften Nebenhöhlen und einer laufenden Nase auf. Ich musste mich aufsetzen, um überhaupt atmen zu können. Noch am selben Tag wollte ich nach Irland fliegen, wo ich um 10.00 Uhr in einer Fernsehsendung auftreten sollte. Ich wusste, ich würde ein Wrack sein, wenn ich nicht noch etwas Schlaf bekäme.

Ich bat Erzengel Raphael um Hilfe und begann zu meditieren. Meditieren ist nicht gerade meine Stärke, aber es hat eine ähnliche Wirkung wie Schlafen, und ich wusste, dass dies die einzige Möglichkeit war, für die Fernsehsendung fit zu werden. Ich konzentrierte mich mit der Einatmung auf Ruhe und mit der Ausatmung auf Entspannung. Ich ließ keine anderen Gedanken zu und spürte, dass die Engel um mich waren. Ich machte dies die ganze Nacht über und hielt diesen Atemrhythmus selbst im Taxi, bei der Zollkontrolle, im Flugzeug und den ganzen Tag über durch.

Eine Freundin sollte in derselben Sendung über Aura-Fotografie sprechen und hatte vorher ein Foto von mir gemacht. Meine Aura war hellblau und malvenfarben mit goldenen Punkten. Verwirrt fragte sie mich: »Hast du meditiert?«

Als ich an der Reihe war, war ich ganz entspannt und vollkommen klar, was besonders gut war, da im Publikum ein sehr anstrengender Gast saß. Die Engel hatten meine Aura mit einem solchen Frieden erfüllt, dass ich in der Lage war, ganz ruhig und gelassen mit ihm umzugehen.

Diana Cooper

Platz hinter dem Auto

Diese Geschichte soll uns daran erinnern, dass Erzengel Raphael dafür sorgen kann, dass andere Autofahrer uns genügend Platz lassen.

❀ ❀ ❀

Mein Mann und ich waren mit dem Motorrad nach Hamburg gefahren und befanden uns nun auf dem Rückweg. In Donauwörth realisierten wir erst im letzten Moment, dass wir auf der falschen Spur waren. Schnell wechselte mein Mann die Spur. Doch die Situation wurde gefährlich, denn der Fahrer des Wagens, der hinter uns fuhr, war so wütend, dass er uns verfolgte. Ich bat Erzengel Raphael, auf uns aufzupassen, und bald war der Wagen verschwunden. Ich wünschte dem Mann eine gute Fahrt und dankte den Engeln für ihre Hilfe.

Ich mache dies jetzt immer, wenn ein Wagen zu dicht auf meinen auffährt. Ich rufe Erzengel Raphael an und bitte ihn, sich darum zu kümmern, und jedes Mal wird der Fahrer des anderen Wagens etwa zwei Sekunden später langsamer und zwischen uns ist wieder mehr Platz.

Ursula

Raphael rettet eine verlorene Seele

In dieser Geschichte ist der »Reisende« eine verlorene Seele, die auf Hilfe wartet.

❄ ❄ ❄

Auf dem Flug nach Dublin zur Wiedersehensfeier der Diana-Cooper-Schule wurde ich mir der Gegenwart eines Piloten bewusst. Ich wusste, dass er in dieser Welt nicht unter den Lebenden weilte, sondern eine verlorene Seele war, die hier auf Hilfe wartete. Ich sandte ein Gebet an Erzengel Raphael und bat ihn, der armen Seele zu Hilfe zu eilen. Dann sah ich, dass Engelflügel ihn bedeckten, und ich wusste, dass man sich um ihn kümmerte.

Margo Grundy

Mit Engeln reisen

Eine Legende wird wahr.

❄ ❄ ❄

Da ich die Möglichkeit hatte, in die arktischen Regionen Norwegens zu reisen, wollte ich einen aufgeladenen Kristall so weit nördlich wie möglich platzieren. Im Laufe mehrerer Engelseminare hatten wir positive Energien in diesen wunderschönen Kristall geladen. Er sollte das Licht der Engel in sich tragen und es von der verschneiten Arktis aus auf die Erde und alle ihre Bewohner übertragen.

Zur Wintersonnenwende machten wir uns auf zum nördlichsten Punkt Norwegens. Es gab kein Licht, nur das magische Zwielicht und das Licht des Vollmondes, das gerade hell genug war, dass wir die surreale Landschaft erkennen konnten. Unser Führer sagte immer wieder, wie viel Glück wir hätten. »Nur sehr selten haben wir um diese Jahreszeit ein solches Wetter. Normalerweise ist es sehr stürmisch und man kann praktisch nichts sehen.« Das hätte es sehr schwierig gemacht, den Kristall zu platzieren. Der Führer fuhr mit ernster Stimme fort: »Wissen Sie, wir haben ein Sprichwort, das besagt, wenn man zur Wintersonnenwende solches Wetter hat, reist man mit Engeln.«

Elizabeth Harley, DCS

Hilfe bei der Ferienplanung

Erzengel Raphael hilft bei finanziellen Problemen und synchronisiert die Zeit.

❄ ❄ ❄

Ich hätte gern Freunde im Ausland besucht, hatte aber nicht das Geld dafür. Da sagte ich zu meinen Engeln: »Wenn ich fahren soll, dann müsst ihr mir helfen.«

Als mein Mann nach Hause kam, sagte er: »Weißt du was? Ich schenke dir ein Flugticket. Ich habe genügend Meilen auf meinem Konto, dass es für einen Flug reicht.« Dann rief er die Fluggesellschaft an. Normalerweise muss man lange warten, aber sein Anruf wurde sofort beantwortet. Die Gesellschaft hatte für den Tag noch genau ein Ticket. Erstaunlich, oder? Ja, die Engel haben das alles für mich arrangiert. Danke.

Kari Nygard, DCS

Mutters Reiseengel

Sie können Engel schicken, um Ihrer Familie zu helfen und sie zu beschützen.

❄ ❄ ❄

Meine Tochter Jacqui, die beruflich viel reisen muss, war in New York auf einer Konferenz. Sie hatte eine lange Besprechung und fuhr dann zum Flughafen, um nach London zurückzufliegen. Das war zu der Zeit, als die Vulkanasche von Island den gesamten Flugverkehr beeinträchtigte.

Sie ging an Bord, und erst als sie in London ihr Mobiltelefon wieder einschaltete, wurde ihr klar, dass sie die letzte Maschine erwischt hatte und dass alle anderen danach nicht mehr starten konnten. Sie rief mich an, um mir zu sagen, dass Mutters Reiseengel sie sicher nach Hause gebracht hatten. Danke.

Jenny Hart, DCS

Auf der Rolltreppe mit Raphael

Diese Geschichte soll uns in Erinnerung rufen, dass wir Erzengel Raphael anrufen können, damit auf unserer Reise alles glattgeht.

❀ ❀ ❀

Ich war sehr gestresst, als ich erfuhr, dass mein Flug nach Irland wegen der Vulkanasche storniert worden war. Ich musste umdisponieren und versuchte mit Taxis, Zügen, Schiffen und Autos an mein Ziel zu gelangen. Dabei bat ich Erzengel Raphael um Hilfe, aber eine Zeit lang habe ich ihm wohl nicht wirklich vertraut, da sich nichts änderte.

Als ich durch London fuhr, um den Zug zu erwischen, rief ich ihn wieder an. Plötzlich war ich in smaragdgrünes Licht getaucht. Es breitete sich über mich und die Rolltreppe aus, auf der ich mich gerade befand. Ich konnte spüren, wie Raphaels Schwingen mich umfingen, während er sagte: »Beruhige dich, ich bin bei dir.«

Da entspannte ich mich und vertraute darauf, dass ich alle Anschlüsse erreichen würde, was ich dann natürlich auch tat.

Diana Cooper

Auf die Führung von oben hören

Wenn Sie die Engel um Hilfe bitten und auf ihren Rat hören, macht das die Lebensreise so viel einfacher.

❀ ❀ ❀

2003 beschloss ich, Lehrerin der Diana-Cooper-Schule zu werden. Das bedeutete, dass ich von Deutschland zum Seminar nach Wales reisen musste. Als Vorbereitung hatte ich meinen Fahrengel und meinen Englisch sprechenden Engel um Hilfe gebeten. Erzengel Raphael sorgte dafür, dass auf meiner Reise alles glattging.

Vor der Rückfahrt besuchte ich noch die Steinkreise von Avebury, aber meine Intuition sagte mir, ich solle sofort nach Hause zurückkehren. Ich kam spätabends in Deutschland an und wurde zu einem Hotel geführt. Ich fragte nach einem Zimmer und erfuhr, dass ich Glück hatte, denn das Hotel war ausgebucht gewesen, aber da ein Gast storniert hatte, konnte ich das Zimmer haben. Wieder dankte ich den Engeln für ihre Führung.

Am nächsten Morgen wurde im Radio gemeldet, dass auf der Autobahn, auf der ich fahren müsste, Staus waren. Ich bat Erzengel Raphael, mich zu führen, suchte mir mit seiner Hilfe eine andere Strecke aus und er brachte mich gesund und munter nach Hause.

Aleja Daniela Fischer, DCS

Die Engel kümmern sich um das Gepäck

Bitte denken Sie daran, die Engel zu bitten, beim Reisen auf Ihr Gepäck aufzupassen, damit Sie sich entspannen können.

❄ ❄ ❄

2009 hatte ich das Glück, Machu Picchu in Peru besuchen zu dürfen. Da wir mehrere Zwischenstopps einlegen mussten und mit Bussen und Flugzeugen zu verschiedenen Orten unterwegs waren, musste unser Gepäck häufig umgeladen werden. Die Rückreise war sehr lang, es gab viele Verspätungen, und ganz allgemein war sie äußerst unbequem.

Nachdem wir lange auf unser Gepäck gewartet hatten, wurde uns klar, dass meines irgendwo verloren gegangen sein musste. Da sagte meine Freundin: »Ruf doch die Engel an und stell dir vor, dass dein Koffer sicher hier ankommt. Halte das Bild aufrecht.« Drei Tage später wurde mein Gepäck nach Hause geliefert. Heute schicke ich auf allen Reisen immer einen Engel mit dem Gepäck mit.

Jenny Hart, DCS

Pünktlich mit Erzengel Raphael

Es hilft wirklich, wenn man eine gute Verbindung zu einem Erzengel hat und sich gut mit ihm versteht.

❄ ❄ ❄

Vor ein paar Jahren lud uns die Firma meines Mannes als Belohnung für seine gute Arbeit in die Ferien ein. Wir hatten bis zur letzten Minute zu tun und verließen unser Haus später als geplant. Ich bat Erzengel Raphael, uns sicher und pünktlich an unseren Bestimmungsort zu bringen. Und siehe da, auf der Autobahn war eine Spur frei, sodass wir zügig vorankamen. Wir kamen pünktlich an, obwohl wir nicht hetzten. Erzengel Raphael reist immer mit mir und hilft mir, stets die richtige Route zu wählen, damit ich pünktlich an mein Ziel komme.

Aleja Daniela Fischer, DCS

Von den Engeln unterstützt

Vertrauen Sie stets darauf, dass Sie beschützt werden.

❄ ❄ ❄

Ich flog nach Johannesburg und kam spätabends dort an. Da mich niemand abholen würde, musste ich mein Hotel allein finden. Als das Flugzeug landete, bekam ich plötzlich Angst und fühlte mich sehr verletzlich. Der Weg zur Bushaltestelle war sehr schlecht beleuchtet. Ich steckte eine Hand in die Tasche und zog ein Bild von Erzengel Michael hervor. Im selben Augenblick veränderte sich alles und ich fühlte mich sicher und beschützt. Das erinnerte mich daran, immer Vertrauen zu haben.

Elizabeth Ann, DCS

Heilengel

Da jedes Wesen aus der siebten Dimension heilen kann, können alle Engel göttliche Heilenergie auf uns lenken. Wenn Sie darum bitten, werden sie – im Rahmen Ihres Karmas – ihr Bestes tun, um Ihnen zu helfen. Da gewisse Qualitäten wie Glaube und Gnade das Karma allerdings transzendieren, werden Sie geheilt werden, wenn Sie voller Überzeugung beten.

Engelmedizin

Häufig wird mir erzählt, dass die Beschwerden in dem Augenblick aufhören, in dem jemand die Engel um Hilfe bittet.

❋ ❋ ❋

Meine Tochter hatte Atemwegsprobleme und konnte nicht schlafen, weil sie so husten musste. Ich bat ihren Engel, ihr beim Einschlafen zu helfen und sie zu heilen. Kaum hatte ich das gesagt, hörte sie auf zu husten und schlief friedlich ein. Ich sah Lichtblitze und spürte große Wärme, die meinen Körper durchströmte. Das hielt etwa zehn Minuten lang an. Ich glaube, das waren die Engel.

Angela Nur

Hilfe im Krankenhaus

Wie wunderbar, daran erinnert zu werden, wie viele Engel sich in Krankenhäusern aufhalten und nur darauf warten, dass wir sie zu Hilfe rufen.

❋ ❋ ❋

Aufgrund von Nierensteinen versagten meine Nieren. Ich musste ins Krankenhaus und wurde dreimal operiert. Nach der letzten Operation fing ich an, nachts fürchterlich zu zittern und hatte große Schmerzen. Da hatte ich genug und beschloss, mich zu konzentrieren und das Zittern und die Schmerzen verschwinden zu lassen.

Ich erschauerte und nahm etwas Helles wahr, das ans Fußende meines Bettes trat. Es berührte mich unterhalb der Knie, und mir wurde augenblicklich warm. Es war herrlich!

Nachdem die Ärzte und Schwestern gegangen waren, kam mein Engel wieder zu mir. Ich war absolut selig. Ich weiß nicht, was die Ärzte und Schwestern sahen, aber ich weiß, dass ich, selbst wenn ich äußerlich nicht gelächelt haben sollte, innerlich breit gegrinst habe.

Ich fühlte mich sicher und beschützt. Ich war von vollkommener Liebe und vollkommenem Glück erfüllt und ganz entspannt. Es war einfach herrlich!

Catriona

Die Erste Hilfe der Engel

Welche Heilmethode Sie auch an sich selbst anwenden mögen, die Engel werden sie verstärken, wenn Sie sie nur darum bitten.

❀ ❀ ❀

Ich war nach London gefahren, um eine gute Freundin zum Mittagessen zu treffen. Wir gingen in ein sehr gutes Fischrestaurant, wo ich Muscheln bestellte. Nach dem Mittagessen verabschiedeten wir uns und gingen unserer Wege. Ich musste erst mit der U-Bahn und dann mit dem Zug nach Leatherhead fahren, wo ich mein Auto geparkt hatte.

Plötzlich wurde mir übel und ich bekam feuchte Hände. Hatte ich von den Muscheln eine Lebensmittelvergiftung bekommen? Ich sagte zu mir selbst: »Also, welche Möglichkeiten hast du? Dich auf dem Bürgersteig übergeben, in der U-Bahn-Station ohnmächtig werden oder ein Hotel finden. Aber wahrscheinlich werden sie mich in diesem Zustand gar nicht reinlassen.«

Ich hatte EFT-Techniken gelernt und dachte, die will ich jetzt einmal ausprobieren. Außerdem rief ich meine Engel an. Ich sagte: »Wenn ihr wirklich da seid, brauche ich JETZT eure Hilfe.«

Obwohl es mir sehr schlecht ging, stieg ich in die U-Bahn ein. Plötzlich hielt der Zug und das Licht ging aus. Was tatsächlich nur drei Minuten waren, erschien mir wie mehrere Stunden. Ich weiß aber, dass die Engel mir geholfen haben, es zu überstehen. Ich wandte EFT an und erklärte: »Ich habe die Kontrolle über meinen Körper. Mein

Magen beruhigt sich und ich fange an, mich besser zu fühlen.« Ich programmierte mich selbst mit positiven Gedanken. Dann ging das Licht wieder an, die U-Bahn fuhr weiter und mir ging es langsam besser. Ich danke den Engeln.

Rowena Beaumont

Erhörte Gebete

Die Engel erhören Gebete, die von Herzen kommen.

✳ ✳ ✳

Meine Erlebnisse mit Engeln begannen in den frühen Morgenstunden in einem Krankenhaus, in dem mein schwer kranker Sohn mit dem Tod rang. Er war erst drei Jahre alt, hatte aber schon sein ganzes Leben lang mit verschiedenen Krankheiten kämpfen müssen. Die Ärzte hatten mir gesagt, sie könnten nichts mehr für ihn tun, deshalb ging ich nach draußen und begann zu beten.

Jemand hatte mir von einer Gebetsgruppe erzählt, also rief ich sie an und fragte, ob sie meinen Sohn in ihre Gebete einschließen könnten. Auf dem Rückweg zur Station spürte ich etwas auf meinem Fuß. Ich beugte mich vor und hob die schönste weiße Feder auf, die ich je gesehen hatte. In dem Moment wusste ich, dass die Engel meine Gebete erhört hatten und dass mein Sohn es schaffen würde – was er auch tat.

Anonym

Mit Engelfedern heilen

Diese Geschichte zeigt, dass es verschiedene Möglichkeiten des Heilens gibt, und dass die Engel da sind, um uns zu helfen, solange unsere Absichten rein sind.

✳ ✳ ✳

Als ich zu heilen begann, war das nicht besonders effektiv. Ich bat um ein deutliches Zeichen, dass ich wirklich diese Art von Arbeit verrichten sollte. Ich war erregt, wütend und voller Zweifel. Ich hatte Angst zu verarmen, und ich machte mir Sorgen, dass die Leute mich für seltsam halten könnten.

Als ich aus dem Haus trat, entdeckte ich auf der Türschwelle die größte weiße Feder, die ich je gesehen hatte. Sie war etwa fünfundzwanzig Zentimeter lang und ganz flauschig. Sie war so leicht, dass ich sie auf die Handfläche legen konnte und doch ihr Gewicht nicht spürte. Außerdem duftete sie nach Blumen. Ich bewahrte sie an einem sicheren Ort auf und setzte meine Ausbildung fort.

Heute benutze ich oft das Bild meiner ganz besonderen Feder, um in einen Körper hineinzugehen und Blockaden aufzulösen.

Rebecka Blenntoft

Eine heilende Figur

Wenn ein Objekt von Engelenergie erfüllt ist, kann es heilen.

❊ ❊ ❊

Meine Mutter wird langsam alt und hat Mühe, längere Strecken zu gehen. Als sie in Blackpool in den Ferien war, verursachte ihr ihre Hüfte große Schmerzen. Ihre Freundin schenkte ihr eine Engelfigur, die sie in einem kleinen Beutel am Handgelenk trug. Sie spürte, wie von dem Beutel Hitze ausging, die zu ihrer Hüfte strömte. Im weiteren Verlauf des Tages konnte sie wieder Treppen steigen, und der Schmerz in ihrer Hüfte verschwand. Sie glaubt fest daran, dass die von der Engelfigur ausgehende Hitze ihre Hüfte geheilt hatte.

Lesley Sorridimi

Das helle Licht der Engel

Jeder sieht die Engel auf unterschiedliche Weise. Viele Menschen sehen sie als Orbs, Kreise oder Lichter.

❊ ❊ ❊

Seit über einem Jahrzehnt erscheinen mir die Engel nachts, wenn es dunkel wird, ein- bis zweimal pro Woche. Ich sehe sie als helle Lichtkreise oder Wolken, die auf mich zutreiben und mir helfen und mich heilen. Ich verstehe, dass andere Menschen Probleme damit haben, mir so etwas zu glauben, aber ich weiß ganz sicher, dass es die Wahrheit ist.

Paul Wilkins

Engel der Heilung

Es gibt viele Engel, die uns helfen und heilen.

❀ ❀ ❀

Ich übe Reiki aus, und nachdem ich verschiedene Bücher über Engel gelesen hatte, fing ich an, die Engel während meiner Behandlungen anzurufen. Ich war erstaunt, als ich sah, wer mir zu Hilfe kam. An manchen Tagen sah ich ein wunderschönes goldgrünes Leuchten von Erzengel Raphael oder die ins Violette gehenden blauen Funken von Erzengel Michael. Meine Lieblinge sind allerdings die goldenen Glorien, kleine Engel wie die Keruben. Sie sind darauf spezialisiert, Arthritis und Gelenkprobleme zu heilen. Ich sah, wie sie mit kleinen Staubwedeln die Giftstoffe in den Gelenken umwandelten und die Gelenke mit goldenem Licht erfüllten.

Eloise Bennett, DCS

Engelbilder helfen heilen

Füllen Sie Ihr Zimmer mit Engeln und hören Sie ihren geflüsterten Botschaften zu. Möglicherweise bekommen Sie dann, was Sie sich wünschen.

❀ ❀ ❀

Vor vielen Jahren war ich Therapeutin. Obwohl ich als Reiki-Heilerin ausgebildet war, wollten die meisten Leute doch die klassische Massage oder Reflexzonentherapie. Ich wusste aber, dass heilende Reiki-, Engel- und Einhornenergie durch meine Finger strömte, selbst wenn ich nicht spezifisch darum bat. Meine Klienten erzählten mir, wie warm meine Hände waren oder wie ungewöhnlich entspannt sie nach einer meiner Behandlungen waren.

Ich hatte meine Praxis in einem Freizeitzentrum, was nicht ideal war, weil dort weiße Kacheln an den Wänden waren und die Heizung nie richtig funktionierte. Entweder war es bitterkalt oder zu heiß. Ich hatte die Verwaltung mehrmals gebeten, die Heizung reparieren zu lassen, aber jetzt beschloss ich, die Engel um Hilfe zu bitten. Ich war ziemlich enttäuscht, als nichts geschah.

Zwei Wochen später gaben mir die Engel den Gedanken ein, Bilder von ihnen an die Wände zu hängen. So würden die Menschen auf sie aufmerksam gemacht, aber auch die nackten weißen Wände würden dadurch verschönert. Ich kaufte wunderschöne Bilder der Erzengel Michael, Gabriel, Raphael, Chamuel, Uriel, Zadkiel und Jophiel. Der Unterschied war gewaltig. Und die Heizung funktionierte wieder! Immer mehr Menschen fragten mich nach Behandlungen.

Ich sah danach viele Engel in der Form heller Funken reinen Lichtes im Zimmer. Meine Klienten fingen an, über Engel zu reden, und ein netter alter Herr vertraute mir an, dass er an sie glaubte. Ich musste ihm allerdings versprechen, es nicht weiterzusagen, da er es noch nie jemandem erzählt hatte.

Margaret Merrison, DCS

Platz zum Trauern

Der Gram, den wir nach einem Todesfall verspüren, hält nicht nur uns zurück, sondern auch den geliebten Menschen in der geistigen Welt.

❋ ❋ ❋

Mein Mann und ich leiten Seminare, die Menschen helfen sollen, den Trauerprozess zu verstehen. Wir nutzen dabei Engel als Brücke zwischen den beiden Welten. Diese Seminare werden stets von den Engeln gesegnet und viele Wunder haben sich in ihnen ereignet.

Eine Teilnehmerin arbeitete als Schwester auf einer Intensivstation. Als ihre Mutter starb, war sie zwölf. Ihr Vater war so wütend über den Tod seiner Frau, dass die einzige Möglichkeit des Überlebens für ihn darin bestand, jegliche Erinnerung an sie auszulöschen. Daher durfte die Tochter weder über ihre Mutter reden noch um sie trauern. Als Erwachsene war sie von Berufs wegen jeden Tag mit Sterben und Tod konfrontiert, und jeder Tod war für sie eine Wiederholung des Todes ihrer Mutter.

Während des Seminars führten die Teilnehmer eine Visualisierungsübung aus, in der sie in den Himmel aufsteigen und dort ihre Angehörigen treffen sollten. Die Krankenschwester hatte dabei eine ganz erstaunliche Unterhaltung mit ihrer Mutter, die ihr sagte, dass ihre Zeit damals einfach gekommen war, dass sie auf sie aufpassen würde und stolz auf sie war. Ihre Mutter bat sie, ihr Herz zu öffnen und die Liebe hineinzulassen.

Sie weinte vor Glück und Freude und sagte uns, dies wäre der kostbarste Tag ihres ganzen Lebens gewesen.

Mariel Forde Clarke, DCS

Familienprobleme lösen

Es gibt viele verschiedene Formen der Heilung. Rufen Sie die Engel an, wenn sich Ihre Kinder streiten, und lassen Sie sich überraschen, was passiert.

❀ ❀ ❀

Letzten Sommer besuchte mich eine gute Freundin. Bei ihrer Ankunft war sie wütend auf ihren ältesten Sohn, weil dieser sich geweigert hatte, auf seinen kleineren Bruder aufzupassen. Sie hatte den ganzen Tag lang auf ihn eingeredet und sich mit ihm gestritten. Ich schlug vor, die violette Flamme der Umwandlung anzurufen. Zusätzlich baten wir die Engel, sie Liebe und Frieden spüren zu lassen und ihre Absicht zu unterstützen, das beste Ergebnis für alle zu erreichen.

Als ihr Mann sie anrief, erzählte sie ihm von der Situation zu Hause. Er war vollkommen erstaunt, denn er hatte gerade mit den Jungen telefoniert und sie hatten ihm gesagt, dass sie beisammensaßen und dass der Ältere dem Jüngeren etwas vorlas. Alles schien ganz friedlich zu sein. Meine Freundin und ich hatten das Gefühl, ein Wunder sei geschehen, und wir bedankten uns bei den Engeln.

Cornelia Mohr, DCS

In weißes Licht getaucht

Wenn wir unsere Sorgen ins Universum hinausschreien, antworten die Engel.

❋ ❋ ❋

Vier Monate nach dem Zusammenbruch meiner Beziehung heulte ich meinen Schmerz heraus und flehte das Universum an, meinem Leben Sinn und Tiefe zu geben. Eine ganze Nacht lang war ich daraufhin in helles weißes Licht getaucht. Ich fühlte mich vollständig geheilt, und zwei Jahre lang bekam ich ständig Hilfe von den Engeln.

Mir wurde eine erstaunliche Sprache offenbart, die ich bis heute lerne. Mein Leben hat einen Sinn und eine Tiefe, die weit über die materielle Welt hinausgehen. Und ich schreibe zurzeit die Geschichte dieser erstaunlichen Reise nieder.

Stephen Meakin

Mit goldgrünem Licht heilen

Wenn wir uns die Farben der Engel vorstellen und an der Absicht zu heilen festhalten, können die Engel ihre Magie wirken lassen.

❋ ❋ ❋

Während einer beruflichen Auszeit fiel mein Mann vom Segelboot ins Wasser, als er versucht hatte, an Land zu springen. Er verletzte sich den Daumen, der sofort steif wurde und anschwoll. Ich rief das goldene Licht der Engel an, bat Erzengel Raphael darum, doch bitte die Heilung zu unterstützen, und stellte mir heilendes goldgrünes Licht vor. Wir fanden ein Taxi, das uns zum Krankenhaus brachte und am Ende der fünfzehnminütigen Fahrt war die Schwellung abgeklungen und mein Mann konnte seinen Daumen wieder bewegen. Er war extrem dankbar.

Britta

Heilung während der Rückführung

Diese Geschichte ist ein wunderbares Beispiel einer Rückführung, während der Engel und Einhörner dazukamen, um zu helfen.

✳ ✳ ✳

Drei von uns bereiteten sich auf eine Heilung vor. Wir meditierten, und ich konnte spüren, wie ganze Heerscharen von Engeln ankamen, sich um den Raum herum versammelten und uns Licht, Liebe und Schutz brachten.

Eine weiße Lichtsäule sank in der Mitte des Raumes herab, und als sie den Boden berührte, teilte sie sich in drei Strahlen, die sich mit uns verbanden. Das Licht wurde zu einem Regenbogen, und als es zu uns strömte, bildeten ätherische weiße Federn einen Kreis um uns.

Feen berührten mit ihren Zauberstäben sanft unsere Köpfe und erzeugten dabei silberne Sterne. Dann veränderte sich das Bild, und wir sahen einen Teich, in dem Delfine glücklich und froh umhersprangen. Dann kamen die Einhörner und brachten ihre herrlichen Energien mit. Die Botschaft lautete: Freude, Glück, Leichtigkeit, Spaß, Lachen und Liebe. In der Mitte des Zimmers bildete sich ein Kristall, der uns in einen sanften Nebel hüllte. Die Engel kamen und berührten uns mit ihren Stäben, sodass wunderschöne Sterne entstanden.

Das war ein ganz erstaunliches Erlebnis, das der Person, die die Heilung empfing, großen Trost spendete.

Lindsay Ball, DCS

Schmerzlinderung

Viele Menschen betreiben im Schlaf Lichtarbeit, retten verlorene Seelen, heilen und helfen auf vielerlei Weise. Wenn Sie die Engel dazurufen und sie um Heilung bitten, werden sie kommen.

✳ ✳ ✳

Eines Morgens wachte ich auf und fühlte mich, als ob ich die ganze Nacht durchgearbeitet hätte. Ich hatte Kopfschmerzen, war müde und niedergeschlagen. Während der Meditation rief ich die Engel an und und spürte ihre Gegenwart. Ich war dankbar für ihre Liebe und ihre Unterstützung, Tränen liefen mir übers Gesicht.

Ich bat um Heilung und spürte, dass sie an meinem Kopf arbeiteten. Es fühlte sich an, als würde mein Kopf nach oben gezogen, und ich spürte Schmerzen im Kronen-Chakra. Mein Kopf machte kleine Bewegungen, so als ob sich etwas lockern würde. Dann spürte ich Leichtigkeit, und alle Sorgen und Ängste, die ich gehabt hatte, waren verschwunden.

Cornelia Mohr, DCS

Meine Karneolkette

Die Engel kommen nicht immer selbst zu uns.

❋ ❋ ❋

Ich hatte unerklärlicherweise einen Ausschlag auf der Brust, den ich nicht loswerden konnte. Eines Abends fühlte ich mich so schlecht, dass ich mich im Bett aufsetzte und zu lesen beschloss. Ich schlug ein Buch über Edelsteine auf.

Das Kapitel, das ich aufgeschlagen hatte, handelte vom Karneol. Ich erfuhr, dass er bei körperlichen Problemen helfen kann, die hartnäckig sind und nicht auf andere Therapiemethoden ansprechen.

Am nächsten Morgen erzählte ich einer Freundin vom Karneol, während wir von einer Besprechung nach Hause fuhren. Sie wurde ganz aufgeregt und konnte es kaum erwarten, zu Hause anzukommen. Als ich anhielt, überreichte sie mir einen Beutel, in dem sich eine wunderschöne Karneol-Halskette befand. Dazu sagte sie mir, dass sie gestern in ihrem Schmuckkästchen gestöbert und gedacht hatte, diese Halskette könnte mir gefallen. Ich legte sie um – und schon am zweiten Tag war der Ausschlag verschwunden.

Connie Siewert

Die Engel lindern den Schmerz

Bitten Sie die Engel, Ihren Schmerz zu lindern. Wenn Ihre Seele einverstanden ist, werden sie es tun.

❋ ❋ ❋

Meine Freundin hatte erst Brustkrebs und dann Magenkrebs. Sie musste sehr schmerzhafte Injektionen über sich ergehen lassen, mit denen die Flüssigkeit abgesaugt werden sollte. Eine andere Freundin hatte ihr gesagt, sie solle doch die Engel bitten, ihr den Schmerz zu nehmen. Sie tat es und während der gesamten restlichen Behandlung war sie schmerzfrei. Sie starb schließlich friedlich.

Christine Marshall

KAPITEL 17

Die Engel helfen bei Beziehungsproblemen

Wenn Sie darum bitten, können die Engel Ihre Sichtweise verändern, Ihnen neue Informationen liefern und Ihnen helfen, problematische Situationen zu lösen. Es kann Ihre Beziehungen verwandeln, wenn Sie sich einfach ruhig hinsetzen und die Engel um Hilfe bitten.

Engel der Harmonie

Streit schlichten

Jeder Konflikt erzeugt eine niederfrequente Schwingung. Wenn beide Seiten (oder auch nur ein Partner) ihr Bewusstsein anheben, muss der Konflikt enden.

❈ ❈ ❈

Ich habe gute Erfahrungen damit gemacht, die Engel anzurufen, wenn mein Mann und ich uns streiten und zu keiner Einigung kommen. Da wir beide Reiki-Lehrer sind, setzen wir uns hin und senden der Situation Reiki. Ich rufe noch zusätzlich die Engel an und bitte sie um Hilfe. Hinterher fühlt sich die Atmosphäre ganz anders an, so als ob unser Schwingungsniveau angehoben worden wäre. Die Themen, die unserer Diskussion zugrunde liegen, treten klarer in unser Unterbewusstsein und wir verspüren Leichtigkeit, Frieden, Toleranz oder

Liebe. Es ist ein Wunder, und ich empfehle es auch den Paaren und Einzelpersonen, mit denen ich arbeite.

Cornelia Mohr, DCS

Hilf mir, meinen Sohn wiederzusehen

Selbst wenn eine Situation aussichtslos erscheint, können Sie die Engel um Hilfe bitten und fest an sie glauben.

✳ ✳ ✳

Ich bat die Engel, mir zu helfen, meinen Sohn Kingsley wiederzusehen. Aufgrund von Konflikten mit seinem Vater hatte ich ihn seit Jahren nicht gesehen. Ich wusste nicht einmal, wie er jetzt aussah! Als ich am selben Nachmittag in die Innenstadt ging, hörte ich, wie ein Junge über seinen Freund Lewis sprach. Lewis heißt der beste Freund meines Sohnes. Ich drehte mich um – und es war tatsächlich Kingsley, den ich gehört hatte. Das war der Beginn einer großen Veränderung. Heute lebt mein Sohn bei mir.

Christine Marshall

Endlich Klarheit

Wenn Sie sich über eine Situation klarwerden möchten, sollten Sie Erzengel Gabriel bitten, Ihnen zu helfen.

✳ ✳ ✳

Eine lang andauernde, sehr komplizierte Liebesbeziehung hatte mich so verwirrt, dass ich schließlich die Arme in die Luft warf und die Engel darum bat, mir Klarheit zu bringen. Ich erzählte ihnen, dass ich nicht mehr klar sehen konnte und dass der Schmerz zu groß geworden war. Ich hörte auf, die Dinge selbst in die Hand nehmen zu wollen, und übergab die ganze Situation den Engeln.

Später erhielt ich eine Nachricht, in der mir Dinge erzählt wurden, die ich nicht gewusst hatte. Das half mir, die entsprechenden Maßnahmen zu ergreifen und mich aus der Situation zu befreien.

Grail Sidhe

Die Engel bereinigen Konflikte

Die Engel bringen immer Frieden in einen Raum und sorgen dafür, dass Konflikte auf bestmögliche Weise gelöst werden.

✳ ✳ ✳

Vor ein paar Jahren war ich zu einem Treffen mit einer Gruppe, die an Engeln interessiert war, nach Findhorn gereist. Während des Treffens wurde offensichtlich, dass in der Gruppe Spannung und Unruhe herrschten. Wir konnten uns auf nichts einigen und waren nicht in der Lage, Entscheidungen zu fällen.

Als wir Mittagspause machten, beschloss ich, im Raum zu bleiben und Erzengel Uriel zu bitten, unsere Differenzen auf eine Weise zu bereinigen, die die Sichtweisen aller Beteiligten berücksichtigte. Während ich so dasaß, sah ich einen lieblich schimmernden Engel. Er schwebte im Raum umher und webte dabei um die Stühle herum eine liegende Acht. Während er dies tat, wurde die Energie im Raum leichter und lebendiger.

Als wir das Treffen fortsetzten, war die Stimmung völlig anders. Wir konnten zusammenarbeiten und einander besser zuhören. Die Folge war, dass wir Entscheidungen treffen konnten, die allen gerecht wurden. Ich fühlte mich sehr geehrt, dies miterlebt zu haben. Heute bitte ich meine Engel immer, mich bei Treffen und Diskussionen zu begleiten.

Elizabeth Ann, DCS

Mutter Maria

Mutter Maria ist eine große universelle Engelin, deren Licht und Wirkungsbereich sich über viele Universen erstreckt. Wegen der Liebe und des Mitgefühls, die sie ausstrahlt, wird sie auch »Königin der Engel« genannt. Sie überstrahlte Isis in Atlantis und Ägypten, Ma-ra in Lemuria und Maria, die Mutter Jesu. Zur Zeit des goldenen Atlantis strahlte sie ein wunderschönes hochfrequentes aquamarinblaues Licht aus. Heute ist sie eher von einem dunkleren Blau umgeben, das wir oft auf Bildern von ihr sehen, aber ab und zu sieht man auch noch ihr aquamarinblaues Licht. Wir haben auch schon beobachtet, dass ihre Orbs im satten Rosaton der göttlich weiblichen Energie erstrahlen. Weitere Informationen über Orbs finden sich in *Ascencion Through Orbs* (Diana Cooper, Kathy Crosswell: *Orbs. Boten der Liebe, Heilung und Weisheit*, Ansata) und *Enlightenment Through Orbs* (Diana Cooper, Kathy Crosswell: *Orbs. Wegbereiter für den Aufstieg ins Licht*, Ansata).

Mutter Maria heilt das Herz

In dieser Geschichte berichte ich von meiner ersten Begegnung mit Mutter Maria, die mich tief berührte. Seit diesem Moment hat sie einen festen Platz in meinem Herzen. Ich rufe sie in Krisensituationen an und sie hat mir immer geholfen.

❊ ❊ ❊

Zwei Jahre nach meiner ersten Begegnung mit den Engeln eröffnete ich eine Praxis als Hypnotherapeutin. Als ich mit einer Klientin namens Maria arbeitete, wurde mir bewusst, dass eine Engelin bei ihr war. Sie übermittelte mir auf telepathische Weise, dass ich das Herz-Chakra meiner Klientin öffnen müsse, um ihr Problem zu lösen.

Als ich meiner Klientin half, sich ihr Herz vorzustellen, passierte etwas Außergewöhnliches. Ein herrliches, strahlendes rosafarbenes Licht schien aus ihrem Herzen wie ein rosaroter Suchscheinwerfer. Das Licht erfüllte den ganzen Raum. Auf der Suche nach einer logischen Erklärung sah ich auch aus dem Fenster, aber dort war nichts. Das Licht schien mehrere Minuten lang. Ich wusste bald, dies war Mutter Maria, die Heilung ermöglichte.

Als ich meiner Klientin erzählte, was geschehen war, reagierte sie keineswegs überrascht. Es stellte sich nämlich heraus, dass sie häufig mit den Engeln kommunizierte. Ihr Problem verschwand übrigens.

Diana Cooper

Die Engel Mutter Marias

Im Zeitalter des goldenen Atlantis, als das Bewusstseinsniveau der Menschen sehr hoch war, strahlte Mutter Maria ein hochfrequentes, durchscheinendes aquamarinfarbenes Licht aus.

✳ ✳ ✳

Serene erzählte mir, dass sie eine starke Verbindung zu Mutter Maria hat. Eines Nachts sah sie aus dem Fenster und erblickte zu ihrer Verwunderung mehrere Kugeln aus aquamarinfarbenem Licht, die etwa fünfzehn bis zwanzig Zentimeter Durchmesser hatten und über dem Schwimmbecken tanzten. Während sie ihnen zusah, schlief sie ein.

Sie war entzückt, als ich ihr sagte, dass dies die Engel Mutter Marias gewesen waren, die auf einer sehr hohen Ebene mit ihr Kontakt aufgenommen hatten.

Diana Cooper

Erzengel Chamuel und Mutter Maria

Erzengel Chamuel ist der Engel der Liebe. Eine Zeit lang nahm ich als Teil meiner spirituellen Praxis täglich Kontakt mit ihm auf. Jeden Tag atmete ich sein rosafarbenes Licht in mein Herz, und beim Ausatmen stellte ich mir vor, dass mein Herz seine Liebe zu Menschen, Bäumen, Elementarwesen und Situationen ausstrahlt.

✳ ✳ ✳

Nachdem ich etwa einen Monat lang mit Erzengel Chamuel gearbeitet hatte, ging ich eines Abends nach draußen und machte mit meinem Fotoapparat aufs Geradewohl ein paar Schnappschüsse. Im Schein des Blitzlichtes sah ich etwas, dass hellrosa leuchtete. Später stellte sich heraus, dass es ein herzförmiger Orb von Maria, Chamuel und einem Liebesengel gewesen war. Mein Führer Kumeka sagte mir, dass dieser Orb uns mit einem großen liebevollen Trost umhüllt und uns wissen lässt, dass wir, so wie wir sind, in Ordnung sind.

Als ich am nächsten Tag im nahe gelegenen Wald spazieren ging, stellte ich mir vor, ich sei im Zentrum dieses erstaunlichen Orbs und das rosafarbene Licht strahlte von mir aus. Ich wusste, ich hatte die Energie Mutter Marias, Erzengel Chamuels und der Liebesengel bei mir, denn ein Eichhörnchen stand nur ein paar Zentimeter von mir entfernt und tanzte etwa fünf Minuten lang. Dann legte sich ein Hirsch neben dem Weg nieder und beobachtete mich aus seinen großen Augen. Ich sandte ihm Liebe, und er war ganz zufrieden, dass ich so dicht neben ihm stand.

Diana Cooper

Mutter Maria heilt Babys und Kinder

Ich werde nie den Moment vergessen, als mich Mutter Maria während der Heilung meiner Tochter aufsuchte. Ich weiß noch genau, was sie mir über Babys und ihre Art, sie zu heilen, erzählte. In dieser Geschichte geht es nicht nur um Babys oder Kinder, sondern um das innere Kind in jedem von uns. Dieses innere Kind benötigt häufig Heilung, besonders wenn wir während unserer Kindheit krank waren.

✳ ✳ ✳

Meine Tochter hatte als Baby Meningitis. Uns wurde gesagt, sie würde schwerstbehindert, taub, blind und lebensunfähig sein. Sie war einen Monat lang im Krankenhaus, erholte sich aber auf wundersame Weise und ist heute selbst Mutter.

Als ich ihr eines Tages die Hände auflegte, erschien Mutter Maria neben mir. Sie ließ ihr wunderschönes Licht in die Aura meiner Tochter strömen und sagte mir, dass Babys in der Nähe ihrer Mutter in ihr blaues Licht gehüllt sind. Werden sie aber aus irgendeinem Grund getrennt, bekommen sie nicht genug von dieser nährenden, schützenden Energie. Sie war gekommen, um die blaue Energie, die in der Aura meiner Tochter fehlte, zu ersetzen, weil sie als Baby so lange im Krankenhaus gewesen war. Ich hatte das Gefühl, dies half meiner Tochter sehr.

Mutter Maria erklärte mir auch, dass wir sie anrufen können, damit sie ihr blaues Licht in die Aura des kleinen Wesens einströmen lassen kann, wenn wir es aus irgendeinem Grund einmal allein lassen müssen.

Diana Cooper

Mutter Maria hilft meinem Sohn

Mutter Maria ist die Trägerin mütterlicher Energien. Sie beschützt Mütter und ihre Kinder, selbst wenn diese Kinder inzwischen erwachsen sind.

❄ ❄ ❄

Vor einigen Jahren war mein Sohn im Rahmen verschiedener Hilfsprojekte an den Brennpunkten dieser Welt unterwegs, darunter dreimal in Afghanistan. Ich machte mir nie Sorgen um ihn, weil ich wusste, dass er beschützt wurde. Als er mich aber anrief und mir erzählte, dass er wieder nach Afghanistan gehen würde, bekam ich ein mulmiges Gefühl und alle Alarmglocken schrillten. Ich rief zwei medial begabte Freundinnen an, und beide sagten mir, er würde von den Taliban gefangen genommen werden und Schlimmes erleiden. Ich fragte ihn, ob er die Reise nicht absagen könne, da ich dabei ein ganz schlimmes Gefühl hatte. Sofort antwortete er: »Mami, so etwas hast du noch nie gesagt. Ich will sehen, was ich tun kann.«

Er rief mich später wieder an und sagte, der Vertrag wäre bereits unterschrieben und er müsste in zwei Tagen abreisen. Er bat mich aber, ihm so viele Informationen wie möglich zu geben, damit er wachsam sein könnte. Ich erzählte ihm, was ich wusste, aber mir war nicht wohl dabei.

In der Nähe von Wellington in Somerset erklomm ich einen Hügel. Dort oben war kein Mensch, also sagte ich mit lauter Stimme: »Mutter Maria, als Mutter bitte ich dich, meinem Sohn zu helfen.« Später fand ich heraus, dass ich an genau dem Punkt gestanden hatte, an dem sich die Leylinien von Maria und Michael kreuzen.

Am nächsten Morgen rief mich mein Sohn an, um mir zu sagen, dass die Reise abgesagt worden war. Ich wusste, Mutter Maria hatte eingegriffen.

Diana Cooper

Die Gebete eines Kindes

Kinder sind rein und unschuldig. Mutter Marias Engel reagieren immer, wenn sie von ihnen gerufen werden.

❄ ❄ ❄

Ich erinnere mich an einen Sonntagnachmittag, als ich fünf Jahre alt war. Ich war mit meiner Mutter in der Kirche, um still zu beten. Nur wenige andere Menschen waren dort und beteten ebenfalls still. Es war herrlich ruhig und friedlich.

Ich betete zu Mutter Maria und spürte, wie mich eine unglaublich schöne Liebe erfüllte. Als sie in mich einströmte, war das Gefühl unbeschreiblich. Ich wurde vollkommen geliebt und akzeptiert. Ich wollte, dass das Gefühl anhielt, aber es klang ab, noch bevor wir die Kirche verließen. Ich dachte noch oft daran und wollte es wieder fühlen, aber zumindest die Erinnerung daran wird mir immer bleiben.

Anita

Maria, Raphael und der Tod meiner Mutter

Jeder Erzengel hat einen männlichen und einen weiblichen Aspekt. Erzengel Raphael und Mutter Maria sind Zwillingsflammen.

❋ ❋ ❋

Für meine Familie ist Mutter Maria eine wichtige Heilige. Seit meiner ersten geführten Meditation habe ich eine wunderbare Verbindung zu ihr und zu Erzengel Raphael. Ich lebte damals in Kanada und meine Heimat Deutschland schien weit weg zu sein, aber wenn ich diese Meditation machte, spürte ich eine tiefe spirituelle Verbindung zu meiner Familie.

Meine Mutter war dreiundneunzig, als ich einen Anruf erhielt, in dem mir mitgeteilt wurde, dass sie im Krankenhaus sei und wohl bald sterben würde. Ich machte die Erzengel-Raphael-Meditation und bat Mutter Maria um Hilfe. Ich bat um die Gnade, meine Mutter vor ihrem Tod noch einmal sehen zu dürfen. Ich fühlte mich von Frieden erfüllt und war ganz ruhig. Ihr Zustand besserte sich, sie genas, und wir feierten ihren vierundneunzigsten Geburtstag mit der Familie und Freunden.

Zwei Monate später erhielt ich wieder einen Anruf, dass meine Mutter sich ihrem Ende näherte. Wieder flogen wir nach Deutschland. Und wieder machte ich die Erzengel-Raphael-Meditation. Zu meiner freudigen Überraschung lebte meine Mutter noch, als ich ankam, und wir verbrachten einen wunderbaren Nachmittag miteinander. Wir spürten beide, dass dieser Nachmittag unser Abschied sein würde.

Ich bat Mutter Maria, Jesus und die Erzengel Michael, Raphael, Gabriel und Azrael, bei ihr zu bleiben, damit sie nicht allein wäre. Sie verstarb kurz nach meiner Rückkehr nach Kanada. Ich weiß, dass sie im Licht ist, und alles ist sehr friedlich.

Mein Dank gilt meiner Mutti für ihre Liebe. Mein Dank gilt auch Mutter Maria, Jesus, den Erzengeln Michael, Raphael, Gabriel und Azrael für die Hilfe und Führung.

Margarete Köster

Die Liebe eines Kindes

Da Mutter Maria Kinder so sehr liebt, haben diese eine besondere Verbindung zu ihr.

❀ ❀ ❀

Das Erste, woran ich mich erinnere, ist, dass ich mit drei Jahren mit meinem Hund am Strand hinter dem Haus meiner Eltern spazieren ging. Ich sang Mutter Maria ein Lied und bat sie, mir ein Zeichen ihrer Gegenwart zu geben. Da fand ich ein kleines Goldmedaillon in Form einer Blume, auf der ein Bild von Mutter Maria und ihren Engeln zu sehen war. Ich war erstaunt und band es mir mit einer weißen Schnur ums Handgelenk.

Später verlor ich das Medaillon. Meine Schwestern erinnern sich, dass sie mir beim Suchen geholfen hatten, wir es aber nicht finden konnten. Ich weiß noch heute, dass mir Mutter Maria in dem Medaillon erschienen war, um mich wissen zu lassen, dass sie bei mir war.

Cinzia Taffuri

Die Reise nach Međugorje

Wenn Sie sich zu einem heiligen Ort hingezogen fühlen, dann wartet dort meist eine wichtige Botschaft oder Erkenntnis auf Sie, wie Marjetkas Geschichte zeigt.

❀ ❀ ❀

Anfang der 1990er-Jahre entdeckte ich Reiki und begann zu unterrichten. Damals wurde viel über Medugorje und seine Wunder gesprochen. Ich wollte diesen Ort besuchen, weil ich herausfinden wollte, ob die Geschichten über die Erscheinungen der Jungfrau Maria wahr wären.

Ich bat sie um ein Zeichen, um mich zu überzeugen. Ich sah das Kreuz an und sagte: »Maria, bitte gib mir ein Zeichen.« Daraufhin veränderte der Querbalken seine Form und begann sich zu drehen. In mir entbrannte eine Flamme der Hoffnung. Dann stellte ich mich vor die Statue Mutter Marias und bat um Hilfe bei einigen meiner Probleme.

Als ich nach Hause zurückkehrte, waren alle meine Gebete erhört worden. Das ermutigte mich, weiterhin Kontakt zu Maria und anderen göttlichen Wesen zu halten. Ich begann zu beten und die Engel, Erzengel und die Jungfrau Maria um Hilfe bei meiner Heilarbeit zu bitten. Die Menschen waren von den Heilungen begeistert, was für mich ein Beweis war, dass ich das Richtige tat. Seither sind die Engel meine ständigen Begleiter.

Eines Tages las ich ein Buch von Diana Cooper und spürte beim Lesen die Gegenwart der Engel. Hinterher beschloss ich, mich an ihrer Schule einzuschreiben. Ich muss wohl nicht extra betonen, dass die Engel alle Bereiche meines Lebens verbessert haben. Ich hoffe, auch Sie laden sie in Ihr Leben ein und gestatten ihnen, Ihnen zu helfen.

Marjetka Novak, DCS

Hilfe bei Eheproblemen

Es ist wunderbar zu wissen, dass Mutter Maria den Menschen bei Beziehungsproblemen hilft und dass wir sie immer um Hilfe bitten können.

❄ ❄ ❄

Nach einem erbitterten Streit an Bord eines Schiffes rief ich voller Verzweiflung Mutter Maria an. Sie erfüllte mich mit Licht und Liebe und deshalb wurde dies der wunderbarste Tag meines ganzen Lebens. Die Stimmung an Bord änderte sich vollkommen und ich bin ihr sehr dankbar dafür.

Seither hat Mutter Maria mir mehrmals geholfen, indem sie mich einfach in Liebe gehüllt hat. Sie urteilt nie und gibt mir das Selbstvertrauen, das ich brauche, um angemessen mit problematischen Situationen umgehen zu können. Irgendwie kann ich, wenn ich in ihre Liebe gehüllt bin, in Situationen, in denen ich vorher vollkommen überfordert gewesen wäre, neue und bessere Lösungen finden.

Britta

Geburt

Erzengel Azrael, der Engel von Geburt und Tod, ist bei jeder Geburt dabei. Mutter Maria wird erscheinen, wenn sie gebraucht wird.

❄ ❄ ❄

Als ich im Krankenhaus lag und meinen Sohn gebären sollte, geschah eine ganze Weile gar nichts. Die Ärztin sagte, sie wolle das Baby herauspressen, indem sie auf meinen Bauch drückte.

Ich spürte, dass Mutter Maria neben mir stand und sehr bestimmt »Nein!« sagte. Also sagte ich Nein zu der Ärztin und mein Mann unterstützte mich dabei. Es musste nun ein Kaiserschnitt gemacht werden und alles ging glatt.

Ein Jahr später fiel ich aufs Steißbein, sodass es geröntgt werden musste. Der Arzt sagte mir, ich könne nie ein Kind auf natürliche Weise gebären, weil ich mir in der Kindheit einen Bruch des Steißbeins zugezogen hatte. Sofort verschwanden der emotionale und der körperliche Schmerz, und ich war Mutter Maria für ihren Schutz sehr, sehr dankbar.

Mariam

Die Liebe Mutter Marias

Bedingungslos zu lieben bedeutet, Opfer wie Täter in dem Wissen zu segnen, dass wir alle ein Teil Gottes sind.

❄ ❄ ❄

Ich wachte traurig auf, wusste aber nicht warum. Später hörte ich von einem Massenmord, der an diesem Morgen verübt worden war. Ich musste immer an die Kinder und Erwachsenen denken, die getötet worden waren, und fühlte mich sehr müde und den Tränen nahe. Also beschloss ich zu meditieren.

Ich rief die Engel und Mutter Maria an und nach etwa zwanzig Minuten wurde es in mir ganz friedlich und still. Ich spürte Liebe im Herzen und mit der Hilfe der Engel konnte ich allen Beteiligten Licht und Liebe schicken. Ich danke euch, ihr lieben Engel, und dir, du liebe göttliche Mutter.

Cornelia Mohr, DCS

Mutter Maria hilft

Mutter Maria verfügt über eine solche mitfühlende Heilenergie, dass Sie nur ihren Namen zu erwähnen brauchen, damit die Heilung zu dem Menschen strömt, an den Sie gerade denken.

✳ ✳ ✳

Eine Freundin rief mich an und sagte, dass ihr kleiner Enkel sehr krank sei und sich einer lebensrettenden Operation unterziehen müsse. Sie bat mich, für ihn zu beten.

Sofort bat ich Mutter Maria, ihn einzuhüllen und während der Operation zu begleiten. Während ich mich darauf konzentrierte, erschien vor mir ein wunderschönes blaues Licht und eine Feder schwebte zu Boden. Da wusste ich, dem Enkel meiner Freundin würde es gut gehen.

Die Operation war dann auch erfolgreich, und Mutter Maria umgab ihn während des gesamten Genesungsprozesses auch weiterhin mit ihrem Licht.

Elizabeth Ann, DCS

Eine Marienstatue materialisiert sich

Es kann blitzartig geschehen, dass eine Statue zu einem Menschen oder einem Engel wird und dass nur Sie allein es sehen können.

✳ ✳ ✳

Seit meiner Kindheit spürte ich eine tiefe Verehrung für die Engel und Mutter Maria in mir und sagte immer ein Gebet an meinen Schutzengel auf. Mit fünfzehn machte ich dann eine tiefe spirituelle Erfahrung in der Grotte eines alten Klosters. Während ich betete, verwandelte sich die steinerne Statue unserer lieben Frau vor meinen Augen in eine menschliche Form. Sie bewegte ihren wunderschönen Kopf und lächelte mich an. Obwohl diese Grotte nicht mehr existiert, kann ich mich noch genau an das Gefühl erinnern, das ich dort hatte. Das Wasser rann die feuchten Steinwände herab und sammelte sich zu Füßen Marias in einem kleinen Teich. Die Kerzen leuchteten und erzeugten eine pulsierende Energie, die ich nicht beschreiben kann.

Ich fing an, auf meine Intuition zu vertrauen. Meine Verehrung für Mutter Maria hat mir seither bei vielen Problemen geholfen und dazu beigetragen, dass ich mir meine Mitte bewahren konnte. Heute, vierzig Jahre später, bin ich in der Lage, über meine Erlebnisse zu berichten.

Mariel Forde Clarke, DCS

Mutter Maria und Erzengel Raphael

Mutter Maria ist überall, und es kann sein, dass Sie sie schon im nächsten Augenblick sehen oder ihre Stimme hören werden.

❊ ❊ ❊

Ich war zu einer spirituellen Klausur nach Hawaii geflogen. Während ich mich dort auf eine Zeremonie vorbereitete, sah ich ein wunderschönes aquamarinblaues und smaragdgrünes Licht. Ich wusste, dass ich Kontakt zur Energie Mutter Marias hatte. Ich spürte ihre Liebe und hörte sie sagen, dass sie bei mir sei. Ich machte ein Foto, und es gelang mir, die Energie von Mutter Maria und Erzengel Raphael einzufangen. Später hielten wir die Zeremonie genau an diesem Ort ab und die Energie war einfach wunderbar. Danke, Mutter Maria.

Martina Maria Seraphina Kammerhofer, DCS

Wünschen

Wenn man die Energie Mutter Marias herbeiruft, können Wunder geschehen.

❋ ❋ ❋

Als ich eines Abends mein Engelseminar abhielt, arbeiteten wir auch mit Mutter Maria. Jede Teilnehmerin konnte sie und die Engel bitten, ihr einen Wunsch zu erfüllen. Eine junge Frau bat Mutter Maria, ihr zu helfen, ein Kind zu empfangen. Sie hatte jahrelang erfolglos versucht, schwanger zu werden. Als sie ihre Bitte äußerte, spürten wir eine große Liebe um sie herum und einige Teilnehmerinnen sahen ein wunderschönes blaues Licht. Sechs Wochen später war sie schwanger! Wunder gibt es wirklich.

Anonym

KAPITEL 18

Erzengel und Meister

Erzengel Butyalil

Viele Erzengel überstrahlen unseren Planeten während des Übergangs in die fünfte Dimension. Es wird unseren Aufstieg auf unermessliche Weise unterstützen, wenn wir sie verstehen und mit ihnen zusammenarbeiten.

❋❋❋

Ich hatte eine mediale Sitzung, in der mir mitgeteilt wurde, dass Erzengel Butyalil, der für den Fluss des Universums zuständig ist, mein Führer ist. Tagelang redete ich mit ihm, hatte aber immer das Gefühl, dies sei eine sehr einseitige Unterhaltung. In meiner Verzweiflung bat ich schließlich um Aufklärung, mit wem ich eigentlich reden sollte, und zog eine Orbs-Karte. Es war Butyalil. Mehr Bestätigung brauchte ich nicht.

Sharon Ralph

Engelwesen aus anderen Dimensionen

Diese wunderbare Geschichte vermittelt uns eine andere Sicht der Engel.

❋❋❋

Am 11.11.2011 war ich in Avebury. Ich ging mit Freunden und Familienangehörigen den Damm entlang. Begleitet wurden wir von Krähen, die in grauer Vorzeit ein Omen des Todes gewesen wären, für mich aber Transformation bedeuteten.

Als der kosmische Augenblick kam, sah ich im Licht, das in der Nähe aus Hohlerde strömte, viele höhere Wesen. Ich spürte, dass sie mit der Energie Erzengel Metatrons verwandt waren und aus einer anderen Dimension stammten. Sie verschmolzen ihre Energie mit meiner, und seit diesem Augenblick stehe ich mit Ufos und Kommandant Aschtar in Verbindung.

Vom Himmel wurde eine Treppe hinuntergelassen, auf der Engel auf- und abstiegen. Dieses Portal befindet sich in der Nähe des zentralen Steins. Ich fühlte mich geehrt, demütig und dankbar, dies miterlebt zu haben.

Jeevan

Die Engel erhellen den Weg

Erzengel Michael beschützt, aber Erzengel Zadkiel führt das Kommando über die violetten Engel, die alle niederen Schwingungen umwandeln.

❄ ❄ ❄

Ich reiste mit zwei Frauen, die ich vorher nicht gekannt hatte, nach Mosambik. Ich sollte am Steuer sitzen, obwohl ich vollkommen erschöpft war, da ich vier Nächte nicht geschlafen hatte und wir um drei Uhr nachts losfahren wollten. Ich bat darum, dass eine der Frauen wach bleiben und sich mit mir unterhalten sollte, damit ich nicht einschlief, aber beide schliefen ein und ich fühlte mich sehr einsam. Vor Antritt der Reise hatte ich die Engel gebeten, uns zu beschützen. Während dieser Fahrt nun betete ich wieder zu ihnen – besonders zu Erzengel Michael – und bat sie, über uns zu wachen und mich am Einschlafen zu hindern. Ich weiß, dass die Engel in jener Nacht bei uns waren, denn während ich auf der Autobahn fuhr, leuchtete die weiße Seitenlinie die ganze Zeit über violett auf. Unglaublich!

Lesley Morgan

Erzengel Uriel verbrennt unser »Zeug«

Erzengel Uriel arbeitet mit dem Solarplexus und hilft uns, unsere niederen Energien aufzulösen und umzuwandeln.

❄ ❄ ❄

Am Tag, als wir bei Diana zu Hause waren, um ein Webinar zu filmen, das uns auf den kosmischen Augenblick vorbereiten sollte, gingen wir auf die Veranda, um unsere Negativität zu verbrennen. Da spürte ich einen riesigen Engel, den ich für Uriel halte. Er half uns, all unser »Zeug« zu verbrennen.

Cathy Boltwood

Erzengel Michael und Metatron

Wenn Sie eine regelmäßige spirituelle Praxis ausüben, wird es Ihnen helfen, sich der Energie der Erzengel zu öffnen. Erzengel Metatrons Schwingung ist ein leuchtendes Orange, das viele Menschen sehen oder spüren können.

❀ ❀ ❀

Ich wurde mir einer gewissen negativen Energie um mich herum bewusst und bat Michael um Schutz. Bevor ich abends ins Bett ging, bat ich ihn immer, mich, meine Familie und mein Haus in seine blaue Energie zu hüllen.

Nachdem ich dies einige Wochen lang getan hatte, fing ich an, blaue Energie zu sehen, die mein Schlafzimmer erfüllte. Eines Nachts sah ich einen strahlend blauen Orb in der Ecke über der Tür. Bis heute praktiziere ich auf diese Weise und für mich ist die visuelle Energie sehr stark.

Heute sehe ich Orange mit Blau vermischt. Ich weiß, dass Metatron mit mir arbeitet.

Mary Thomson

Ein Haifischzahn

Erzengel Gabriel ist ein schneeweißer Engel, der Klarheit, Freude und Licht in unser Leben bringt. In dieser Geschichte bringt er auch noch Reichtum.

❀ ❀ ❀

Ich beschloss, an unserem Strand in Südafrika spazieren zu gehen. Im Verlauf der letzten zehn Jahre hatte ich dort Dutzende versteinerte Haifischzähne gefunden. Die meisten von ihnen sind abgebrochen oder angeschlagen und sie kommen in verschiedenen Farben von Grau über Metallischblau bis hin zu Schwarz am Strand an.

Die Flut kam und ich ging auf dem nassen Sand spazieren. Ich dachte über meine Zukunft nach und fragte mich, wie ich meiner Leidenschaft folgen und meine Bestimmung erfüllen sollte, während ich gleichzeitig meine Familie ernährte.

Da beschloss ich, Erzengel Gabriel um Rat zu bitten. Während ich das tat, richtete sich mein Blick nach rechts und ich sah einen perfekt erhaltenen Haifischzahn. Er war so bleich, dass ich ihn im weißen Sand kaum sehen konnte. Da Erzengel Gabriels Energie weiß ist, wusste ich, dass er mir eine Botschaft gesendet hatte. Ich war von Dankbarkeit erfüllt und ganz aufgeregt. Ich hob den Zahn auf und bedankte mich.

Der Zahn war die Bestätigung, dass ich auf dem richtigen Weg war. Gabriel hatte mir Klarheit über die eingeschlagene Richtung gegeben. Innerhalb weniger Tage erhielt ich unerwartet einen richtigen Geldsegen. Da erst wurde mir klar, dass ich um Hilfe gebeten hatte und dass sie gewährt worden war.

Claire Bucknal

Die Berührung des Sonnenerzengels

Ein Erzengel der Sonne ist ein wunderschönes und machtvolles goldenes Wesen.

✳ ✳ ✳

Ich befand mich auf einem Treffen von Lichtarbeitern in der Nähe von Glastonbury. Unsere Lehrerin Patricia Cota-Robles sagte: »Ihr werdet nun an den Schultern von einem Sonnenerzengel berührt werden.« Ich spürte, wie meine Schultern von riesigen Händen leicht berührt wurden. Freude und Seligkeit durchströmten mich und jede Zelle meines Körpers erstrahlte. Ich wurde zu Licht. Ich weinte vor Freude. Das war das schönste Erlebnis meines Lebens, das ich mir in meinem Herzen bewahre und für das ich jeden Tag dankbar bin.

Rowena Beaumont

Engel-Reiki

Die Erzengel liefern uns ebenso wie die Engel gern Beweise für ihre Gegenwart.

❄ ❄ ❄

Ich lehre Engel-Reiki. Die Engel sind immer da, und ich spüre ebenso wie viele Menschen, die meine Seminare besuchen, ihre herrliche Gegenwart. Eines Tages machte ich nach einem Seminar ein paar Gruppenfotos. Wir standen vor einer Wand, an der ich ein Bild von Melchisedech aufgehängt hatte.

Als ich mir das erste Foto ansah, fiel mir eine Lichtkugel auf, die von einer Seite ins Bild kam. Auf dem zweiten Foto befand sie sich auf dem Bild direkt in Melchisedechs Mitte. Wow! Eine Teilnehmerin erzählte mir, dass sie Melchisedechs mächtige Weisheit gespürt hatte. Die Fotos bewiesen das. Was für eine erstaunliche Bestätigung für seine Anwesenheit.

Rowena Beaumont

Erzengel Gabriel geht durch meinen Flur

Erzengel erscheinen, wie sie wollen. Sie werden nicht immer unseren Erwartungen entsprechen, aber sie sind immer da, um uns zu helfen.

❄ ❄ ❄

Ich ging die Treppe hinunter, als ich einen Mann sah, der tief in Gedanken versunken durch meinen Flur ging. Ich wäre fast aus den Pantoffeln gekippt, als er plötzlich verschwand. Meine Hündin Venus war davon nicht beeindruckt. Ich habe bemerkt, dass sie Geister anbellt, Engel aber nicht. Ich konnte nicht begreifen, wer der Mann war, denn er zeigte sich nicht als strahlendes Licht, wie es die Engel tun, aber er hatte etwas Engelhaftes an sich.

Dann sagte mir mein Führer Kumeka, dass Erzengel Gabriel mich besucht hatte, um sich mein Haus anzuschauen und herauszufinden, wie er mir auf meinem Weg helfen könnte. Wow! Die Liebe und Fürsorglichkeit der Erzengel erstaunt mich immer wieder aufs Neue.

Diana Cooper

Die Hilfe der Engel

Wenn Sie Erzengel Sandalphon bitten, eine fünfdimensionale Sphäre um Sie selbst oder eine andere Person zu platzieren, erhöht sich dadurch Ihre Schwingungsfrequenz. Wenn aber jemand noch nicht für diese Energie bereit ist, erhöht sich das Energieniveau zu plötzlich, deshalb sollte man diese Sphäre niemals ohne Erlaubnis des Betreffenden platzieren.

❀ ❀ ❀

Meine Söhne waren ungezogen gewesen, also bat ich die Engel, eine fünfdimensionale Lichtsphäre um mein Haus zu platzieren, die uns allen helfen sollte. William, mein Jüngster, wurde daraufhin deprimiert, weigerte sich zur Schule zu gehen und wollte nicht einmal mit seinen Freunden zusammen sein, was immer ein schlechtes Zeichen ist. Er hatte keinen Appetit mehr und konnte nicht schlafen.

Ich war verzweifelt und bat die Engel schließlich, uns wieder in die dritte Dimension zu bringen, und das Haus stattdessen in das Blau Erzengel Michaels zu hüllen. Ein voller Erfolg! William stand endlich auf, verschlang ein reichhaltiges Frühstück und ging wieder zur Schule. Vermutlich haben wir noch einige Arbeit vor uns, bevor wir in die fünfte Dimension übergehen können.

Karia

Erzengel Metatron arbeitet mit meinen Chakras

Auch diese Geschichte erinnert uns wieder daran, dass die Engel und Erzengel kommen und an uns arbeiten, wenn wir sie nur darum bitten.

❀ ❀ ❀

Im Februar 2012 fand ich die Namen einiger meiner Engel heraus und begegnete einer wunderbaren Person, die als Medium für Engel diente. Ich begann, mich mit meinen Engeln zu unterhalten, da ich meinen Weg finden wollte. Ich bat die Engel, meine Chakras zu reinigen und mir zu helfen, ihre Botschaften zu verstehen.

Als ich eines Abends im Bett lag, hörte ich Glocken läuten. Ich stellte den Fernseher ab, konnte sie aber immer noch hören. Der Klang war sehr beruhigend. Am nächsten Tag fand ich durch das Engel-Channeling heraus, dass Erzengel Metatron und einige weiße Engel an meinen Chakras gearbeitet hatten. Ich war von Freude und Liebe überwältigt. Ich weiß, dass die Engel helfen, wenn wir sie nur bitten. Es ist so wunderbar zu wissen, dass sie da sind.

Stacy Knox

Der Mantel Metatrons

Erzengel Metatron ist für den Aufstieg unseres Planeten und des gesamten Universums verantwortlich. Wenn Sie in irgendeiner Zivilisation in irgendeinem Ihrer Leben Hohepriester oder Hohepriesterin waren, kann es sein, dass Sie den Metatron-Mantel in Ihrer Aura tragen. Wenn Sie nicht Hohepriester oder Hohepriesterin waren, und Ihre Seele findet, dass Sie so weit sind, dann können Sie Zugang dazu bekommen. Der Mantel ermöglicht es Ihnen, sich auf die Weisheit der Plejaden, des Orions, des Neptuns und des Sirius einzustimmen und sich mit der Großen Pyramide der Hohlerde zu verbinden.

❀ ❀ ❀

Auf einem Samstagsseminar gab ich den goldorangefarbenen Mantel Metatrons an eine ganze Reihe von Leuten weiter. Am Sonntag kam eine der Teilnehmerinnen wieder und strahlte vor Entzücken. Sie sagte mir, es hätte tatsächlich funktioniert. Sie war mit einigen Leuten zusammen gewesen und hatte gesehen, wie deren Dunkelheit auf sie zukam. Als diese düstere Energie ihren Metatron-Mantel erreichte, blieb sie stehen und konnte nicht weiter. Die Negativität der anderen konnte sie nicht mehr beeinflussen oder ihr Energie rauben.

Diana Cooper

Die heilige Teresa

Auch die großen Meister wachen über uns und helfen uns. Wie die Engel so können auch sie uns Botschaften und Zeichen senden, wie diese Geschichte zeigt.

❀ ❀ ❀

Als ich begann, Reiki zu lehren, vermutete ich, dass mir Geistführer und Meister dabei halfen, aber ich wollte einen Beweis dafür. Mir war gesagt worden, dass die heilige Teresa von Ávila eine meiner Führerinnen sei. Ich wusste, dass Rosen mit ihr assoziiert werden, denn vor ihrem Tod hatte sie gesagt: »Nach meinem Tode werde ich es Rosen regnen lassen. Ich werde meine Zeit im Himmel damit verbringen, auf Erden Gutes zu tun.«

Am Morgen meines nächsten Seminars bat ich sie, mir ein Zeichen zu geben, dass sie tatsächlich meine Führerin war. Ich passte den ganzen Tag über gut auf, aber nichts geschah. Ich war ein wenig enttäuscht, ließ dann aber los, denn vielleicht sollte ich ja lernen zu vertrauen oder meine Sensibilität zu erhöhen. Am Abend ging ich mit einer Freundin essen. Zum Nachtisch bestellte ich einen Eisbecher. Das Eis war wunderschön hergerichtet: Es hatte die Form einer Rose. Ich sagte zu der Kellnerin: »Bitte danken Sie dem Küchenchef, das Eis ist wunderschön gestaltet.« Woraufhin sie erwiderte: »Das Eis wird nicht besonders gestaltet, sondern einfach mit einem Löffel geschöpft.« Ich hatte verstanden!

Elizabeth Harley, DCS

Den Sturm mithilfe der Elementarwesen besänftigen

Die Gedanken der Menschen beeinflussen die Elementarwesen. Wir können mit ihnen und den höheren Wesen, in deren Obhut sie sich befinden, arbeiten, um die Wetterbedingungen positiv zu beeinflussen.

❊ ❊ ❊

Als in den Nachrichten vor einem Hurrikan in unserer Gegend gewarnt wurde, errichtete ich sofort einen Schutzschirm um unser Grundstück und um das gesamte Dorf herum. Außerdem brachte ich natürlich alles, was nicht sturmsicher war, in Sicherheit. Dann nahm ich Kontakt zu den Elementarwesen auf und bat sie, den Sturm zu besänftigen. Anschließend bat ich Erzengel Zadkiel, die Gegend mit der golden-violetten Flamme zu läutern, damit der Wind dies nicht tun musste.

Wir sahen nichts von dem angekündigten Sturm, es war einfach ein bisschen windiger als sonst, aber ansonsten war alles in Ordnung. Beim Nachbarn allerdings waren einige Ziegel vom Dach gefallen und im nächsten Dorf waren ein paar Bäume umgekippt. Daran konnten wir sehen, dass der Sturm ganz in der Nähe vorbeigezogen war. Ich bedankte mich bei den Elementarwesen und den höheren Wesen für ihre Hilfe. Wenn wir ruhig bleiben, Verantwortung übernehmen und uns vorstellen, wie es sein sollte, dann können wir das Wetter beeinflussen.
Aleja Daniela Fischer, DCS

Erzengel Metatron

Diese Geschichte verdeutlicht, dass wir Schmerz und negative Gefühle aller Art auflösen können, wenn wir uns auf unsere Gefühle konzentrieren und die Engel um Hilfe bitten.

❀ ❀ ❀

Eines Morgens wachte ich voller Angst auf und spürte »innere Schatten«. Ich meditierte und rief Erzengel Metatron an. Bald konnte ich seine Gegenwart deutlich spüren. Obwohl die Angst noch zunahm, konzentrierte ich mich weiter und stellte mir vor, dass goldenes Licht in mein Gehirn strömte. Ich bat Erzengel Metatron um Führung, und er erklärte mir, dass die Angst die Angst vor meiner eigenen Macht war.

Während ich weiterhin still dasaß und meine Angst beobachtete, verschwand sie allmählich. Mir wurde bewusst, dass der Schmerz, der mit diesem Thema zusammenhing, etwas mit meiner göttlichen Mission zu tun hatte. Ich bat Metatron um Hilfe bei der Entwicklung und Erfüllung meiner göttlichen Mission – und der Schmerz verschwand.
Anonym

Göttliche Liebe

Erzengel Chamuel ist der wundersame rosafarbene Erzengel des Herzens, der die Engel der Liebe befehligt.

❀ ❀ ❀

Ich war mit meinem Mann in den Ferien, und nachdem wir einen wunderbaren Abend miteinander verbracht hatten, gingen wir spät ins Bett. Ich schlief sofort ein, wachte aber wieder auf, weil ich Stimmen hörte. Allerdings waren es keine normalen Stimmen, sondern, wie ich wusste, die von Engeln. Ich spürte eine unglaubliche Liebe. Die göttliche Liebe durchströmte meinen Körper, und ich hatte das Gefühl, ich würde über dem Bett schweben.

Ich spürte, wie Erzengel Chamuel näherkam. Dann sagte er: »Ich gebe dir die Kraft der göttlichen Liebe für deine neue Lebensaufgabe.« Ich hatte bereits an der Diana-Cooper-Schule die Ausbildung zur Engellehrerin absolviert, aber von diesem Zeitpunkt an wusste ich ohne den Hauch eines Zweifels, dass ich eine Verbindung zu den Engeln hatte.

Martina Maria Seraphina Kammerhofer, DCS

Die Liebe eines Erzengels

Erzengel Zadkiel ist violett und hilft uns, niedere Energien umzuwandeln und uns dem Licht zu öffnen.

❋ ❋ ❋

Eines Morgens wurde ich von einer wundervollen Energie geweckt. Ich spürte eine überwältigende Liebe und dachte: »Das muss ein Erzengel sein.« Ich fragte, wer er sei, und vor meinem geistigen Auge sah ich die Buchstaben »Zadkiel« und ich spürte diesen Namen auf meinen Lippen.

Ich hatte den Namen noch nie gehört. Ich recherchierte im Internet und fand heraus, dass es einen Erzengel mit Namen Zadkiel gibt. Ich befand mich gerade in einer schwierigen Phase der Sinnsuche, aber nach seinem Besuch war ich voller Freude und fühlte mich gesegnet. Danke, Zadkiel.

Wenche Milas

Das Auto meiner Tochter

Die Erzengel liefern uns sehr gern Beweise dafür, dass sie wirklich getan haben, worum wir sie baten.

✵ ✵ ✵

Meine Tochter Nicola ist medial begabt und kommuniziert häufig mit ihren Engeln. Autos sind ihre große Leidenschaft und ihr Lieblingsauto war damals ein violetter Hyundai-Sportwagen. Sie wollte fünf Wochen lang durch Australien reisen und machte sich Sorgen um ihr Auto. Also bat sie die Engel, alles für die Sicherheit ihres Wagens zu tun.

Am Abend vor ihrer Abreise gingen wir nach draußen und stellten uns neben ihren Hyundai. Wir riefen die violette Flamme Erzengel Zadkiels und Saint Germains an und baten darum, das Auto zu versiegeln und es zu beschützen. Wir baten auch darum, dass es unsichtbar sein möge.

Nicola ging also leichten Herzens auf ihre Reise. Nach ihrer Rückkehr machte sie ein Foto ihres Wagens. Als sie es mir zeigte, sah ich ein wunderschönes Band aus lila-violettem Licht um das Auto herum. Sie war vollkommen überrascht, meinte aber, auf diese Weise wollten die Engel ihr zeigen, dass sie sie unterstützten und sie und ihre Besitztümer beschützten, selbst wenn sie Tausende Kilometer weit weg war.

Mariel Forde Clarke, DCS

Herzen mit der violetten Flamme heilen

Die violette Flamme ist ein mächtiges Instrument der Heilung, das alte oder stagnierende Energie in höhere Frequenzen umwandelt.

✵ ✵ ✵

Vor zwei Jahren erlitt meine Schwester einen Herzinfarkt. Sie war vorher nie krank gewesen und hatte nicht einmal eine Erkältung gehabt. In einer Operation wurde ihr ein Stent in eine Arterie eingefügt. Während ihrer Genesung saß ich eines Morgens bei ihr und arbeitete mit der violetten Flamme an ihr.

Zwei Tage später rief sie mich an und sagte, sie hätte am Nachmittag ein merkwürdiges Erlebnis gehabt. Sie hatte eine Stimme gehört, die Augen geschlossen und gefragt: »Was?« Daraufhin sah sie zwei Engel, die ein Herz trugen. Sie fragte sie, was das zu bedeuten hätte. Daraufhin antworteten die Engel: »Wir nehmen dein Herz, um es wieder heil zu machen.« Meine Schwester weiß nichts über Engel oder über spirituelle Arbeit. Sie war so verblüfft, dass sie seither zu allen meinen Seminaren kommt.

Margot Grundy, DCS

KAPITEL 19

Einhörner

Einhörner sind sieben- bis neundimensionale aufgestiegene Pferde, die zum Reich der Engel gehören. Sie sind als die Reinsten der Reinen bekannt und ihr Licht schimmert Weiß. Sie suchen nach dem Licht über unseren Köpfen, und wenn dieses Licht die Botschaft aussendet, dass wir bereit sind, anderen zu helfen, dann arbeiten sie mit uns. Sie helfen auch, die tiefsten Wünsche unserer Seele zu verwirklichen. Mehr darüber können Sie in meinem Buch *The Wonder of Unicorns* (*Das Wunder des Einhorns. Begegnung mit den erleuchteten Wesen der siebten Dimension.* Heyne) lesen.

Ein Einhorn mit einer Botschaft

Wenn Ihnen ein Einhorn erscheint, wird dies Ihr ganzes Leben verwandeln.

❋ ❋ ❋

Vor vielen Jahren baute ich mir auf einem Feenhügel im Wald ein Medizinrad. Als ich dort eines Tages mit offenen Augen meditierte, öffnete sich direkt vor mir ein »Fenster«. Ich sah etwas, das ich bisher immer für einen Mythos gehalten hatte: ein Einhorn. Ich wusste nicht, was ich tun, sagen oder denken sollte. Eine große Liebe ging von dem Wesen aus, als es mir telepathisch die Botschaft übermittelte: »Sei dir selbst treu.« Dann schloss sich das Fenster wieder. Ich war fassungslos und von Ehrfurcht erfüllt, weil ich nie an solche Geschöpfe geglaubt oder je etwas über ein solches Erlebnis gelesen hatte.
    Dan Chaney

Kontakt mit Gabriel und den Einhörnern

Die Einhörner und Engel verfügen über wunderbare Möglichkeiten, uns Botschaften zu übermitteln.

❋ ❋ ❋

Als ich von einem Engelseminar auf einer Esoterikmesse hörte, wusste ich sofort, dass ich teilnehmen müsste. Ich hatte erfolglos nach einem Mondsteinring gesucht, aber auf der Messe fand ich einen. Da ich wusste, dass Mond und Silber mit Erzengel Gabriel in Verbindung stehen, der mir sehr nahesteht, war dies ein vielversprechender Auftakt.

Während des Seminars sollten wir uns vorstellen, auf einem Feld zu stehen. Als ich das tat, sah ich ein wunderschönes Einhorn auf mich zukommen. Ich konnte diese Vision aber nicht annehmen, weil ich dachte, mein Ego würde mir einen Streich spielen. Später wollte ich *The Wonder of Unicorns* (*Das Wunder des Einhorns*) kaufen, aber das Buch war ausverkauft. Ich war enttäuscht und nahm dies als Zeichen, dass ich nicht für würdig befunden worden war, mit den Einhörnern in Kontakt zu treten.

Als ich zu meinem Platz zurückging, sah ich, dass auf der Bühne noch ein Exemplar des Buches lag. Diana hatte es mit folgenden Worten signiert: »Gabriel und dein Einhorn sind bei dir. Diana.« Freude, Dankbarkeit und Erstaunen erfüllten mein Herz, als ich es kaufte und las. Ich spürte, wie ich in reine Liebe gehüllt wurde, und liebevolle Stimmen ermunterten mich, mir selbst und meinen Visionen zu vertrauen.

Wenn ich Angst habe oder zweifle, schaue ich mir dieses wunderbare Geschenk an und sofort leuchtet ein herrliches Licht in meinem Herzen. Das Buch erinnert mich daran, dass ich geliebt werde. Danke, ihr Engel; danke, ihr Einhörner und all ihr wunderbaren Wesen des Lichts.

Marta Isabella

Ein Geburtstagsgeschenk

Einhörner vermitteln uns schon allein durch ihre Anwesenheit ein Gefühl der Hoffnung.

✳ ✳ ✳

Ich habe schon immer Einhörner geliebt. Ich erlebte Schreckliches, als das Herz meines Partners zu schlagen aufhörte und er in ein Koma fiel. Ich war bei ihm im Krankenhaus, als meine Schwester dazukam, die nichts von Engeln oder Einhörnern oder meiner Liebe zu ihnen wusste. Da es mein Geburtstag war, ging sie los, um mir eine Torte und ein Geschenk zu besorgen. Sie kam mit einer wundervollen Einhornfigur zurück. Als ich sie sah, wusste ich, dass mein Partner sich erholen würde – was er auch tat.

Dies wurde Diana Cooper von Nancy erzählt.

Eine Einhornkarte und ein Traum

Einhornkarten haben eine sehr hohe Schwingungsfrequenz und helfen uns jedes Mal mit absoluter Sicherheit.

✳ ✳ ✳

Ich fing an, Dianas Website zu besuchen und täglich eine Einhornkarte zu ziehen. Eines Morgens erwachte ich aus einem merkwürdigen Traum mit schlimmen Kopfschmerzen. Ich hatte geträumt, ich wanderte im Dunkeln an einem kristallklaren Bach im Wald entlang, aber der Bach verwandelte sich in einen reißenden Fluss, der Felsbrocken mit sich führte und über die Ufer trat.

Ich besuchte wieder die Website und zog eine Einhornkarte. Der Name der Karte lautete: »Hilfe!« Die Karte zeigte einen Mann, der an einem Flussufer saß. Er konnte den Fluss nicht überqueren, weil die Brücke zerstört wurde. Den Kopf hatte er auf die Hände gestützt. Neben ihm stand ein Einhorn. Ich betrachtete dies angesichts meines Traumes und meiner Kopfschmerzen als äußerst aufschlussreich. Die Karte spendete mir großen Trost und bestätigte meinen Traum.

Karen Spring-Stocker

Ziele und Einhörner

Wenn Sie möchten, dass jemand erfolgreicher ist, bitten Sie die Engel und Einhörner, ihm zu helfen.

❊ ❊ ❊

Der Kapitän unserer Schweizer Fußballnationalmannschaft hatte Probleme, Tore zu schießen. Er ist der beste Spieler, den wir je hatten, aber er hatte seit über einem Jahr kein Tor mehr gemacht. Seit Wochen hatten in die Presse und die Fans ins Kreuzfeuer genommen. Ich beschloss, ihm beim nächsten wichtigen Spiel ein Einhorn und viele Engel zur Unterstützung zu schicken. Und was soll ich sagen? An jenem Abend schoss er gleich zwei Tore!

Sabina

Ein Einhorn-Regenbogen

Diese entzückende Geschichte handelt von der Liebe und dem Trost, den ein Zeichen der Einhörner spendet.

❊ ❊ ❊

Als ich meine betagte Mutter besuchen wollte, klemmte ich mir in der Wagentür den kleinen Finger ein. Statt aber Schmerz zu spüren, erlebte ich eine tiefe emotionale Reaktion. Plötzlich wusste ich, dass es endlich an der Zeit war, meine Mutter zu uns zu holen. Sie war zwar noch sehr rüstig, aber immerhin neunzig Jahre alt.

Als mein Mann und ich in Rente gegangen waren, waren wir übereingekommen, dass meine Mutter später bei uns leben sollte. Allerdings leben wir im Nordwesten Englands und sie im Süden, und es wäre eine ziemliche Umstellung für sie, so weit vom Gewohnten entfernt zu leben. Da ich gedacht hatte, alles bedacht zu haben, was der Umzug meiner Mutter mit sich bringen würde, schockierte mich meine emotionale Reaktion ziemlich.

Am nächsten Tag war ich immer noch in einem sehr labilen emotionalen Zustand. Mein Mann und ich gingen in eine Ausstellung an der Tate Gallery for Modern Art. Als er draußen ein paar Fotos schoss, entdeckte ich eine Wolkenformation, die wie ein Einhorn aussah. Ich machte schnell ein paar Fotos davon. Dann sah ich einen kleinen Regenbogen in den Wolken, und als ich mich nach der Lichtquelle umsah, entdeckte ich, dass das Einhorn den Regenbogen mit seinem Horn erzeugte. Mit einem Vorderhuf zeigte es direkt auf den Regenbogen.

Ich habe eine starke Verbindung zu Einhörnern und wusste daher, dass dies mein Einhorn war, das mir einen Regenbogen als Zeichen schickte, dass alles gut gehen würde. Ich fühlte mich getröstet und habe meine speziellen Einhorn-Regenbogen-Fotos für den Fall aufbewahrt, dass ich noch weiteren Trost brauche.

Heute lebt meine Mutter bei uns und sie hat sich an ihr neues Leben gewöhnt. Und der Nagel meines kleinen Fingers ist inzwischen auch wieder nachgewachsen.

Kathy, DCS

Unser eigenes kleines Einhorn

Wenn sich Pferde weiterentwickeln, nehmen sie die Farbe Weiß an. Dieses bereitet sie wohl wirklich darauf vor, ein Einhorn zu werden.

❀ ❀ ❀

Ich arbeite für mein Leben gern mit Engelkarten und -büchern. Einhörner sind mir allerdings ein bisschen suspekt, und ich fühlte mich nie besonders zu ihnen hingezogen, bis ich eines Tages in einem Buchladen Einhornkarten sah. Ich konnte meinen Blick nicht von ihnen abwenden. Ich musste sie und das Begleitbuch einfach haben.

Mein Mann, meine Tochter und ihr Freund besuchten kurz darauf eine Pferdeauktion. Als sie zurückkamen, hatten sie Milly, ein kleines schwarzes Shetlandpony dabei. Ich schrieb ein Buch über Milly, die Einhornprinzessin, und illustrierte es mit wunderschönen Fotos von ihr. Warum ich diese Geschichte erfand? Ich wusste es damals noch nicht.

Der Frühling kam und alle Pferde warfen ihr altes Fell ab – außer Milly. Über Nacht mauserte sie sich und immer mehr weiße Haare kamen zum Vorschein. Wenn Milly ausgewachsen ist, wird sie schneeweiß sein, obwohl ihre Eltern schwarz und braun sind. Es hört sich unmöglich an, aber es ist wahr. Jetzt haben wir unser eigenes kleines »Einhorn«.

Esther Willems-Krämer

Ein Überraschungseinhorn

Wenn die Zeit reif ist, wird ein Einhorn vor Ihrem geistigen Auge erscheinen.

❁ ❁ ❁

Im Laufe des letzten Jahres habe ich mehrere Botschaften erhalten, dass ich meinen spirituellen Weg und meine medialen Fähigkeiten aufmerksam beobachten soll. Zweimal wurde mir gesagt, ich solle anfangen, mit Engeln zu arbeiten.

Dann entschloss ich mich, aus der Geschäftswelt auszusteigen und eine Ausbildung zur Lebensberaterin zu machen. Ich beschloss auch, den Botschaften, die ich bekam, mehr Aufmerksamkeit zu schenken, meine medialen Fähigkeiten zu entwickeln und zu lernen, wie man die Energien der Engel kanalisiert.

Einmal nahm ich an einer geführten Meditation teil, während der wir uns ein Tier vorstellen sollten. Das erste Tier, das mir in den Sinn kam, war ein Einhorn, was mich ziemlich erstaunte. Ich muss noch viel lernen, aber ich weiß doch, dass Einhörner etwas ganz Spezielles sind. Wenn sonst jemand gesagt hätte: »Denk mal an ein Tier«, wäre mir sicherlich kein Einhorn eingefallen.

Hilary Alexander

Durchgeschüttelt

Die Einhörner haben tatsächlich Sinn für Humor.

❁ ❁ ❁

Liz Roe French ist ein Medium und eine Heilerin, die mit einem e-Libra-Gerät arbeitet. Wenn man sich daran anschließt, teilt das Gerät einem mit, was im physischen und in den feinstofflichen Körpern vor sich geht, und es harmonisiert die verschiedenen Körper. Liz kam zu einem Vortrag, den ich hielt und bei dem ich den Teilnehmerinnen half, sich mit ihren Einhörnern zu verbinden.

Als sie sich am nächsten Tag an das Gerät anschloss, diagnostizierte dieses ihren Zustand als Vorderhornzellerkrankung. Als sie mir davon erzählte, schüttelten wir uns beide vor Lachen aus. Ganz gewiss hatte ihr Einhorn, das sein Horn natürlich vorn am Kopf hat, ihr Energiefeld gehörig durcheinandergewirbelt.

Margaret Merrison, DCS

Eine Einhorn-Meditation

Diese Geschichte soll uns daran erinnern, dass wir den Bildern, die in uns aufsteigen, vertrauen sollen.

❀ ❀ ❀

Während einer Meditation sah ich ein Einhorn. Es war so strahlend hell und so wunderschön. Und obwohl es ganz lebendig schien, konnte ich nicht glauben, was ich sah. Ich dachte, ich hätte mir alles nur eingebildet. Als ich später eine Reiki-Behandlung bekam, sagte die Heilerin, dass ich ein Einhorn bei mir hätte. Da glaubte ich es!

Anonym

Einhörner und schwarze Panther

Schwarze Panther sind fünfdimensionale Geschöpfe, die große Kraft symbolisieren.

❀ ❀ ❀

Meine gute Freundin Cathy gab mir eine Reiki-Behandlung. Als sie anfing, hatte ich das Gefühl, als würden meine Beine zu Boden gedrückt und etwas würde auf mir liegen. Vor meinem geistigen Auge konnte ich einen schwarzen Panther sehen und fühlte mich von ihm sehr beschützt.

Dann spürte ich, wie meine Arme mit schwarzen Leinen gefesselt wurden. Der Schmerz war unglaublich. Ich bat meine Engel, die Leinen wegzunehmen, was sie auch taten, aber sie wurden immer wieder durch neue ersetzt. Jedes Mal lösten meine Engel sie in weißem Licht auf. Ich fragte mein höheres Selbst, warum das alles geschehen würde. Da fiel mir ein Freund ein, der versuchte mich zu kontrollieren. Gerade als der Schmerz unerträglich wurde, kam ein wunderschönes Einhorn angaloppiert, woraufhin der Schmerz verschwand. Das Einhorn erfüllte mich mit vollkommener Liebe und drückte seinen Kopf gegen meinen. Es zerschnitt die Leinen mit seinem Horn und galoppierte davon. Nach der Behandlung zog ich eine Engelkarte – und was war es? Ein Einhorn.

Rosie

Regenbogen-Einhorn

Die Einhörner bringen uns kreative Inspirationen.

❋❋❋

Als ich meditierte, wurde mir ein rotbraunes Pferd gezeigt. Es wandte sich dem Mond zu und verwandelte sich in ein Einhorn, dessen Horn aus Kristall gemacht war. Das Einhorn bezog seine Energie vom Mond und erschuf damit viele Regenbögen.

Ich wurde eingeladen, auf seinen Rücken zu klettern und gemeinsam schwebten wir in die Farben hinein. Ich wurde dort geheilt und fühlte mich von dem, was ich gesehen hatte, inspiriert.

Julie Gilbert

Die violette Flamme bringt mein Einhorn zu mir

Manchmal kommen die Einhörner in unseren Träumen zu uns.

❋❋❋

Diana Cooper und ich hatten beschlossen, ein paar Tage Ferien im schottischen Hochland zu machen. Es regnete und regnete, aber die Energie war wunderschön. Wir übernachteten in einem Hotel in Roybridge. Ich schlief schnell ein, wachte aber um drei Uhr morgens auf. Da ich hellwach war, beschloss ich, die Zeit zu nutzen, um die violette Flamme zu Menschen, Orten und dem ganzen Planeten zu schicken. Mein Drittes Auge begann zu brummen, und dann sah ich ein wunderschönes schneeweißes Einhorn, das mich anlächelte und voller Liebe und Energie um mich herumtänzelte. Es kam auf mein Gesicht zu und richtete sein spiralförmiges Horn direkt auf mein Drittes Auge. Das war ein wunderschönes Erlebnis. Ich entspannte mich und konnte wieder einschlafen. Am Morgen fühlte ich mich so lebendig wie selten und war voller Energie. Ich wusste, das Einhorn war gekommen, um mir bei einem größeren Projekt zu helfen, das ich angehen musste. Wie sind wir doch gesegnet, dass wir auf diese mächtigen und doch so sanften Geschöpfe zählen können, uns auf unserem Weg zu helfen.

Rosemary Stephenson, DCS

Den Einhorn-Zeichen folgen

Positive Schwingungen ziehen Einhörner an und veranlassen sie, uns Zeichen zu hinterlassen.

✹ ✹ ✹

Ich liebe es, wie viel Unterstützung ich von den Engeln und Einhörnern bekomme. Dianas Bücher und die Einhornkarten sind eine wertvolle Quelle der Inspiration für mich.

Erst kürzlich nahm mein Leben eine drastische Wendung, als ich meine Stelle verlor. Die Einhörner hatten mir ein Zeichen geschickt, auf welche Weise ich mein Leben wieder aufbauen sollte. Die Karten wiesen darauf hin, dass neue Chancen vor mir liegen würden. Sie hatten mir zwar auch geraten, die ungesunde Situation an meinem Arbeitsplatz zu beenden. Ich folgte ihren Zeichen und ließ mich umschulen. Die richtigen Chancen und der richtige Weg zeigten sich mir immer dann, wenn ich nicht wusste, in welche Richtung ich gehen sollte.

Wenn ich mir heute Sorgen um die Zukunft mache, rufe ich die Engel und Einhörner an. Ich ermutige alle Leser, mit ihnen zu arbeiten, da sie Inspiration und Hilfe bringen, wenn man es am wenigsten erwartet. Seien Sie offen für Zeichen und vertrauen Sie Ihrem Instinkt. Wenn Sie Liebe ausstrahlen und positive Schwingungen aussenden, werden Sie Einhörner anziehen.

Joanna

Mein Einhornführer

Debbies Klientinnen haben gesagt, dass ihre Heilbehandlungen stärker gewor-
den sind, seit die Einhornenergie durch sie hindurchströmt.

❈ ❈ ❈

Als ich im Wald spazieren ging, traf ich eine Frau mit einem Hund und realisierte, dass es Diana war. Unsere Hunde tollten miteinander herum, während wir uns über Heilung, Reisen und spirituelle Dinge unterhielten. Diana sagte, ich würde von einem Einhorn geführt wer-den. Ich wusste damals noch nicht viel über Einhörner und kaufte mir daher ihr Einhorn-Buch. Darin stand, man solle auf Zeichen wie weiße Pferde und Federn achten. Da ich immer von Federn umgeben bin, dachte ich, ein weißes Pferd wäre mal etwas Neues.

Mein Bruder hatte für uns eine achtzig Kilometer lange Mammut-fahrradtour auf einen Berg geplant. Ich dachte, ich würde alle Hilfe brauchen, die ich nur kriegen könnte. Deshalb rief ich die Einhörner an und bat sie mir zu helfen, die steilen Anstiege zu bewältigen. Als die Tour begann, waren alle erstaunt, wie gut ich mich hielt – besonders ich!

Dann fuhren wir eine auf beiden Seiten von Bergen begrenzte Ser-pentinenstraße hinunter. Als wir um eine Kurve kamen, sah ich auf einem Felsvorsprung ein herrliches weißes Pferd stehen, das auf uns herabblickte. Ich rief meinem Mann zu: »Schau mal, ein Zeichen!« »O du meine Güte«, schrie er zurück und fiel fast vom Fahrrad, weil er es auch gesehen hatte.

Das Leben ist voller Zeichen, und ich glaube daran, dass uns ständig Engelwesen führen. Wenn wir darauf vertrauen und sie bitten zu kom-men, werden sie da sein. Ich bin mir meines Einhornführers bewusst und freue mich auf die Zukunft. Ich werde auch weiterhin lernen und mich spirituell entwickeln, um anderen Menschen zu helfen und sie an ihre Macht zu erinnern.

Debbie Pettitt

Elektromagnetische Energie

Es ist wichtig, den Einfluss elektromagnetischer Energien zu verstehen. Margarets Geschichte kann unser Bewusstsein erweitern, damit wir alle gemeinsam einen gesünderen Planeten erschaffen können.

✹ ✹ ✹

Ich arbeite seit Langem mit elektromagnetischen Energien und Auras und bin der Meinung, dass Menschen über den Einfluss elektromagnetischer Energien auf ihre Auras und die Erde Bescheid wissen sollten – besonders über jene Energien, die von Mobiltelefonen erzeugt werden. Damit diese funktionieren, brauchen sie eine Sendestation, die ständig elektromagnetische Energie in die Aura der Erde pumpt. Die Erde müht sich ab, ihr Schwingungsniveau trotz dieser elektromagnetischen Verschmutzung anzuheben.

Auch die menschliche Aura erschöpft sich durch den Gebrauch von Mobiltelefonen, aber sie kann wiederhergestellt und sogar erhöht werden, indem man die Engel um Schutz bittet. Die Aura wird sogar noch stärker, wenn man während des Telefonierens die Einhörner um Schutz bittet. Bitten auch Sie die Engel und Einhörner, Ihre Aura und die der Erde zu schützen.

Margaret Merrison, DCS

Der Trost der Einhörner

Die Einhörner wollten Debbie wirklich wissen lassen, dass sie für sie da sind.

✹ ✹ ✹

Als ich mit meinem Mann Neil und unserem Sohn Florenz besuchte, sah ich Bilder von Pferden und sagte zu Neil: »Schau mal, schon wieder Pferde.« Fünf Minuten später gingen wir an einem Hotel vorbei – und raten Sie mal, wie es hieß: Das Einhorn-Hotel. Ich machte ein Foto davon. Dann besuchten wir einen Palast. Mein Sohn kam zu mir gelaufen und rief: »Schau mal, Mama!« Und direkt vor uns stand die Statue eines weißen Pegasus.

Debbie

KAPITEL 20

Die Elemente und die Elementarwesen

Wir können mit den Elementarwesen, die mit den Elementen arbeiten, kommunizieren und sie beeinflussen. Das große Wesen, das für das Element Wasser zuständig ist, heißt Poseidon, und unter ihm dient der Elementarmeister Neptun. Er befehligt die Elementarwesen des Wassers, die Undinen, die für Flüsse, Meere und den Regen zuständig sind, und die Meerjungfrauen, die sich um die Flora und Fauna kümmern.

Die Einhörner sind für das Element Luft zuständig. Der Elementarmeister heißt Dom und zu den Elementarwesen der Luft gehören die Sylphen und Feen.

Erzengel Gabriel ist für das Element Feuer zuständig. Der Elementarmeister heißt Thor und die Elementarwesen des Feuers sind Drachen und Salamander.

Gaea ist für das Element Erde zuständig. Der Elementarmeister heißt Taia und die Elementarwesen der Erde sind Elfen und Kobolde.

Manche Elementarwesen gehören zu mehr als einem Element, aber keines zu allen vieren.

Ein Funkeln im Gras

Elementarwesen sind für die Zukunft des Planeten von großer Bedeutung. Es ist tröstlich zu wissen, dass Kinder intuitiv die Bedeutung ihrer Arbeit verstehen.

❋ ❋ ❋

Als Kind war ich immer von den Geschichten über Feen fasziniert. Ich glaubte wirklich an sie und spürte ihre Präsenz in den Blumen. Heute lebe ich in einem Haus mit einer sehr starken Elementarschwingung. Ich konnte sie immer spüren und war daher außerordentlich entzückt, als mir meine Enkelkinder erzählten, dass auch sie diese wunderbare Energie wahrnehmen konnten.

An einem sonnigen Tag kamen meine Enkel zu mir und wir beschlossen, im Garten zu spielen und uns die Blumen anzuschauen. Eine meiner Enkeltöchter sagte: »Oma, warum sind so viele Feen in deinem Garten?« Bevor ich antworten konnte, fügte sie noch hinzu: »Wir sollten den Feen bei der Arbeit helfen. Wollen wir den Blumen nicht etwas vorsingen?«

Und genau das taten wir. Wir sangen den Blumen etwas vor und sagten ihnen, dass wir sie liebten. Es ist wohl unnötig zu erwähnen, dass mein Garten so blüht und leuchtet, dass alle, die ihn sehen, es kommentieren müssen.

Elizabeth Ann, DCS

Den Regen stoppen

Die Einhörner sind für das Element Luft zuständig. Obwohl Jenny sie nicht bewusst gebeten hatte, den Regen zu stoppen, erhörten sie ihre Bitte dennoch.

❋ ❋ ❋

Ich nahm an einer einwöchigen Schweigeklausur teil und schlief in einem Zelt. Während der ganzen Woche stürmte es. Der Regen prasselte und der Wind heulte. Am letzten Morgen hörte der Regen zwar auf, aber es war feucht und neblig und alles war nass. Die Vorhersage sah trübe aus, eine Wetterbesserung war nicht in Sicht.

Da beschloss ich, mit den Elementen zu reden. Ich sagte: »So, ihr hattet euren Spaß. Ich will aber kein durchweichtes Zelt einpacken. Ich brauche Sonne und Wind, um es zu trocknen. Ich werde jetzt zum Frühstück gehen, hinterher abwaschen, und in zwei Stunden komme ich wieder, um das Zelt abzubauen.«

Plötzlich kam gänzlich unerwartet die Sonne hervor. Der Wind wurde ganz sanft. Das Zelt trocknete und ich konnte es ohne Probleme zusammenpacken.

Jenny

Feen wahrnehmen

Diese Geschichte ist ein wunderbares Beispiel dafür, wie man mit den Naturgeistern Kontakt aufnehmen kann. Nicht jeder kann sie sehen, aber sie werden immer eine Möglichkeit finden, einen wissen zu lassen, dass sie da sind. Man muss sie nur darum bitten und dann aufmerksam sein – so wie Margaret.

❊ ❊ ❊

An einem Sommerabend hielt ich mich in meinem Garten auf. Es war windstill, ganz ruhig und irgendwie magisch. Ich wusste, dass eine ganze Reihe Naturgeister da waren, denn ich konnte sie spüren und ihre Energie fühlen, aber ich konnte sie nicht sehen. Dabei sehnte ich mich so sehr danach, einmal einen kurzen Blick auf einen von ihnen zu erhaschen. Ich fragte sie, ob sie mir helfen würden, sie zu sehen, damit ich mir ihrer Anwesenheit ganz sicher sein könnte.

An jenem Abend gab es nicht den leisesten Windhauch, aber mir fiel ein Blatt auf, das sich bewegte, als ich einen Montbretie-Strauch ansah. Dann bewegte sich ein weiteres Blatt und das daneben und so weiter. Schon bald bewegten sich die Blätter verschiedener Pflanzen. Obwohl ich keine Naturgeister sehen konnte, wusste ich doch, dass die Elfen ihre Anwesenheit kundtaten. Es war großartig, ihre verspielte Gegenwart zu spüren, während sie mir mit den Blättern zuwinkten.

Margaret Merrison, DCS

Hüter des Landes

Drachen sind wunderbare Beschützer und mächtige vierdimensionale Elementarwesen. Wie in dieser Geschichte gezeigt wird, gehört der Schutz des Landes zu ihren Aufgaben.

❊ ❊ ❊

In einem örtlichen Hotel war eingebrochen und dabei ein Schuss abgefeuert worden. Der Besitzer hatte kleine Kinder und war sehr verängstigt. Er rief mich an und bat mich um Hilfe. Ich ging zum Hotel und reinigte alle Zimmer. Ich ging auch in den Garten und bat darum, mit dem Hüter des Landes sprechen zu dürfen. Als ein gewaltiger Drache auftauchte, fragte ich ihn, was ich tun könne, um das Land zu beschützen. Er sagte mir, ich solle an den vier Ecken des Grundstücks Kristalle aufstellen. Ich tat wie mir geheißen – und das Hotel hatte nie wieder Probleme.

Serena

Mit den Elementarwesen spielen

Wenn Sie die Natur und die Elemente lieben und ehren, können Sie mit den Elementarwesen spielen. Sie werden darauf eingehen.

❉ ❉ ❉

Ich saß dankbar für den Schatten, den er spendete, unter einem Baum. Da kam ein leichtes Lüftchen auf und die Blätter fingen an zu tanzen. Ich sah ihnen eine Zeit lang zu, dann bat ich den Wind, still zu sein. Daraufhin wurde die Luft ganz ruhig und auch die Blätter verharrten bewegungslos. Dann bat ich den Wind, wieder mit ihnen zu spielen, und im selben Augenblick kam der Wind wieder auf und die Blätter fingen erneut an zu tanzen.

Jenny

Die Hilfe der Feen

Die Feen, von denen viele hoch entwickelt sind, können uns heilen und uns Freude, Leichtigkeit und Lachen schenken. Sie arbeiten mit den Einhörnern zusammen und helfen den Blumen beim Wachsen.

❉ ❉ ❉

Ich war schwer krank und durchlebte eine fürchterliche Zeit. Während einer schlaflos verbrachten Nacht hatte ich allerdings ein magisches Erlebnis. Ich sah, dass bunte Feen von oben herabkamen. Sie setzten sich auf meine Chakras und heilten sie. Es war wunderschön. Ich schlief und doch war ich wach. Als Kind hatte ich immer an eine übernatürliche Welt geglaubt, sodass dieses Erlebnis für mich nicht so ungewöhnlich war. Ich weiß, dass die Welt ein heiliger, wunderschöner Ort ist und dass ich mich glücklich schätzen kann, auf so magische Weise geheilt worden zu sein.

Anonym

Mit Naturgeistern kommunizieren

Diese Geschichte schildert, wie ein Mensch mit einem Baum und den Naturgeistern kommuniziert.

❋ ❋ ❋

Als ich einmal im Wald spazieren ging, fiel mein Blick auf einen Ahornbaum. Da er so traurig aussah, nahm ich Kontakt zu ihm auf und fragte ihn, ob er geheilt werden möchte. Sein Stamm war gebeugt und ganz deformiert. Ich legte meine Hände darauf und stimmte mich auf den Baum ein. Mir wurde bewusst, dass sich der Baum hässlich fühlte. Ich sprach mit ihm und sagte ihm, dass er in Wirklichkeit wunderschön sei. Ich sah mir voller Liebe und Bewunderung seine schöne Rinde, seine Äste und Blätter an. Ich sagte ihm, wie wunderbar es war, dass es ihm trotz schwieriger Umstände gelungen war zu überleben. Er erinnerte mich an mich selbst und an andere, die aufgrund von Schmerz und Schwierigkeiten gewachsen sind.

Ich schloss die Heilung ab und verabschiedete mich. Da merkte ich, dass Naturgeister auf mich zukamen. Ihre Energie war gar nicht gut und sie trugen merkwürdige netzähnliche Gerätschaften. Ich fragte sie, was sie tun würden, und sie antworteten, dass sie die Energie der Bäume ernten würden. Ich spürte, dass sie den Bäumen einfach nahmen, was sie wollten, ohne sie vorher um Erlaubnis zu bitten.

Ich erklärte ihnen, dass Energie, die durch Gewalt genommen wird, von minderer Qualität sei, und dass die Energie viel machtvoller wäre, wenn die Bäume sie freiwillig geben würden. Außerdem würden sie dann weniger brauchen. Sie dachten darüber nach. Dann sagte einer:

»Die Bäume werden uns ihre Energie nicht freiwillig geben.« Ich wusste nicht, was ich darauf antworten sollte. Da sprach eine Stimme hinter mir: »Ich gebe euch etwas von meiner Energie.« Es war der Baum, den ich gerade geheilt hatte.

Als ich vor Kurzem in den Wald zurückkehrte, fiel mir ein wunderschöner Baum auf. Erstaunt erkannte ich in ihm den hässlichen Baum wieder. Nur war er jetzt alles andere als hässlich. Er hatte sich vollkommen verwandelt.

Elizabeth Harley, DCS

Mit der Energie der Bäume verbunden

Bäume sind anmutige fühlende Wesen, die die Geschichte und das Wissen ihrer Umgebung bewahren.

❀ ❀ ❀

Ich hatte immer eine starke Verbindung zur Natur im Allgemeinen und zu den Pflanzen in meinem kleinen Garten im Besonderen. Direkt neben dem Haus pflanzte ich eine Kiefer, die schon bald sehr groß war. Ich unterhielt mich mit ihr, umarmte sie und sie übermittelte mir Botschaften, die immer sehr hilfreich waren.

Eines Tages ging ich zur Kiefer, die ich »Kiefi« nannte, und bat sie, mir zu helfen, mich zu erden. Daraufhin erhielt ich die Botschaft: »Warte, dann bekommst du deine Antwort.« Am selben Abend fand ich im Internet eine Übung, die es mir ermöglichte, mich zu erden. Was mich so erstaunt, ist, dass Kiefi mich darauf hingewiesen hatte.

Anonym

Der grüne Elf

Wenn wir uns mit den Elementarwesen verbinden, treten Fröhlichkeit, Heilung und Freude in unser Leben, wie Beverleys Geschichte verdeutlicht.

❀ ❀ ❀

Ich nahm an einem ganz erstaunlichen Seminar mit Diana Cooper teil. Der Höhepunkt kam, als wir nach einer Meditation mit einem Raum voller Elementarwesen belohnt wurden. Diana sagte uns, dass jeder von uns ein Elementarwesen neben sich sitzen hatte. Ein in Grün gekleideter Elf setzte sich auf meine Knie, strahlte mich an und ließ seine Beine baumeln. Als er mich so ansah, erfüllte Freude mein Herz und meine Augen füllten sich mit Tränen der Dankbarkeit. Die bedingungslose Liebe, die von ihm ausging und in mein Herz strömte, war überwältigend. Was für ein wunderbarer Augenblick! Wie gesegnet wir doch sind, mit Engeln und anderen wunderschönen Wesen arbeiten zu dürfen.

Beverley

Die Verwandlung einer Aschewolke

Wie diese Geschichte zeigt, kann jeder von uns etwas bewirken und allen anderen helfen.

❄ ❄ ❄

Mein Mann und ich wollten auf eine Geschäftsreise gehen, und unsere Geschäftspartner aus ganz Deutschland würden ebenfalls nach Italien fliegen, um uns dort zu treffen. Eine Woche vor der Reise brach der Vulkan in Island aus und die Aschewolke brachte unsere Reisepläne gehörig durcheinander. Ich dachte, wenn wir die Reise antreten sollen, dann würden wir es auch können, und wenn nicht, dann wäre das ebenfalls in Ordnung. Es stellte sich heraus, dass wir fliegen konnten, weil die Flughäfen in Süddeutschland wieder offen waren. Leider kamen unsere Geschäftspartner aus dem Norden immer noch nicht weiter.

Ich arbeitete mit den höheren Wesen und den Elementarwesen der Luft daran, die Luft zu reinigen. Ich bat Erzengel Zadkiel, den Luftraum über Deutschland zu reinigen. Ich sah, wie die Aschewolke abtransportiert und in göttliches goldenes Licht verwandelt wurde. Als es vollbracht war, dankte ich den Engeln und höheren Wesen. Nachdem wir in Italien angekommen waren, wurde mir mitgeteilt, dass die norddeutschen Flughäfen wieder geöffnet wurden, nachdem ich mit den Engeln und höheren Wesen gearbeitet hatte. Ich bin so dankbar, dass ich mit den höheren Wesen zum Wohle aller arbeiten darf.

Aleja Daniela Fischer, DCS

Feuerdrachen

Feuerdrachen sind wunderschöne vierdimensionale Elementarwesen. Sie können an dunkle Energien herankommen und sie verbrennen, zu denen die Engel keinen Zugang haben.

❄ ❄ ❄

In einer Gruppe setzten wir unsere negativen Energien frei und baten die Feuerdrachen, diese zu verbrennen. Hinterher gab mir eine der Teilnehmerinnen, Katie Curtis, eine Zeichnung, auf der sie festgehalten hatte, was sie gesehen hatte, als ich die Feuerdrachen herbeirief. Sie hatte einen riesigen Drachen wahrgenommen, der seinen Körper um die ganze Gruppe wickelte und uns in Flammen einhüllte.

Diana Cooper

Der Herzschlag von Mutter Erde

Dies ist eine entzückende Geschichte, in der berichtet wird, wie Deanne mit Mutter Erde oder Gaea (wie sie häufig genannt wird), dem mächtigen Engelwesen, in dessen Obhut sich die Erde befindet, Kontakt aufnimmt. Je mehr wir uns mit dem Herzschlag von Mutter Erde verbinden, desto stärker spüren wir die Erde. Dann können wir uns der großen Weisheit öffnen, die auf den inneren Ebenen bewahrt wird.

❄ ❄ ❄

An einem Abend Anfang August saß ich allein am Strand von Hengistbury Head. Ich entspannte mich, als ich den Wellen lauschte, und fiel in einen traumähnlichen Zustand. Ich hatte das Gefühl eines unermesslich weiten Raumes und war in einer vollkommen sicheren, alles einhüllenden Dunkelheit geborgen. Da wurde ich mir des tiefen Klanges und des Echos von Mutter Erdes Herzen gewahr. Die Verbindung war vollkommen, sodass ich zu ihrem Herzschlag wurde. Er war so stark, dass meine Seele explodierte. Noch heute kann ich es mir genau vorstellen, denn es war ganz einfach wunderbar.

Deanne Sheppard

In Harmonie mit der Natur arbeiten

Wenn Sie in Harmonie mit der Natur arbeiten, stehen Sie auch in Verbindung mit den Elementarwesen, die das Wetter beeinflussen.

❋ ❋ ❋

Da wir einen Bauernhof haben, sind wir sehr stark vom Wetter abhängig. Wenn ich säen oder düngen will, wofür ich viel Wasser brauche, bitte ich um Regen. Dann warte ich, bis ich erfahre, wann ich diese Arbeit ausführen soll.

Eines Sonntags bekam ich die Nachricht, dass ich düngen solle. Ich war bereit anzufangen, aber da es nach Regen aussah, bat ich: »Bitte warte noch, bis ich fertig bin. Dann kann es regnen.« Während des Düngens fielen die ersten Regentropfen und wieder sagte ich: »Bitte warte noch. Ich bin noch nicht ganz fertig.« Der Regen hörte auf und es blieb trocken, bis ich fertig war.

Sobald ich zu Hause angekommen war, sagte ich: »Jetzt kann es regnen. Danke.« Und sofort begann es zu regnen und hörte zwei Tage lang nicht mehr auf. Wir bekamen genau die Wassermenge, die wir gebraucht hatten.

Aleja Daniela Fischer, DCS

KAPITEL 21

Engel-Orbs

Seit vielen Jahren haben uns die Engel sichtbare Beweise für ihre Gegenwart versprochen. Als unsere technologische Entwicklung voranschritt, konnten sie mit Wissenschaftlern zusammenarbeiten und haben ihnen beispielsweise eingegeben, Digitalkameras zu entwickeln, die sechsdimensionale Schwingungen aufzeichnen können. Da die Engel aber siebendimensional sind, müssen sie ihre Schwingungsfrequenz absenken, damit eine Digitalkamera sie fotografieren kann. Wenn Sie einen Orb fotografieren, dann haben Sie daher eigentlich die sechsdimensionale Version eines Engels fotografiert.

Ein Erzengel-Orb

Engel und Erzengel versammeln sich in einem Orb, um Menschen zu helfen und sie auf Krankheit und Tod vorzubereiten.

❋ ❋ ❋

Als Mary, die Mutter einer Freundin, starb, wurde ihr Bild auf ihren Sarg gelegt. Das Foto war etwa zwei Monate vor ihrem Hinscheiden aufgenommen worden. Beim Begräbnis zeigte mir meine Freundin das Foto, und mir fiel auf, dass auf der Strickjacke ihrer Mutter ein Orb zu sehen war, der viele Farben der Erzengel aufwies. Meine Freundin meinte: »Ich hab mich schon gewundert, was das wohl ist.« Mary war von den Engeln wahrhaft gesegnet worden. Ich glaube, dass sie ihr einen Orb geschickt hatten, um sie auf ihren Tod vorzubereiten.
Martha McManus, DCS

Ein Orb

Die Engel schicken Orbs als sichtbaren Beweis, dass sie Heilung bringen.

❊ ❊ ❊

Ein neuer Klient war zu einer Fußreflexzonenbehandlung gekommen. Er erzählte mir, dass er Krebs habe und sich im Krankenhaus einer Behandlung unterzog.

Ich sagte ihm, dass ich ihn nicht behandeln könne, solange ich keine schriftliche Erlaubnis seines Facharztes hätte, und dass er nur die Wahl hatte, die Behandlung abzusagen oder stattdessen eine Reiki-Behandlung zu erhalten. Er entschied sich für Reiki.

Als ich anfing, rief ich die Engel an und ganz besonders die heilende Energie Erzengel Raphaels. Als ich an dem Körperteil arbeitete, in dem der Krebs saß, erschien ein Orb. Er war fünf Minuten lang zu sehen, weiß und mit etwa einem Durchmesser von zehn Zentimetern. Ein erstaunlicher Anblick! Ich hatte keinen Zweifel, dass der Orb da war, damit ich sehen konnte, dass mein Klient so viel Hilfe von den Engeln – und besonders Raphael – erhielt, wie sie nur geben konnten.

Pauline Gow, DCS

Meine Mutter

In dieser Geschichte wird ein Orb als Zeichen geschickt, dass es der Mutter auf der anderen Seite gut geht.

❊ ❊ ❊

Meine Mutter verstarb vor einem Jahr. Ich wusste nicht, was ich mit ihrer Asche machen sollte, und fragte mich, ob es ihr auf der anderen Seite wohl gut ging. Also unterhielt ich mich mit ihr. Ich sagte: »Bitte, gib mir ein Zeichen, dass es dir gut geht und du bei Gott bist. Ich werde ein Foto machen, das ich anderen zeigen kann.« Dann machte ich ein Foto von dem Altar, auf dem ihre Asche stand. Als ich es mir ansah, entdeckte ich darauf ein strahlendes Orb-Licht. Da wusste ich, dass sie in guten Händen war.

Carol de Vasconcelos, DCS

Ein Pony namens Prinzessin

Wenn Sie einen Orb auf einem Tier sehen, wissen Sie, dass die Engel es segnen.

❊ ❊ ❊

Ich wollte mir schon lange ein Pony kaufen, konnte aber nicht das richtige finden. Dann fiel mein Blick auf ein Pony, das in einer Zeitungsannonce angeboten wurde. Allerdings lebte die Besitzerin sehr weit weg am anderen Ende Irlands. Trotzdem rief ich sie an und bat sie, mir ein paar Fotos per E-Mail zu schicken.

Auf jedem Foto war ein Engel-Orb auf dem Pony zu sehen. Das gab den Ausschlag. Ich kaufte es, ohne es je in Natur gesehen zu haben. Sein Name ist Prinzessin, und es ist das beste Pony, das man sich nur wünschen kann.

Sue Walker, DCS

Die silber-violette Flamme

Wenn man die violette Flamme der Umwandlung mit der silbernen Flamme der Gnade kombiniert, entsteht etwas sehr Machtvolles. Wenn man sie dann noch mit der ICH-BIN-Affirmation anruft, ist sie noch wirksamer. ICH BIN bezieht sich auf unsere Monade, unseren ursprünglichen göttlichen Funken.

❊ ❊ ❊

Ich war die Mentorin von Eileen, die Dianas Fernkursus über Engel absolvierte. Sie arbeitete gerade mit der silber-violetten Flamme und mit Erzengel Zadkiel. Eines Tages ging sie in ihrem Garten umher und sagte zehn Minuten lang die folgende Affirmation auf: »ICH BIN die silber-violette Flamme; ICH BIN die Flamme der Barmherzigkeit; ICH BIN die Flamme der Freude; ICH BIN die Flamme der Umwandlung; ICH BIN Saint Germain; ICH BIN Erzengel Zadkiel.«

Das Aufsagen der Affirmation brachte ihr Frieden und Freude. Plötzlich sah Eileen viele Orbs und fotografierte sie. Die Orbs waren auf den Fotos nicht zu sehen, aber auf einem war ein wunderbarer violetter Lichtstrahl mit einer silbernen Aura zu erkennen, der vom

Universum direkt in ihren Garten fiel. Was für eine wunderbare Bestätigung, dass Erzengel Zadkiel und die silber-violette Flamme wirklich mit ihr arbeiteten.

Margaret Merrison, DCS

Mein Kind

Wenn die Schwingungsfrequenz des Planeten fünfdimensional geworden ist, wird eine Umgebung entstehen, in der sich mehr hoch entwickelte, medial begabte und extrem feinfühlige Kinder inkarnieren können. Die folgende Geschichte illustriert dies.

❄ ❄ ❄

Eines Tages fragte mich mein Sohn Mikael, ob es nachts dunkel sei, da es für ihn niemals dunkel wurde, selbst dann nicht, wenn er die Augen schloss. Ich fragte ihn, was er sah, und er antwortete, dass alles immer lila oder hellblau war und dass er den ganzen Tag lang bunte Sphären um sich herum sah. Ich wusste nicht, was er meinte, bis ich von den Orbs erfuhr. Erst da begriff ich, wie begabt und feinfühlig er tatsächlich war.

Hélène Gonella

Orbs auf dem Bauernhof

Die lächelnden Gesichter in den Orbs sind Geister, die von den Engeln gebracht wurden. Blaue Ringe um einen Orb weisen darauf hin, dass Erzengel Michael ihn beschützt. Eine große Anzahl von Orbs in einem Haus deutet darauf hin, dass hier ein Eintrittsportal der Engel sein könnte. Dadurch entsteht eine wundervolle Resonanz, wie die, die Roz in ihrer Geschichte beschreibt.

❄ ❄ ❄

Nachdem ich jahrelang als unfruchtbar gegolten hatte, erlebte ich 2009 eine unerwartete, aber überaus freudige Überraschung: Ich merkte, dass ich schwanger war. Ich wollte in der Nähe meiner Familie auf dem Land leben und war ganz aufgeregt, als ich einen schönen kleinen Bauernhof fand.

Ich sah ihn mir mit meinen Eltern an. Meine Mutter machte viele Fotos, und als wir sie uns später ansahen, entdeckten wir überall auf dem Bauernhof Orbs. Als ich die Orbs vergrößerte, sah ich in einigen von ihnen lächelnde Gesichter, während andere von blauen Ringen umgeben waren.

Ich wusste, dass der Bauernhof ein magischer, spiritueller Ort war und der richtige Platz, um meinen Sohn großzuziehen. Der große Tag kam am 19. Mai 2009: Ich ging ins Krankenhaus, um meinen Sohn zu gebären. Wieder wurden viele Fotos gemacht. Mein Lieblingsbild ist eines von meiner Mutter in einem Chirurgenkittel mit einem Orb direkt über ihrem Kopf.

Die Orbs sind mit uns auf der Farm und ich spüre die Anwesenheit von Feen im Garten. Ich glaube fest daran, dass mein kostbarer Sohn Douglas wirklich ein Geschenk der Engel ist. Er ist ein glücklicher, gesunder kleiner Bursche, der mir und meiner Familie seit seiner Geburt jeden Tag viel Freude bereitet.

Roz Jordan

Orbs im Flugzeug

Diese Geschichte ist ein erstaunliches Beispiel dafür, wie ein einziger Engel ein ganzes Flugzeug halten und für seine Sicherheit sorgen kann.

✵✵✵

Auf dem Flug von Málaga nach Bristol wurden wir angewiesen, während des gesamten Fluges angeschnallt zu bleiben, da wir mit Turbulenzen zu rechnen hatten. Ich bat Erzengel Gabriel um Hilfe und stellte mir vor, dass das Flugzeug von Millionen Engeln gehalten wurde. Es überraschte mich nicht, als die Turbulenzen nachließen, aber was mich überraschte, als ich aus dem Fenster sah, war ein perfekter kleiner Kreis, in dem sich das ganze Flugzeug spiegelte. Die Farben waren sehr lebhaft und doch war der Kreis durchscheinend, außer am Rand, wo er weiß war. Da realisierte ich, dass es sich um einen Orb handelte. Er blieb während des ganzen Fluges bei uns. Ich fühlte mich geborgen und sehr stark mit dem Reich der Engel verbunden.

Christina

Heilung durch Metatron

Dies ist eine schlichte, aber tiefgründige Geschichte über Heilung durch Orbs.

❊ ❊ ❊

Ich glaube, dass alles eine Schwingung, einen Puls und eine Intensität hat, die zusammen einen einzigartigen Rhythmus erzeugen, ein Lied aus dem Herzen eines jeden Sterns, jeden Steines und jeden Aspektes der Schöpfung. Als ich Dianas Buch *Ascencion Through Orbs* (gemeinsam mit Kathy Crosswell: *Orbs. Wegbereiter für den Aufstieg ins Licht*, Ansata) las, stieß ich auf einen Orb von Erzengel Metatron.

Metatron inspirierte mich, täglich direkt mit ihm zu kommunizieren. Ich erzählte ihm von meinem prädiabetischen Zustand und fragte ihn, ob er mich heilen könne. Als ich seine Macht spürte, wusste ich, dass er mich erhört hatte. Ich dankte ihm für seine Hilfe und testete meinen Blutzuckerspiegel. Er war normal und damit niedriger als bei der ärztlichen Untersuchung. Seither ist mein Blutzuckerspiegel normal geblieben und ich kann essen und trinken, was ich will.

Danke, Erzengel Metatron, und danke, Diana und Kathy, für das Foto von Metatrons Orb. Ich kommuniziere täglich mit ihm. Er ist mir eine sehr große Stütze.

Kathy Fitzgerald

Orangefarbene und grüne Lichtstrahlen

Diese wunderschöne Geschichte beschreibt, wie erst ein Orb von Erzengel Raphael, dann einer von Erzengel Metatron erschienen und ihr Licht verbreiteten.

❊ ❊ ❊

An einem wunderschönen Sonntagmorgen starb mein Schwiegervater. Wir gingen zu seinem Haus und erlebten einige sehr stille Momente mit seinem Leichnam. In der Nacht wachte ich auf und sah eine hell strahlende grüne Lichtkugel, etwa von der Größe eines Fußballs, in der Luft neben mir schweben. Sie strahlte platinfarbenes Licht aus.

Zuerst bekam ich Angst, aber dann überwog das Gefühl, dass da nichts war, vor dem ich mich fürchten müsste. Nach einer Weile schlief ich ein, nur um wieder aufzuwachen und eine andere Kugel in der Luft schweben zu sehen. Diese war orangefarben und strahlte dasselbe platinfarbene Licht aus. Am nächsten Morgen wachte ich glücklich und voller Energie auf.

Tarja Suhonen

Eine Kugel goldenen Lichtes

Diese Geschichte soll uns daran erinnern, dass die Engel uns in unserem Kummer helfen und dafür sorgen, dass der Verstorbene in Kontakt mit den Hinterbliebenen bleiben kann.

✳ ✳ ✳

Eine gute Freundin verstarb unerwartet und hinterließ einen Mann und ein kleines Baby. Ihr Junge und meiner waren vom Alter her nur drei Wochen auseinander und ich betrauerte sie als gute Freundin. Aber ich trauerte auch um ihre Familie. Ich spürte, was wir verloren hatten: die gemeinsame Freude an unseren beiden Söhnen, Spaziergänge im Park, Geburtstagspartys, Ausflüge und all die anderen Dinge, die wir nun nie mehr miteinander tun würden.

Einige Monate später luden mein Mann und ich ihren Mann und das Baby ein, um bei uns zu übernachten. Ich kümmerte mich um die Babys, während die Männer ausgingen. Ich hatte das Gefühl, meine Freundin sei da, und hoffte, dass sie sich jetzt, wo ihr Baby bei mir war, bemerkbar machen würde. Aber nichts geschah.

Mitten in der Nacht erwachte ich. Direkt über meiner Brust schwebte eine Kugel aus goldenem Licht. Ich erkannte die Energie meiner Freundin, aber sie glich der eines Engels. Ich glaube, ein Engel hatte sie zu mir getragen. Das Gefühl war so voller Liebe, wie eine innige Umarmung. Ich war so froh, dass es ihr gut ging.

Susan, DCS

Eine erstaunliche Orbs-Show

Magentafarbene Orbs sind die von Erzengel Mariel, blaue die von Erzengel Michaels Engeln, türkisfarbene die von Mutter Maria. Grüne mit rotem Rand sind Orbs der Erzengel Raphael und Metatron.

✳ ✳ ✳

Ich ging mit einer Freundin in den Weinbergen spazieren. Ich hatte gerade Diana Coopers Buch *Ascension Through Orbs* (gemeinsam mit Kathy Crosswell: *Orbs. Wegbereiter für den Aufstieg ins Licht*, Ansata) ausgelesen und dachte: »Na ja, das ist alles schön und gut, aber ich glaube es erst, wenn ich welche sehe.« Als wir einen kleinen Weg hinaufgingen, sagte meine Freundin plötzlich: »Siehst du das?«

Was wir sahen, war einfach phänomenal. Es sah aus wie drei DNA-Stränge in Magenta, die in der Form eines Sechsecks herumwirbelten – und das in 3-D! Meine Freundin hatte bereits vorher Orbs gesehen, aber so etwas hatte sie noch nie zu Gesicht bekommen. Wir sahen auch riesige türkisfarbene und dunkelblaue Orbs sowie ganze Haufen von grünen Orbs mit rotem Rand. Einige von ihnen bewegten sich langsam vor und über uns. Verschwand eine Gruppe, tauchte eine neue auf.

Vor einem alten Olivenbaum schwebte ein großer roter Orb, der von vier kleineren begleitet wurde, die aussahen, als würden sie in Flammen stehen. Ich lachte und bedankte mich für diese wunderbare Erfahrung. Heute kann ich voller Stolz sagen, dass ich regelmäßig Orbs sehe. Und natürlich glaube ich mittlerweile auch an sie.

Ann

Orbs der Heilung und des Schutzes

Diese Geschichte erzählt, wie die Engel eingreifen, um Jeans Gesundheit zu erhalten.

✳ ✳ ✳

Seit ein paar Monaten tauchen auf meinen Fotos viele Orbs auf, und ich habe das Gefühl, dass sie mich beschützen. Vor zehn Jahren hatte ich eine Herzoperation, von der ich mich vollständig erholte. Vor Kurzem fing ich aber an, einen Druck auf der Brust zu spüren, und dachte, es hätte etwas mit meinen Lungen zu tun. Aber nachdem mein Arzt ein EKG gemacht hatte, schickte er mich direkt in die Notfallaufnahme. Von meinen Orb-Fotos wusste ich, dass mich die Engel beschützen. Also bat ich sie um Hilfe.

Man legte mir eine Infusion, und ein weiteres EKG ergab, dass speziellere Untersuchungen vonnöten wären. Ich bereitete mich innerlich schon darauf vor, dass man mir sagen würde, meine Arterien wären verengt, war aber hocherfreut und auch überrascht, als der Arzt sagte: »Die Venen und die Bypässe sind in Ordnung und sehen so frisch aus wie damals, als wir Sie operiert haben.« Er hatte keine Ahnung, was den Druck verursacht haben könnte, bestätigte aber, dass ich vollkommen gesund war. Ich glaube, dass die Engel eingegriffen und mich beschützt hatten.

Jean Ferratier

Eine angenehme Überraschung

Enttäuschung verwandelte sich in Freude, als Elaine entdeckte, dass die vermeintlichen Flecken auf den Fotos in Wirklichkeit Engel sind.

❊ ❊ ❊

Vor ein paar Jahren machte ich bei unserer Familienfeier zu Weihnachten viele Fotos mit meiner billigen Digitalkamera. Ich wollte den Moment festhalten, da unser Vater noch lebte und sich die ganze Familie versammelt hatte.

Als ich nach Hause kam, sah ich zu meiner Enttäuschung viele Flecken auf den Fotos. Ich schrieb sie dem schlechten Licht und der minderen Qualität des Fotoapparates zu. Erst als ich ein Buch über Orbs las, wurde mir klar, dass uns die Engel gezeigt hatten, dass sie bei uns waren. Und ich hatte nichts davon mitbekommen! Immer wenn ich mir heute die Fotos anschaue, bin ich überglücklich.

Elaine

Ein Orb-Foto

Diese kleine Geschichte soll uns daran erinnern, dass die Engel sich zeigen werden, wenn wir mit ihnen durch CDs, Bücher, Bilder oder Gespräche Kontakt aufnehmen.

❊ ❊ ❊

Ich hatte mir eine CD mit einer Orb-Meditation angehört, und als ich abends Fotos machte, sah ich einen ganz unglaublichen Orb, der mich mit Freude erfüllte. Wie kostbar es doch ist ihn anzusehen!
Judy Higginson

Bestätigung durch einen Orb

Engel helfen uns auch, indem sie uns bestätigen, dass wir die richtige Entscheidung getroffen haben.

❊ ❊ ❊

Ich hatte Vorhänge gekauft, aber da sie nicht passten, wollte ich sie zurückbringen. Ich fand, es sei einfacher, sie zu fotografieren, als den Verkäufern zu erklären, warum sie nicht passten. Als ich die Vorhänge aufnahm, sah ich mitten im Bild einen Orb. Für mich war es, als ob die Engel mir bestätigen würden, dass es richtig war, sie zurückzubringen.
Kevin Kellond

Vierundzwanzig Stunden in den Armen eines Engels

In dieser bemerkenswerten Geschichte wird die Güte einer Frau gegenüber einem sterbenden Mann von den Engeln dankbar anerkannt.

❊ ❊ ❊

Eines Morgens machte ich mich wie üblich auf den Weg zur Arbeit. Unterwegs wurde ich Zeuge eines Motorradunfalls und half dem Fahrer zu atmen, bis der Rettungswagen kam. Er konnte weder sprechen noch sich bewegen, aber als ich ihn fragte, ob er mich sehen könne, bewegte er die Augen, wie um dies zu bestätigen. Er lächelte ein wunderschönes, warmherziges Lächeln und dann verstarb er. Dieses Lächeln werde ich mein Leben lang nicht vergessen. Ich spürte, wie seine Seele entschwebte. Es war wunderschön. Ich fühlte mich geehrt, Zeuge seiner Weiterreise sein zu dürfen.

Da ich eine Bar besitze, musste ich weitermachen, als sei nichts geschehen. Aber als ich einmal auf die Toilette ging, sah ich in der Mitte des Spiegels einen Orb. Er war weiß mit einem leicht dunkleren Rand. Ich hörte den Namen Derek und im Verlauf des Tages hörte ich ihn noch dreimal. Als die Polizei kam, um meine Zeugenaussage bezüglich des Unfalls mit dem Motorradfahrer aufzunehmen, sagten sie mir, dass dieser Derek geheißen hatte.

Am selben Abend übermittelte mir ein Medium die Botschaft, dass ich von Licht umgeben war und dass man mich beglückwünschte. Ein Mann, der vor Kurzem an seinem Brusttrauma gestorben war, bedankte sich bei mir und sagte, ich hätte meine Sache sehr gut gemacht.

Dawn Bridgwood

Orbs in meinem Leben

Wenn die Leute anfangen, Orbs zu sehen, dann glauben sie auch daran.

❀ ❀ ❀

Ich machte eine schwere Zeit durch. Aber ich entdeckte eine kleine metaphysische Kirche und begann dort zu meditieren. Ich rief die Engel an und bat sie um Hilfe. Außerdem bat ich sie um ein Zeichen, dass sie meine Gebete erhört hatten. Immer wenn ich das tat, fand ich eine wunderschöne weiße Feder auf meinem Auto, im Büro oder auf der Veranda. Am Muttertag brachte mir mein Hund eine.

Nachdem ich ein Jahr lang Federn gesammelt hatte, bat ich die Engel um ein anderes Zeichen. Damals musste ich für die Versicherung Fotos von meinem Haus machen, und zu meiner Überraschung waren auf den Bildern, die ich im Schlafzimmer machte, wo ich meditiere, Orbs zu sehen. Ich bedankte mich bei den Engeln für dieses Zeichen.

Seither habe ich Hunderte von Fotos in meinem Schlafzimmer aufgenommen und die Orbs erscheinen immer, wenn ich sie darum bitte.

Viele Menschen sind in mein Haus gekommen, um sich mit diesen Engel-Orbs fotografieren zu lassen. Manchmal mache ich ein Foto und es ist nichts darauf zu sehen. Dann bitte ich die Engel, auf dem nächsten Foto zu erscheinen, und schon sind sie da. Es verblüfft mich immer wieder. Die Menschen gehen nach Hause und glauben an Orbs.

Mary Stone

Die Engel bestätigen einen Umzug

Diese bemerkenswerte Geschichte zeigt, dass die Engel uns auf unterschiedliche Weise helfen. Wenn Sie auf ihre Hinweise reagieren, können Sie dadurch auch anderen helfen, sich zu verändern.

❋ ❋ ❋

Ich arbeite als Hausmaklerin und fotografierte einmal das Haus von Klienten. Das Paar hatte seit den 1970er-Jahren darin gewohnt, sodass es ihm schwerfiel wegzuziehen. Als ich die Fotos machte, erschien ein riesiger Orb darauf. Ich machte immer mehr Fotos und auf jedem erschienen Engel-Orbs. Ich meditierte und fragte die Engel, wer sie seien. Sie antworteten, sie hätten die Mütter des Paares gebracht.

Das Paar erhielt bald ein Angebot für das Haus, aber da es nicht wirklich umziehen wollte, ging es nicht darauf ein. Da sagten mir die Engel, ich solle den beiden von den Orbs erzählen. Ich zeigte ihnen die Fotos, woraufhin beide weinten. Ich sagte der Frau, dass ihre tote Mutter es richtig fand, dass sie das Haus verkaufte. Dem Mann sagte ich, dass seine tote Mutter sie beide liebte und stolz darauf war, dass sie von dort wegzogen. Beide waren so glücklich. Sie unterschrieben den Vertrag und zogen weg.

Ich habe über sechshundert Häuser verkauft, aber so etwas habe ich noch nie erlebt. Danke, ihr Engel.

Mary Stone

Orbs mit eigenen Augen sehen

Orbs gibt es in verschiedenen Formen und Größen. Es ist immer eine Freude, sie mit eigenen Augen in der Wirklichkeit und nicht nur auf einem Foto zu sehen. In dieser Geschichte beschreibt El, wie sie dieses Phänomen erlebt hat.

❀ ❀ ❀

Letzte Woche habe ich zum ersten Mal einen Orb gesehen. Die Glastür vom Wohnzimmer zum Balkon stand offen und der Orb war draußen. Da es mitten in der Nacht war und alle Lichter aus waren, konnte man den Orb deutlich sehen. Er glich einer großen, strahlend weißen Scheibe, die von einem weißen Lichtring von etwa sechs Zentimetern Durchmesser umgeben war.

El, DCS

Der heilende Kegel

Engel-Orbs bewirken eine Schmerzlinderung.

❀ ❀ ❀

Ich hatte etwa zwei Monate lang ziemliche Schmerzen in der linken Körperhälfte, besonders in der linken Hand und im linken Fuß. Die Schmerzen waren so schlimm, dass ich ganz niedergeschlagen und sehr negativ eingestellt war. Als ich eines Nachmittags mit meinen Kindern Gayatri und Erasmo am Strand spielte, schoss Erasmo ein paar Fotos. Auf einem von mir befand sich über meinem Kopf ein wunderschöner bunter Lichtkegel.

Ein paar Wochen später waren die Schmerzen verschwunden, und wenn ich zurückdenke, weiß ich, dass sie in dem Moment geringer wurden, als der Orb auftauchte. Ich bin mir sicher, er brachte mir die Heilung, die ich brauchte.

Cinzia Taffuri

Come on Eileen

Ich liebe diese Geschichte, denn sie zeigt, dass Eileen Caddy ihre Arbeit auch von der geistigen Welt aus vollbringt.

❀ ❀ ❀

Ich war sehr früh zu der jährlichen Wiedersehensfeier der Diana-Cooper-Schule in Findhorn angekommen. Da das Sanktum leer war, ging ich hinein und sang einige heilige Gesänge. Da tauchte ein riesiger weißer Orb mit rosa- und goldfarbenen Lichtern darin auf und schwebte vor mir in der Luft. Er übertrug mir Energie. Plötzlich sang ich das Lied »Come on Eileen«. Da wurde mir klar, dass sich Eileen Caddy, die Gründerin von Findhorn, im Orb befand und dass sie gekommen war, um mich zu sehen. Ich war überwältigt. Eileen teilte mir mit, ich solle meine Klangschalen mit in den Raum nehmen und eine Aufnahme machen.

Ich wusste, dass ich etwas mit dieser Botschaft anfangen sollte. Also fragte ich, ob ich im Sanktum Aufnahmen machen dürfte. Man sagte mir, ich könne es nicht allein benutzen, aber gern ein paar Aufnahmen machen.

Eine andere Lehrerin ging mit mir hinein, um das Aufnahmegerät zu bedienen, aber sobald ich anfing, schlief sie ein. Genauer gesagt, verließ ihr Geist ihren Körper. Vor Entzücken, im Sanktum spielen zu dürfen, verlor ich jedes Zeitgefühl. Ich möchte Eileen danken, dass sie mich dazu inspiriert und es mir ermöglicht hat, die CD »Celestial Chanting« zu produzieren.

Rosemary Stephenson, DCS

Erzengel Michaels Orbs

Dies ist eine wundervolle Geschichte über Erzengel Michaels Orbs.

❀ ❀ ❀

Nachdem ich an Dianas Vorbereitungsseminar für 2012 teilgenommen hatte, fuhr ich in Hochstimmung nach Hause. Ich wusste, ich würde auch das Seminar über aufgestiegene Meister absolvieren.

In derselben Nacht wachte ich auf, weil ich einen Energieschwall spürte, der durch mein Gesicht in meinen Körper eintrat, und dann eine Art Explosion im Solarplexus. Ich sah neben meinem Bett Hunderte von ineinander verschlungenen Orbs, die eine Art Vorhang bildeten. Ich legte mich auf den Rücken und sah, dass die ganze Schlafzimmerdecke in blauer Energie erstrahlte. Es sah aus wie ein blaues Feuer, das hin und her waberte.

Gloria Prophet

TEIL 2

Übungen und Visualisierungen

Erdung und Schutz

B evor Sie um Schutz bitten, ist es wichtig, sich zu erden – am besten täglich, morgens und abends. Es folgen einige Übungen, die Ihnen dabei helfen können.

Sich erden

Übung 1: Erdung und Schutz mit Erzengel Sandalphon

Bevor Sie sich erden, sorgen Sie dafür, dass Ihre Füße flach auf dem Boden stehen. Dies ist noch wirksamer, wenn Sie barfuß im Gras stehen.

1. Stellen Sie sich vor, dass aus Ihren Füßen Wurzeln bis tief in die Erde wachsen.
2. Bitten Sie Erzengel Sandalphon, Ihre Wurzeln im Mittelpunkt der Erde zu verankern.

Übung 2: Erdung und Schutz mit Gaea

Möglicherweise ziehen Sie es aber auch vor, Gaea, den großen Engel, in dessen Obhut sich die Erde befindet, darum zu bitten, Sie zu erden.

1. Stellen Sie sich vor, dass aus Ihren Füßen Wurzeln bis tief in die Erde wachsen.
2. Stellen Sie sich weiterhin vor, dass die Wurzeln bis zu dem großen Kristall im Mittelpunkt der Erde dringen und ihn umschlingen.
3. Bitten Sie Gaea, ihre nährende Energie und ihre Liebe durch die Wurzeln in Ihren Körper und Ihr Leben zu schicken.

4. Entspannen Sie sich einen Moment lang, und spüren Sie, wie diese Energie in Ihnen aufsteigt.

Sich schützen

Sobald Sie sich geerdet haben, schützen Sie sich mit einer der folgenden Übungen. Falls Sie bereits eine eigene haben, können Sie natürlich auch diese benutzen.

Übung 3: Basisschutz mit Erzengel Michael

Ich mache diese Übung jeden Abend vor dem Schlafengehen. Außerdem praktiziere ich sie am Morgen und stelle mir vor, dass dieser Schutz auch meine Tiere und Angehörigen umfasst.

1. Bitten Sie Erzengel Michael, seinen dunkelblauen Schutzmantel um Sie zu legen.
2. Stellen Sie sich die Farbe Dunkelblau um Ihren Körper herum vor.

Übung 4: Den goldenen Christus-Strahl herbeirufen

1. Rufen Sie den goldenen Christus-Strahl herbei, um vollständig geschützt zu sein. Sagen Sie dreimal: »Ich rufe die Liebe, Weisheit, Heilkraft und Schutzkraft des goldenen Christus-Strahls herbei.«
2. Stellen Sie sich dann vor, dass ein Strahl goldenen Lichts durch Sie in die Erde dringt.

Übung 5: Erzengel Gabriel anrufen

1. Rufen Sie Erzengel Gabriel an.
2. Bitten Sie ihn, eine schneeweiße Sphäre aus reflektierendem Licht um Sie zu legen, damit niedere Energien dorthin zurückgeworfen werden, von wo sie kommen.
3. Stellen Sie sich vor, Sie würden in dieser Sphäre stehen.

Übung 6: Das Zuhause schützen

1. Rufen Sie Erzengel Michael an und bitten Sie ihn, eine dunkelblaue Sphäre des Schutzes um Ihr Heim zu legen.
2. Stellen Sie sich diese Sphäre genau vor.

Übung 7: Schutz auf Reisen

Wann immer Sie sich in einem Auto befinden, ob nun als Fahrer oder Beifahrer, ist es nützlich, um den Schutz der Engel für sich und die anderen Verkehrsteilnehmer zu bitten. Gebete, in denen Sie Ihren Dank aussprechen, als ob Sie das Gewünschte bereits bekommen hätten, sind sehr wirksam, da Sie damit Ihren Glauben unter Beweis stellen, Ihren Wunsch erfüllt zu bekommen. Sagen Sie zum Beispiel:

✳ »Danke, Erzengel Michael, dass du meine Fahrt beschützt hast.«
✳ Sie können auch noch hinzufügen: »Bitte hilf mir, um zehn Uhr sicher an meinem Ziel anzukommen.«
✳ »Bitte hilf mir, direkt vor dem Eingang des Geschäfts einen großen Parkplatz zu finden.«
✳ »Bitte hilf mir, die sicherste Route zu wählen.«

Ihr Schutzengel

Ich stelle Ihnen hier einige wunderbare Methoden vor, die Ihnen helfen können, Ihren Schutzengel kennenzulernen und die Verbindung zu ihm zu stärken.

Übung 8: Kontakt zu Ihrem Schutzengel aufnehmen

1. Setzen Sie sich still an einen ruhigen Ort.
2. Entspannen Sie Ihren Körper von Kopf bis Fuß.
3. Erden Sie sich, indem Sie sich vorstellen, dass dicke, kräftige Wurzeln aus den Fußsohlen bis in die Mitte der Erde hineinwachsen. Fühlen Sie es.
4. Rufen Sie Erzengel Michael an und bitten Sie ihn, seinen dunkelblauen Schutzmantel um Sie zu legen.
5. Stellen Sie sich einen weißgoldenen Lichtstrahl vor, der aus dem Universum zu Ihnen kommt, in Ihr Kronen-Chakra eindringt, Sie vollständig erfüllt und läutert und dann weiter in die Erde strömt.
6. Rufen Sie Ihren Schutzengel an und bitten Sie ihn, näher zu kommen.
7. Lassen Sie sich Zeit, um die Gegenwart Ihres Schutzengels zu fühlen, zu spüren oder zu sehen.
8. Stellen Sie sich vor, Ihr Schutzengel lächelt Sie an und strahlt eine Liebe aus, die Sie vollständig einhüllt und Ihnen ein Gefühl von Geborgenheit vermittelt. Erkennen Sie, dass Ihr Schutzengel Sie bedingungslos liebt?

9. Sie können Ihrem Schutzengel nun jede beliebige Frage in Bezug auf Ihr Leben stellen oder ihn einfach fragen, ob er eine Botschaft für Sie hat.

10. Wenn Sie eine Antwort oder eine Botschaft bekommen haben, bedanken Sie sich bei Ihrem Schutzengel.

11. Erden Sie sich noch einmal, indem Sie sich vorstellen, dass dicke, kräftige Wurzeln von Ihren Fußsohlen aus direkt ins Zentrum der Erde wachsen. Nehmen Sie die Energie der Erde durch Ihre Fußsohlen auf.

12. Stampfen Sie nun zum Abschluss ein paar Mal mit den Füßen auf den Boden, bewegen Sie Zehen und Finger, und wenn Sie so weit sind, öffnen Sie die Augen.

Übung 9: Den Namen des Schutzengels erfahren

1. Suchen Sie sich einen ruhigen Ort, an dem Sie in den nächsten Minuten niemand stören wird.

2. Zünden Sie eine Kerze an, um das Energieniveau anzuheben.

3. Schließen Sie die Augen und machen Sie es sich bequem.

4. Stellen Sie sich wieder vor, dass Wurzeln aus Ihren Füßen tief in die Erde dringen. So erden Sie sich.

5. Bitten Sie darum, dass der dunkelblaue Schutzmantel von Erzengel Michael um Sie gelegt werden möge.

6. Konzentrieren Sie sich auf die Atmung und entspannen Sie sich mit jeder Ausatmung etwas mehr.

7. Wenn Sie vollkommen entspannt sind und sich wohlfühlen, stellen Sie sich vor – oder spüren Sie –, dass Ihr Schutzengel Sie in ein goldenes Licht hüllt. Lassen Sie sich Zeit, dies wirklich zu spüren.

8. Fragen Sie Ihren Engel, wie er heißt, und warten Sie ab, bis Ihnen ein Name in den Sinn kommt.

9. Wenn Sie einen Namen gehört haben, nehmen Sie ihn an und bedanken Sie sich bei Ihrem Engel. Sollte Ihnen kein Name in den Sinn kommen, machen Sie sich keine Sorgen, denn er kommt möglicherweise im Traum zu Ihnen.

10. Sie müssen die letzten Schritte möglicherweise einige Male wiederholen, bevor Sie den Namen Ihres Schutzengels erfahren.

11. Öffnen Sie am Ende die Augen und kehren Sie in die Alltagwirklichkeit zurück.

Mit Engeln kommunizieren

Übung 10: Einstimmung auf die Wellenlänge der Engel

Die Engel werden immer einen Weg finden, Sie zu warnen, wenn Sie sich in Gefahr befinden. Allerdings ist es für sie einfacher, wenn Sie bereits auf ihre Wellenlänge eingestimmt sind. Die folgende Übung wird Ihnen dabei helfen. Sie ist sehr einfach und dauert nur ein paar Minuten – aber sie sollte jeden Tag ausgeführt werden.

1. Zünden Sie eine Kerze an, um die Schwingung anzuheben und um etwas zu haben, auf das Sie sich konzentrieren können.
2. Schauen Sie in die Flamme.
3. Sagen oder denken Sie: »Engel, ich möchte mich mit euch verbinden.«
4. Warten Sie einige Augenblicke und beobachten Sie weiterhin die Flamme. Achten Sie auf Ihre Gefühle und Gedanken.
5. Sagen oder denken Sie nun diese machtvolle Affirmation: »Engel, ich verbinde mich mit euch. Engel, ich verbinde mich mit euch. Engel, ich verbinde mich mit euch.«
6. Schließen Sie die Augen und beobachten Sie wieder Ihre Gefühle.

Es folgt ein wunderbarer Sprechgesang von Rosemary Stephenson, den Sie ebenfalls nutzen können:

Ich rufe die Engel, ich rufe die Engel,
der Engel Licht, der Engel Macht.
Seid ewiglich bei mir, seid ewiglich bei mir,
Tag und Nacht, Tag und Nacht.

Übung 11: Einen heiligen Raum erschaffen

Je mehr Energie Sie in eine Übung investieren, desto wirksamer ist sie. Die folgende Übung können Sie also schnell und einfach erledigen oder Sie können eine Menge Energie hineinstecken und sich einen heiligen Altar einrichten, auf den Sie Blumen, Kunstgegenstände und hochfrequente Bücher stellen.

1. Zünden Sie eine Kerze an, und weihen Sie sie den Engeln, die über Ihnen singen.
2. Entspannen Sie sich.
3. Singen Sie ein Engellied, einen Sprechgesang, OM oder legen Sie schöne Musik auf. Möglicherweise hören Sie schon die Engel singen, wenn Sie das tun.
4. Wenn die Musik vorbei ist, lauschen Sie der Stille mit Ihrem inneren Ohr. Die Engel singen, ob Sie es hören können oder nicht.
5. Danken Sie den Engeln, und gehen Sie davon aus, dass Gutes geschieht.

Übung 12: Automatisches Schreiben

Bevor Sie beginnen, bekräftigen Sie Ihre Absicht, sich mit den Engeln zu verbinden und während der Meditation ihre Botschaften niederzuschreiben. Wenn Sie ihnen eine Frage stellen möchten, schreiben Sie sie anfangs auf oder denken Sie daran.

1. Legen Sie Papier und einen Stift an einem Ort bereit, an dem Sie sich entspannen können.
2. Zünden Sie eine Kerze an, um die Schwingungsfrequenz zu erhöhen.
3. Stellen Sie sich vor, dass Ihre Wurzeln tief in die Erde dringen und Sie erden.
4. Bitten Sie Erzengel Michael, Ihnen seinen dunkelblauen Schutzmantel umzulegen.
5. Konzentrieren Sie sich während der Einatmung auf die kühle Luft, die in Ihre Nase einströmt.
6. Konzentrieren Sie sich dann auf die Ausatmung und entspannen Sie sich dabei.

7. Fahren Sie fort, entspannen Sie sich immer mehr und richten Sie Ihre Konzentration zunehmend nach innen.

8. Wenn Sie bereit sind, nehmen Sie den Stift zur Hand und schreiben Sie auf, was Ihnen in den Sinn kommt. Üben Sie keine Zensur aus und denken Sie auch nicht darüber nach. Lassen Sie die Worte einfach aus dem Stift fließen.

9. Wenn Sie das Gefühl haben, fertig zu sein, bedanken Sie sich bei den Engeln und beenden Sie die Meditation.

10. Erfreuen Sie sich an dem, was Sie geschrieben haben.

Übung 13: Engelkarten nutzen

Die Arbeit mit Engel- oder Einhornkarten kann uns liebevoll unterstützen, uns Führung und Inspiration sein. Die folgenden Anweisungen werden Ihnen helfen, einen geheiligten Raum zu erschaffen, in dem Sie mit den Karten arbeiten können.

1. Bereiten Sie einen geheiligten Raum mit Kerzen, Blumen, Räucherstäbchen, Kristallen und anderen Dingen vor, die die Schwingung anheben.

2. Nehmen Sie die Karten respektvoll in die Hand, während Sie an Ihre Frage denken.

3. Bitten Sie die Engel, Ihnen eine eindeutige Antwort zu geben.

4. Legen Sie die Karten aus.

5. Ziehen Sie mit der linken Hand eine Karte.

6. Lesen Sie die Karte oder sehen Sie sich das Bild an. Schließen Sie dann die Augen und nehmen Sie die Botschaft in sich auf.

7. Bedanken Sie sich zum Abschluss bei den Engeln.

Um Hilfe bitten

Übung 14: Erzengel Gabriel um Klarheit bitten

Erzengel Gabriel ist der Engel, den Sie anrufen sollten, wenn Sie Klarheit über eine Situation, eine Beziehung oder den nächsten Schritt in Ihrem Leben haben möchten. Vielleicht müssen Sie diese Übung nur ein paar Tage lang ausführen, vielleicht auch mehrere Wochen lang. Auf jeden Fall ist sie einfach, und Erzengel Gabriel wird Ihnen eine Antwort zukommen lassen.

Erwarten Sie aber bitte nicht, dass Ihnen die Antwort gleich während der Meditation gegeben wird, auch wenn das natürlich vorkommen kann. Betrachten Sie die Zeit, die Sie in der Stille verbringen, eher als eine Zeit, in der Erzengel Gabriel Samen in Ihr Bewusstsein pflanzen kann, die wachsen und aufblühen werden, wenn die Zeit reif ist.

1. Suchen Sie sich einen ruhigen Ort, an dem Sie für die nächsten Minuten nicht gestört werden.
2. Zünden Sie eine Kerze an, um das Energieniveau anzuheben.
3. Schließen Sie die Augen und entspannen Sie sich.
4. Bitten Sie Erzengel Gabriel, Ihnen Klarheit in Bezug auf den nächsten Schritt oder eine aktuelle Problematik zu verschaffen.
5. Konzentrieren Sie sich darauf, Ihren Verstand zur Ruhe zu bringen, lauschen Sie in die Stille und spüren Sie Gabriels Präsenz.
6. Wenn Sie so weit sind, bedanken Sie sich bei Erzengel Gabriel und öffnen Sie die Augen.
7. Wiederholen Sie diese Übung jeden Tag, bis Sie Klarheit gewonnen haben.

Übung 15: Um eine Feder als Zeichen der Führung bitten

Die Engel senden uns Federn als Zeichen ihrer Gegenwart in der materiellen Welt. Aber wir können auch in unserer inneren Welt Botschaften empfangen und Zeichen erhalten. In dieser Visualisierungsübung erhalten Sie möglicherweise eine farbige Feder. Dabei steht Weiß für Reinheit, Blau für Heilung, Dunkelblau für Kommunikation und Stärke, Orange für Aufstieg, Gold für Weisheit, Rosa für Liebe und Grün für Gleichgewicht.

Welches Ziel verfolgen Sie mit dieser Übung? Möchten Sie von den Engeln berührt werden? Möchten Sie einen Rat in Bezug auf irgendeinen Bereich Ihres Lebens? Sehnen Sie sich nach Klarheit? Brauchen Sie Kraft, Mut oder eine andere Eigenschaft?

1. Suchen Sie sich einen ruhigen Ort, an dem Sie nicht gestört werden können.

2. Zünden Sie eine Kerze an, um das Energieniveau anzuheben.

3. Setzen oder legen Sie sich bequem hin.

4. Stellen Sie sich vor, dass Ihre Wurzeln tief in die Erde dringen.

5. Bitten Sie Erzengel Michael, seinen dunkelblauen Schutzmantel um Sie zu legen.

6. Denken Sie nun an eine Situation, eine Beziehung oder etwas anderes aus Ihrem Leben, für das Sie Rat, Bestätigung oder Trost brauchen.

7. Strecken Sie eine Hand aus oder stellen Sie sich vor, es zu tun.

8. Bitten Sie die Engel, Ihnen zu helfen, indem sie Ihnen eine Feder schenken. Spüren Sie intuitiv, wie groß sie ist und welche Farbe sie hat.

9. Wenn Sie eine Feder bekommen haben, warten Sie, ob Sie noch eine andere Botschaft erhalten.

10. Danken Sie den Engeln und öffnen Sie die Augen.

Übung 16: Das anziehen, was Sie sich wünschen

Eine sehr wirkungsvolle Möglichkeit, die Unterstützung und Hilfe der Engel in einer bestimmten Situation zu gewinnen, besteht darin, das von Ihnen Gewünschte aufzuschreiben oder aufzuzeichnen. Fügen Sie aber immer den Satz hinzu: »Möge ich es nur bekommen, wenn es dem höchsten Wohle aller dient.«

1. Entzünden Sie eine Kerze, und bitten Sie die Engel, diese Energie zu nutzen, um Ihnen zu helfen.
2. Schreiben Sie etwas auf, was Sie sich wirklich wünschen, oder zeichnen Sie ein Bild davon. Legen Sie Ihre ganze Energie hinein.
3. Bitten Sie die Engel, es Ihnen nur zu bringen, wenn es dem höchsten Wohle aller dient.
4. Legen Sie das Blatt unter Ihr Kopfkissen oder verbrennen Sie es.

Übung 17: Altes loslassen und Neues empfangen

Wenn Sie sich in der falschen Beziehung befinden, den falschen Beruf haben oder sich nicht auf Ihrem wahren spirituellen Weg befinden, werden Sie vermutlich unzufrieden sein. Wenn Sie dies lesen und merken, dass Sie aufwachen und ein neues Leben beginnen müssen, dann kann Ihnen die folgende Übung helfen. Manchmal müssen Sie nur eine ganz kleine Anpassung vornehmen.

1. Schreiben Sie all die Dinge auf, die Sie langweilen oder mit denen Sie unzufrieden sind.
2. Verbrennen Sie das Blatt, und sagen Sie den Engeln, dass Sie bereit sind, aufzuwachen und etwas Neues in Ihr Leben zu lassen.
3. Schreiben Sie auf einem anderen Blatt auf, was Sie sich vom Leben wünschen, und legen Sie es unter Ihr Kopfkissen.
4. Erwarten Sie einen erhellenden Traum. Seien Sie sich im Wachzustand immer bewusst, dass die Engel bei Ihnen sind und Sie bei Ihren Entscheidungen unterstützen.

Übung 18: Ratschläge für den nächsten Schritt

Es ist verständlich, dass viele Menschen in einer bestimmten Situation oder Beziehung feststecken, denn jede Veränderung ist auf irgendeine Weise schmerzhaft, Angst einflößend oder schwierig. Wären Veränderungen nicht schwierig, hätten sie ja längst etwas unternommen! Mit der folgenden Übung können Sie mithilfe der Engel Veränderungen angehen. Und denken Sie bitte daran, dass eine Reise darin besteht, dass man einen Schritt nach dem anderen macht.

1. Schreiben Sie das Problem auf. Zum Beispiel: »Ich möchte diese Beziehung beenden, aber ich habe nicht genug Geld und die Kinder würden sich furchtbar aufregen.«

2. Schreiben oder zeichnen Sie Ihre Vision auf. Zum Beispiel: »Ich lebe in einem schönen Haus, in dem ich sehr glücklich bin. Und weil ich glücklich bin, sind auch meine Kinder glücklich und zufrieden.«

3. Schreiben Sie die möglichen Schritte hin zu diesem Ziel auf. Schreiben Sie jeden Schritt und jede Weise, das Ziel zu erreichen, auf ein anderes Blatt Papier. Falten Sie diese Blätter dann oder rollen Sie sie zusammen.

4. Zünden Sie eine Kerze an, und weihen Sie sie dem Wunsch, unter Anleitung der Engel den nächsten Schritt zu machen.

5. Sitzen Sie still da, und atmen Sie gleichmäßig, während Sie die Blätter in den Händen halten.

6. Bitten Sie die Engel, den besten Schritt für Sie auszusuchen. Suchen Sie sich dann intuitiv eines der Blätter aus und lesen Sie es.

7. Danken Sie den Engeln.

8. Beherzigen Sie ihren Rat und handeln Sie.

Übung 19: Einen Brief schreiben

Wenn Sie jemandem etwas sagen möchten, schreiben Sie es jetzt auf. Bitten Sie die Engel, die Botschaft zu nehmen und dafür zu sorgen, dass der andere ihre Energie empfängt. Dafür ist es nie zu spät, selbst wenn der Empfänger bereits tot ist.

Hätten Sie gern jemandem gesagt, dass Sie ihn lieben oder dass Ihnen das, was Sie gesagt oder getan haben, leid tut? Möchten Sie etwas beichten und um Vergebung bitten? Möchten Sie sich bei Ihren Eltern, die zu krank, zu senil oder bereits gestorben sind, um Ihre Worte zu hören, oder bei Freunden für etwas bedanken?

1. Schreiben Sie einfach »Liebe / Lieber …« und erzählen Sie dem Adressaten, was Ihnen auf dem Herzen liegt.
2. Unterschreiben Sie den Brief.
3. Bitten Sie die Engel, dafür zu sorgen, dass die betreffende Person die Energie der Botschaft empfängt.
4. Halten Sie Ausschau nach Zeichen der Engel, dass Ihre Botschaft gehört wurde.

Übung 20: Einen Engel bitten, mit dem Engel eines anderen zu sprechen

Wenn Sie glauben, dass die Person, der Sie etwas sagen möchten, Ihnen nicht zuhören wird, können Sie Ihren Schutzengel bitten, mit dem Schutzengel der anderen Person zu sprechen, damit dieser ihr die Botschaft zuflüstern kann. Wenn Ihnen beispielsweise Ihr Chef nicht zuhört, können Sie ihm über Ihren Schutzengel mitteilen, dass Sie eine Lohnerhöhung, an einem bestimmten Tag Urlaub oder eine Änderung Ihrer Arbeitszeit verdient haben. Wenn Ihr Stiefkind, Ihr ehemaliger Partner oder ein Verwandter alle Kommunikationsversuche abblockt, schreiben Sie, dass Sie ihn lieben und die Situation bereinigen möchten.

1. Schreiben Sie: »Lieber Engel …«
2. Erklären Sie auf liebevolle Weise, wie Sie sich fühlen und was Sie möchten.
3. Fügen Sie hinzu, dass Sie möchten, dass Ihr Schutzengel diese Botschaft dem Schutzengel des anderen übergibt.
4. Unterschreiben Sie.
5. Behalten Sie den Brief oder verbrennen Sie ihn.
6. Achten Sie auf Zeichen, oder benutzen Sie Ihre Intuition, um herauszufinden, ob Sie etwas tun sollten.

Ein Engel sein

Übung 21: Die Engel bitten, anderen zu helfen

Je öfter Sie die Engel bitten, Menschen in Not zu helfen, desto mehr Hilfe wird Ihnen selbst zuteil. Aber Sie müssen es mit einem offenen Herzen und aus Mitgefühl tun.

I. Ein Engel zu sein, das heißt, so zu handeln, als besäßen Sie die Eigenschaften eines Engels. Helfen Sie heute anderen. Schauen Sie sich nach Menschen in Not um. Helfen Sie zum Beispiel einem Menschen im Rollstuhl oder einem Blinden, einem Bettler oder einer Mutter, deren Kinder quengeln, während sie einkauft. Öffnen Sie Ihr Herz, und bitten Sie die Engel, diesen Menschen zu helfen.

2. Fügen Sie immer den Satz hinzu: »Möge das Ergebnis dem höchsten Wohle aller dienen.«

Übung 22: Die eigenen Engelschwingen gebrauchen

Wenn Ihr Herzzentrum offen ist, strahlt Ihre Energie aus und wird manchmal von anderen Menschen in der Form von Schwingen wahrgenommen. Sie können die Engel bitten, Ihnen dabei zu helfen, diese Schwingen zu entwickeln, damit Sie sie gebrauchen können, um anderen Trost zu spenden. Es ist ganz wunderbar, diese Übung in der Natur zu machen, am besten barfuß im Gras oder auf der Erde.

I. Pressen Sie die Füße fest auf den Boden und stellen Sie sich stabil hin.

2. Stellen Sie sich vor, Ihre Wurzeln würden bis tief in die Erde reichen.

3. Konzentrieren Sie sich auf Ihr Herz, und stellen Sie sich vor, dass mit jeder Ausatmung Liebe von Ihnen ausgeht und herrliche Schwingen erschafft.
4. Achten Sie auf Form, Farbe und Größe Ihrer Schwingen.
5. Entfalten Sie Ihre Schwingen, und hüllen Sie all jene darin ein, die Trost brauchen. Sie können die Schwingen so groß werden lassen, wie Sie möchten.
6. Spüren Sie die Liebe, die Freude, den Trost und den Frieden, die Sie anderen schenken können.
7. Wenn Sie die Übung abschließen möchten, lassen Sie die Schwingen wieder in Ihr Herz zurückkehren. Sie können Sie jederzeit wieder gebrauchen.

Übung 23: Lachen Sie und Sie werden gesegnet sein

Die Engel lieben es, wenn Menschen lachen. Tun Sie heute etwas, das Ihnen Spaß macht, und lachen Sie viel. Öffnen Sie dann die Arme und empfangen Sie den Segen der Engel direkt in Ihr Herz.

Übung 24: Handeln wie Erzengel Michael

Seien Sie sich bewusst, dass Erzengel Michael bei Ihnen sein wird, wenn Sie diese Übung mit der richtigen Einstellung ausführen.
1. Stehen Sie aufrecht da. Stellen Sie sich vor, Sie würden Erzengel Michaels dunkelblauen Mantel tragen. Sie halten sein Schwert der Wahrheit in der rechten Hand und seinen Schutzschild in der linken.
2. Bewegen Sie sich, als ob Sie Erzengel Michael wären. Spüren Sie seine Macht. Stellen Sie sich vor, dass Sie sein Schwert zum höchsten Wohle aller schwingen, niedere Energien durchtrennen und jenen helfen, die schwächer sind als Sie.
3. Achten Sie darauf, wie Sie sich fühlen.
4. Wenn Sie dies so lange getan haben, wie es Ihnen richtig erscheint, bleiben Sie entweder still stehen oder setzen Sie sich still hin und denken Sie darüber nach, wie Sie die Energie Michaels in Ihrem Leben einsetzen können.

Reinigen und loslassen

Übung 25: Die Wohnung von negativen Energien reinigen

Die meisten Häuser können ab und zu eine energetische Reinigung gebrauchen. Hier sind einige Maßnahmen, die Ihnen helfen können, Ihre Wohnung oder Ihr Haus von unerwünschten Energien zu befreien.

1. Zünden Sie eine Kerze an.
2. Räuchern Sie alle Ecken mit Räucherstäbchen aus.
3. Trommeln Sie oder schlagen Sie Klangschalen an.
4. Klatschen Sie in jeder Ecke in die Hände, um blockierte Energien zu lösen.
5. Öffnen Sie die Fenster, damit der Wind durch die Wohnung wehen kann.
6. Singen Sie in allen Zimmer das OM oder ein anderes Mantra.
7. Rufen Sie die Erzengel an, und bitten Sie sie, die Wohnung oder das Haus zu reinigen.

Übung 26: Loslassen und alles in die Hände der Engel legen

Die Engel können ihre Aufgabe nicht erfüllen, wenn wir mit Gedanken und Gefühlen an Dingen oder Menschen festhalten. Wir können Menschen an uns binden und dadurch verhindern, dass sie ins Licht gehen; wir können Menschen daran hindern, die richtigen Entscheidungen zu treffen; wir können Kinder daran hindern, erwachsen zu werden, weil wir uns zu viele Sorgen um sie machen.

Häufig besteht das größte Geschenk, das wir einem anderen Menschen – und uns selbst – machen können, darin, loszulassen und alles den Engeln zu überlassen. Dann sollten wir aber auch nicht mehr darüber nachdenken, während die Engel ihre Arbeit verrichten.

1. Suchen Sie sich einen ruhigen Ort, an dem Sie nicht gestört werden können.
2. Zünden Sie eine Kerze an, um das Energieniveau zu erhöhen.
3. Schließen Sie die Augen und entspannen Sie sich.
4. Bitten Sie Erzengel Michael, seinen dunkelblauen Schutzmantel um Sie zu legen.
5. Schicken Sie Ihre Wurzeln tief in die Erde, um sich so zu erden.
6. Stellen Sie sich den Betreffenden, die Situation, das Geschäft oder den Ort, um den es Ihnen geht, vor und legen Sie alles in den Korb eines Heißluftballons.
7. Sehen Sie vor Ihrem geistigen Auge, wie er aufsteigt. Durchtrennen Sie die Leine, die ihn am Boden hält.
8. Bitten Sie die Engel, den Inhalt des Korbes zum höchsten Wohle aller zu übernehmen, und sehen Sie vor Ihrem geistigen Auge, wie sie den Ballon in die Mitte nehmen.
9. Schauen Sie zu, wie der Ballon immer höher in den blauen Himmel emporsteigt, bis Sie ihn nicht mehr sehen können.
10. Öffnen Sie die Augen.
11. Wenn Sie merken, dass Sie immer noch über die Sache nachdenken, affirmieren Sie: »Ich übergebe es den Engeln zum höchsten Wohle aller.« Lassen Sie es dann wieder los.

Übung 27: Die Bindung an einen Menschen durchtrennen

Bevor Sie diese Übung ausführen, sollten Sie sich darüber im Klaren sein, was genau Sie loslassen möchten. Denken Sie immer daran, dass das Durchtrennen von Schnüren, die uns an andere Menschen oder Dinge binden, die Dinge nur zum Besseren wenden kann, da nur niedere Emotionen solche Schnüre bilden. Sind die Schnüre einmal durchtrennt, werden Sie den Menschen auf andere Weise sehen und ihm näher kommen können. Oder Sie fühlen sich emotional so frei, dass Sie sich von ihm trennen. Was auch immer geschehen mag, dient dem höchsten Wohle aller Beteiligten. Dafür sorgt Erzengel Michael.

1. Suchen Sie sich einen ruhigen Ort, an dem Sie nicht gestört werden.

2. Zünden Sie eine Kerze an, um das Energieniveau anzuheben und das Alte umzuwandeln.

3. Setzen Sie sich mit geschlossenen Augen hin, und stellen Sie sich vor, dass Wurzeln aus Ihren Fußsohlen tief in die Erde hineindringen.

4. Atmen Sie gleichmäßig, bis Sie ganz entspannt sind.

5. Rufen Sie den mächtigen Erzengel Michael an, und spüren Sie, dass er zu Ihnen kommt. Spüren oder sehen Sie, wie er seinen dunkelblauen Schutzmantel um Sie legt.

6. Stellen Sie sich vor, die Person, von der Sie sich entbinden möchten, säße vor Ihnen. Erklären Sie ihr behutsam, was Sie vorhaben.

7. Spüren Sie, wo sich zwischen Ihnen Schnüre befinden und wie diese aussehen. Sind sie aus dünnem Draht oder dickem Seil gemacht? Sind sie schwarz und klebrig wie Melasse oder haften sie an Ihnen fest wie Tentakel? Falls Sie sie nicht spüren oder sehen können, entspannen Sie sich einfach, und vertrauen Sie darauf, dass Erzengel Michael schon tun wird, was immer nötig ist.

8. Bitten Sie Erzengel Michael, die Schnüre mit seinem Schwert der Wahrheit zu durchtrennen und die Energie bis zu ihrem Ursprung vollständig aufzulösen.

9. Wenn dies erledigt ist, stellen Sie sich vor, Sie und die andere Person würden unter einer Lichtdusche stehen und vollständig gereinigt werden. Vielleicht tragen Sie in Ihrer Vorstellung nun andere Kleider.

10. Sehen Sie vor Ihrem geistigen Auge, wie die andere Person frohen Mutes durch ein Tor auf eine goldene Straße des Glücks geht.

11. Sehen Sie vor Ihrem geistigen Auge, wie auch Sie durch ein Tor gehen. Schließen Sie es hinter sich, und gehen Sie auf einer wunderschönen goldenen Straße entlang, die Sie Ihrer höheren Bestimmung entgegenführt.

12. Bedanken Sie sich bei Erzengel Michael und öffnen Sie die Augen.

Übung 28: Die Bindung an Häuser, Firmen, Ideen, Projekte und anderes durchtrennen

Bevor Sie diese Übung ausführen, sollten Sie sich im Klaren darüber sein, was Sie genau loslassen möchten. Falls es sich um eine Idee oder ein Projekt handelt, ist es hilfreich, ein Symbol dafür zu wählen. Es kann sein, dass Sie nach dieser Übung müde oder innerlich aufgewühlt sind. Daher sollten Sie sie nur dann machen, wenn Sie genügend Zeit haben, um in Ruhe darüber nachzudenken. Erzengel Michael wird dafür sorgen, dass das Ergebnis immer im höchsten Interesse aller liegt.

1. Suchen Sie sich einen ruhigen Ort, an dem Sie nicht gestört werden.

2. Zünden Sie eine Kerze an, um das Energieniveau anzuheben und das Alte umzuwandeln.

3. Setzen Sie sich mit geschlossenen Augen hin, und stellen Sie sich vor, dass Wurzeln aus Ihren Fußsohlen tief in die Erde hineindringen.

4. Atmen Sie gleichmäßig, bis Sie ganz entspannt sind.

5. Rufen Sie Erzengel Michael an, und spüren Sie, dass er zu Ihnen kommt. Spüren oder sehen Sie, wie er seinen dunkelblauen Schutzmantel um Sie legt.

6. Stellen Sie sich vor, das, von dem Sie sich entbinden möchten, oder ein Symbol dafür befände sich vor Ihnen.

7. Spüren Sie, wo sich die Schnüre befinden und wie diese aussehen. Sind sie aus dünnem Draht oder dickem Seil gemacht? Sind sie schwarz und klebrig wie Melasse oder haften sie an Ihnen fest wie Tentakel? Falls Sie sie nicht spüren oder sehen können, entspannen Sie sich einfach, und vertrauen Sie darauf, dass Erzengel Michael schon tun wird, was immer nötig ist.

8. Bitten Sie Erzengel Michael, die Schnüre mit seinem Schwert der Wahrheit zu durchtrennen und die Energie bis zu ihrem Ursprung vollständig aufzulösen.

9. Wenn dies erledigt ist, stellen Sie sich vor, Sie würden unter einer Lichtdusche stehen und vollständig gereinigt werden. Vielleicht tragen Sie in Ihrer Vorstellung nun andere Kleider.

10. Sehen Sie vor Ihrem geistigen Auge, wie Sie durch ein Tor gehen und auf eine wunderschöne goldene Straße treten. Öffnen Sie die Arme, damit das Neue und Bessere zu Ihnen kommen kann.

11. Bedanken Sie sich bei Erzengel Michael und öffnen Sie die Augen.

Heilung

Übung 29: Mit Erzengel Raphael heilen

Wenn Sie jemanden auf eine typische Weise mit Erzengel Raphael heilen möchten, schlage ich Ihnen diese Methode vor.

1. Bereiten Sie den Raum für dieses heilige Werk vor.
2. Zünden Sie eine Kerze an, um das Energieniveau anzuheben.
3. Bitten Sie die Person, die Sie heilen möchten, sich hinzusetzen oder hinzulegen. Sorgen Sie dafür, dass sie es bequem hat, dass sie entspannen kann und sich geborgen fühlt.
4. Legen Sie ihr die Hände auf die Schultern. Das öffnet ihre Fuß-Chakras und hilft ihr, sich zu erden.
5. Hüllen Sie sich und die andere Person in eine schützende Sphäre.
6. Sprechen Sie ein kurzes Gebet, um sich dem Dienst an der anderen Person zu weihen, und bitten Sie darum, dass der Wille Gottes geschehen möge.
7. Rufen Sie Erzengel Raphael an, und seien Sie ganz still, während seine Energie in Ihre Hände strömt.
8. Wenn Sie gut visualisieren können, stellen Sie sich vor, dass türkisfarbenes Licht durch Ihre Hände auf die Person übertragen wird, mit der Sie arbeiten. Machen Sie sich keine Sorgen, wenn Ihnen das nicht gelingt.
9. Legen Sie die Hände nacheinander auf alle zwölf Chakras oder halten Sie sie in einem Abstand von etwa zweieinhalb Zentimetern darüber. Oder legen Sie die Hände dorthin, wo es Ihnen intuitiv richtig erscheint.

10. Wenn die Energie aufhört zu fließen, durchtrennen Sie symbolisch die Verbindung zur anderen Person und bedanken sich bei Erzengel Raphael. Bleiben Sie dann noch still sitzen und sehen Sie die andere Person in ihrer göttlichen Vollkommenheit.

11. Wenn die andere Person die Augen öffnet, sollten Sie beide ein Glas reines gesegnetes Wasser trinken.

12. Reden Sie miteinander darüber, was Sie erlebt haben – sofern Ihnen das angemessen erscheint.

Übung 30: Gebete, um Beziehungen zu heilen

Wenn Sie sich in einer schwierigen Situation mit einem Freund oder Ihrem Partner befinden und frustriert, wütend oder traurig sind oder sich schwach und hilflos fühlen, gibt es wunderschöne Gebete, die Sie an die Engel richten können. Dies ist ein Beispiel für ein solches Gebet:

Lieber Engel,
Bitte hilf mir und uns, eine liebevolle Lösung zu finden,
die dem höchsten Wohle aller Beteiligten dient.
Danke für deine Hilfe.

1. Sagen Sie dieses Gebet oder ein anderes in Ihren eigenen Worten auf.

2. Wenn Sie möchten, dass die Beziehung fortbesteht, und Sie fest daran glauben, dass dabei etwas Gutes herauskommt, dann drücken Sie zunächst einmal den Wunsch nach einer liebevollen Beziehung zum anderen aus.

3. Dann bekräftigen Sie, dass die Lösung zum höchsten Wohle aller Beteiligten ausfallen soll.

Spirituelle Übungen

Übung 31: Das Engel-Tagebuch

Diese Übung ist sehr einfach.

1. Kaufen Sie sich zunächst ein Tagebuch – das schönste, das Sie finden können.
2. Bitten Sie die Engel jeden Morgen um ein Zeichen ihrer Gegenwart.
3. Schreiben Sie diese Zeichen auf. Sie werden verblüfft sein.
4. Danken Sie den Engeln, bevor Sie einschlafen. Wenn Sie auch dabei ein Zeichen oder eine Botschaft empfangen, notieren Sie dies ebenfalls.

Übung 32: Unter der Dusche

Wenn Sie Wasser segnen, wird es dadurch fünfdimensional. Tun Sie dies beim Duschen, wird die Schwingungsfrequenz Ihrer Aura und Ihrer Körperzellen angehoben.

1. Wenn Sie unter der Dusche stehen, segnen Sie das Wasser mit den Worten: »Ich liebe dich. Ich segne dich. Ich danke dir.«
2. Rufen Sie dann die Einhörner an, und spüren Sie, wie Sie von ihnen mit Licht überschüttet werden.
3. Rufen Sie Mutter Maria an, und bitten Sie darum, dass das göttlich Weibliche Ihre Aura erfüllen möge.
4. Rufen Sie Erzengel Butyalil, den kosmischen Engel, an.
5. Rufen Sie Erzengel Metatron an, und bitten Sie ihn, Sie auf Ihrem Aufstiegsweg zu begleiten.

Übung 33: Fünfdimensionale Chakra-Ausrichtung

Wenn ich abends ins Bett gehe, führe ich diese Übung aus. Wenn Sie damit einmal vertraut sind, können Sie sie sehr schnell machen.

1. Schließen Sie die Augen und entspannen Sie sich.
2. Bitten Sie die Einhörner, jedes Ihrer zwölf Chakras zu berühren und sie auf die fünfte Dimension auszurichten.
3. Konzentrieren Sie sich dann nacheinander auf jedes Ihrer Chakras.
   * Konzentrieren Sie sich auf Ihr Erdstern-Chakra unter den Füßen.
   * Konzentrieren Sie sich auf Ihr Sakral-Chakra.
   * Konzentrieren Sie sich auf Ihr Nabel-Chakra.
   * Konzentrieren Sie sich auf Ihr Solarplexus-Chakra.
   * Konzentrieren Sie sich auf Ihr Herz-Chakra.
   * Konzentrieren Sie sich auf Ihr Hals-Chakra.
   * Konzentrieren Sie sich auf Ihr Dritte-Auge-Chakra.
   * Konzentrieren Sie sich auf Ihr Kronen-Chakra.
   * Konzentrieren Sie sich auf Ihr Kausal-Chakra direkt über dem Kopf.
   * Konzentrieren Sie sich auf Ihr Seelenstern-Chakra über dem Kausal-Chakra.
   * Konzentrieren Sie sich auf Ihr Sternentor-Chakra.
4. Bitten Sie schließlich die Engel, während des Schlafes über Ihnen zu singen, um Sie so in der fünften Dimension zu halten.

Übung 34: Von Engeln träumen

Die Engel nehmen mit uns Kontakt auf, während wir schlafen, aber normalerweise erinnern wir uns nicht an die dabei entstehenden Träume. Sie werden sich leichter daran erinnern, wenn Ihr Schlaf nur sehr leicht ist. Wasser ist das Medium der Träume, und eine volle Blase bedeutet, dass Sie nicht so tief schlafen, weil Sie nachts aufstehen müssen.

Diese Übung mag für Sie hilfreich sein. Je öfter Sie sie ausführen, desto wahrscheinlicher wird es, dass Sie sich an Ihre Träume erinnern.

1. Affirmieren Sie während des Tages, dass Sie von den Engeln träumen möchten.

2. Nehmen Sie spätestens um 18 Uhr eine leichte Mahlzeit ein und essen Sie danach nichts mehr.

3. Trinken Sie viel Wasser und segnen Sie jedes Glas.

4. Legen Sie einen Stift und einen Notizblock neben dem Bett bereit.

5. Bitten Sie in Ihrem letzten Gebet darum, während des Schlafes Kontakt mit den Engeln zu haben.

Übung 35: Ihrer Stimme Kraft verleihen

Hellhörigkeit ist eine Funktion des Hals-Chakras. Die folgenden Dinge werden diesem Chakra helfen, effizienter zu funktionieren.

1. Üben Sie sich darin, Ihre wahren Gefühle auszudrücken.

2. Da Erzengel Michael für dieses Chakra zuständig ist, bitten Sie ihn, dessen Schwingungsfrequenz anzuheben.

3. Atmen Sie morgens und abends zehnmal sein dunkelblaues Licht in das Hals-Chakra.

4. Hören Sie genau zu, was andere zu sagen haben.

5. Sprechen Sie, um anderen zu helfen, sich ihrer Kraft bewusst zu werden und sich wohlzufühlen.

6. Vertrauen Sie Ihrem Selbst.

7. Ehren Sie, wie großartig Sie wirklich sind.

Trost

Übung 36: Gefühle mit Steinen umwandeln

Steine tragen uraltes Wissen in sich. Da sie Energien aufnehmen und abgeben, können Sie auch Ihre Gefühle aufnehmen und umwandeln.

1. Nehmen Sie sich vor, einen Stein zu finden, der Ihre Traurigkeit (oder ein anderes Gefühl) aufnehmen kann. Bitten Sie die Engel, Ihnen dabei zu helfen. Vielleicht finden Sie diesen Stein in Ihrem Garten, im Park oder Wald, in den Bergen oder am Meer.
2. Blasen Sie über den Stein, um ihn zu reinigen.
3. Bitten Sie die Engel, ihn zu segnen.
4. Halten Sie den Stein in den Händen, während Sie an Ihre Traurigkeit denken. Vielleicht spüren Sie sogar, dass der Stein Ihre Gefühle aufnimmt.
5. Wenn Sie fertig sind, bedanken Sie sich bei dem Stein.
6. Vergraben Sie ihn dann in der Erde oder legen Sie ihn ins Wasser, damit die Elemente Erde oder Wasser die Gefühle umwandeln können, die Sie auf den Stein übertragen haben.
7. Atmen Sie positive Qualitäten wie Freude, Glück, Liebe und Ausgeglichenheit ein.

Übung 37: Die Engel um Trost bitten

Eine Anrufung kann sehr machtvoll sein, und je reiner und klarer Ihre Absicht dahinter ist, desto stärker wird die Reaktion der höheren Welten ausfallen. Lassen Sie sich bei dieser Anrufung so viel Zeit wie nötig, und gestatten Sie den Erzengeln, Ihnen zu helfen. Sie können auch andere Engel anrufen, wenn Sie möchten.

1. Suchen Sie sich einen ruhigen Ort, an dem Sie nicht gestört werden können.

2. Zünden Sie eine Kerze an, und weihen Sie sie den Engeln, die Ihnen bringen werden, was Sie brauchen. Sagen Sie ihnen, was Sie brauchen.

3. Setzen Sie sich bequem hin und atmen Sie gleichmäßig ein und aus.

4. Stellen Sie sich vor, dass Wurzeln aus Ihren Füßen tief in die Erde dringen.

5. Rufen Sie Erzengel Michael an, und stellen Sie sich vor, dass er seinen dunkelblauen Schutzmantel um Sie legt und sich um Sie kümmert. Atmen Sie das dunkle Blau ein.

6. Rufen Sie Erzengel Gabriel, und spüren Sie, wie Sie sein schneeweißes Licht einhüllt und Ihnen Hoffnung bringt. Atmen Sie dieses reine Weiß ein.

7. Rufen Sie Erzengel Raphael an, und spüren Sie, wie Sie von seinem türkisfarbenen heilenden Licht eingehüllt werden. Atmen Sie das Türkis ein.

8. Rufen Sie Erzengel Uriel an, und lassen Sie zu, dass sein goldenes Licht Ihnen Selbstvertrauen schenkt. Atmen Sie das goldene Licht ein.

9. Rufen Sie Mutter Maria an, und gestatten Sie ihrem aquamarinblauen Licht des Mitgefühls und Trostes, Sie zu berühren. Atmen Sie Aquamarin ein.

10. Entspannen Sie sich in der Energie dieser Erzengel, und gestatten Sie ihnen, Ihnen zu helfen.

11. Wenn Sie fertig sind, bedanken Sie sich bei den Erzengeln.

12. Öffnen Sie die Augen, und kehren Sie in dem Wissen in die Wirklichkeit zurück, dass die Engel Sie unterstützen.

Mit Tieren arbeiten

Übung 38: Sich auf ein Tier einstimmen

Am besten ist es natürlich, wenn Sie zu Hause oder auf der Arbeit ein Tier haben, auf das Sie sich einstimmen können. Sollte dies aber nicht der Fall sein, können Sie auch an ein Tier denken, das Sie kennen – ein Haustier, das einem anderen gehört, oder ein wildes Tier, das Sie im Zoo oder im Fernsehen gesehen haben.

1. Sitzen Sie still da – möglichst im Freien.
2. Bitten Sie Erzengel Michael, seinen dunkelblauen Schutzmantel um Sie und das Tier zu legen. Spüren Sie, wie er Ihnen den Mantel umlegt.
3. Konzentrieren Sie sich auf Ihre Atmung, bis Ihr Verstand ganz zur Ruhe gekommen ist.
4. Stimmen Sie sich auf die Gefühle und Gedanken des Tieres ein.
5. Senden Sie ihm eine Botschaft der Liebe, des Friedens und der Hoffnung.
6. Möglicherweise empfangen Sie auch eine Antwort des Tieres.
7. Fragen Sie die Engel, welche Botschaften sie dem Tier durch Sie übermitteln möchten. Dann geben Sie diese weiter.
8. Wenn Sie fertig sind, segnen Sie das Tier und öffnen die Augen.

Übung 39: Ein Tier zeichnen

Wenn Sie zeichnen oder malen, benutzen Sie Ihre rechte (intuitive, kreative) Hirnhälfte. Deshalb kann es sein, dass Ihnen unerwartet ganz neue Ideen oder Gedanken in den Sinn kommen. Sie müssen nicht gut zeichnen können! Es macht Spaß, diese Übung gemeinsam mit anderen auszuführen und miteinander darüber zu reden, was die Zeichnung für Sie bedeutet.

1. Legen Sie sich Papier und Buntstifte bereit.
2. Zünden Sie eine Kerze an.
3. Bitten Sie die Engel, gemeinsam mit Ihnen eine Zeichnung anzufertigen.
4. Zeichnen Sie irgendein Bild, auf dem ein Tier zu sehen ist. Es kann sich aber auch um mehrere Tiere handeln.
5. Wenn Sie fertig sind, schauen Sie sich das Tier oder die Tiere an und spüren Sie, welche Botschaften sie für Sie haben. Sind sie frei? Sind sie sicher oder gefährdet? Wie werden sie von den Menschen behandelt? Wie sieht ihre Umgebung aus? Wie geht es ihnen?
6. Danken Sie den Tieren und den Engeln dafür, dass sie zu Ihnen gekommen sind.

Sie können diese Übung auch speziell mit Vögeln ausführen. Stellen Sie sich dann die folgenden Fragen: Dürfen sie frei umherfliegen? Dürfen sie ungestört in der Luft schweben? Sind sie in einem Käfig gefangen? Sitzen sie auf einem Zaun? Sind sie dem Regen ausgesetzt? Verstecken sie sich in einem Baum?

Übung 40: Sich auf Vögel einstimmen

1. Gehen Sie hinaus in die Natur, wo es still ist, und setzen Sie sich auf eine Bank, ins Gras oder lehnen Sie sich an einen Baum.
2. Bringen Sie Ihren Verstand so gut es geht zur Ruhe und hören Sie den Vögeln zu. Versuchen Sie, nicht zu denken. Seien Sie einfach.
3. Beobachten Sie die Vögel, aber denken Sie nicht, beobachten Sie nur.
4. Öffnen Sie sich den Botschaften der Vögel.
5. Wenn Sie die Übung beenden wollen, segnen Sie die Vögel. Seien Sie sich bewusst, dass Ihre Verbindung zu den Engeln reiner geworden ist.

Schlusswort

Ich hoffe, dass die Geschichten in diesem Buch Sie fasziniert und inspiriert haben. Aber vor allem hoffe ich, dass das Wissen in Ihnen bestätigt wurde, dass die Engel überall um uns sind – und dass ganz besonders Ihr Schutzengel immer bei Ihnen ist. Sowohl Vögel als auch Schmetterlinge sind Botschafter der Engel und tragen etwas von deren wunderschöner Energie in sich. Da Vögel und Schmetterlinge überall ums uns herum sind, sind auch die Engel ständig da.

Ich liebe es, wie die Engel uns in unserem Alltag helfen. Meine Enkeltochter reagiert sehr sensibel auf Energien und Stimmungen. Eines Abends rief sie mich an, weil sie sich nicht sicher fühlte. Ich schlug ihr vor, Erzengel Michael um Hilfe zu bitten. Da sie Erzengel Michael liebt, stimmte sie sofort zu. Wir stellten uns vor, wie sein herrlicher blauer Schutzmantel um sie, ihren Hund, ihre Mutter, ihren Vater, ihren Bruder und das ganze Haus gelegt wurde. Als wir fertig waren, ging es ihr gut und sie war völlig entspannt. Selbst aus der Ferne konnte ich spüren, dass sich die Energie des Hauses vollkommen verändert hatte.

Kinder sind besonders empfänglich für die Energie der Engel, Erzengel, Einhörner und Elementarwesen. Wenn Sie ein Kind kennen, lesen Sie ihm ein paar dieser Geschichten vor. Dies ist eine wunderbare Möglichkeit, Kindern diese unsichtbaren Helfer näherzubringen, und es wird sie auf ihrem spirituellen Weg ein gutes Stück voranbringen. Vertrauen Sie darauf, dass Sie genau die Geschichte aussuchen werden, die das Kind hören muss. Wahrscheinlich wird es Sie noch jahrelang dafür segnen.

Während ich dies schreibe, spielen mein Hund Venus und mein Kätzchen Ash-ting auf dem Sofa neben mir. Sie schnappen verspielt nacheinander, rollen wie verrückt umher, und ab und zu halten sie inne, um sich gegenseitig abzulecken. Sie sind die besten Freunde, und es wärmt mir das Herz, wenn ich sehe, wie viel Liebe und Zuneigung sie füreinander empfinden. Die Katze kommt auf Venus zugerannt, wenn er hereinkommt, und reibt sich an ihm. Der Hund rennt in den Garten und sucht nach Ash-ting, wenn es an der Zeit ist heimzukommen. Oft kommt er nicht eher wieder, bis er die Katze gefunden hat. Dann rasen die beiden gemeinsam durch die Hintertür ins Haus.

Jeden Morgen und jeden Abend bitte ich Erzengel Butyalil, den Engel der Tiere, einen seiner Engel abzustellen und über die beiden zu wachen. Ich stelle mir vor, dass der Hund und die Katze von einem gelben Lichtkreis umgeben sind, und ich weiß, dass jemand auf sie aufpasst. Erzengel Fhelyai hilft ihnen, ihre enge Beziehung aufrechtzuerhalten. Die Engel sind überall dort, wo es Liebe zwischen zwei Geschöpfen gibt – ganz gleich, ob es sich dabei nun um Menschen oder Tiere handelt.

Denken Sie daran, dass die Engel bei Ihnen sind, während Sie dieses Buch lesen. Sie lassen ihr Licht in Sie einströmen und helfen Ihnen, ihre Botschaften aufzunehmen. Die Engel haben mir gesagt, dass dieses Buch dazu beitragen wird, eine Verbindung zwischen den Menschen und dem Reich der Engel herzustellen.

Ich schenke Ihnen dieses Buch mit all meiner Liebe.

Diana Cooper

Mitwirkende

Mein Dank gilt allen, die mir die in diesem Buch versammelten Geschichten über ihre Erlebnisse geschickt haben. Zwar ist es nicht möglich, hier alle Mitwirkenden aufzuzählen, aber Informationen über Lehrer und Seminare an der Diana-Cooper-Schule finden Sie auf der Website der Schule: www.dianacooperschool.com.

Großbritannien

Janis Attwood
Engellehrerin der
Diana-Cooper-Schule
England
E-Mail: janscuisine@gmail.com

Lindsay Ball
Lehrerin der
Diana-Cooper-Schule
England
E-Mail: info@lindsayball.co.uk
www.lindsayball.co.uk

Rowena Beaumont
EFT, Engel-Reiki-Lehrerin
England
www.rowenabeaumont.com
www.angelicreikiassociation.co.
uk/RowenaBeaumont.html

Eloise Bennett
Meisterlehrerin der
Diana-Cooper-Schule
Wales
Tel.: +44 (0) 1437 711404
Mobil: +44 (0) 7977 583224
E-Mail: seraphinatempleoflight
@btinternet.com
www.seraphinatempleoflight.com

Diane Hall
Lehrerin der
Diana-Cooper-Schule
England
www.dianehallsbooks.com

Elizabeth Harley
Reiki-Meisterin, Lehrerin
der Diana-Cooper-Schule
Schottland
Tel.: +44 (0) 1343 830052
E-Mail: elizpeace@live.co
www.reikitraining.org.uk

Karelena MacKinlay
Lehrerin der
Diana-Cooper-Schule
Schottland
Mobil: +44 (0) 7976 525455
E-Mail: km@beingatone.co.uk
www.beingatone.co.uk

Margaret Merrison
Meisterlehrerin der
Diana-Cooper-Schule
England
E-Mail: margaret@
unicorncentre.co.uk
www.unicorncentre.co.uk

Elizabeth Ann Morris
Rektorin der
Diana-Cooper-Schule
Schottland
Tel.: +44 (0) 7904 182542
E-Mail: ann@
elizabethannmorris.com
www.elizabethannmorris.com

Krystyna Napierala
England
www.london-angels-olympics.
com

Jillian Stott
Vizerektorin und Meisterlehrerin
der Diana-Cooper-Schule
England
Tel.: +44 (0) 1926 851898
Mobil: +44 (0) 7989 676 648
E-Mail: jillianstott@
btopenworld.com, jillian@
authenticfengshui.org.uk

Jill Webster
Schottland
E-Mail: jill@jillwebster.com
www.jillwebster.com

Österreich

Martina Maria Seraphina
Kammerhofer
Lehrerin der
Diana-Cooper-Schule
Tel.: +43 (0) 664 497 77
E-Mail: martina@
balance-des-lebens.at
www.balance-des-lebens.at

Zypern

Susan Rudd
Meisterlehrerin der
Diana-Cooper-Schule
Tel.: +357 (0) 97648218
E-Mail: spiritandsole@
hotmail.com
www.spiritandsole.com

Frankreich

Ann Quinn
E-Mail: hqelec@gmail.com

Deutschland

Rama Regina Margarete Brans
Lehrerin der
Diana-Cooper-Schule
E-Mail: info@cometorelax.de
www.cometorelax.de

School of Divine Light
Aleja Daniela Fischer
Lehrerin der
Diana-Cooper-Schule
Tel.: +49 (0) 8284 928 95 93
Fax: +49 (0) 8284 928 95 92
E-Mail: aleja.d.fischer@web.de
www.Schoolofdivinelight.de

Cornelia Maria Mohr
Lehrerin der
Diana-Cooper-Schule
Tel.: +49 (0) 9120 8285
E-Mail: praxis.c.mohr@
t-online.de
www.mohrcornelia.de
www.dasinnerezuhause.de

Irland

Mariel Forde Clarke –
City of the Tribes
Lehrerin der
Diana-Cooper-Schule
Galway
Tel.: +353 (0) 879185421
E-Mail: iggyc@gofree.indigo.ie
www.marielscircleofangels.ie

Sue Walker, Custodian
for Mother Earth
Meisterlehrerin der
Diana-Cooper-Schule, Reiki-
Meisterin und -Lehrerin
Tipperary
Tel.: +353 (0) 87 2186148
E-Mail: suewalker@eircom.net

Italien

Franziska Siragusa
Lehrerin der
Diana-Cooper-Schule
E-Mail: angeldolphins@
gmail.com
www.angeldolphins.com

Slowenien

Marjetka Novak
Lehrerin der
Diana-Cooper-Schule
Angel Academy of Awakening®
and Angel Touch of Awakening®
Ljubljana
www.svetangelov.com

Südafrika

Jenny Hart
Somerset West
Tel.: +27 (0) 828908789
www.sacredharthealing.
wozaonline.co.za

Hettie van der Schyff
c/o Hettie Nawa Holistic
Healing & Teaching
Mobil: +27 (0) 82 4960 145
E-Mail: 3g.hettie@gmail.com
www.holistichealingsa.co.za

Spanien

Pauline Gow
Lehrerin der
Diana-Cooper-Schule
www.spirituallightacademy.com

Penny Wing
Meisterlehrerin der
Diana-Cooper-Schule
E-Mail: pennyjon@live.com
www.pennywing.com

Vereinigte Staaten

Carol Guy
Ordained Minister, Angelic
Counselor, Life Fitness Coach
www.carolguy.com
www.earthangelsradio.com
www.aperfectbodyforme.com

Tammy Marinaro
Brennan Healing Science®
Practitioner
New Jersey
Mobil: +1 (0) 7814 790016
E-Mail: Corexpressions@yahoo.
com
www.corexpressions.com

Christy Richards
Lehrerin der Diana-Cooper-
Schule
E-Mail: Corepeace@gmail.com

Vom Wirken himmlischer Mächte im Alltag

978-3-453-70107-6